Rechtsfragen der chinesischen Corporate Governance

Europäische Hochschulschriften

Publications Universitaires Européennes
European University Studies

Reihe II
Rechtswissenschaft

Série II Series II
Droit
Law

Bd./Vol. 4320

PETER LANG
Frankfurt am Main · Berlin · Bern · Bruxelles · New York · Oxford · Wien

Xiaojing Hu

Rechtsfragen der chinesischen Corporate Governance

Auf Grundlage eines Vergleichs zwischen Deutschland und China

PETER LANG
Europäischer Verlag der Wissenschaften

Bibliografische Information Der Deutschen Bibliothek
Die Deutsche Bibliothek verzeichnet diese Publikation in der Deutschen Nationalbibliografie; detaillierte bibliografische Daten sind im Internet über <http://dnb.ddb.de> abrufbar.

Zugl.: Köln, Univ., Diss., 2005

D 38
ISSN 0531-7312
ISBN 3-631-54931-8

www.peterlang.de

Meinem Mann und meinem Sohn

Vorwort

Die vorliegende Arbeit wurde von der juristischen Fakultät der Universität zu Köln als Dissertation im Oktober 2005 angenommen. Ohne die tatkräftige Unterstützung zahlreicher Personen hätte ich die Arbeit nicht fertigstellen können.

Mein ganz besonderer Dank gilt zuvorderst meiner Doktormutter Frau Prof. Dr. Barbara Dauner-Lieb, die meine Dissertation durch hervorragende Betreuung und konstruktive Anregungen maßgeblich gefördert hat. Bedanken möchte ich bei ihr zudem für die ständige Ermutigung und die überaus schnelle Durchsicht und Bewertung der Arbeit.

Besonders danken möchte ich auch Frau Prof. Dr. Barbara Grunewald für die in kürzerster Zeit vorgenommene Erstellung des Zweigutachtens.

Für die Bereitschaft die Disputation zu betreuen, bin ich Herrn Prof. Dr. Christian Katzenmeier zu Dank verpflichtet.

Besonders danken möchte ich auch Herrn Prof. Dr. Knut Benjamin Pissler für die kritischen und konstruktiven Anregungen und die Bereitstellung seiner deutschen Übersetzung des chinesischen Corporate Governance Kodex für den Anhang meiner Arbeit.

Ich bedanke mich zudem bei Herrn Dr. Tobias Brors für die freundschaftliche Unterstützung und die interessanten Gespräche und Anregungen während der Promotion. Ohne seine Hilfe wäre die schelle Anfertigung nicht möglich gewesen.

Auch der Friedrich-Ebert-Stiftung schulde ich großen Dank für das gewährte Stipendium, das mir die Promotion und die Veröffentlichung erst ermöglicht hat.

Mein Dank geht auch an Ulrich Kortmann, Jan Mey, Daniela Rössel, Hartmut Hollunder, Esther Beckhove, die mir bei meinem Aufenthalt in Deutschland und der Promotion große Hilfe zu Teil werden ließen und mir stets ihre volle Unterstützung gegeben haben. Leider kann ich nicht jeden Namen der Menschen, die mir großartig geholfen haben und bei ihnen ich mich sehr bedanke, an dieser Stelle aufzählen.

Große Dankbarkeit empfinde ich für meinen Mann Weiguo Liu, der während meiner Promotion in Deutschland viel Verständnis aufgebracht und mir große Unterstützung gegeben hat sowie für unseren Sohn Chuanshi, unseren ganzen Stolz, der mir die Kraft gegeben hat, die Arbeit zügig fertig zu stellen. Ihnen widme ich daher diese Arbeit.

Köln, Oktober 2005 Xiaojing Hu

Inhaltsverzeichnis

Abkürzungsverzeichnis

Abt. .... Abteilung

ADHGB .... Allgemeines Deutsches Handelsgesetzbuch

AG .... Aktiengesellschaft; Die Aktiengesellschaft (Zeitschrift)

AGZ .... Allgemeine Grundsätze des Zivilrechts

AktG .... Aktiengesetz

Anleitung2001 .... Anleitung zur Errichtung des independent director-Systems in börsennotierten Aktiengesellschaften

Aufl. .... Auflage

BB .... Betriebsberater (Zeitschrift)

BetrVG .... Betriebsverfassungsgesetz

BGB .... Bürgerliches Gesetzbuch

BGH .... Bundesgerichtshof

BGHZ .... Entscheidungen des Bundesgerichtshofs in Zivilsachen

BHO .... Bundeshaushaltsordnung

BVerfG .... Bundesverfassungsgesetz

bzw. .... Beziehungsweise

CCGK.................... Chinesischer Corporate Governance Kodex

CEO .... Chief Executive Officer

CG .... Corporate Governance

CJL........................ Chinese Journal of Law (Zeitschrift)

CSDCC................. China Securities Depository and Clearing Corporation Limited

CSRC .... China Securities Regulatory Commission

DB .... Der Betrieb (Zeitschrift)

DCGK .... Deutsche Corporate Governance Kodex

DrittelbG .... Drittelbeteiligungsgesetz

e.V. .... eingetragener Verein

EG .... Europäische Gemeinschaft

EGI .... Europäisches Gewerkschaftsinstitut

EU .... Europäische Union

f. .... Folgende

Faxue .... Rechtswissenschaft (Zeitschift)

ff. .... Fortfolgende

FS .... Festschrift

GesR .... Gesellschaftsrecht; Der Gesellschafter (Zeitschrift)

GG .... Grundgesetz

GmbH .... Gesellschaft mit beschränkter Haftung

GmbHG .... Gesetz betreffend die Gesellschaft mit beschränkter Haftung

Halbs. .... Halbsatz

HGB .... Handelsgesetzbuch

HGrG .... Haushaltsgrundsätzegesetz

Hrsg. .... Herausgeber

IDW .... Institut der Wirtschaftsprüfer in Deutschland e.V.

IndustrieUG .... Gesetz für staatliche Industrieunternehmen

JR .... Jurists Review (Zeitschrift)

JURA .... Juristische Ausbildung (Zeitschrift)

JW .... Juristische Wochenschrift (Zeitschrift)

JZ .... Juristenzeitung

KgesG .... Kapitalgesellschaftsgesetz (China)

KgesG-E .... Entwurf der Novellierung des chinesischen Kapitalgesellschaftsgesetzes vom Staatsrat

KölnKomm .... Kölner Kommentar

KonTraG .... Gesetz zur Kontrolle und Transparenz im Unternehmensbereich

LHO .... Landeshaushaltsordnung(en)

LR .... Law Review (Zeitschrift)

LSM .... Law Science Magazine (Zeitschrift)

MitbestErgG .... Mitbestimmungsergänzungsgesetz

MitbestG .... Mitbestimmungsgesetz

MontanMitbestG ..	Gesetz über die Mitbestimmung der Arbeitnehmer in den Aufsichtsräten und Vorständen der Unternehmen des Bergbaus und der Eisen und Stahl erzeugenden Industrie
NaStraG	Gesetz zur Namensaktie und zur Erleichterung der Stimmrechtsausübung (Namensaktiengesetz)
NJW	Neue Juristische Wochenschrift
NZG	Neue Zeitschrift für Gesellschaftsrecht
OECD	Organisation for Economic Cooperation and Development
RDFY	Kopierte Literatur der Volksuniversität (Zeitschrift)
Rn.	Randnummer
Satzungsanleitungen1997	Satzungsanleitungen für börsennotierte Aktiengesellschaften
SE	Societas Europaea
SEC	US Securities and Exchange Commission
SOA	Sarbanes-Oxley Act
StaatseigeneAnteilsrechte VwMethode	Vorläufige Methode zur Verwaltung staatseigener Anteilsrechte von Aktiengesellschaften
TransPubG	Transparenz- und Publizitätsgesetz
u.a.	unter anderem
US	Vereinigte Staaten von Amerika
usw.	und so weiter
v.	vom; von
VB..........................	Vorläufige Bestimmung
VB-KVSU	Vorläufige Bestimmung über die Kontrolle und Verwaltung des Staatsvermögens in Unternehmen
Verordnung1986...	Verordnung über die Arbeitnehmervertreterversammlung der volkseigenen Industrieunternehmen
WM	Wertpapier Mitteilungen
ZChinR.................	Zeitschrift für chinesisches Recht
ZGR	Zeitschrift für Unternehmens- und Gesellschaftsrecht
ZHR	Zeitschrift für das gesamte Handelsrecht und Wirtschaftsrecht

Ziff. .... Ziffer

ZIP .... Zeitschrift für Wirtschaftsrecht

A. Einführung

I. Grundlegende Theorien der Corporate Governance

1. Begriffliche Probleme der Corporate Governance

a. Definition der Corporate Governance

Im angelsächsischen Raum hat das Thema Corporate Governance schon seit den 80er Jahren zu einer Flut von Analysen und Vorschlägen zur Reformierung der Praxis geführt.[1] Inzwischen hat der Begriff weltweite Verbreitung gefunden. Seit 1995 ist er auch in Deutschland in den Wirtschaftswissenschaften und in der Rechtswissenschaft gebräuchlich[2] Heute wird dieser Begriff wieder weltweit sehr kontrovers diskutiert. Obwohl es kein international gültiges Universalmodell für Corporate Governance[3] gibt, kann man trotzdem eine einheitliche Definition finden. Der Unterschied zwischen den verschiedenen Modellen liegt nämlich nur in der Umsetzung der Corporate Governance auf Grund unterschiedlicher Rechtssysteme, institutioneller Rahmenbedingungen und Traditionen der unterschiedlichen Länder. Typisch ist etwa die Aussage von *Hopt*, dass es in der modernen Theorie der Comparative Corporate Governance sechs Bausteine eines Systems der Unternehmensüberwachung gäbe, die sich national lediglich in ihrer Kombination und Intensität unterscheiden würden. Die jeweilige Kombination der Bausteine sei historisch bedingt und mache die nationale Eigenheit des Systems aus.[4] Trotz dieser so genannten Pfadabhängigkeit richten sich aber alle Diskussionen über Corporate Governance darauf, wie die Unternehmensführung, nämlich Unternehmensleitung und Unternehmensüberwachung, verbessert und verstärkt werden kann. Insofern ist eine einheitliche Definition für Corporate Governance noch denkbar.

In den Diskussionen um Corporate Governance in Deutschland wird dieses aus dem angloamerikanischen Rechtsraum stammende englische Wort ohne deutsche Übersetzung direkt angeführt. Wörtlich übersetzt bedeutet Corporate Governance nichts anderes als „Unternehmensführung"; gute Corporate Governance meint also „gute Unternehmensführung".[5] Corporate Governance bezeichnet in einer Kurzformel den rechtlichen und faktischen Ordnungsrahmen für die Lei-

---

· Die Sammlung der chinesischen Gesetze in deutscher Sprache siehe: Chinas Recht, *Frank Münzel* (Hrsg.), (im Internet abrufbar unter: http://lehrstuhl.jura.uni-goettingen.de/chinarecht/inhalt.htm) Das chinesische Kapitalgesellschaftsgesetz (Gesellschaftsgesetz) in deutscher Sprache ist im Internet abrufbar unter: http://lehrstuhl.jura.uni-goettingen.de/chinarecht/931229.htm (übersetzt von *Frank Münzel*) Der chinesische Corporate Governance Kodex (Corporate Governance –Standard) in deutscher Sprache ist im Internet abrufbar unter: http://lehrstuhl.jura.uni-goettingen.de/chinarecht/020107.htm (übersetzt von *Knut Benjamin Pissler*)

[1] *Frühauf*, ZGR 1998, 407.

[2] Siehe: *Hopt*, GesRZ 2002, S. 4; Von Werder, in: *Hommelhoff/Hopt/Von Werder* (2003), S. 4.

[3] *Schneider*, AG 2000, 109.

[4] *Hopt*, GesRZ 2002, S. 5.

[5] *Lange*, NZG 2004, 265.

tung und Überwachung eines Unternehmens.[6] So kann man unter dem Begriff der Corporate Governance Unternehmensführung, nämlich Unternehmensleitung und -überwachung verstehen. Diese Auffassung soll auf die Definition der britischen Cadbury-Kommission in ihren Vorschlägen von 1992 zurückgehen. Darin wird Corporate Governance als *„the system by which companies are directed and controlled*" beschrieben. In Deutschland ist der Begriff Corporate Governance im selben Sinne - im Deutschen Corporate Governance Kodex (im folgenden DCGK) - verwendet worden.[7] In diesem Sinne betreffe Corporate Governance vor allem die Funktionsweise der Leitungsorgane, ihre Zusammenarbeit und die Kontrolle ihres Verhaltens.[8] Es geht also um das System von *„checks and balances*" zwischen Vorstand und Aufsichtsrat bei der Aktiengesellschaft.[9]

Corporate Governance ist auch als „Leitungs- und Kontrollstruktur der Gesellschaft"[10] anzusehen. Diese Struktur verkörpert sich in der Machtverteilung der Organe, die durch gesetzliche Einrichtung der Rechte, Pflichten und Haftungen der Organe und ihrer Mitglieder verwirklicht wird. Durch diese Einrichtung wird versucht, einen Interessenausgleich innerhalb der Gesellschaft zu schaffen. Dieser Ausgleich setzt vor allem bei der Beschränkung der Macht des Vorstands an, weil der Vorstand beherrschende Macht besitzt und somit eine Kontrolle durch den Aufsichtsrat als Gegengewicht notwendig ist. Die Überwachung des Vorstands ist deswegen das Kernstück der Corporate Governance. Die Verteilung der Befugnisse zur Unternehmensleitung und Unternehmensüberwachung zwischen Vorstand und Aufsichtsrat und die Regelungen der entsprechenden Pflichten und Haftungen der Organe zielen auf eine gute Corporate Governance ab, die eine Balance der Macht der unterschiedlichen Organe schaffen und halten kann.

Wie oben schon erwähnt enthält der Begriff Corporate Governance zwei Elemente, nämlich Unternehmensleitung und Unternehmensüberwachung. Beiden Elementen liegt eigentlich eine identische Fragestellung zu Grunde: *Wie lässt sich eine verbesserte Unternehmensführung herbeiführen?* Unternehmensleitung umfasst alle Angelegenheiten, die mit der internen Geschäftsführung und dem externen Rechtsverkehr zu tun haben und den anderen Organen nicht übertragen werden dürfen. Damit der Vorstand das Unternehmen gut leiten kann, werden ihm gewisse Machtbefugnisse und ein großer Handlungsspielraum eingeräumt. Darüber hinaus werden dem Vorstand Anreize, beispielsweise durch Vergütung und Gewinnbeteiligungen, gesetzt, wodurch der Vorstand zu einer guten Unternehmensleitung positiv motiviert werden soll.

Unter Unternehmensüberwachung versteht man, dass die Unternehmensleitung des Vorstands kontrolliert wird. Die maßgeblichen Überwachungsaufgaben beziehen sich auf die Wahrung des Interesses der Aktionäre und auf die Feststel-

---

6 *Von Werder*, in: *Hommelhoff /Hopt/Von Werder* (2003), S.4.

7 Vgl. Präambel vom DCGK: „Der vorliegende Deutsche Corporate Governance Kodex (der „Kodex") stellt wesentliche gesetzliche Vorschriften zur Leitung und Überwachung deutscher börsennotierter Gesellschaften (Unternehmensführung) dar."

8 *Baums* (2001), S. 6.

9 *Rosengarten*, in: Gesellschaftsrechtliche Vereinigung (2002), S. 79.

10 *Schiessl*, ZHR 2003, 236.

lung der Rechtsmäßigkeit, Ordnungsmäßigkeit, Zweckmäßigkeit und Wirtschaftlichkeit aller geplanten, ausgeführten und unterlassenen Maßnahmen der Geschäftsführung.[11] Innerhalb einer Aktiengesellschaft bestehen unterschiedliche Interessengruppen, zwischen denen es normalerweise Interessekonflikte gibt. Ein besonders ausgeprägter Konflikt ist der zwischen den das Kapital investierenden Aktionären und den über das Kapital in Wirklichkeit verfügenden Vorstandsmitgliedern. Dementsprechend ergibt sich daraus unvermeidlich die Gefahr, dass die Unternehmensleitung vom Interesse der Aktionäre und der Gesellschaft abweicht. In dieser Situation ist eine effektive Überwachung der Unternehmensleitung äußerst notwendig. Gegenstand der Überwachung sind hier die Handlungen des Vorstands, denn der Vorstand ist für die Unternehmensleitung zuständig und kann das Unternehmen deswegen leicht beherrschen. Die Kontrolle der Unternehmensleitung kann hauptsächlich durch das Überwachungsorgan, aber auch durch die Ausübung der Aktionärsrechte von den Aktionären selbst oder sogar durch den Einfluss der Arbeitnehmer[12] verwirklicht werden. Außerdem sind die Vorschriften über die Organpflichten und -haftungen auch als Kontrollmechanismen anzusehen, weil sie als Generalprävention gegen die Abweichung vom Handlungsstandard auf eine gute Unternehmensleitung abzielen.

Wenn Corporate Governance als Unternehmensleitung und -überwachung zu bezeichnen ist, kann diese Definition sowohl den Kernbereich des Begriffs enthalten, als auch durch die inhaltliche Kombination den bestehenden Konflikten der unterschiedlichen Rechtssysteme der unterschiedlichen Länder ausweichen. Obwohl die Maßnahmen oder Regelungen zur Verwirklichung guter Corporate Governance trotz der unterschiedlichen Rechtstradition und Rechtskultur der unterschiedlichen Länder immerhin bestehen, könnte und sollte man eine inhaltlich übereinstimmende Definition dieses Begriffs finden. Dies ist für die wissenschaftliche Forschung, die nur auf der Basis einheitlicher Begrifflichkeiten ausgeführt werden kann, besonders von Bedeutung. Diese Definition muss einfach und abstrakt sein, damit nur der Kernbereich des Begriffs der Corporate Governance darin enthalten und betont wird. Der Unterschied der Rechtsysteme sollte für die Definition keine Rolle spielen.

Statt eine Definition zu geben, wird Corporate Governance durch eine Beschreibung ihres Inhalts dargestellt. Nach der Auffassung von *Hopt* beziehe sich Corporate Governance auf die innere Organisation und Machtstruktur im Unternehmen, die Arbeitsweise des Leitungsorgans im one-tier- und im two-tier-System, die Eigentümerstruktur des Unternehmens und die Beziehungen zwischen Unternehmensleitung, Aktionären und anderen am Unternehmen Beteiligten (*stakeholders*), insbesondere Arbeitnehmern und Gläubigern.[13] Bei dieser Beschreibung bleibt die Frage noch offen, was Corporate Governance eigentlich bedeutet. Es fragt sich auch, ob es überhaupt möglich ist sämtliche Inhalte der Unternehmensführung aufzustellen.

---

[11] *Schneider* (2000), S. 71.

[12] Vgl. *Hopt*, GesRZ 2002, S. 6: „Auch die Arbeitnehmer haben über den Arbeitmarkt und innerbetrieblich Einfluss auf die Unternehmungsüberwachung."

[13] *Hopt*, ZGR 2000, 782.

Nach einer Auffassung wird zwischen einer *unternehmensinternen* und einer *unternehmensexternen* Corporate Governance unterschieden.[14] Unternehmensinterne Corporate Governance bezieht sich auf die Innenorganisation und die Machtverteilung in der Gesellschaft. Einfacher ausgedrückt handelt es sich um Unternehmensleitung und -überwachung. Bei der so genannten unternehmensexternen Corporate Governance geht es um die außerhalb der Gesellschaft stehende Kontrolle, die hauptsächlich als eine Auswirkung des Kapitalmarktsrechts besteht. Corporate Governance bezieht sich auf einen gesellschaftsinternen Interessenausgleich, der durch die Balance der Macht der unterschiedlichen Organe, besonders des Vorstands und des Aufsichtsrats, zu verwirklichen ist. Die Regelungen und Maßnahmen über Corporate Governance zielen ausschließlich auf die Schaffung einer guten Unternehmensführung ab. Es gibt freilich noch andere Regelungen oder Maßnahmen, die zu einer verstärkten Kontrolle des Vorstands führen. Allerdings ist die Kontrolle nicht das Ziel, sondern nur ein Ergebnis oder eine Auswirkung der Durchsetzung solcher Regelungen oder Maßnahmen. Das Ziel des Kapitalmarktsrechts liegt unter Anderem in der Schaffung eines fairen, gerechten und öffentlichen Kapitalmarkts und in dem Schutz des Interesses der Kapitalanleger. Manche Rechtsbestimmungen im Bereich des Kapitalmarktsrechts können aber auch eine Verstärkung der Kontrolle des Vorstands zu Folge haben. Dagegen beziehen sich die Regelungen und Maßnahmen über die Stellung, Rechte, Pflichten und Haftungen der Organe innerhalb der Gesellschaft, direkt auf die Schaffung einer guten Corporate Governance. Insofern ist das Ziel von der Auswirkung des Rechts zu unterscheiden. Außerdem ist diese Wirkung auf Corporate Governance auch durch entsprechende Regelungen zur internen Organisation oder Pflichten und Haftungen der Organe zu verwirklichen. Deswegen konzentriert sich Corporate Governance ausschließlich auf die gesellschaftsinterne Unternehmensverfassung. Die so genannte externe Corporate Governance ist vielmehr die Auswirkung von einschlägigen Regelungen auf Corporate Governance.

b. Ziele der Corporate Governance

(1) Auf der Unternehmensebene

"Corporate governance deals with the way in which suppliers of finance to operations assure themselves of getting a return on their investment".[15] Dies zeigt die Beziehung zwischen Aktionären (suppliers of finance to operations) und Gesellschaft sowie Unternehmensführern auf. Als Kapitallieferanten und „Eigentümer"[16] der AG richten die Aktionäre ihre Interessen vornehmlich auf Gewinnmaximierung und größten ökonomischen Erfolg. Zur Deckung des enormen Kapi-

---

[14] Vgl. *Hopt*, in: *Hommelhoff/Rowedder/Ulmer* (1998), S. 13.

[15] Siehe: *Ooghe/Langhe* (2002), S. 437.

[16] Der so genannte „Eigentümer" ist hier benutzt nur zur Beschreibung und Betonung der Rechtsposition der Aktionäre als Anleger. Eigentlich ist eine Aktiengesellschaft eine juristische Person, über derer Vermögen die Aktionäre nicht direkt verfügen können wie ein echter Eigentümer über eigenes Vermögen verfügen. *Lutter* spricht von „mittelbarer Eigentum der Aktionäre am Unternehmen". ZIP, 2003, 737.

talbedarfes liegt bei den meisten Aktiengesellschaft normalerweise ein breit verstreuter Aktienbesitz vor. Es ist daher unmöglich, dass alle Aktionäre an der Geschäftsführung teilnehmen. Stattdessen beauftragen die Aktionäre ein Organ mit der Unternehmensleitung, das für die Interessen der Aktionäre die Geschäfte führen soll. Da die für Unternehmensleitung zuständigen Manager über Fremdkapital verfügen und daher keine ureigenen Interessen vertreten, ist die Unternehmensleitung für die Aktionäre mit einem gewissen Risiko behaftet. Das heißt, dass die Unternehmensleitung von den Interessen der Aktionäre abweichen oder sogar den Interessen der Aktionäre schaden könnte. In solch einer Situation, wo Eigentümer und Management auseinaderfallen, ist Corporate Governance erforderlich.[17] Wenn die Leitung in fremde Hände gegeben wird, muss sie überwacht werden.[18] Die Unternehmensleitung auf einen angemessenen Rahmen zu beschränken und das Moralrisiko möglichst zu mindern, ist die Kernfrage der Corporate Governance. Heutzutage erkennen auch die Unternehmen selbst die Bedeutung und die Notwendigkeit einer guten Corporate Governance. So gehöre eine effektive Corporate Governance laut SAP zu den zentralen Voraussetzungen für die Erreichung der Unternehmensziele und die Steigerung des Unternehmenswerts.[19]

Der Kapitalfaktor gewinnt immer wichtigere Bedeutung für die Unternehmen. Um Investitionen bzw. Investoren auf dem Kapitalmarkt anzuziehen, muss der Stellenwert von Corporate Governance in dem Unternehmen steigen. Heute stehen die Aktionäre, insbesondere die so genannten institutionellen Investoren, auf dem Kapitalmarkt im Vordergrund. Die Unternehmen brauchen die Aktionäre als Geldgeber und stehen Schlange vor den Toren der Börse.[20] In dieser Situation mehr Investitionen aus dem Inland oder Ausland auf sich zu ziehen, ist für jede Aktiengesellschaft von einer besonderen Bedeutung. Dabei wird eine gute Corporate Governance als ein Standard zur Bewertung einer Aktiengesellschaft angesehen. Im angloamerikanischen Bereich spielen Corporate Governance-Grundsätze eine ganz und gar zentrale Rolle bei der Investitions-Entscheidung.[21] Da die meisten wichtigen Investoren aus dem angloamerikanischen Bereich kommen, legen viele Länder heutzutage Wert auf Corporate Governance-Grundsätze. Dabei ist das Ziel, das Kapital auf dem Weltmarkt zu gewinnen, offensichtlich. Eine Unterschätzung der Corporate Governance führt dazu, erhebliche Wettbewerbsnachteile bei der Gewinnung von Kapital hinnehmen zu müssen. *Hopt* hat mit Bestimmtheit gesagt: „Wer die bessere Corporate Governance hat, hat ceteris paribus im regional europäischen und im globalen Wettbewerb die Nase vorne, mit allen finanziellen, wirtschaftlichen und letztlich dann auch politischen und sozia-

---

[17] *Ooghe/Langhe* (2002), S. 437. "Consequently, corporate governance will only be necessary in a situation where the suppliers of finance (the shareholders or the owners of the company) do not run the company themselves but hire a management team that is responsible for the daily activities of the company. This entails a separation between ownership an management."

[18] *Peltzer*, in: *Hommelhoff/Rowedder/Ulmer* (1998), S. 51; *Hammen*, WM 1997, 1221, 1223; *Baums*, ZIP 1995, 11ff.

[19] http://www.sap.com/germany/aboutSAP/cgovernance/index.asp.

[20] *Lutter*, JURA 2002, 83.

[21] *Lutter*, in: Gesellschaftsrechtliche Vereinigung (2002), S. 51.

len Folgen, die daraus entstehen."[22] Eine gute Corporate Governance könnte der mehr bekannt gewordenen McKinsey-Studie zufolge mit bis zu 20 % besserer Bewertung an der Börse honoriert werden.[23] Die Kapitaleinlage der Investoren ist für die börsennotierten Aktiengesellschaften so wichtig, dass es zu einem grundlegenden Ziel einer guten Corporate Governance geworden ist, das Vertrauen der Investoren zu gewinnen. Nach einer Reihe von Bilanzierungsskandalen der börsennotierten Aktiengesellschaften in den USA sind Anfang August 2002 Vorschläge für verschärfte Zulassungsbestimmungen (Listed Company Manual) für die dort gelisteten Unternehmen verabschiedet und an die US-amerikanische Wertpapieraufsichtsbehörde Securities and Exchange Commission (SEC) zur Billigung weitergeleitet worden.[24] Durch die Änderungen der Zulassungsbestimmungen, die insbesondere auf eine Verschärfung der Corporate Governance-Standards abzielen, will die New York Stock Exchange (NYSE) ihr Image als seriöser Finanzplatz stärken und schwindendes Investorenvertrauen zurückgewinnen.[25]

(2) Auf der Gesellschaftsebene

Was das Ziel der Corporate Governance auf der Gesellschaftsebene betrifft, muss man die Diskussion um Shareholder Value und Stakeholder Value erwähnen. Nach der so genannten Shareholder oder Stockholder-Theorie, die im angloamerikanischen Bereich vorherrscht, fühlt sich die Unternehmensleitung unter Einhaltung der gesetzlichen Vorschriften und der als zwingend empfundenen kaufmännischen Gepflogenheiten nur den Eigentümern des Unternehmens gegenüber verantwortlich und will die Gewinne des Unternehmens optimieren. Im Gegensatz zum Shareholder-Ansatz fühlt sich die Unternehmensleitung nach der Stakeholder-Theorie, die in Deutschland vertreten wird, den Eigentümern, Gläubigern, Arbeitnehmern, Gemeinden, Kunden sowie dem Staat gegenüber verpflichtet.[26] Eine der Grundlehren deutschen Unternehmensrechts ist es, dass eine Gesellschaft nicht nur im Interesse ihrer Aktionäre existiere, sondern auch als eine Partnerschaft zwischen Aktionären, Management und Arbeitnehmern.[27] Der Streit der beiden Theorien konzentriert sich darauf, ob das Interesse der Aktionäre das einzige Ziel der Unternehmensleitung sein soll. Die Antwort auf die Frage findet man in der Quelle der Gesellschaft. Es ist zuerst festzustellen, woher die Gesellschaft kommt oder von wem die Gesellschaft gegründet wird. Das Grundkapital, das aus der Anlage der Aktionäre stammt, ist die ökonomische Basis für die Entstehung der Aktiengesellschaft. Das wichtigste Charakteristikum der Aktiengesellschaft liegt in der vom Gesetzgeber aufgestellten Verpflichtung, ein bestimmtes Eigenkapital aufzubringen und es nur in bestimmter Weise zu verwenden.[28] Ohne die Investition der Aktionäre existiert die Aktiengesellschaft schließlich

---

[22] *Hopt* GesRZ 2002, S. 5.
[23] Siehe: *Hopt* GesRZ 2002, S. 7.
[24] *Leube*, RIW 2003, 98.
[25] *Leube*, RIW 2003, 98.
[26] Vgl. *Golbe*, ZGR 1997, 272.
[27] *Schmitz* in: *Feddersen/Hommelhoff/Schneider* (1996), S. 235.
[28] *Hirte* (2003), S. 1; *Raiser* (2001), § 1 Rn. 2; *Wiedemann* (1998), S. 101ff.

nicht. Das Ziel der Investition der Aktionäre besteht in der Maximierung der Gewinne. Während die Unternehmensbeteiligten mit kontraktbestimmten Ansprüchen ihre Interessen in den Vertragsverhandlungen geltend machen, sind nur die Aktionäre als die Eigentümer voll auf Residualansprüche angewiesen.[29] Deswegen muss die Zielsetzung der Aktiengesellschaft bzw. der Unternehmensleitung in der Verwirklichung der Interessen der Aktionäre liegen. Sonst würde die Aktiengesellschaft als „Sammelbecken für Eigenkapital"[30] ihren eigentlichen Sinn verlieren. Shareholder Value bedeutet aber nicht, dass bei der Unternehmensleitung die Interessen der anderen Anspruchsgruppen überhaupt nicht berücksichtigt werden. Hier muss man „Zielsetzung" und „Zielerfüllung" unterscheiden. Bei „Zielsetzung" handelt es sich um die Frage, warum die Aktionäre in die Aktiengesellschaften investieren und die Manager mit der Unternehmensleitung beauftragen. Bei „Zielerfüllung" geht es darum, wie die Unternehmensleitung durchführt werden soll. Dadurch, dass die Interessen der Aktionäre verwirklicht werden, wird das Ziel der Aktiengesellschaft erreicht. Die Manager leiten vornehmlich das Unternehmen, indem sie alle Gesetze, die unterschiedliche Interessen der Anspruchsgruppen berücksichtigen und schützen, einhalten. Alle Maßnahmen, die zur Verwirklichung des Ziels der Gesellschaft getroffen werden, müssen innerhalb des gesetzlichen Rahmens bleiben. Dass die Interessen der anderen Anspruchsgruppen auch berücksichtigt werden müssen, gehört deswegen schon selbstverständlich zu der „Zielerfüllung" der Unternehmensleitung. Aber dies ist nicht das Ziel der Aktiengesellschaft bzw. der Unternehmensleitung, sondern eine notwendige Voraussetzung zur Verwirklichung des Ziels der Aktiengesellschaft. Nur wenn das Unternehmen rechtgemäß geleitet und die Loyalität auch der anderen Anspruchsgruppen gewonnen wird, kann das Ziel der Gesellschaft, den Wert des Unternehmens im Interesse der Aktionäre durch Erzielung von Überschüssen für sie zu steigern, erreicht werden.[31] Langfristig besteht kein Gegensatz zwischen Eigentümern und anderen Stakeholdern. Die Verwirklichung der Interessen anderer Stakeholder hängt von der Rentabilität der Aktiengesellschaft ab. Nur rentable Unternehmen können auf Dauer sichere Arbeitsplätze bieten, die Ansprüche der Gläubiger erfüllen und Steuern abführen. Ohne steigenden Unternehmenswert fehlt auch die Basis für die Verwirklichung der Interessen der anderen Gesellschaftsbeteiligten.

Darüber hinaus besteht jede Aktiengesellschaft nicht allein im Wirtschaftsleben, sondern in einem komplizierten Beziehungsnetz zwischen beispielsweise Anteilseignern, Gläubigern, Arbeitnehmern, Anwohnern, Gemeinde, Kunden, Staat etc. Sie ist nicht nur ein Wirtschaftssubjekt, sondern auch ein Gesellschaftssubjekt. Aktiengesellschaften sind oftmals sehr groß und haben zahlreiche Beschäftigte. Obwohl sie zahlenmäßig nicht die am häufigsten vorkommende Gesellschaftsform sind[32], darf man ihren Einfluss auf die Wirtschaft und die Gesell-

---

[29] *Golbe*, ZGR 1997, 289.

[30] *Hirte* (2003), S. 1.

[31] Vgl. *Golbe*, ZGR 1997, 272.

[32] Vgl. *Feddersen/Hommelhoff/Schneider,* in: *Feddersen/Hommelhoff/Schneider* (1996), S.2. "Die Mehrheit aller deutschen unternehmerisch tätigen Gesellschaften sind nicht als Aktiengesellschaften, sondern als GmbH organisiert."

schaft nicht übersehen. Bei der Lösung sozialer Probleme, wie der Schaffung von Arbeitsplätzen und der Sicherung des Umweltschutzes spielen Aktiengesellschaften eine zentrale Rolle. Der Zusammenbruch einer Aktiengesellschaft kann unter Umständen nicht nur das Leben von zahlreichen Arbeitnehmern entscheidend beeinflussen, sondern auch die Wirtschafts- und Gesellschaftsordnung erschüttern. Die Skandale in Deutschland wie bei der Metallgesellschaft, Schneider, Herstatt, Klöckner, VW, Balsam/Procedo, Bremer Vulkan, Coop, Sachsenmilch, Südmilch, Maho, Harpener, Moksel führten zu heftigen Reaktionen in der Öffentlichkeit.[33] Die Enttäuschung und das Misstrauen der Öffentlichkeit war für die Wirtschafts- und Gesellschaftsordnung ein schwerer Schlag. Die Aktiengesellschaft muss ein „Citizen" sein, wenn sie nicht riskieren will, dass sie sich in Rechtsverkehr, Presse, Öffentlichkeit und letztlich Verwaltung und Gesetzgebung auch finanziell messbare Nachteile einhandelt.[34] Dass die Aktiengesellschaft als *good corporate citizen* auftritt, ein vielfältiges Netz sozialer und politischer Kontakte aufbaut und sich an sozialen, politischen und kulturellen Aktivitäten beteiligt, sei Voraussetzung für ihre soziale Akzeptanz, ohne die wiederum die wirtschaftlich erfolgreiche Verfolgung des Unternehmensgegenstandes auf Dauer nicht gesichert ist.[35] Ein gutes Image einer Aktiengesellschaft kann ihre Entwicklung beschleunigen. Dabei ist Corporate Governance von wichtiger Bedeutung. Dass die jüngsten Unternehmensskandale in den USA und auch in Deutschland eine große Aufmerksamkeit erweckten und danach der Begriff „Corporate Governance" in aller Munde war[36], ist ein Hinweis darauf. Sogar in den *OECD-Principles* hat die Rolle der verschiedenen Unternehmensbeteiligten, der Stakeholder, bei der Corporate Governance Berücksichtigung gefunden: Ihr Rahmen soll die gesetzlich verankerten Rechte der Unternehmensbeteiligten anerkennen und eine aktive Zusammenarbeit zwischen Unternehmen und Stakeholdern mit dem Ziel fördern, Wohlstand und Arbeitsplätze zu schaffen sowie finanziell gesunde Unternehmen zu erhalten.[37] Die Manager müssen bei der Unternehmensleitung neben den Interessen der Aktionäre auch die Belange der anderen Anspruchsgruppen und der Öffentlichkeit berücksichtigen. Offensichtlich gehört ein soziales Verantwortungsbewusstsein auch zu den Voraussetzungen für die Verbesserung der Corporate Governance.

(3) Auf der Staatsebene

Globalisierung und Internationalisierung des Wirtschaftslebens führen dazu, dass nationale Märkte aufgebrochen[38] werden und sich unterliegt dem starken internationalen Wettbewerb. Dies gilt sowohl für Unternehmen als auch für ein Land. In diesem Wettbewerb stehen die Aktiengesellschaften bzw. die börsennotierten Aktiengesellschaften im Vordergrund. „Von zwei geldgebenden Staaten hat derjenige einen Vorsprung im internationalen Finanzierungsgeschäft, der die meisten

---

[33] *Berrar* (2001), S. 52.
[34] *Hopt*, GesRZ 2002, S. 4.
[35] KölnKommAktG/ *Mertens*, § 76 Rn. 32.
[36] *Schiessl*, ZHR 2003, 236.
[37] *Seibert,* AG 1999, 340, 343; *Hommelhoff*, ZGR 2001, 248.
[38] *Berrar* (2001), S. 52.

Möglichkeiten und Bequemlichkeiten der Gründung von Aktiengesellschaft kennt. [...] Ähnlich liegt es bei geldnehmenden Ländern."[39] Dabei spielt Corporate Governance schon eine wichtige Rolle. Bei Investitionsentscheidungen bewerten die heutzutage immer stärker werdenden institutionellen Anleger, vor allem die angloamerikanischen Publikumsfonds und die Pensionsfonds, die Unternehmen nicht nur nach den vielfältigen Methoden der Aktienanalysen, sondern sie bewerten vielmehr auch die „*soft factors*", insbesondere eine gute Corporate Governance.[40] Daher liegt für diese Investoren die Frage nach Corporate Governance-Grundsätzen auch in anderen Ländern durchaus nahe.[41]

Der Staat hat auch langfristig ein vorrangiges Interesse an einem funktionsfähigen Wettbewerb. Nur ein funktionsfähiger Wettbewerb und die Wettbewerbsfähigkeit der jeweiligen Unternehmen eines Landes auf den globalen Produktmärkten können sicherstellen, dass das gesamte Aufkommen aus der Besteuerung der Unternehmenstätigkeit in einem Land maximiert wird.[42] So ist die Wettbewerbsfähigkeit der Unternehmen auch als die eines Landes anzusehen. Nach den Corporate Governance-Grundsätzen der OECD haben viele Länder eigene Corporate Governance-Grundsätze formuliert. Das Ziel ist es, die Wettbewerbsfähigkeit des Landes auf dem internationalen Kapitalmarkt zu stärken. Dies kommt im DCGK beispielsweise deutlich zum Ausdruck: „Er (DCGK) will das vertrauen der internationalen und nationalen Anleger, der Kunden, der Mitarbeiter und der Öffentlichkeit in die Leitung und Überwachung deutscher börsennotierter Aktiengesellschaften fördern."[43] Sein Zweck besteht darin, dass der Finanzplatz Deutschlands verstärkt und die Wettbewerbsfähigkeit deutscher Unternehmen weiter verbessert werden kann. Durch die Corporate Governance-Grundsätze versucht jedes Land, den ausländischen Investoren das eigene System vorzustellen und einen Anschluss an die Systeme der anderen Länder zu suchen. Dadurch kann nicht nur Kapital leichter gewonnen werden, sondern auch der Finanzplatz eines Landes im globalen Wettbewerb stabilisiert werden. Für einen hohen Stellenwert eines guten Corporate Governance-Systems für ein Land spricht außerdem, dass sich die deutsche Politik auf höchster Ebene, nämlich durch die deutsche Regierungskommission Corporate Governance, darum bemüht hat[44], und dass weltweit eine Vielzahl von Corporate Governance-Grundsätzen existieren.

2. Zwei Corporate Governance-Systeme und ihre gegenseitige Anpassung

a. Dualistisches System und monistisches System

Obwohl es kein global einheitliches Modell für Corporate Governance gibt, lassen sich alle Corporate Governance-Systeme auf der Welt nach der inneren Struktur der Unternehmensleitung und -überwachung zwei grundlegenden For-

---

[39] Siehe: *Schiessl*, ZHR 2003, 236.
[40] Vgl. *Schneider*, DB, 2000, 2415.
[41] *Lutter*, in: Gesellschaftsrechtliche Vereinigung (2002), S. 51.
[42] *Witt* (2003), S. 10.
[43] Präambel vom DCGK..
[44] Vgl. *Hopt*, GesRZ 2002, S. 5.

men zuordnen. Das eine System ist das so genannte dualistische System oder two-tiers-System, bei dem die Unternehmensleitung dem Vorstand und die Unternehmensüberwachung dem Aufsichtsrat übertragen wird. Dieses „Trennungsmodell" stammt aus dem kontinentaleuropäischen Rechtskreis und hat in Europa eine weit über hundertjährige Geschichte[45]. Es ist heute in Deutschland, Österreich, Schweden, Finnland, Dänemark und für große Aktiengesellschaften auch in den Niederlanden zwingend.[46] Das andere System ist das so genannte monistische System oder one-tier-System, bei dem die Aufgaben der Unternehmensleitung und -überwachung insgesamt von einem Organ nämlich dem Vorstand oder *Board of Directors* wahrgenommen werden. Dieses „Vereinigungsmodell" stammt aus dem angloamerikanischen Rechtskreis. Es besteht in den angelsächsischen Ländern vor allem in den USA und Großbritannien und vielen anderen, insbesondere südeuropäischen Ländern. In Frankreich, Portugal und Spanien besteht die Wahlmöglichkeit zwischen den beiden Systemen.

(1) Dualistisches System

Im dualistischen System werden Unternehmensleitung und Unternehmensüberwachung prinzipiell scharf voneinander getrennt. Der Vorstand ist für Unternehmensleitung zuständig, während der Aufsichtsrat die Überwachung der Geschäftsführung ausübt. Nach dem deutschen AktG hat der Vorstand unter eigener Verantwortung die Gesellschaft zu leiten, der Aufsichtsrat die Geschäftsführung zu überwachen.[47] Der Aufsichtsrat (von den Arbeitnehmermitgliedern einmal abgesehen) wird von den Aktionären in der Hauptversammlung gewählt. Er wählt und entlässt den Vorstand. Diese Machtverteilung verkörpert offensichtlich die Beziehung zwischen Aktionären und Vorstand bzw. Managern. Der Aufsichtsrat überwacht die Geschäftsführung des Vorstands als Vertreter der Aktionäre, über deren Kapital der Vorstand mit großem Handlungsspielraum verfügen kann. Obwohl die Zuständigkeiten der drei Organe - Hauptversammlung, Vorstand und Aufsichtsrat - voneinander getrennt sind, stellt die Gewaltenteilung ein System von Gewaltenverzahnung und Gewaltenkontrolle im Sinne der staatsrechtlichen Gewaltenteilungslehre dar.[48]

(2) Monistisches System

Das charakteristische Merkmal des monistischen Systems liegt in der Zusammensetzung des leitenden Organs, dem *Board of Directors*. In diesem System gibt es kein eigenständiges Überwachungsorgan. Bei dem *Board of Directors* handelt es sich um das zentrale Management- und Verwaltungsorgan, das die Kompetenzen von Vorstand und Aufsichtsrat, also Geschäftsführung und Überwachung, in sich vereint.[49] Hauptaufgaben des *Board of Directors* sind die Verwaltung des Gesellschaftsvermögens, die Festlegung der Unternehmensziele und die Überwachung

---

[45] Siehe: *Hopt*, GesRZ 2002, S. 5.
[46] *Berrar* (2001), S. 48.
[47] §§ 76 Abs. 1, 111 Abs. 1 AktG.
[48] *Schneider* (2000), S. 29.
[49] *Schneider* (2000), S. 37; *Leube*, RIW 2003, 98.

der mittel- und langfristigen Geschäfts- und Unternehmenspolitik.[50] Daher setzt sich das *Board of Directors* aus zwei Mitgliedsgruppen bzw. *executive directors*[51] und *non-executive directors*[52] zusammen. Erstere führen die Geschäfte aktiv, während Mitglieder der zweiten Gruppe, die geschäftsführenden Mitglieder überwachen und keine aktuellen Verbindungen zum Unternehmen haben.[53] Der so genannte *Chief Executive Officer (CEO)* muss immer Mitglied des *Boards* sein und ist der wichtigste und höchste *inside director (executive director)*. Er kann gleichzeitig, muss aber nicht zwingend, Vorsitzender (*Chairman of the Board*) sein. In mehr als drei Vierteln aller Unternehmen bekleidete er jedoch die Position des *Chairmans*. In diesem Fall kann er starken Einfluss auf die Auswahl der *directors* und deren Tätigkeit nehmen.[54] Zum Ausgleich der starken Stellung des CEOs schlug der Cadbury Report nachdrücklich vor, die Rollen von CEO und *Chairman* zu trennen. Heutzutage wählen die *Boards* normalerweise einen *outside director (non-executive director)* als *Chairman* und „Gegengewicht" zum CEO.[55] Da zwei unterschiedliche, sogar gegensätzliche Aufgaben tragende Mitglieder demselben Organ angehören, fallen Unternehmensleitung und Unternehmensüberwachung zusammen[56].

b. Gemeinsame und systemspezifische Probleme sowie Gegenmaßnahmen

Die beiden Systeme haben unterschiedliche Organisationsstrukturen. Allerdings sind die Funktionen der Unternehmensleitung und Unternehmensüberwachung vergleichbar. Weder das eine noch das andere System ist perfekt bzw. dem anderen System eindeutig überlegen. Im Gegenteil, beide Systeme sind nach wie vor mit sowohl systemspezifischen als auch allgemeinen Mängeln behaftet. Bei beiden Systemen kommt es deswegen, insbesondere bei börsennotierten Aktiengesellschaften, immer wieder zu Skandalen, die in vielen Fällen dem Nichtfunktionieren der Kontrolle angelastet werden. Infolgedessen werden entsprechende Maßnahmen, die zur Beseitigung der Mängel und zur Verbesserung der Corporate Governance beitragen, in beiden Systemen getroffen. Dadurch entsteht eine Annäherung der beiden Systeme.

(1) Mangelnde Trennung der Organe und unzureichende Informationen der Kontrolleure

Im monistischen System gibt es kein selbständiges Überwachungsorgan. Die für Überwachung zuständigen *non-executive directors* sind auch Mitglieder des Unternehmensleitungsorgans nämlich des *Boards*. Fraglich ist, ob die *non-executive directors* sich im selben Maße als Kontrolleure des Managements verstehen, wie

[50] *Schneider* (2000), S. 38.

[51] Sie werden auch als Inside Directors, Management Directors, Officer Directors, Employee Directors und Department Directors bezeichnet. Vgl. *Schneider* (2000), S. 41.

[52] Sie werden auch als Outside Directors, Non-Management Directors, Non-Officer Directors, Non-Employee Directors und Independent Directors bezeichnet. Vgl. *Schneider* (2000), S. 41.

[53] *Berrar* (2001), S. 37.

[54] *Schmidt* (2001), S. 351.

[55] Siehe: *Witt* (2003), S. 69.

[56] *Berrat* (2001), S. 37.

dies bei den Aufsichtsratsmitgliedern im dualistischen System der Fall ist.[57] Wegen der fehlenden Trennung wird immer daran gezweifelt, ob man sich selbst überwachen kann. Die Problematik des Fehlens eines abgetrennten Kontrollorgans wird noch verschärft, wenn das *Board* von den *executive directors* dominiert wird.[58] Einige empirische Untersuchungen erkennen schließlich eine bessere Performance von Unternehmen, deren *Board* eine stärkere Trennung von ausführenden und kontrollierenden Mitgliedern aufweist.[59] In den USA und in Großbritannien ist zu beobachten, dass die Leitungs- und Kontrollfunktionen neuerdings tendenziell stärker von einander getrennt werden.[60] Dies erfolgt durch die Berufung von *outside directors (non-executive directors)* bzw. *independent directors.* Fast alle größeren Unternehmen sind mittlerweile dazu übergegangen, mehrheitlich *outside directors (non-executive directors)* in das *Board* zu berufen.[61] Auch die Ausschüsse des *Boards* werden zunehmend mit *outside directors (non-executive directors)* besetzt.[62] 1978 schrieb die NYSE als Voraussetzung für die Notierung eines Unternehmens vor, dass als Ausschuss des *Boards* ein *Audit Committee* (Rechnungslegungs- oder Revisions-Ausschuss) zu bilden ist, in dem nur *outside directors (non-executive directors)* vertreten sind.[63] Im *Combind Code (05. 2000)* wird ausdrücklich vorgeschrieben: „*The board should include non-executive directors of sufficient caliber and number for their views to carry significant weight in the board's decisions. Non-executive directors should comprise not less than one third of the board.* "[64] Vorschriften wie diese haben dazu geführt, dass die *non-executive directors* schon separate Beratungen abhalten. Auf der Basis eines einheitlichen Leitungsorgans eine scharfe Trennung von Funktionen vorzunehmen, ist somit nicht undenkbar.

Während die *non-executive directors* im monistischen System Mitglieder des Leitungsorgans sind und damit die Strategie und die grundlegenden Entscheidungen mittragen, ist der Aufsichtsrat im dualistischen System als selbständiges Überwachungsorgan an der Unternehmensleitung nicht beteiligt. Die Trennung von Leitungs- und Überwachungsorgan gewährleistet die Unabhängigkeit und separate Beratung der Kontrolleure. Aber andererseits hat sie auch die unzureichende Information und die damit verbundene Ineffizienz der Kontrolle[65] zur Folge. Eine jüngere deutsche Studie hat auch aufgewiesen, welche Probleme der Aufsichtsrat bei der Informationsbeschaffung hat.[66] Um die Versorgungslage des Aufsichtsrats mit den notwendigen Informationen zu verbessern und um u.a. dadurch seine Überwachungsfunktion zu stärken, ist das deutsche AktG in den vergangenen

---

[57] *Schiessl*, ZHR 2003, 243.

[58] *Schiessl*, ZHR 2003, 244.

[59] *Früh* (1999), S. 29.

[60] *Hopt*, in: Institut der Wirtschaftsprüfer in Deutschland (2001), S. 41; *Frühauf*, ZGR 1998, 408; *Schiessl*, ZHR 2003, 244.

[61] Siehe: *Witt* (2003), S. 69.

[62] Vgl. *Schmidt* (2001), S. 115-120, 359.

[63] Siehe: *Witt* (2003), S. 69.

[64] A. 3. 1, Code of Best Practice, http://www2.eycom.ch/corporate-governance/reference/pdfs/2/en.pdf

[65] *Schiessl*, ZHR 2003, 241; *Davies*, ZGR 2001, 268, 284ff.; *Endres*, ZHR 1999, 441, 455.

[66] Vgl. *Schiessl*, ZHR 2003, 241.

Jahren mehrfach geändert worden. Die Berichterstattungspflicht des Vorstands ist in Inhalt und Umfang durch das Gesetz zur Kontrolle und Transparenz im Unternehmensbereich (KonTrG) und die Rechtsprechung teils erheblich ausgedehnt, teils verschärft worden.[67] Heute sind das Informationsrecht des Aufsichtsrats (§ 111 Abs.2 AktG) und die Berichterstattungspflicht des Vorstands (§ 90 AktG) schon im deutschen AktG eingehend geregelt. Dazu würde man auch die Pflicht des Vorstands zur Unterrichtung des Aufsichtsrats über das *follow-up* zur Unternehmensplanung zählen können.[68] Im deutschen System sind Tendenzen zu erkennen, den Aufsichtsrat nicht allein als Überwachungsorgan zu begreifen, sondern ihn stärker als bisher in die Entscheidung über bedeutsame Geschäftsführungsmaßnahmen einzubeziehen.[69] Obwohl die Kompetenzen der Geschäftsführung dem Aufsichtsrat nicht übertragen werden können, hat die Satzung oder der Aufsichtsrat jedoch zu bestimmen, dass bestimmte Arten von Geschäften nur mit seiner Zustimmung vorgenommen werden dürfen.[70] All solche Maßnahmen oder Regelungen bezwecken, den Aufsichtsrat mittels Information in die Lage zu versetzen, seine Kontroll- und Überwachungsfunktion sachgerecht erfüllen zu können[71] und an Managementprozessen mittels Vorbestimmung mitzuwirken.

(2) Interessenkonflikt

Sowohl im monistischen als auch im dualistischen System ist von dem Problem „Interessenskonflikt" oder „Unabhängigkeit"[72] der Kontrolleure gesprochen worden. Die Kontrolleure sollen im Interesse der Gesellschaft ihre Überwachungsaufgabe wahrnehmen. Dabei haben sie auch eigene Interessen. Sofern sie nicht in einer interessenskonfliktfreien bzw. unabhängigen Beziehung zur Gesellschaft stehen, könnten sie von den Belangen der Gesellschaft abweichen und die Überwachungsaufgaben nicht angemessen und effizient ausüben. Deshalb ist vor allem zu fordern, dass es keine Interessenskonflikte geben darf. Dementsprechend schreibt nunmehr der DCGK vor, dass bei der Auswahl der Aufsichtsratsmitglieder potenzielle Interessenskonflikte zu berücksichtigen (Ziff. 5.4.1 DCGK) und existierende Konflikte offen zu legen sind (Ziff. 5.5 DCGK). Darüber hinaus sollen Aufsichtsratsmitglieder keine Organfunktionen oder Beratungsaufgaben bei wesentlichen Wettbewerbern ausüben (Ziff. 5.4.2 DCGK). Sect. 301 (3) SOA schreibt nunmehr vor, dass jedes Mitglied des *Audit Committee* „unabhängig" sein muss. Nicht unabhängig ist ein Director, der entweder *„any counsulting, advisory, or other compensatory fee"* von dem Unternehmen erhält oder *„an affiliated person"* des Unternehmens oder einer Tochtergesellschaft ist.[73]

---

[67] Vgl. *Hommelhoff/Lutter/Schmidt/Schön/Ulmer* (2002), S. 77.

[68] *Hopt* (2001), S. 44.

[69] *Von Hein*, ZHR 2002, , 494.

[70] § 111 Abs. 4 Satz 1, 2 AktG.

[71] *Hommelhoff/Lutter/Schmidt/Schön/Ulmer* (2002), S. 87; *Hüffer* (2004), § 90 Rn. 1; *Lutter* (1984), S. 24; KölnKommAktG/*Mertens*, § 90 Rn. 4; *Raiser* (2001), § 14 Rn. 5.

[72] *Schiessl*, ZHR 2003, 244, 247.

[73] *Schiessl*, ZHR 2003, 242.

(3) Engagement der Kontrolleure

Eine effektive Überwachung durch die Kontrolleure setzt voraus, dass sie ausreichende Zeit für ihre Aufgaben ansetzen. Sowohl im monistischen System als auch im dualistischen System stellt sich die Frage, wie der zeitliche Aufwand der Kontrolleure gewährleistet werden soll. Trotz der Mitgliedschaft der *non-executive directors* im Verwaltungsorgan des monistischen Systems besteht die Gefahr, dass sie vom Management nicht ausreichend mit Informationen versorgt werden und nicht genug Zeit für das Mandat aufwenden, um eine effiziente Kontrolle des Managements zu gewährleisten[74]. Zum großen Teil sind die *non-executive directors* noch führende Manager in anderen Unternehmen. Im dualistischen System in Deutschland beispielsweise investieren viele Aufsichtsräte immer noch nicht die Zeit, die für eine effiziente Kontrolle erforderlich ist[75]. Im Zusammenhang hiermit steht die Frage nach der Höchstzahl von Mandaten, die nebeneinander wahrgenommen werden dürfen.[76]

Als Folge der jüngsten Unternehmensskandale und der nachfolgenden Verschärfung der rechtlichen Rahmenbedingungen ist mit einer weiteren Intensivierung der Tätigkeit der *non-executive directors* zu rechnen. Demgegenüber findet in Deutschland wohl gerade auch wegen der bloßen Kontrollfunktion des Aufsichtsrats weiterhin eine Ämterhäufung statt. § 100 Abs. 2 Satz 1 Nr. 1 AktG lässt bis zu 10 konzernexterne Aufsichtsratsmandate zu.

(4) Qualifikation der Kontrolleure

Sowohl die *non-executive directors* als auch die Aufsichtsräte müssen ausreichend qualifiziert sein, um ihre Aufgaben effizient ausüben zu können. Die Forderung nach angemessener Qualifikation der Kontrolleure besteht in beiden Systemen. Sect. 407 SOA ordnet nunmehr an, dass die Gesellschaft veröffentlichen muss, ob dem *Audit Committee* zumindest ein so genannter *„financial expert"* angehört.[77] In Deutschland sind Professionalisierung und Qualitätsverbesserung der Aufsichtsratsmitglieder in der Literatur vorgeschlagen worden. Der BGH hat verlangt, dass ein Aufsichtsratsmitglied „diejenigen Mindestkenntnisse und -fähigkeiten besitzen und sich aneignen muss, die es braucht, um alle normalerweise anfallenden Geschäftsvorgänge auch ohne fremde Hilfe verstehen und sachgerecht beurteilen zu können"[78]. Erwägenswert wäre jedoch, zu verlangen, dass Aufsichtsratsmitglieder, die sich in einen bestimmten Ausschuss wählen lassen, über einschlägige Sachkenntnis verfügen müssen.[79] Im DCGK ist folgendes vorgeschrieben: „Bei Vorschlägen zur Wahl von Aufsichtsratsmitgliedern soll darauf geachtet werden, dass dem Aufsichtsrat jederzeit Mitglieder angehören, die über die zur ordnungsgemäßen Wahrnehmung der Aufgaben erforderli-

---

[74] Zur Situation in den USA *Hess* in: *Feddersen/Hommelhoff/Schneider* (1996), S. 9, 15ff.; *Kraakmann* in: *Feddersen/Hommelhoff/Schneider* (1996), S. 129, 139f.

[75] *Schiessl*, ZHR 2003, 242.

[76] *Schiessl*, ZHR 2003, 242.

[77] Vgl. *Schiessl*, ZHR 2003, 246.

[78] BGHZ 85, 293, 295f. „Hertie". Vgl. *Schiessl*, ZHR 2003, 247.

[79] *Schwark*, in: *Hommelhoff/Lutter/Schmidt/Schön/Ulmer* (2002), S. 105.

chen Kenntnisse, Fähigkeiten und fachlichen Erfahrungen verfügen."[80] Eine solche begrüßenswerte Regelung sollte noch gesetzlich in § 100 Abs.4 AktG geregelt werden.[81]

c. Bewertung der zwei Corporate Governance-Systeme

Auf die Frage, welches System besser ist, kann man keine eindeutige Antwort geben. Funktioniert das dualistische System besser, weil eine deutliche Aufteilung von Geschäftsführung und Kontrolle auf zwei Organe die Unabhängigkeit der Kontrolleure gewährleisten könnte? Oder ist das monistische System dagegen vorzuziehen, weil durch die direkte Teilnahme am Entscheidungsprozess des Vorstands und kurzen Informationswege die Kontrolle effizienter wäre? Jedes Corporate Governance-System wurzelt tief in der nationalen Tradition, Kultur und Geschichte, die das Recht geformt haben und weiterhin prägen. Jedes Corporate Governance-System hat bestimmte Stärken, d.h. besonders vorteilhafte Elemente.[82] Beim Unterschied der beiden Systeme handelt es sich eher um eine Frage der Rechtskultur.[83]

Wie oben schon erwähnt, weist jedes System gewisse Mängel auf und versucht deswegen, die nützlichen Elemente von dem anderen System in die eigene Struktur einzufügen. Die Annahme eines unüberbrückbaren Gegensatzes zwischen dem monistischen und dem dualistischen System überzeugt deshalb nicht.[84] Umgekehrt ist auch nicht anzunehmen, dass sich ein System von Grund auf verändert oder dass das eine das andere vollständig ersetzt. Weder das dualistische noch das monistische System ist perfekt. Kein System der Unternehmensüberwachung ist in der Lage, spektakuläre Zusammenbrüche zu verhindern.[85] Ein Systemwechsel bringt deshalb nicht automatisch Verbesserungen mit sich.[86] In Deutschland wird beispielsweise eine Ablösung des dualistischen Systems durch das Board-Modell seit der Weimarer Zeit wiederholt vorgeschlagen, aber auch immer wieder abgelehnt; heutzutage nicht zuletzt aus mitbestimmungsrechtlichen Gründen.[87] Zwar wird heute ein funktionierender Informationsfluss vom Vorstand zum Aufsichtsrat gefordert, und die Praxis der deutschen Aufsichtsräte befindet sich oft in der Kritik, aber die Notwendigkeit und Befürwortung, zum Board-System angloamerikanischer Prägung überzugehen, sind noch nicht ersichtlich.[88]

---

[80] Ziff. 5.4.1 DCGK.

[81] *Rosengarten*, in: Gesellschaftsrechtliche Vereinigung (2002), S. 81.

[82] *Witt* (2003), S. 141.

[83] *Hueck/Windbichler* (2003), S. 258.; Vgl. Auch *Davies* ZGR 2001, 268; GroßkommAktG/*Kort* Vor § 76 Rn. 2; *Windbichler* ZGR 1985, 50; auch Präambel vom DCGK: „Das auch in anderen kontinentaleuropäischen Ländern etablierte duale Führungssystem und das international verbreitete System der Führung durch ein einheitliches Leitungsorgan bewegen sich wegen des intensiven Zusammenwirkens von Vorstand und Aufsichtsrat in der Praxis aufeinander zu und sind gleichermaßen erfolgreich."

[84] *Von Hein*, ZHR 2002, 495.

[85] *Schmitz*, in: *Feddersen/Hommelhoff/Schneider* (1996), S. 234.

[86] *Lambsdoff*, in: *Feddersen/Hommelhoff/Schneider* (1996), S. 218.

[87] Vgl. *Von Hein*, ZHR 2002, 494.

[88] Vlg. *Hopt* (2001), S. 42; *Böckli*, in: *Hommelhoff/Hopt/Von Werder* (2003), S. 203.

Man darf außerdem nicht übersehen, dass sich das monistische und das dualistische System in ihrer praktischen Funktionsweise bereits stark einander angenähert haben[89]. Wenn sich die vorteilhaften Einzelelemente aus verschiedenen Corporate Governance-Systemen gegenüber weniger vorteilhaften durchsetzen, kommt es zwangsläufig zu einer Annäherung der Gesamtsysteme.[90] Die zunehmende freiwillige Einsetzung von *Audit Committees* in deutschen Aufsichtsräten ist hierfür ein Beispiel wie umgekehrt die zunehmende Trennung von externer Aufsichts- und interner Leitungszuständigkeit im Board-System.[91] Die so genannte „funktionale Konvergenz der Corporate Governance-Systeme" entsteht, indem sich die Institutionen der Corporate Governance zwar nicht in ihrer Form, aber in ihren Auswirkungen auf die Unternehmen und die an ihnen beteiligten Stakeholder angleichen.[92] Die starken Trends zu einer Angleichung von angelsächsischem und kontinentaleuropäischem Recht seien erkennbar.[93] Im DCGK wird eine gewisse Konvergenz zwischen dem amerikanischen und dem deutschen System der Corporate Governance festgestellt.[94] Dies ist eine Folge der Globalisierung und Internationalisierung des Wirtschaftslebens. Wie oben erwähnt ist Corporate Governance schon ein Standard zur Bewertung einer Aktiengesellschaft und auch zur Investitionsentscheidung der Investoren auf dem internationalen Kapitalmarkt geworden. Besonders nach den Bilanzierungsskandalen in den USA wird auf das Vorhandensein hoher Corporate Governance-Standards bei den Investitionen geachtet. So sehen sich auch deutsche Emittenten, die auf verstärktes Investment von Anlegern aus den USA hoffen, daher zu einer möglichst weitgehenden Umsetzung der Richtlinien der NYSE gezwungen.[95] Dass das Interesse deutscher Unternehmen am Zugang zum amerikanischen Kapitalmarkt, einschließlich des Interesses an einem Börsen-Listing, ständig wächst, führt zu einer Angleichung der deutschen und amerikanischen Rechnungslegung.[96] Die US-amerikanischen Investmentfonds und Pensionsfonds haben ihre Anteile an europäischen Unternehmen erhöht und haben, indem sie durch Verbesserungsvorschläge Einfluss auf das Management nehmen, Elemente des monistischen Systems in solchen Unternehmen eingeführt.[97] Die Verschärfung der Unabhängigkeit der *directors* bedeutet andererseits, eine Anpassung des monistischen Systems an das dualistische System. Beim so genannten Board-System werden die Funktionen von *executive director* und *non-executive director* getrennt und auseinander gehalten. Es sei

---

[89] *Von Hein*, ZHR 2002, 494.
[90] *Witt* (2003), S.141.
[91] *Dreher*, in: *Feddersen/Hommelhoff/Schneider* (1996), S. 60.
[92] Vgl. *Witt* (2003), S. 141.
[93] *Hopt*, ZGR 2000, 782, 817.
[94] *Rosengarten*, in:, Gesellschaftsrechtliche Vereinigung (2002), S. 79; In seiner Präambel drück der DCGK genau aus: „Das auch in anderen kontinentaleuropäischen Ländern etablierte duale Führungssystem und das international verbreitete Systeme der Führung durch einheitliches Leitungsorgan (Verwaltungsrat) bewegen sich wegen des intensiven Zusammenwirkens von Vorstand und Aufsichtsrat in der Praxis aufeinander zu und sind gleichermaßen erfolgreich."
[95] *Leube*, RIW 2003, 99.
[96] *Bruxbaum*, in: *Feddersen/Hommerhoff/Schneider* (1996), , S. 67.
[97] Vgl. *Witt* (2003), S. 135, 143.

beispielsweise allgemeine Praxis in den USA, dass das *Audit Committee* sich ausschließlich aus *non-executive directors* zusammensetzt.[98] Es findet folglich eine gegenseitige Annäherung statt. Jedes System versucht, sich den Forderungen des Marktes anzupassen. Bei der Anpassung oder der Annäherung stellen die unterschiedlichen Strukturen der Corporate Governance-Systeme kein unüberwindliches Hindernis dar, weil die Anpassung und die Verbesserung der Funktion der Systeme im Vordergrund stehen. Die vorteilhaften Elemente eines Systems, die in ein anderes System gut integriert werden und dessen Mängel beseitigen können, können in das System übernommen werden. Der formelle Unterschied der Struktur wird nicht berührt.

3. Wirtschaftswissenschaftliche Aspekte

Corporate Governance wird auch unter wirtschaftswissenschaftlichen Gesichtspunkten diskutiert. Die neue Institutionenökonomik widmet sich besonders dieser seit langem wachsenden Diskussion um Corporate Governance. Der rechtswissenschaftliche Ansatz geht von der Beziehung zwischen Rechten, Pflichten und Haftungen aus. Der Ausgangspunkt der Neuen Institutionenökonomik ist dagegen die Überlegung, dass jede Transaktion mit Kosten abgeschlossen wird. Im Folgenden werden einige wichtige wirtschaftswissenschaftliche Aspekte im Überblick dargestellt.

a. Trennung von Eigentum und Verfügungsmacht

Die Aktionäre investieren ihr Kapital in die Aktiengesellschaft und tragen das damit verbundene Risiko. Verfügungsrechte an einer Unternehmung seien deswegen originär dem Unternehmer zugeordnet.[99] Theoretisch wäre es wünschenswert, dass sich die Aktionäre selbst an der Unternehmensführung beteiligen könnten. Wegen der Kapitalanlage sollten sie motivierter sein, das Unternehmen effizient zu führen. Dies ist in der Realität jedoch nicht praktikabel. Die Aktionäre beteiligen sich nicht direkt an der Geschäftsführung der Gesellschaft, sondern beauftragen ein Organ, den Vorstand, mit der Unternehmensleitung. Das bedeutet allerdings nicht, dass die Aktionäre auf den Einfluss auf die Unternehmensführung verzichten. Dagegen üben sie ihre Rechte, insbesondere die Stimmrechte zu grundlegenden Entscheidungen, in der Hauptversammlung, die in der Regel jährlich stattfindet, aus. Die Aktionäre, die das Eigenkapital eingebracht haben und deswegen im wirtschaftlichen Sinne Eigentümer des Unternehmens sind, können nur indirekt an der Unternehmensführung teilnehmen. Die Unternehmensleitung wird aber in fremde Hände gelegt. Diese Trennung von Eigentum und Verfügungsmacht besteht vornehmlich in den Publikumsaktiengesellschaften, bei denen der Aktienbesitz sehr breit gestreut ist. Die großen Aktiengesellschaften sind nicht mehr eigentümer-, sondern managerkontrolliert, was für die Aktionäre geringere Renditen bedeutet.[100]

---

[98] *Peltzer*, in: *Hommelhoff/Hopt/Von Werder* (2003), S. 224.
[99] *Zimmermann/Wortmann*, DB 2001, 289.
[100] *Witt* (2003), S. 5.

Folgende Gründe sprechen für eine Trennung von Eigentum und Verfügungsmacht in der Aktiengesellschaft:

Zuerst sind die Aktionäre zur Geschäftsführung der Gesellschaft wegen der Beschränkung ihrer Haftung und ihrem u.U. geringen Stimmengewicht nicht ausreichend motiviert. Anders als die Personengesellschaften sind die Aktiengesellschaften juristische Personen, die den Gläubigern grundsätzlich nur mit dem Gesellschaftsvermögen haften. Die so genannte Haftung der Aktionäre beschränkt sich nur auf ihre Kapitalbeteiligung. Die Aktionärsrechte werden nach dem Aktienanteil ausgeübt. Je größer der Aktienanteil ist, desto mehr Einfluss auf die Unternehmensführung erhält der Aktionär. Eine Publikumsaktiengesellschaft hat normalerweise zahlreiche Aktionäre. So unterschiedlich wie die Anlageziele und Interessen der einzelnen Aktionäre sind auch deren Bereitschaft, die Mitwirkungsmöglichkeiten im Unternehmen zu nutzen.[101] Im Vergleich zu den Kleinaktionären sind die Großaktionäre interessierter an der Teilnahme an der Geschäftsführung. Wegen ihrer großen Aktienanteile werden ihre Interessen durch die Entscheidungen der Unternehmensführung stärker beeinflusst, und umgekehrt können die Großaktionäre intensiv auf die Entscheidungen der Unternehmensführung Einfluss nehmen. Deswegen ist es nur für die Großaktionäre möglich und sinnvoll, leicht und kostengünstig in der Unternehmensführung mitzuwirken. Für die Kleinaktionäre verursacht die Teilnahme an der Geschäftsführung angesichts der geringen Einflussmöglichkeiten bei der Entscheidungsfindung unverhältnismäßige Kosten. Sie interessieren sich eher für die Änderung des Börsenkurses als für die Teilnahme an der Geschäftsführung. Infolgedessen ist es für die Aktionäre der Publikumsaktiengesellschaften weder attraktiv noch notwendig, sich an der Geschäftsführung zu beteiligen. In diesem Fall kontrollieren die Manager unvermeidlich die Geschäftsführung, ohne dass die Aktionäre darauf Einfluss nehmen können.

Wegen des immer komplizierter werdenden Wirtschaftslebens haben außerdem spezifische Kenntnisse für effiziente Geschäftsführung an Bedeutung gewonnen. Die Aufgabe der Geschäftsführung erfordert besondere Fähigkeiten und Fertigkeiten, die durch das Eigentumsrecht an einer Gesellschaft nicht automatisch gegeben sind.[102] Die Aktionäre sind normalerweise weder ausreichend qualifiziert noch verfügen sie über die notwendigen Informationen, um sinnvolle Entscheidungen zu treffen.[103] Im Gegensatz dazu sind die Manager aufgrund ihrer Erfahrungen und ihres Wissens zur Leitung des Unternehmens besser befähigt.[104] Die Anteilseigner delegieren daher die Geschäftsführung und damit die Aufgabe der rentablen Verwendung ihres Kapitals an solche professionellen Manager.[105] In einer Aktiengesellschaft ist der Vorstand zuständig, unter eigener Verantwortung die Gesellschaft zu leiten.[106] Ein entsprechendes Verhältnis besteht etwa zwischen

---

[101] *Rosen*, in: *Feddersen/ Hommelhoff/Schneider* (1996), S. 290.
[102] *Bleicher* (1987), S. 8.
[103] *Starke* (2002), S. 55.
[104] *Nassauer* (2000), S. 11.
[105] *Nassauer* (2000), S.11.
[106] § 76 AktG.

den Aktionären der Gesellschaft und ihren Vorständen: Erstere wollen/können das Unternehmen nicht führen. Das werden vielmehr – in ihrem Auftrag – letztere für sie tun.[107] Der Vorstand ist nach der Auffassung in der Wissenschaft Interessenwahrer der Aktionäre. [108] Dies führt dazu, dass die Ausübung der Unternehmensführung vom Anspruch auf die Aneignung der Unternehmungsüberschüsse getrennt ist.[109] Eigentum und Leitung des Unternehmens würden somit in getrennten Händen liegen.[110]

Die Trennung von Eigentum und Verfügungsmacht in der Aktiengesellschaft hat unvermeidlich zur Folge, dass die Manager die Gesellschaft so kontrollieren könnten, als ob sie die echten Inhaber der Gesellschaft wären. Es wäre unredlich, wenn die Aktionäre als Geldgeber von der Unternehmensleitung völlig ausgeschlossen würden, indem sie keine oder keine richtigen Informationen über die Situation der Gesellschaft bekommen oder in wichtigen Angelegenheiten der Gesellschaft keine Beschlüsse treffen könnten. Dass die Aktionäre den Vorstand mit der Unternehmensleitung beauftragen, bedeutet nicht, dass sie die auf Grund deren Investition bestehende Aktiengesellschaft dem Vorstand übertragen. Sie sollen letztendlich immer diejenigen sein, die aus der Gesellschaft ihre Gewinne ziehen und in grundlegenden Angelegenheiten der Gesellschaft entscheiden. Damit das aus der Trennung von Eigentum und Verfügungsmacht resultierende Risiko, dass die Gesellschaft völlig von den Vorständen kontrolliert würde, vermieden wird, bedarf die Unternehmensleitung notwendiger und effektiver Überwachung seitens der Aktionäre. Im Kern geht es bei der Corporate Governance um die Beziehung zwischen Eigenkapitalgebern und Unternehmensverwaltung.[111] Die Neue Institutionenökonomik trägt dazu bei, dass geeignete Institutionen ausfindig gemacht werden, um die aus der Trennung von Eigentum und Verfügungsmacht resultierenden Probleme durch angemessene wirtschaftliche Institutionen zu überwinden.

b. Agency-Probleme

Die Trennung von Eigentum und Verfügungsmacht stellt eine Spezialisierung der Geschäftsführung der Aktiengesellschaft durch Delegation dar. Die Aktionäre delegieren die Unternehmensleitung an professionelle Managern, die die Geschäfte der Gesellschaft zur Verwirklichung des Unternehmenszwecks führen. Obwohl die Aktionäre nicht direkt an der Geschäftsführung teilnehmen, sind sie als Investoren die Gewinnberechtigten, die das Residuum, das, das übrig bleibt, bekommen würden, nachdem die Ansprüche der anderen Anspruchsberechtigten befriedigt sind[112]. Diese Beziehung, die zwischen Aktionären und Managern durch Auftrag entsteht, lässt sich auf dem wirtschaftwissenschaftlichen Gebiet als Agency-Beziehung (*agency relation*) bezeichnen. In einer Aktiengesellschaft ist

---

[107] *Eidenmüller*, JZ 2001, 1047.
[108] *Hopt*, ZGR 2000, 789-790.
[109] *Zimmermann/Wortmann*, DB 2001,289.
[110] *Mathis* (1992), S. 5.
[111] *Starke* (2002), S. 53.
[112] *Schmidt/Weiß*, in: *Hommelhof/Hopt/Von Werder* (2003), S. 110.

die Aktionärsversammlung als Beauftragende der *principal*, und der Vorstand als Manager der *agent*. Der Begriff der Agency-Beziehung geht zurück auf die Theorie, die das Unternehmen als ein Netzwerk von Verträgen betrachtet.[113] Aufgrund der Trennung von Eigentum und Verfügungsmacht bleiben die Aktionäre außerhalb der Geschäftsführung der Aktiengesellschaft. Der Vorstand, dessen Mitglieder direkt oder indirekt von den Aktionären (von dem deutschen Mitbestimmungsgesetz abgesehen) gewählt werden, ist für die Unternehmensleitung zuständig. Diese Machtverteilung entspricht natürlich auch dem Wesen der juristischen Person, die kein Mensch aus Fleisch und Blut ist und Organe für die Handlung braucht. Die Beziehung zwischen Aktionären und Managern kann man nach der Vertragstheorie als eine Vertragsbeziehung erklären. Aber man darf nicht übersehen, dass dieser Vertrag anders als normale Verträge im zivilrechtlichen Sinne ist. Man kann durch einen Vertrag die Vorstandsmitglieder bestellen, aber ihnen nicht vorschreiben, was sie bei der Unternehmensleitung tun sollen, denn unternehmerisches Handeln ist immer ein Handel in Unsicherheit. In der Realität kann freilich niemand alle möglichen Entwicklungen der Umwelt vorhersehen, und es sei erst recht nicht möglichen, für alle möglichen Entwicklungen vertraglich und gerichtsfest zu vereinbaren, was geschehen soll.[114] Außerdem müssen die Entscheidungen der Gesellschaft schnell auf die Veränderung des Markts reagieren können. Damit braucht der Vorstand selbstverständlich einen großen Handlungsspielraum, ohne dass seine Zuständigkeit durch vertragliche Beschränkungen verkürzt wird. Mit zunehmender Kompetenzfülle der Manager steigt auch das Risiko, dass sie die Geschäfte willkürlich führen und der Gesellschaft Verluste bringen. Um die Handlungen des Vorstands zu überwachen, werden den Aktionären entsprechende Ansprüche eingeräumt. Sowohl das Tätigwerden des Managers im Eigeninteresse als auch die damit einhergehende Kontrolle des Managers bringen aus wirtschaftswissenschaftlicher Perspektive so genannte Transaktionskosten mit sich. Infolgedessen ergeben sich die so genannten Ageny-Probleme[115] oder *agency costs*[116]. Genauer gesagt, gibt es dafür aus institutionenökonomischer Sicht nachfolgende Gründe.

Zuerst gibt es zwischen Aktionären und Vorstand Interessens- sowie Zielkonflikte. Das Ziel der Aktionäre liegt in der Gewinnmaximierung und dem größten ökonomischen Erfolg. Durch ständige Steigerung des Unternehmenswerts können die Aktionäre von hohen Börsenkursen oder hohen Ausschüttungen profitieren. Theoretisch sollten die Vorstände als *agent* nur für die Interessen der Aktionäre, also des *principal*s, die Geschäfte führen und ihre Anstrengungen auf die Verwirklichung der Aktionärsziele richten. Aber die Vorstände hätten gleichzeitig auch eigene Interessen wie z.B. ihr Gehalt, ihr Dienstwagen, ihre Büroeinrichtung, ihre Freizeit und andere ähnliche „Nebenverdienste“[117]. Weil die Vorstände einen erheblichen Entscheidungsspielraum besitzen, sind sie in der Lage vor al-

---

[113] *Starke* (2002), S. 54.

[114] *Schmidt/Weiß*, in: *Hommelhoff/Hopt/Von Werder* (2003), S. 113.

[115] *Zimmermann / Wortmann*, DB 2001, 289. Die hier genannten Agency-Probleme sind im engen Sinn benutzt. Agency-Probleme im weiten Sinn Vgl. *Nassauer* (2000), S. 9-24; *Berrar* (2001), S. 30-34.

[116] *Eidenmüller*, JZ 2001, 1407-1409.

[117] *Nassauer* (2000), S. 12; *Eidenmüller*, JZ 2001, 1047.

lem ihre eigenen Interessen zu berücksichtigen. Da die Vorstände keinen signifikanten Anteil an der Gesellschaft halten, sind sie nicht an der Maximierung des Residuums, sondern an der Erhaltung und am Wachstum des Unternehmens interessiert[118]. Dies kann sich in der Geschäftspolitik und der Investitionspolitik widerspiegeln. Zum Unternehmenswachstum und zur Unternehmenswertsteigerung sind erwirtschaftete Gewinne nicht nach dem Wunsch der Aktionäre in Form von Dividenden auszuschütten, sondern so weit wie möglich einzubehalten. Weil sich die Vorstände mit der Gesellschaft viel enger als die Aktionäre verbinden, ist das unternehmensspezifische Risiko für sie relevanter. Deswegen wird der Vorstand tendenziell eine risikoarme Investitionspolitik verfolgen, die auf die Erhaltung des Unternehmens und damit auch seines eigenen Arbeitsplatz sowie seines Einkommens ausgerichtet ist.

Außerdem neigt der Vorstand wegen der Haftungsverteilung eher zu opportunistischem Verhalten. Der Vorstand leitet die Gesellschaft mit dem Gesellschaftsvermögen, dessen Grundlage bzw. Grundkapital durch die Anlage der Aktionäre gebildet wird. Für die Verbindlichkeiten der Gesellschaft und die Schäden, die ein Mitglied des Vorstands durch eine in Ausführung der ihm zustehenden Verrichtungen begangene, zum Schadenersatz verpflichtende Handlung einem Dritten zufügt, haftet die Gesellschaft mit dem Gesellschaftsvermögen.[119] Man kann davon ausgehen, dass der Vorstand opportunistische Entscheidungen zu seinen Gunsten treffen wird, ohne die Interessen der Gesellschaft und der Aktionäre zu berücksichtigen, während die Kosten weitestgehend von den Aktionären zu tragen sind. Obwohl eine Geschäftsführung zugunsten der Gesellschaft und der Aktionäre zwar wünschenswert wäre, stellt es sich in der Praxis zum großen Teil anders dar. Die Beteiligung breiter Kreise eines wirtschaftlich nicht sachverständigen und mit den Verhältnissen des einzelnen Unternehmens nicht vertrauten Publikums erleichtert auch eine weitgehende Verselbständigung des Managements.[120] Dies ermöglicht und verstärkt das opportunistische Verhalten des Managements zu seinen eigenen Gunsten. Es ist bereits von *Berle & Means* festgestellt worden, dass professionelle Manager großer Unternehmen *‚agents out of control'* seien.[121] Sicherlich besteht die Gefahr, dass der Vorstand unter dem Deckmantel eines derart weit verstandenen Unternehmensinteresses eigene Interessen verfolgen könnte.[122]

Darüber hinaus besteht eine asymmetrische Informationsverteilung zwischen den Aktionären und den Vorständen. Nach der Ansicht der Neuen Institutionenökonomik herrscht eine asymmetrische Informationsverteilung zwischen Transaktionspartnern. Im Falle einer asymmetrischen Informationsverteilung spricht man davon, dass bestimmte Sachverhalte für einige Individuen „unbeobachtbar" sind.[123] Um solche Sachverhalte zu erfahren, müssen die betreffenden Individuen

---

118 *Nassauer* (2000), S. 11.
119 § 1 Abs.1 Satz 1 AktG, § 31 BGB.
120 *Hueck/Windbichler* (2003), S. 246.
121 *Mathis* (1992), S. 5.
122 *Hopt*, ZGR 2000, 799.
123 *Neus* (2003), S. 94.

notwendige Informationen bekommen. Die daraus resultierenden Informationskosten gehören zu den Transaktionskosten, die sich aus dem unvollkommenen Markt ergeben. Im Rahmen der Corporate Governance geht es um die asymmetrische Informationsverteilung zwischen der Unternehmensverwaltung und den sonstigen Unternehmensbeteiligten, insbesondere den Aktionären. Schon während der Auswahl der Vorstandsmitglieder besteht Informationsasymmetrie. Die Aktionäre möchten freilich gut qualifizierte Manager finden. Aber normalerweise kriegen sie nur unvollständige, möglicherweise sogar falsche Informationen. Die echte Qualifikation der Manager wird nur in der tatsächlichen Geschäftsführung verifiziert. Bis zu diesem Zeitpunkt könnte die Lage der Gesellschaft schon deswegen geschädigt werden. Die dadurch entstandenen Informationskosten sind unvermeidbar. Ein gut funktionierender „Managermarkt" wäre eine Lösung zur Verringerung der Kosten. Die größte Informationsasymmetrie besteht allerdings bei der Unternehmensführung. Weil die Vorstände die Macht der Geschäftsführung halten und die Aktionäre außerhalb der Gesellschaft und der Geschäftsführung bleiben, ist die asymmetrische Informationsverteilung keine unerwartete Folge. Da die Vorstände als Manager direkt an der Geschäftsführung teilnehmen und sogar das Tagesgeschäft leiten, haben sie einen großen Entscheidungsspielraum und verfügen über gewisse Informationen, die zu erwerben, den Aktionären entweder unmöglich oder einfach zu kostspielig wäre. Diese Informationsasymmetrie hat zur Folge, dass die Vorstände auf Grund ausreichender Informationen und Verfügungsmacht zu ihren Gunsten handeln. Sie können die Aktionäre sogar bewusst schädigen, um einen zusätzlichen Vorteil zu erzielen.[124] Nur für die Vorstände erschließt sich ein komplettes Bild der Situation, in der sich das Unternehmen befindet. Um den Aktionären glaubwürdig zu signalisieren, dass sie sehr wohl loyal handeln und die Aktionärsinteressen fördern würden, geben sie nur die den Erwartungen der Aktionäre entsprechenden Ergebnisse an.

Die Agency-Probleme, die wegen der Trennung von Eigentum und Verfügungsmacht bei der Geschäftsführung entstehen, sind nicht vermeidbar. Man kann nur die *agency costs* vermindern, indem angemessene Organisationsstruktur und Institutionen gebildet werden. Ein gutes Corporate Governance-System zielt gerade auf die Verringerung der *agency costs* ab.

c. Versagen der Überwachung durch die Aktionäre

Die Trennung von Eigentum und Verfügungsmacht sowie die hieraus resultierenden Agency-Probleme machen eine Überwachung der Geschäftsführung notwendig. Die Überwachung ist die ureigenste Aufgabe und Zuständigkeit der Aktionäre[125], denn als Geldgeber liegt das Wohlergehen der Gesellschaft in ihrem besonderen Interesse. Im Vergleich zu den anderen mit der Gesellschaft in Beziehung stehenden Interessensgruppen wie z.B. Gläubigern, Kunden, Managern, Arbeitnehmern und Lieferanten sind die Aktionäre viel interessierter an der finanziellen Situation der Gesellschaft, weil sie trotz der Haftungsbeschränkung die Betroffenen eines Kursverlusts oder einer Auflösung der Gesellschaft sind. Die Aktionäre

[124] *Zimmermann/Wortmann*, DB 2001, 290.
[125] *Lutter*, JURA 2002,88.

sind besonders stark von den Entscheidungen betroffen, die in und für das Unternehmen getroffen werden, nachdem sie ihm ihr Kapital überlassen haben.[126] In Wirklichkeit jedoch spielt die Überwachung durch die Aktionäre selbst keine große Rolle, insbesondere bei den börsennotierten Aktiengesellschaften, deren Aktienbesitz weit gestreut ist. Es wird nicht bezweifelt, dass eine Überwachung der Geschäftsführung Kosten mit sich bringt. Die Kosten sind wie z.B. die Informationsbeschaffung, die Koordination mit anderen Aktionären, die Durchführung der Überwachungsmaßnahmen usw. Für die Aktionäre mit geringen Beteiligungen sind solche Kosten sehr hoch. Außerdem verteilt sich der Erfolg der Überwachungsanstrengungen eines oder weniger Aktionäre auf alle Aktionäre, auch auf die, die sich passiv verhalten. Die durch Überwachung der Geschäftspolitik verursachten Kosten würden mit der notwendigerweise wachsenden Streuung der Aktien schließlich die Erträge aus der Überwachung übersteigen, so dass die Passivität dem Aktionär letztlich ökonomische Vorteile brächte („rationale Apathie").[127] Deswegen verhalten sich die meisten Aktionäre lieber passiv bei der Überwachung. Eine wirksame und durchgreifende Überwachung der Geschäftsführung durch Aktionäre findet daher in der Regel nicht statt.[128]

In diesem Fall ist eine Überwachung durch ein bestimmtes Organ, deren Mitglieder von den Aktionären gewählt werden sollen, notwendig. Sowohl im dualistischen System als auch im monistischen System gibt es besondere Vertreter der Aktionäre, die für die Überwachung der Geschäftsführung zuständig sind. Diese Trennung zwischen der Entscheidungskompetenz und der Kontrolle der hieraus resultierenden Handlungsmacht bzw. der getroffenen Entscheidungen ist auf die Trennung von Eigentum und Verfügungsmacht zurückzuführen. Freilich bringt diese Kontrolle auch Kosten mit sich, die allerdings, umgelegt auf die Anzahl der Aktionäre, im Vergleich zu den Kosten, die die Überwachung durch einzelne Aktionäre verursacht, deutlich geringer ausfallen.

d. Eigene Stellungnahmen

Ohne Zweifel hat die wirtschaftliche Analyse, besonders die der Neuen Institutionenökonomik, zur Erklärung vieler wichtiger wirtschaftlicher Phänomene beigetragen. Es ist aber fraglich, ob die wirtschaftliche Analyse mit den realen Gegebenheiten vollständig übereinstimmt und die aktuellen Probleme lösen kann.

Die wirtschaftliche Analyse über das Binnenverhältnis der Aktiengesellschaft beruht hauptsächlich auf der Theorie der so genannten „Trennung von Eigentum und Verfügungsmacht" und der *principal-agency*-Theorie. Bei solchen Theorien wird angenommen, dass zwischen Management und Aktionären ein Spannungsverhältnis besteht. Dabei wird der Interessenskonflikt zwischen den als *Agents* angesehenen Managern und den als Prinzipal betrachteten Aktionären besonders betont. Solche Theorien sind zwar richtig, jedoch wird in der Regel die Beziehung zwischen Management und Aktionären vereinfacht, und die Vielfältigkeit

---

126 *Schmidt/Weiß*, in: *Hommelhoff/Hopt/Von Werder* (2003), S. 117.
127 *Rosen*, in: *Feddersen/Hommelhoff/Schneider* (1996). S. 292, 293.
128 Vgl. *Schneider* (2000), S. 69.

der Motivationen der Manager zur Geschäftsführung und der der Aktionäre zur Investition nicht berücksichtigt.

Zunächst einmal stehen die Manager der Gesellschaft nicht nur isoliert in der Beziehung zur Gesellschaft und den Aktionären. Wenn die Arbeitsverteilung in der Gesellschaft immer feiner wird, übt der Markt für Manager, auf dem die Leistung der Manager wie andere Waren gehandelt wird, entscheidende Wirkungen auf ihre Handlungen aus. Auf diesem Markt hängt der „Preis" der Manager, der sich häufig in Position, Gehalt, Arbeitsbedingungen usw. widerspiegelt, von vielen Faktoren, wie z.B. Fachkenntnisse, Erfahrungen, persönlichen Bedingungen usw., ab. Solche Elemente sind weitgehend durch erfolgreiche Fälle der Geschäftsführung oder Management bekannt. Als Gegenleistung bekommen die Manager vom Unternehmen entsprechende Belohnungen, die nicht nur materielle Vorteile, wie z.B. Gehalt, Prämien, luxuriöse Arbeitsbedingungen usw., sondern auch geistige Zufriedenheit durch Erreichung des eigenen Ziels, den eigenen Erfolg sowie Respekt, Ansehen usw., enthalten. Es ist nicht ausgeschlossen, dass die aus dem eigenen Erfolg geschöpfte Befriedigung manchmal eine stärkere Schubkraft als die der materiellen Vorteile entwickelt. Wenn die Motivation der Manager nur als Streben nach materiellen Interessen angesehen würde, wäre dies eine stark einseitige Sichtweise.

Andererseits haben auch die Aktionäre unterschiedliche Motive zur Investition in die Gesellschaft. Großaktionären streben häufig nach einer beherrschenden Machtposition in einer Gesellschaft, während Kleinaktionäre dagegen in der Regel durch die Änderung der Börsenkurse auf die Erzielung von Spekulationsgewinnen abzielen. Langfristige Anteilseigner sind an einer regelmäßigen festen Ausschüttung interessiert. Großaktionären ist es möglich, direkten Einfluss auf das Management zu nehmen. Allerdings könnten die Kleinaktionäre durch Verkauf der Aktien das unbefriedigende Management „abstrafen". Ein einheitliches Modell der Beziehung zwischen Management und Aktionären besteht nicht.

Von oben erwähnten konkreten Interessenskonflikten abgesehen, könnten die Interessen der Manager und Aktionäre gleichermaßen in der ständigen Steigerung des Unternehmenswerts liegen. Ein steigernder Unternehmenswert repräsentiert einerseits eine erfolgreiche Unternehmensführung, bringt andererseits hohe Börsenkurse und hohe Ausschüttungen mit sich. Das heißt, dass sowohl Manager als auch verschiedene Aktionäre davon profitieren. In diesem Sinne bestehen sogar übereinstimmende Interessen von Managern und Aktionären.

Die wirtschaftliche Analyse ist eher eine Darstellung der wirtschaftlichen Phänomene, aus der sich aber nicht unbedingt Maßnahmen gegen wirtschaftliche Probleme ableiten lassen. Mangels genereller zusammenfassender Aussagen ist die Einzelfallanalyse noch nicht hinreichend für eine allgemein verwendbare Lösung. Dagegen ist die juristische Analyse neben der Beschreibung der Realität auch für Schlussfolgerungen für Präventivmaßnahmen geeignet. Die juristische Analyse bietet vor allem eine Lösung für einige grundlegende Situationen. Für einzelne Fälle gibt es daneben besondere Regelungen. Jene gesetzliche Einrichtung der Institutionen berücksichtigt sowohl die Gemeinsamkeit als auch die Besonderheit der Sache. Die Wirtschaftliche Analyse ist vielmehr eine Ergänzung für die rechtswissenschaftliche Forschung. Die erstere bietet der letzteren einen neuen Aspekt. Allerdings kann man nur durch gesetzliche Normierung von Rechten, Pflichten und Haftung die Beziehungen unterschiedlicher Subjekte festlegen und die Interessen verschiedener Anspruchsgruppen verwirklichen und schützen.

II. Zielsetzungen der Arbeit

Corporate Governance findet weltweit große Beachtung. Im Zuge der wirtschaftlichen Entwicklung sieht sich das Themengebiet der Corporate Governance angesichts einer laufend fortschreitenden Internationalisierung und Globalisierung mit neuen Problemen und komplizierteren Regelungen konfrontiert. Vor diesem Hintergrund gibt es Bestrebungen der chinesischen Regierung, ein modernes Rahmensystem für Unternehmen zu etablieren. Im Gegensatz zum traditionellen System der staatseigenen Betriebe fußt dieses neue System auf den nach dem Kapitalgesellschaftsrecht gegründeten Aktiengesellschaften oder Gesellschaften mbH. Deswegen ist die Reform der traditionellen staatseigenen Betriebe der Kern der Wirtschaftsreform in China. Die Umstrukturierung von staatseigenen Betrieben in Aktiengesellschaften, insbesondere börsennotierte Aktiengesellschaften, bringt jene Probleme in Zusammenhang mit Corporate Governance mit sich. Allerdings stellt sich die Situation in China ein wenig anders dar als in Deutschland oder anderen entwickelten Ländern. Zuerst werden die Anteile an den börsennotierten Aktiengesellschaften noch in großem Umfang vom Staat gehalten. In der Aktionärsstruktur der chinesischen börsennotierten Aktiengesellschaften ist der Staat normalerweise der einzige Großaktionär. Wenn man von der chinesischen Corporate Governance spricht, darf man die Rolle der öffentlichen Hand in den börsennotierten Aktiengesellschaften nicht übersehen. Darüber hinaus steht China noch vor der Wahl, auf welchen Weg sich die chinesische Corporate Governance entwickeln soll. Denn seit langem bestehen schon unterschiedliche Modelle der Corporate Governance. Darunter sind das dualistische System von Deutschland und das monistische System der USA und Großbritannien die zuvörderst in Betracht zu ziehenden Modelle. Soll China sich jenen beiden Modelle annähern? Soll China einen eigenen Weg finden? Während der Bildung und der Verbesserung des chinesischen Corporate Governance-Systems müssen solche Fragen vor allem beantwortet werden. Gerade die Besonderheiten der chinesischen Corporate Governance geben den Anlass zur Wahl dieses Dissertationsthemas.

Anschließend ist zu beantworten, worin der Sinn des Vergleichs der Corporate Governance zwischen Deutschland und China liegt. Im chinesischen Kapitalgesellschaftsgesetz[129] (im folgenden KgesG) existiert auch ein dualistisches System, oder genauer gesagt, ein formales dualistisches System im Sinne des deutschen AktG. Unternehmensleitung und -überwachung in einer chinesischen AG sind auch zwischen Vorstand und Aufsichtsrat geteilt, wenn auch der Vorstand nicht vom Aufsichtsrat, sondern von der Hauptversammlung gewählt wird. In China sind Börse und Kapitalmarkt noch unterentwickelter als in Deutschland. Im Gegensatz zu den USA und Großbritannien setzt Corporate Governance in China

---

[129] Wird der Titel des Gesetzes wörtlich ins Deutsche übersetzt, sollte es „Gesellschaftsgesetz (公司法)" sein; Weil nur die Rechtsform der Kapitalgesellschaft, nämlich GmbH und AG, in diesem Gesetz geregelt wird, ist „Gesellschaftsgesetz" inhaltlich nicht ganz richtig. „Kapitalgesellschaftsgesetz (KgesG)" wird deswegen in der Arbeit angewandt.

wie in Deutschland hauptsächlich im Bereich des Gesellschaftsrechts bzw. des Aktiengesetzes an. Außerdem ist China auch ein Land, wo nicht *case law* sondern kodifiziertes Recht gilt. Infolgedessen ist es sinnvoll und möglich, die betreffenden Bestimmungen von Deutschland mit denen von China zu vergleichen und die Erfahrungen sowie die Maßnahmen von Deutschland auf China zu übertragen.

Das Ziel dieser vorliegenden Arbeit liegt daher darin, dass durch Vergleich und Analyse mögliche Lösungen für die während der Wirtschaftsreform und Bildung des modernen Unternehmenssystems in China auftretenden Probleme gefunden werden können. Es steht außer Zweifel, dass China wegen seiner heutigen voranschreitenden Wirtschaftsreform seinen Platz auf dem Weltmarkt gefunden hat und noch stärker an der Internationalisierung und Globalisierung teilnimmt. Dabei ist es offensichtlich sehr wichtig, ökonomisch und rechtlich den Anschluss an den Weltstandard zu erreichen. Wünschenswert wäre, wenn diese vorliegende Arbeit einen kleinen Beitrag dazu leisten könnte.

III. Aufbau der Arbeit

Der Abschnitt B beschäftigt sich mit der Entwicklung der chinesischen Corporate Governance. Die Entwicklung der börsennotierten Aktiengesellschaft verbindet sich mit der Reform der staatseigenen Betriebe. Dabei werden die Veränderungen der Geschäftsführungsmodelle dargestellt. Um die jetzige Situation der chinesischen Corporate Governance aufzeigen zu können, sind die Reform der staatseigenen Betriebe und die Entwicklung der betreffenden Gesetzgebung in diesem Teil zunächst zu erläutern.

Der Abschnitt C bezieht sich auf die Aktionärsstruktur und die öffentliche Beteiligung in der AG. Die meisten börsennotierten Aktiengesellschaften in China sind von staatseigenen Betrieben umstrukturiert worden. Die chinesischen Börsen entstanden nicht spontan oder allmählich mit der Entwicklung der Wirtschaft, sondern sie wurden von der chinesischen Regierung gegründet, um die Reform der staatseigenen Betriebe zu unterstützen und zu fördern. Deswegen besitzt die öffentliche Hand einen sehr großen Anteil an den börsennotierten Aktiengesellschaften. Diese Aktionärsstruktur verhindert eine wirksame Funktionsentfaltung der Corporate Governance, weil die großen Aktionäre, die normalerweise von der öffentliche Hand oder staatseigene Unternehmen repräsentiert sind, durch die Kontrolle der Bestellung des Vorstands die Unternehmensleitung der Gesellschaft beherrschen und sogar dadurch in die Geschäftsführung der Gesellschaft unzulässig politisch eingreifen. Auf Grund des Vergleichs mit dem deutschen Gesetz und der deutschen Praxis ist aufzuzeigen, dass in China die öffentlichen Beteiligungen verringert und die öffentliche Hand als Aktionär gleich wie die anderen Aktionäre nach dem Gesellschaftsrecht behandelt werden sollen. Außerdem ist die Funktion der Banken im Bereich der Unternehmenskontrolle in China zu stärken.

Der Abschnitt D ist dem Vorstand gewidmet. In China ist der Vorstand zwar auch das Organ, das für die Unternehmensleitung zuständig ist. Die Vertretungsbefugnis des Vorstands ist aber anders als in Deutschland geregelt. Nach KgesG ist nicht der Vorstand, sondern nur der Vorstandsvorsitzende der gesetzliche Repräsentant (Vertreter) der Gesellschaft. Die anderen, die im Namen der Gesellschaft nach außen Geschäfte machen, müssen vom Vorstandsvorsitzenden bevollmächtigt werden. Eine andere Besonderheit liegt darin, dass neben dem Vorstand noch ein *manager,* der für die alltägliche Geschäftsführung zuständig ist, im KgesG vorgesehen ist. Anschließend sind Pflichten und Haftungen der Vorstandsmitglieder zu analysieren. Haftung ist auch als eine wichtige Methode der Überwachung anzusehen. Schließlich wird das System des *independent directors* (unabhängigen Vorstandsmitglieds), das aus dem angloamerikanischen Rechtssystem stammt und ins chinesische Rechtssystem eingeführt worden ist, vorgestellt und analysiert. Ob dieses System das alte gut ergänzen kann, bleibt noch abzuwarten. Bis jetzt ist es noch nicht gesetzlich geklärt worden, wie sich die Beziehung zwischen den *independent directors* und dem Aufsichtsrat darstellt.

Der Abschnitt E betrifft den Aufsichtsrat. In China werden der Aufsichtsrat und der Vorstand gleichermaßen von der Hauptversammlung gewählt. Im Vergleich zum Aufsichtsrat nach dem deutschen AktG fehlen dem chinesischen Aufsichtsrat effektive Handlungsinstrumente zur Überwachung. Die Rechtsstellung des Aufsichtsrats wird vom Gesetzgeber und den Managern der Gesellschaft nicht genug beachtet. Außerdem ist das System der Arbeitnehmermitbestimmung auf der Unternehmensebene auch ein in China diskutiertes Thema. Obwohl es in China im Aufsichtsrat auch Arbeitnehmervertreter gibt, sind ihre Benennung und ihre Rechte nicht eingehend im Gesetz geregelt. Wie soll das Arbeitnehmervertreterversammlungssystem, das hauptsächlich in den staatseigenen Betrieben eingeführt wird, an eine moderne Unternehmensform angepasst werden? Ist das System der Unternehmensmitbestimmung in Deutschland auf China übertragbar? Diesen Fragen werde ich mich in Abschnitt E widmen.

Kapitel F fasst die wesentlichen Ergebnisse der Arbeit zusammen.

B. Die Entwicklung der Corporate Governance in China

I. Einleitung

Im Vergleich zu anderen Ländern hat die chinesische Corporate Governance eine besondere Entstehungsgeschichte und besondere Schwerpunkte. In China ist das Wirtschaftssystem von der zentralen Planwirtschaft zur sozialistischen Marktwirtschaft übergegangen. Dabei haben sich auch die Unternehmensformen verändert. In der Planwirtschaft Chinas waren die meisten Unternehmen staatseigene Betriebe[130], die nicht in der Rechtsform der GmbH oder AG betrieben wurden. In der chinesischen Wirtschaftsreform sind die staatseigenen Betriebe allmählich zu Kapitalgesellschaften, nämlich GmbH und AG, umstrukturiert worden. Dadurch traten die typischen Probleme von Corporate Governance auf. Daher diskutieren die chinesischen Juristen und Wirtschaftwissenschafter über das Thema Corporate Governance häufig im Zusammenhang mit der Reform der staatseigenen Betriebe. Dementsprechend lohnt es sich, im Folgenden kurz über die Reform der staatseigenen Betriebe zu sprechen.

In China war es jahrzehntelang üblich, die Klassifizierung der Unternehmen nicht nach der Rechtsform, sondern nach der Zuordnung des Eigentums vorzunehmen: Entsprechend der Unterscheidung von staatlichem, kollektivem und privatem Wirtschaftssektor wurden die Unternehmen in staatseigene, kollektiveigene und private eingeteilt.[131] Eine weitere Kategorie waren die Unternehmen mit ausländischem Kapital (外资企业).[132] Offensichtlich wurde diese Einteilung sehr ideologisch geprägt. Zwar durften nichtstaatliche Unternehmen gegründet werden. Jedoch haben sie im Vergleich zu den staatseigenen Betrieben nur einen sehr geringen Teil in der Wirtschaft besessen. Die staatseigenen Betriebe haben dagegen den großen Teil der Einnahmen des Haushalts der Regierung geliefert und eine Doppelaufgabe im wirtschaftlichen sowie politischen Bereich wahrgenom-

---

[130] In China haben sich die Bezeichnung und die Bedeutung vom „Staatsunternehmen" im Laufe der Zeit verändert. Vor der Verfassungsänderung im Jahr 1993 wurde „Staatsunternehmen" auf Chinesisch „国营企业" bezeichnet. Auf Deutsch bedeutet das „vom Staat betriebenes Unternehmen". Der Staat war der Unternehmensträger und hat das Unternehmen (durch die Staatsbehörden) direkt betrieben. In dem novellierten Verfassungsgesetz wurde „国营企业" durch „国有企业" ersetzt. Auf Deutsch bedeutet das „vom Staat besessenes Unternehmen". Unter „国有企业" versteht man, dass das Unternehmensvermögen allein vom Staat investiert wird. „国有企业" enthält heutzutage zwei Unternehmensarten: Die eine wird nicht in der Rechtform der Kapitalgesellschaft betrieben, die andere ist die Gesellschaft mit ausschließlich staatlichem Kapital (国有独资公司). Für die erstere gilt das Gesetz über volkseigene Industrieunternehmen (全民所有制工业企业法) von 1988. Für die letztere gilt das Kapitalgesellschaftsgesetz (公司法). Die erstere ist der Gegenstand der Staatsunternehmensreform (国有企业改革). Um die deutschen Leser, die keine chinesischen Kenntnisse haben, nicht wirr zu machen, wird „staateigener Betrieb" im Sinne der ersten Staatsunternehmensart angewendet.

[131] *Heuser* (2002), S. 385.

[132] *Heuser* (2002), S. 385.

men. Dementsprechend hatte die öffentliche Hand gegenüber den staatseigenen Betrieben auch eine Doppelfunktion. Einerseits war der Staat der Herr der staatseigenen Betriebe und andererseits der Verwalter der gesamten Volkswirtschaft. Dies hatte zur Folge, dass der Staat gleichzeitig Spieler als auch derjenige, der die Spielregeln bestimmt, im Wirtschaftsleben war. Als „Herr" des Unternehmens konnte der Staat durch seine Behörden direkt in die Unternehmensführung der staatseigenen Betriebe eingreifen, indem er beispielsweise Produktionspläne erstellt und gegenüber dem Geschäftsführer sein Weisungsrecht ausgeübt hat. Solange man eine Arbeitsplatz in einem staatseigenen Betrieb hatte, war man rundherum abgesichert. Diese staatseigenen Unternehmen befassten sich nicht nur mit der Durchführung der staatlichen Produktions- und Verteilungspläne, sondern waren auch zuständig für die Versorgung ihrer Arbeiter und Angestellten mit Wohnraum, Schul-, Krankenhaus- und Sozialeinrichtungen.[133] Es gab keine klare Trennung von Verwaltungs- und Unternehmensfunktionen.[134] Die staatseigenen Betriebe haben eigentlich die staatlichen Wohlfahrtsaufgaben zum Teil übernommen. Es schien, als ob der Staat ein großer Betrieb gewesen wäre und die staatseignen Betriebe nur die ihm unterstellten Werkstätten gewesen wären. Die Persönlichkeit, sei es von den staatseigenen Betrieben, sei es von den Arbeitnehmern, stand gänzlich in der Einflusssphäre des Staates. In dieser Situation war die Unternehmensführung und -überwachung eher eine politische Aktivität.

Aus der zentralen Planwirtschaft resultierte letztendlich eine enorme Belastung des Staates. Auf einer Seite waren die staatseigenen Betriebe im Laufe der Zeit unproduktiv geworden. Auf der anderen Seite haben die staatseigenen Betriebe viel Verantwortung getragen, die eigentlich vom Staat hätten getragen werden sollen. Als Folge konnten die diese Unternehmen zum Haushalt der Regierung fast keine Einnahmen mehr beisteuern. Die anderen Unternehmensformen haben nur eine geringe Rolle in der Wirtschaft gespielt und konnten diesen Veränderungsprozess nicht aufhalten. Die staatseigenen Betriebe, die zur Entwicklung der chinesischen Wirtschaft in den 50er Jahren beigetragen hatten, wurden zu einem Hindernis in den 70er Jahren. Die Unternehmenspraxis hat bewiesen, dass dieses gegen die Wirtschaftsregeln verstoßende Wirtschaftssystem nicht erfolgreich und weiter verwendbar war. Seit Ende der 70er Jahre findet in China ein wirtschaftlicher Wandel statt. Weil sich die Nachteile der Planwirtschaft und der zentralen wirtschaftlichen Verwaltung hauptsächlich in den staatseigenen Betrieben verkörperten, war anfangs die Reform der dieser Betriebe der Kernbereich der Wirtschaftsreform.

Am Anfang der Reform haben sich die Diskussionen und Maßnahmen auf die Veränderung der Beziehung zwischen Staat und staatseigenen Betrieben konzentriert. Das heißt, dass die staatseigenen Betriebe mehr Selbstentscheidungsrecht bekommen und die enge Verbindung mit dem Staat gelockert werden sollten. Die wichtigste Veränderung in dieser Phase lag darin, dass die Investition vom Staat in die Unternehmen von der Form der Geldzuwendung in die Form der Kreditausgabe durch Banken übergegangen ist. Des weiteren wurde die Abgabe der

---

133 *Heuser* (2002), S. 48, 49.
134 *Münzel* (1989), S. 29.

Gewinne an den Staat in eine Besteuerung umgewandelt. Die staatseigenen Betriebe hatten als unabhängige Wirtschaftssubjekte Steuern zu zahlen. Sie waren keine Abteilung der Staatsbehörden mehr. Durch solche Maßnahmen wurde der Staat einerseits entlastet, andererseits genossen die staatseigenen Betriebe eine gewisse Selbständigkeit. China begab sich daher auf den Weg anderer Rechtsstaaten, deren hauptsächliches Einkommen sich durch die Erhebung von Steuern ergibt. Die Corporate Governance, die erst in den modernen Unternehmensformen, bzw. den Kapitalgesellschaften auftauchen, haben zu dieser Zeit noch keinen Platz in der Unternehmensreform gefunden, da die Reform in dieser Phase noch nicht so weit gediehen war. Eine Reform, die die bestehende Einteilung der Unternehmen nach der Eigentumsform nicht ändern konnte, wollte man zu dieser Zeit durchführen. Eine Reform, die die Rechtsposition des Staates als den einzigen Herrn der Unternehmen gefährden konnte, war zu vermeiden.

Die Rechtsform der GmbH ist zuerst für chinesisch-ausländische Gemeinschaftsunternehmen und privatbetriebene Unternehmen geregelt worden.[135] Die Rechtsform der AG befand sich zunächst in den Regelungen auf lokaler Ebene.[136] 1993 wurde KagesG als allgemein verwendbares Gesetz für GmbH und AG verabschiedet. Die Klassifizierung der Unternehmen nach Eigentum wurde dann durch die Einteilung nach der Haftungsform und der Organisationsform ersetzt. Anfang der 90er Jahre des letzten Jahrhunderts stand der Schwerpunkt der Wirtschaftsreform Chinas in der Bestimmung und Betonung der unabhängigen Rechtspersönlichkeit der Unternehmen, deren Kapital ganz oder zum Teil vom Staat angelegt wurde. Das Ziel der Reform in dieser Phase lag darin, durch die Einführung des modernen Unternehmenssystems die Gesellschaften mit öffentlicher Beteiligung vom Staat bzw. den Staatsbehörden zu lösen und den Eingriff des Staats in die Unternehmensführung abzuschwächen. Obwohl den staatseigenen Betrieben nach dem Gesetz über volkseigene Industrieunternehmen[137] (im folgenden IndustrieUG) die juristische Persönlichkeit eingeräumt wurden, hatten sie in Wirklichkeit noch keine echt unabhängige Position erreicht. Das Verhalten der Staatsbehörden stand untrennbar mit den Unternehmen in Zusammenhang. Damit der unzulässige Eingriff des Staates in die Unternehmensführung verhindert, die Unternehmen echt unabhängige Rechtspersönlichkeit haben und der Staat durch Aufnahme des Privatkapitals entlastet werden kann, hat die Umstrukturierung von staatseigenen Betrieben in Kapitalgesellschaften nach dem KgesG Anfang der 90er Jahre des letzten Jahrhunderts angefangen.

Der Übergang vom staatseigenen Betrieb zu einer Kapitalgesellschaft, war und ist die Hauptmethode der Staatsunternehmensreform, die auch heute noch weiterentwickelt wird. Bei diesem Prozess sind viele kleine staatseigene Betriebe auch verkauft worden. Aber die meisten mittelständigen und großen staatseigenen Betriebe sind in Kapitalgesellschaften, nämlich in GmbH und AG, umstrukturiert

---

[135] Vgl. *Heuser* (2002), S. 385, 386, 393, 394.

[136] Vgl. *Heuser* (2002), S. 394.

[137] 全民所有制工业企业法 v. 13.4.1988. Die deutsche Übersetzung in *Heuser* (2002) wird übernommen. Die Abkürzung in *Wu, Yue* (2003) wird übernommen.

worden. Im Zusammenhang mit der Umstrukturierung wurde die Unabhängigkeit der Unternehmen und die beschränkte Haftung der Investoren sichergestellt.

Die großen staatseigenen Betriebe gingen vor allem in Aktiengesellschaften bzw. börsennotierte Aktiengesellschaften über. Die Probleme mit Corporate Governance zeigten sich schon kurz nach der Einführung der Rechtsform der Aktiengesellschaft. Solche Probleme liegen einerseits im Wesen dieser Rechtsform selbst. Andererseits sind die Probleme wegen der in großem Umfang bestehenden öffentlichen Beteiligungen noch ungewöhnlicher und komplizierter. Dass die staatseigenen Betriebe in Kapitalgesellschaften umgewandelt werden, bedeutet nicht automatisch die Verwirklichung des modernen Unternehmenssystems. Die organisatorische Veränderung der Unternehmensform bietet nur eine Voraussetzung für die Bildung des modernen Unternehmenssystems an. Dagegen steht die Veränderung der Struktur und der Durchsetzung der Unternehmensführung im Mittelpunkt der Unternehmensreform. Die Probleme mit Corporate Governance in China, die sich mit der Staatsunternehmensreform verflechten, konzentrieren sich beispielsweise besonders auf die nicht ausgeglichene Aktionärsstruktur, die nicht ordentliche Ausübung der Aktionärsrechte der öffentlichen Hand und die schwache Überwachung des Aufsichtsrats usw. Ohne zuvor eine Lösung für diese Probleme zu finden, kann sich ein modernes Unternehmenssystem unmöglich in China entwickeln.

Hinsichtlich der Corporate Governance steht China heute noch vor der Entscheidung zwischen dem globalen Standard und seinen eigenen Bedürfnissen, den bestehenden Modellen und eigenen Besonderheiten einen angemessen Verbindungspunkt zu finden.

II. Die Veränderungen des Unternehmensführungsmodells in China

Wenn man von chinesischer Corporate Governance spricht, kann man an der Veränderung des Unternehmensführungsmodells nicht vorbei kommen. Das traditionelle Unternehmensführungsmodell der staatseigenen Betriebe nimmt noch einen gewissen Einfluss auf die heutigen Kapitalgesellschaften. Dies erklärt zum großen Teil die Besonderheit der chinesischen Corporate Governance. Im Folgenden werden die Veränderung des Unternehmensführungsmodells in China in drei Phasen – vor der Reform, zu Beginn der Reform und Reifezeit der Reform – dargestellt.

1. Einheit von Staatseigentum und Betreibungsrecht vor Ende der 70er Jahre

Nach Gründung der Volksrepublik China im Jahr 1949 wurde die Wirtschaftsstruktur ähnlich der der Sowjetunion, nach dem Gedanken des reinen Gemeineigentums, konstruiert. Durch Beschlagnahmung ausländischer Banken, vieler ausländischer Unternehmen, Unternehmen und Banken der Guomindang-Regierung sowie japanischer Unternehmen hat sich die Produktionsleitung der direkt oder indirekt von der Regierung kontrollierten Industrie von 45 % im Jahr 1950 auf 63 % im Jahr 1963 gesteigert.[138] Obwohl die Rechte der Privatunternehmen in den

[138] Vgl. *Yang, Xiaokai* (2002), http://www.jjxj.com.cn/news_detail.jsp?keyno=407

„Vorläufigen Regeln für Privatunternehmen“[139] geschützt wurden, wurden sie aber aufgefordert, sich der Planwirtschaft unterzuordnen.[140] Nach der so genannten sozialistischen Umerziehung (社会主义改造) bzw. der Vergesellschaftung der Privatwirtschaft im Jahr 1956 ist die Privatwirtschaft in China verschwunden, und eine reine Planwirtschaft bzw. ein Gemeineigentum an allen Wirtschaftsunternehmen (公有制) wurde verwirklicht.

In dieser Zeit galt in China ein hoch zentralisiertes Planwirtschaftssystem. Die gesamte Sozialproduktion wurde von der Zentralregierung einheitlich geplant. Die Zentralregierung übermittelte den lokalen Regierungen und den betreffenden zuständigen Regierungsabteilungen die Pläne. Sie gaben dann den Unternehmen die Pläne weiter. Der Staat (durch seine Regierung) hat fast alle Produktionsmittel kontrolliert.[141] Vor diesem Hintergrund standen die staatseigenen Betriebe im Zentrum der Wirtschaft. Die staatseigenen Betriebe wurden als ein Teil der Staatsmacht behandelt und der Regierung untergeordnet.[142] Der Staat schreibt den staatseigenen Betrieben die Produktionsaufgaben vor und teilt sie unterschiedlichen zuständigen Regierungsabteilungen zu, die die Unternehmen betrieben und verwaltet.[143] Fast alle Produktions-, Investitions- und Personalentscheidungen wurden von der Regierung durch Planung getroffen. Die Handlungen der Personen innerhalb des Unternehmens wurden nicht mit der Betriebsleistung des Unternehmens in Verbindung gesetzt.[144] Die Betriebsleiter führten die Unternehmen nach den Anweisungen des Staates, um die vom Staat zugewiesenen Aufgaben zu erfüllen. Die Gewinne der Betriebe wurden dem Staat zugeleitet. Der Staat verteilte die Gewinne nach einem einheitlichen Plan in den unterschiedlichen Bereichen. Die staatseigenen Betriebe haben nur nach den Plänen der Regierung produziert, ohne die Produktionskosten und den Konsumbedarf zu berücksichtigen.[145] Die Politik und die Regierungspläne haben die Marktregeln ersetzt. Die Betriebsleiter brauchten deswegen den Bedarf des Markts, die Neuerungen des Standes der Technik und die Menge der Produktion und andere Faktoren, die ein im Wirtschaftsverkehr stehendes Unternehmen zu berücksichtigen hat, nicht in Betracht zu ziehen. In dieser Situation waren die staatseigenen Betriebe weder unabhängige Rechtssubjekte noch Wirtschaftssubjekte. Sie waren lediglich vom Plan der (kommunistischen) Partei und der Regierung geleitete Verwaltungsabteilung (行政单位) und Produktionseinheit (生产单位).[146] Sie waren lediglich Anhängsel der Staatsverwaltung, deren Rang sich nach ihrer Stellung im Staatsappa-

---

[139] 私营企业暂行条例 v. 29.12.1950. Diese deutsche Übersetzung in *Münzel* (1989) wird übernommen.

[140] *Yang, Xiaokai*, http://www.usc.cuhk.edu.hk/wk_wzdetails.asp?id=1623

[141] Vgl. *Xu, Xianglin* (2003), http://www.chinaelections.org/readnews.asp?newsid=%7B22FA25BD-EF71-4126-BF76-A74292D2524B%7D

[142] *Wang, Baoshu*, CJL 1999 Nr. 5, 65; *Zheng, Wanqing*, JR 2005 Nr. 1, 116.

[143] Vgl. *Xu, Xianglin* (2003), http://www.chinaelections.org/readnews.asp?newsid=%7B22FA25BD-EF71-4126-BF76-A74292D2524B%7D

[144] *Zhang, Jun/Wang, Qi* (2004), http://www.usc.cuhk.edu.hk/wk_wzdetails.asp?id=3885

[145] *Xu, Xianglin* (200), http://www.chinaelections.org/readnews.asp?newsid=%7B22FA25BD-EF71-4126-BF76-A74292D2524B%7D

[146] http://finance.sina.com.cn/roll/20031111/1457514204.shtml

rat richtete.[147] Das Unternehmensführungsmodell, —„Staatlicher Besitz, staatlicher Betrieb" (国有国营) —, sei die Folge davon, dass die Rechte der staatseigenen Betriebe durch ihren Investor, nämlich den Staat, geschädigt werden.[148]

Ineffizienz der zentralen Planwirtschaft und dadurch entstandene unwirtschaftliche Unternehmen führten zu wachsenden Haushaltsdefiziten. Ende der 70er Jahre begann die Wirtschaftsreform in China vor diesem Hintergrund. Ein wichtiger Grundsatz der Reform war und ist heute noch die „Trennung von Regierung und Unternehmen" (政企分开).

2. Trennung von Eigentum und Betreibungsrecht - 80er Jahre

Die chinesische Wirtschaftsreform hat 1979 mit der „Erweiterung der Selbstentscheidungsrechte der Unternehmen"[149] angefangen. Die Wirtschaftsreform von 1979 bis 1989 kann man in zwei Phasen gliedern: In der Frühphase der Reform von 1979 bis 1984 wurden zunächst die Interessen des Staates, der Unternehmen und des Individuums innerhalb des Planwirtschafssystems justiert. In der zweiten Phase von 1979 bis Frühling 1984 wurden die Elemente der Marktwirtschaft eingeführt.[150] Ab Juni 1983 wurde die Gewinnablieferungspflicht der staatseigenen Betriebe durch die allgemeine Steuerpflicht abgelöst. Die staatseigenen Betriebe konnten die Gewinne dann zum Teil behalten. Obwohl die staatseigenen Betriebe in der Frühphase gewisse Selbstentscheidungsrechte bekommen haben, waren sie noch von der Regierung abhängig. Denn das Planwirtschaftssystem wurde zunächst nicht geändert.

Der Kern der zweiten Phase lag in der Trennung von Regierung und Unternehmen (政企分开). Das bedeutet, dass die Regierung in die Unternehmensführung der staatseigenen Betriebe nicht eingreifen sollte und ihnen unabhängige Rechtspersönlichkeit eingeräumt werden sollte. In den 80er Jahre wurde das „Prinzip der Trennung von Eigentum und Betriebsrecht"[151] vorgestellt. Nach diesem Prinzip sollte der Staat zwar Eigentümer des Vermögens der staatseigenen Betriebe bleiben, die staatseigenen Betriebe sollten aber ein selbständiges Betriebsrecht haben. In § 82 der allgemeinen Grundsätzen des Zivilrechts (AGZ)[152] von 1986 hat der Gesetzgeber das Betriebsrecht der staatseigenen Betriebe festgelegt. Dieses Prinzip befindet sich auch im IndustrieUG.[153] Mit diesem Prinzip hat man versucht, die staatseigenen Betriebe von den umfangreichen vom Staat gezogenen Schranken zu befreien. Aufgrund dieses Prinzips bestimmt das IndustrieUG eine neue Beziehung zwischen Staat und staatseigenen Betrieben. „Das Vermögen des Unternehmens steht im Volkseigentum, und der Staat stellt

---

[147] Vgl. *Münzel* (1989), S. 28, 44.

[148] *Yi, Luo*, http://www.nows.com/c/zgyj1999/zgyj9905/qigai.htm

[149] 扩大企业自主权

[150] Vgl. *Xu, Xianglin* (2003), http://www.chinaelections.org/readnews.asp?newsid=%7B22FA25BD-EF71-4126-BF76-A74292D2524B%7D

[151] 所有权与经营权分离原则。 Diese deutsche Übersetzung in *Heuser* (2002) wird übernommen.

[152] 民法通则 v. 12.4.1986.

[153] § 2 Abs. 2 Satz 1 IndustrieUG.

es dem Unternehmen für Betrieb und Verwaltung zu Verfügung. Das Unternehmen ist berechtigt, diese finanziellen Mittel zu besitzen, zu gebrauchen und gemäß dem Gesetz darüber zu verfügen."(§ 2 Abs. 2 IndustrieUG) Durch diese so genannte Trennung von Eigentum und Betreibungsrecht hat man gehofft, einerseits die Produktivität der Unternehmen durch zu fördern, andererseits das „sozialistische Eigentum", die staatliche Kontrolle, zu wahren[154]. Gleichzeitig wird die Rechtspersönlichkeit der juristischen Person der staatseigenen Betriebe in diesem Gesetz anerkannt. „Das Unternehmen bekommt gemäß dem Gesetz die Rechtspersönlichkeit der juristischen Person und haftet für die Verbindlichkeiten des Unternehmens mit dem ihm vom Staat zum Betrieb und zur Verwaltung übergebenen Vermögen." (§ 2 Abs. 3 IndustrieUG). Obwohl der Gesetzgeber den staatseigenen Betrieben eine Reihe von Rechten zum unabhängigen Betrieb eingeräumt hat, konnten sich die staatseigenen Betriebe in Wirklichkeit noch nicht von den Schranken des Staates bzw. der Staatsbehörden befreien. Da die staatseigenen Betriebe kein Eigentum am Unternehmensvermögen, sondern nur das so genannte Betreibungsrecht hatten, hatten sie keine echte Selbständigkeit im Sinne einer juristischen Person und so war der Eingriff der Regierungsabteilungen in ihre Geschäftsführung auch unvermeidlich. Mangels einer echten Unabhängigkeit war das so genannte Betriebsautonomie (经营自主权) reine Theorie.

In den staatseigenen Betrieben gilt ein Verantwortlichkeitssystem des Betriebsleiters (Direktors)[155] (§ 7 Abs. 1 IndustrieUG). Der Betriebsleiter ist der gesetzliche Repräsentant (法定代表人) des Unternehmens (§ 45 Abs. 1 IndustrieUG). Ein System zur Steuerung von Produktion und Betrieb, an dessen Spitze der Betriebsleiter steht, ist zu errichten (§ 45 Abs. 2 Satz 1 IndustrieUG). Der Betriebsleiter nimmt im Unternehmen eine zentrale Stellung ein (§ 45 Abs. 2 Satz 2 1. Halbs. IndustrieUG). Mit der Erreichung einer Steuerungskommission oder in anderen Formen unterstützt das Unternehmen den Betriebsleiter bei der Beschlussfassung über schwerwiegende Fragen des Unternehmens. Die Steuerungskommission setzt sich aus den für die verschiedenen Bereiche des Unternehmens verantwortlichen Personen und aus Arbeitnehmervertretern zusammen; Der Betriebsleiter ist der Vorsitzende der Steuerungskommission (§ 47 Abs. 1 IndustrieUG). Die Steuerungskommission ist aber keine Entscheidungsorganisation, sondern nur ein Beratungsorganisation.[156] Offensichtlich galt das Direktorprinzip für die Führungsstruktur in den staatseigenen Betrieben. Entscheidungsrecht, Geschäftsführungsrecht und gesetzliches Vertretungsrecht konzentrierten sich auf den Betriebsleiter.[157] Soweit Bestimmungen des Staatsrats nichts anderes vorsehen, wird der Betriebsleiter in einem der folgenden Verfahren bestimmt, wobei die vorgesetzte Regierungsabteilung auf Grund der Verhältnisse des Unternehmens festsetzt, welches Verfahren verwandt wird: 1) Ernennung oder Anstellung durch die vorgesetzte Regierungsabteilung. 2) Wahl durch die Arbeitnehmervertreterversammlung. (§ 44 Abs. 1 IndustrieUG). Der

[154] *Heuser* (2002), S. 402.

[155] 厂长(经理)负责制

[156] *Wang, Baoshu*, CJL 1999 Nr. 5, 65.

[157] *Wang, Baoshu*, CJL 1999 Nr. 5, 65.

Betriebsleiter, der von der Arbeitnehmervertreterversammlung gewählt wird, muss der vorgesetzten Regierungsabteilung zur Genehmigung gemeldet werden (§ 44 Abs. 2 Satz 1 IndustrieUG). Der Betriebsleiter leitete den Staatsbetrieb und untersteht den Staatsbehörden. Die Betriebsleiter der staatseigenen Betriebe wurden oft von den Regierungsabteilungen ernannt, so dass sie auch als Beamte angesehen wurden. Ein Unternehmensführungssystem, bei dem die Zuständigkeit der unterschiedlichen Organe gegenseitig ausgeglichen wird, bestand in den staatseigenen Betrieben noch nicht. Dieser Führungsstruktur fehlt es daher noch an notwendiger Kontrolle des Betriebsleiters. Obwohl der Arbeitnehmervertreterversammlung das Überwachungsrecht grundsätzlich eingeräumt wurde[158], konnte es in einem solchen direktorischen System noch nicht richtig funktionieren. Eher übten die Regierungsabteilungen selbst das Überwachungsrecht aus. Diese Überwachung scheiterte allerdings normalerweise am Mangel der Motivation, weil die Behörden oder die Beamten keine richtigen Kapitalanleger der staatseigenen Betriebe waren. Dies hatte zur Folge, dass die staatseigenen Betriebe in Wirklichkeit keinen „echten Eigentümer" hatten. So auch nicht in Form der Betriebsleiter, die die Unternehmen tatsächlich kontrollierten aber die Interessen des Staates durch das Veruntreuen des Staatsvermögens beschädigten. In dieser Phase wären zwei Probleme zu lösen gewesen: die Beseitigung der unzulässigen Eingriffe der öffentlichen Hand und die Kontrolle der Betriebsleiter der staatseigenen Betriebe.

3. „Anteilsordnung"[159] und Moderne Unternehmensführung seit Anfang der 90er Jahre

Die Durchsetzung des Prinzips der „Trennung von Eigentum und Betreibungsrecht" hat die staatseigenen Betriebe nicht aus der schwierigen Lage geführt. Die nach diesem Prinzip errichtete Struktur des Unternehmensvermögensrechts hat dem Unternehmen kein unabhängiges Vermögensrecht gebracht und konnte sich deswegen den Bedürfnissen der sozialistischen Marktwirtschaft nicht anpassen.[160] In der Mitte der 80er Jahre hat man schon einen anderen Gedankengang zur Staatsunternehmensreform – den der „Anteilsordnung" –, vorgebracht. Hauptproblem der alten Unternehmenstypen sei, dass sie dem „gesamten Volk" oder nicht näher definierten „Kollektiven" sehr folglich nur sehr vage abgrenzbaren Eigentümergruppierungen und im Grunde niemand gehören, da niemand an ihnen

---

[158] § 52 Abs. 4 IndustrieUG.

[159] 股份制. Diese deutsche Übersetzung in *Münzel* (1989) wird übernommen. „股份" im Chinesischen bedeutet eigentlich Beteiligungsanteile in einer Aktiengesellschaft(股份公司). Ein „Anteilsunternehmen" (股份制企业) bedeutet in engerem Sinne eine Aktiengesellschaft; In weiterem Sinne enthält es die moderne Gesellschaftsformen bzw. Kapitalgesellschaften und das so genannte Aktienkooperativunternehmen (股份合作企业), dessen Hauptmerkmal besteht darin, dass die Kapitalanteile von den Beschäftigten gehalten werden (*Heuser* (2002) S. 401). Durch diese obengenannte Reformmethode hat man gehofft, dass die einseitige Eigentümerstruktur der staatseigenen Betriebe durch die Aufnahme der Beteiligung anderer Investoren geändert werden kann.

[160] *Wang, Baoshu*, JR 2004 Nr. 1, 6.

wirklich interessiert ist. Die „Anteilsordnung“ sollte die Eigentümerstellung überhaupt erst einmal klarstellen. Darüber hinaus sollte durch Ausschüttung von Dividenden am Erfolg des Unternehmens beteiligt werden und damit Interesse am Schicksal des Unternehmens geweckt werden.[161] Außerdem ermöglicht die dadurch entstandene Unternehmensformänderung privates Kapital hinzuzuziehen und damit den Staat zu entlasten.

Anfangs hat man die „Anteilsordnung“ nur in den kleinen ländlichen Unternehmen durchgeführt.[162] Seit 1986 ist der Test auch in den mittelständigen und großen Unternehmen durchgesetzt worden. Nach einer in zwanzig Provinzen erstellten Statistik haben bis Ende 1988 ungefähr 3800 Unternehmen den Versuch des Beteiligungssystems durchgeführt: 85 % wurden an Arbeitnehmer verkauft, 13,5 % wurden von anderen Unternehmen übernommen, 1,5 % wurden der Öffentlichkeit verkauft.[163] In dieser Zeit hatte man noch Zweifel an der „Anteilsordnung“ und Sorge darum, dass die „Anteilsordnung“ das sozialistische Gemeineigentum abschwächen würde. Bis Anfang der 90er Jahre hat sich der Versuch der Durchsetzung der „Anteilsordnung“ nicht entwickelt.[164]

Mit der Entwicklung der Wirtschaftsreform hat das alte Wirtschaftssystem dem Überbau der ökonomischen Basis Chinas nicht mehr entsprochen. Genau in dieser Phase, nämlich in den 90er Jahren begann man in China zu versuchen, das Marktwirtschaftssystem mit dem sozialistischen Gesellschaftssystem zu verbinden. Auf der vierzehnten Tagung der kommunistischen Partei im Oktober 1992 wurde das Ziel der Reform — ein sozialistisches Marktwirtschaftssystem zu bilden – bestimmt. Im Februar 1993 wurde im Verfassungsgesetz festgelegt, dass der Staat die sozialistische Marktwirtschaft übernimmt.[165]Am 14.11.1993 auf der dritten Vollversammlung des vierzehnten Zentralkomitees wurde „die Entscheidung über einige Fragen nach der Bildung des sozialistischen Marktwirtschaftssystems“[166] getroffen. Es wurde bestimmt, das Unternehmensführungssystem der staatseigenen Betriebe gegen ein modernes Unternehmenssystem auszuwechseln. Danach wurde der Gedankengang, dass die Reform der staatseigenen Betriebe durch die Umstrukturierung in Kapitalgesellschaften durchgeführt werden muss, endlich festgelegt.[167] Am 29.12.1993 wurde das Kapitalgesellschaftsgesetz (KgesG) verabschiedet. Das Gesetz bot und bietet eine Rechtsgrundlage für die Umstrukturierung der staatseigenen Betriebe in Kapitalgesellschaften und die Errichtung eines modernen Unternehmenssystems an. Bis Ende 1995 gab es lan-

[161] *Münzel* (1989), S. 267.

[162] Vgl. *Münzel* (1989), S. 265ff..

[163] Vgl. *Xu, Xianglin* (2003), http://www.chinaelections.org/readnews.asp?newsid=%7B22FA25BD-EF71-4126-BF76-A74292D2524B%7D

[164] Vgl. *Qi, Duojun* (2003), S. 28, 29.

[165] § 15 Abs. 1 Verfassungsgesetz Chinas

[166] 关于建立社会主义市场经济体制的若干问题的决定

[167] *Wang, Baoshu*, JR 2004 Nr. 1, 5.

desweit 2400 Aktiengesellschaften und 17.500 Gesellschaften mbH einschließlich der Gesellschaften mbH mit ausschließlich staatlichem Kapital. [168]

Unter einem modernen Unternehmenssystem versteht man in China das Geschäftsführungsmodell der modernen Rechtsformen der GmbH und AG. Zwar wollte die Regierung nicht direkt von Privatisierung sprechen, aber sie tut es vorsichtig und in kleinem Umfang unter dem Namen „modernes Unternehmenssystem", einem Synonym für „Privatisierung", das die Bevölkerung psychologisch akzeptiert und das somit turbulente soziale Schwankungen vermeiden kann.[169] Wie oben schon erwähnt galt in der Führungsstruktur der staatseigenen Betrieben das Direktorprinzip. Die unvollständige Rechtspersönlichkeit, die einseitige Eigentumsstruktur und die unkontrollierte Macht des Betriebsleiters stellten die Hauptmerkmale der staatseigenen Betriebe dar. Unter dem modernen Unternehmenssystem ist aber die vollständige Rechtspersönlichkeit, die pluralistische Eigentumsstruktur und die überwachte Macht des Managements zu erwarten. Die grundsätzliche Veränderung liegt darin, dass die konzentrierte Macht des Betriebsleiters durch die Machtverteilung zwischen unterschiedlichen Organen, nämlich Hauptversammlung, Vorstand und Aufsichtsrat, ersetzt wird.[170] Kein einziger Bestandteil der Organe der Gesellschaft kann über eine „allmächtige" Amtsbefugnis verfügen.[171]

Viele staatseigene Betriebe sind in Kapitalgesellschaften umstrukturiert worden. Allerdings bringt die Reform der Unternehmensform nicht unbedingt die Veränderung des Unternehmensführungssystems mit sich. Obwohl die Gesellschaften nach KgesG Hauptversammlung, Vorstand und Aufsichtsrat errichtet haben, entspricht ihre Unternehmensführung noch nicht dem Sinn des Gesellschaftsrechts.[172] Eine formal organisatorische Veränderung der Unternehmensform und der Führungsstruktur ist nur der erste Schritt zur guten Corporate Governance. Es ist entscheidend, dass die Führungsstruktur tatsächlich funktioniert und der Macht- und Interessenausgleich verwirklicht wird.

Die „Anteilsordnung" bzw. die Errichtung des modernen Unternehmenssystems ist der grundlegende Weg zur Reform der staatseigenen Betriebe. Allerdings tauchten und tauchen immer noch viele Probleme während der Reform auf. Die Wirtschaftsreform Chinas wird vorangetrieben. Eine gute Corporate Governance in den Unternehmen zu verwirklichen, gewinnt dabei eine große Bedeutung.

---

[168] Vgl. *Xu, Xianglin* (2003), http://www.chinaelections.org/readnews.asp?newsid=%7B22FA25BD-EF71-4126-BF76-A74292D2524B%7D

[169] *Wu, Yue* (2003), S. 188-189.

[170] *Wang, Baoshu*, CJL 1999 Nr. 5, 66.

[171] *Wang, Baoshu*, CJL 1999 Nr. 5, 67.

[172] *Wang, Baoshu*, CJL 1999 Nr. 5, 63.

III. Entwicklung der Gesetzgebung über Aktiengesellschaften und Corporate Governance in China

1. Normierungsansichten[173] zur Kapitalgesellschaft von 1992

Seit 1992 hat man erst begonnen, der „Anteilsordnung“ landesweit offiziell durchzusetzen. Obwohl mit dem Versuch der Einführung des Anteilsunternehmens in der Wirklichkeit schon Mitte der 80er Jahre angefangen wurde, gab es Jahre lang keine einschlägigen gesetzlichen Bestimmungen darüber.

Die staatliche Kommission für die Reform des Wirtschaftssystems (国家经济体制改革委员会) hat im Jahr 1992 zwei „Normierungsansichten“ für GmbH und AG[174], in denen die Gründung, Organisationsstruktur, Rechte und Pflichten der Gesellschafter usw. der GmbH und AG geregelt wurden, verabschiedet.

Die beiden „Normierungsansichten“ und weitere dreizehn Dokumente von den betreffenden Abteilungen des Staatsrats bildeten eine Reihe von Rechtsordnungen über die Gründung und den Versuch der Einführung von Anteilsunternehmen.[175] Sie haben einerseits die Umstrukturierung der staatseigenen Betriebe normiert, andererseits die Modernisierung der Rechtsform der Unternehmen in China gefördert.

2. Kapitalgesellschaftsgesetz von 1993

Im Dezember 1993 wurde das Kapitalgesellschaftsgesetz (KgesG) verabschiedet. Am 1. Juli 1994 ist das Gesetz in Kraft getreten. Dieses Gesetz ist eine Fortentwicklung der „Normierungsansichten“.[176] Durch zweihundertdreißig Paragraphen regelt es die Gründung und Organisationsstruktur der Kapitalgesellschaften, nämlich der GmbH und der AG. Die Vorschriften über die Emission und die Überlassung der Aktien sowie die Schuldscheine befinden sich auch in diesem Gesetz. Außerdem werden Regelung bezüglich der finanziellen Angelegenheiten und Buchhaltung, Fusion und Spaltung der Gesellschaft, Bankrott, Auflösung und Liquidation sowie die Niederlassung der ausländischen Gesellschaften getroffen.

Im KgesG werden zwei Rechtsformen, nämlich GmbH und AG, geregelt. Außer der Gesellschaft mit ausschließlich staatlichem Kapital (国有独资公司), die in Wirklichkeit eine staatliche Einpersonengesellschaft ist, darf keine Einpersonengesellschaft gegründet werden. Eine GmbH wird von zwei bis fünfzig Gesellschaftern (§ 20 Abs. 1 KgesG), eine AG von mindestens fünf Gründern, von denen über die Hälfte im chinesischen Inland einen Wohnsitz haben müssen (§ 75 Abs. 1 KgesG), gegründet. Um die Sicherheit des Rechtsverkehrs und die Interessen der Gläubiger zu schützen, wird das Kapitalsystem streng im KgesG geregelt. Zuerst müssen das Stammkapital und das Grundkapital bei der Gründung tatsächlich von den Gesellschaftern bzw. den Aktionären aufgebracht werden. Das re-

---

[173] 规范意见. Die deutsche Übersetzung in *Heuser* (2002) wird übernommen.

[174] 有限责任公司规范意见，股份有限公司规范意见 v. 15.5.1992.

[175] Vgl. *Qi, Duojun* (2003), S. 30.

[176] *Heuser* (2002), S. 394.

gistrierte Kapital (注册资本) der GmbH, nämlich das Stammkapital, ist der von der Gesellschaftsregisterbehörde registrierte Betrag der Einlagen, die von der Gesamtheit der Gesellschafter tatsächlich geleistet worden sind.[177] Das registrierte Kapital der Aktiengesellschaft, nämlich das Grundkapital, ist der Gesamtbetrag des tatsächlich erhaltenen Anteilskapitals, der bei der Gesellschaftsregisterbehörde registriert worden ist.[178] Darüber hinaus wird das Mindestkapital auch zwingend im KgesG vorgeschrieben. Das registrierte Kapital der GmbH darf nicht unter den folgenden Mindestbeträgen liegen: 1) 500 000 Yuan[179] bei vor allem Produktion betreibenden Gesellschaften; 2) 500 000 Yuan bei vor allem Großhandel betreibenden Gesellschaften; 3) 300 000 Yuan bei vor allem Einzelhandel betreibenden Gesellschaften; 4) 100 000 Yuan bei wissenschaftlich-technischen Entwicklungs-, Beratungs- und Dienstleistungsgesellschaften.[180] Der Mindestbetrag des registrierten Kapitals der AG ist 10 Mio. Yuan.[181] Außerdem ist die Rückgewähr von Einlagen[182] und der Kauf der eigenen Aktien[183] grundsätzlich verboten.

Gesellschaftsrecht ist Organisationsrecht. Im KgesG wird die Organisationsstruktur der Gesellschaft größtenteils geregelt. Für die AG sind zwingend drei Organe vorgeschrieben: Hauptversammlung, Vorstand und Aufsichtsrat. Das Machtorgan der Gesellschaft ist die Hauptversammlung, deren Zuständigkeiten ausdrücklich im Gesetz aufgelistet werden.[184] Die Aufgaben zur Geschäftsführung und Überwachung werden zwei Organen, dem Vorstand und dem Aufsichtsrat, zugewiesen.[185] Anders als in Deutschland werden Vorstand und Aufsichtsrat zusammen von der Hauptversammlung gewählt. Außerdem wird neben dem Vorstand auch die Figur des *managers*, der für die alltägliche Geschäftsführung zuständig ist, geregelt.[186] Für die GmbH sind zwar auch drei Organe wie für die AG vorgeschrieben. Vorstand und Aufsichtsrat können jedoch durch ein „geschäftsführendes Vorstandsmitglied (执行董事)“ bzw. ein oder zwei „Aufsichtsratsmitglieder (监事)“ ersetzt werden, wenn die Gesellschaft verhältnismäßig wenige Gesellschafter und einen kleinen Umfang hat.[187]

Eine besondere Rechtsform der Gesellschaft im KgesG ist die „Gesellschaft mit ausschließlich staatlichem Kapital (国有独资公司)“. Im KgesG hat der Gesetzgeber in den §§ 64-72 Sonderregelungen für diese Gesellschaftsform geschaffen. Nach KgesG ist eine „Gesellschaft mit ausschließlich staatlichem Kapital“ eine GmbH, die allein durch ein vom Staat ermächtigtes Investitionsorgan oder durch eine vom Staat ermächtigte Abteilung errichtet worden ist. Vom

---

177 § 23 Abs. 1 KgesG.
178 § 78 Abs. 1 KgesG.
179 Basiseinheit der chinesischen Währung RMB. Ein Euro entspricht ca. 10 Yuan.
180 § 23 Abs. 2 KgesG.
181 § 78 Abs. 2 KgesG.
182 § 34 KgesG.
183 § 149 Abs. 1 KgesG.
184 §§ 102, 103 KgesG.
185 §§ 112, 126 KgesG.
186 § 119 KgesG.
187 §§ 51, 52 Abs. 2 KgesG.

Staatsrat bestimmte Gesellschaften, die Produkte besonderer Art herstellen oder zu besonders bestimmten Branchen gehören, sollen die Form der Gesellschaft mit ausschließlich staatseigenem Kapital verwenden.[188] Solche Sonderregelungen räumen der öffentlichen Hand tatsächlich das Privileg ein, Einpersonengesellschaften zu gründen. „Diese Sonderregeln eröffnen dem Staat neue Gestaltungsmöglichkeiten für Staatsunternehmen, ohne ihn ordnungspolitisch (auf Privatisierung) festzulegen. Die rechtliche Reorganisation dieser Unternehmen in Gesellschaften mbH soll eine größere wirtschaftliche Selbständigkeit gegenüber der staatlichen Wirtschaftsverwaltung ermöglichen, die direkte Einmischung der Behörden unterbunden und der Fiskus durch Haftungsbeschränkung vor unbegrenzter Inanspruchnahme wegen Verlusten seiner Unternehmen geschützt werden."[189]

Eigentlich wurde das KgesG zur Reform der staatseigenen Betriebe geschaffen. Daher beziehen sich viele Vorschriften auf die Reform der staatseigenen Betriebe. Dieses Gesetz sei eher ein „Förderungsgesetz zur Reform der staatseigenen Betriebe" als Gesellschaftsrecht für Handelssubjekte (商事主体).[190] Weil der Gesetzgeber bei der Gesetzgebung das Bedürfnis der Reform der staatseigenen Betriebe übermäßig berücksichtigt hat, enthält das chinesische KgesG in übertriebener Form den politischen Inhalt[191], der zu diesem Gesetz nicht gehören sollte.[192] Dieser Strukturmangel des chinesischen KgesG könnte erst dann beseitigt werden, wenn das KgesG systematisch und umfassend neu formuliert wird.[193]

Außerdem ist das chinesische KgesG von „Kontrolle" (管制) geprägt.[194] Das heißt, dass der Gesetzgeber hinsichtlich vieler Seiten strenge und unbewegliche Regelungen geschaffen und der Gesellschaft weniger Selbstentscheidungsrechte gegeben hat. Dies verkörpert sich u.a. in der Genehmigung der Regierung zur Gründung der AG, in der Regelung über die Anzahl der Vorstandsmitglieder, den Geschäftsbereich der Gesellschaft usw. Die Selbstregulierung der Gesellschaft durch die Gesellschaftssatzung wird dabei nicht genug berücksichtigt.

Seit dem Inkrafttreten des chinesischen KgesG hat die sich schnell entwickelte chinesische Wirtschaft die Verbesserung des Rechtsumfelds ständig erfordert. Wegen der bestehenden Mängel des Gesetzes selbst und der Entstehung neuer Probleme entspricht das KgesG nicht mehr der sich ständig verändernden Situation. Einer Ansicht nach wird vertreten, dass die Hauptprobleme des geltenden KgesG darin liegen, dass das Gesetz hinter den Entwicklungen der modernen Kapitalgesellschaftssystems und den Bedürfnissen der Gesellschafts- und Unternehmenspraxis in China zurückbleibt, dass dem Gesetz Durchführbarkeit und grundsätzliche Prozessgewährleistung fehlt. Dies entspreche nicht dem Bedarf

---

[188] § 64 KgesG.
[189] *Heuser* (2002), S. 396.
[190] *Feng, Guo*, LSM 2004 Nr. 25, 20; Ähnlich, *Gan, Peizhong*, RDFY 2003 Nr. 10, 34.
[191] Z.B. die Regelung über die Aktivitäten der Grundorganisation der kommunistischen Partei in der Gesellschaft (§ 17 KgesG), die Regelung über die Gewerkschaft (§ 16 KgesG).
[192] *Jiang, Wuzhen*, LR 2005 Nr. 2, 99.
[193] *Wu, Yue* (2003), S. 57.
[194] *Feng, Guo*, LSM 2004 Nr. 25, 21.

der Wirtschaftsentwicklung und der Modernisierung Chinas.[195] Die Diskussionen um die Novellierung des KgesG bestehen schon seit langem im Schrifttum. Im Februar 2005 hat der Staatsrat der vierzehnten Tagung des zehnten Ständigen Ausschusses des Nationalen Volkskongresses (全国人民代表大会常务委员会) den Entwurf zur Novellierung des chinesischen KgesG vorgelegt. In diesem Entwurf wird das Gesetz hinsichtlich vieler Aspekte verbessert. Allerdings wird der Entwurf erst nach der dritten Lesung durchgehen.

3. Vorschriften über die börsennotierten Aktiengesellschaften von CSRC

Um die börsennotierten Aktiengesellschaften gut regeln zu können, hat *China Securities Regulatory Commission*[196] (CSRC) viele diesbezügliche Vorschriften verabschiedet. Da das chinesische KgesG die Bedürfnisse in der Praxis nicht befriedigen kann und die Probleme betreffend die börsennotierten Aktiengesellschaften sehr kompliziert und vielfältig sind, hat die CSRC folgende Vorschriften zur Normierung der börsennotierten Aktiengesellschaften verabschiedet:

a. Satzungsanleitungen für börsennotierte Aktiengesellschaften [197] von 1997

Am 16. Dezember 1997 hat die CSRC „Satzungsanleitungen für börsennotierte Aktiengesellschaften“ (im folgenden Satzungsanleitungen1997) verabschiedet. Durch Satzungsanleitungen1997 hat die CSRC den börsennotierten Aktiengesellschaften ein Muster der Satzung angeboten. Darin werden die Organisation der Gesellschaft, die Beziehung zwischen Gesellschaft und Aktionären, und die Beziehung der Aktionäre untereinander vorgeschrieben. Innerhalb einer Gesellschaft hat die Satzung gleiche Rechtskraft wie ein Gesetz. Eine inhaltlich umfangreich Satzung kann die innere Beziehung der Gesellschaft angemessen regeln und gewissermaßen eine gute Corporate Governance gewährleisten. Darüber hinaus können die Satzungsanleitungen1997 zur Lückenausfüllung des KgesG beitragen. Viele Vorschriften, die nicht oder nicht ausführlich im chinesischen KgesG vorgesehen sind, befinden sich aber in Satzungsanteilungen1997.

Jede börsennotierte Aktiengesellschaft muss nach den Satzungsanleitungen1997 eine eigene Satzung bestellen. Das bedeutet zugleich auch, dass dadurch, neben dem chinesischen KgesG, ergänzende Regelungen geschaffen werden. Mit den Satzungsanleitungen1997 wurde ein Gesellschaftsrecht neben dem eigentlichen Gesellschaftsgesetz (Kapitalgesellschaftsgesetz) geschaffen.[198] Die Satzung jeder börsennotierten Aktiengesellschaft muss als Mindeststandard den Inhalt der Satzungsanleitungen1997 abdecken. Daneben kann sie angesichts der eigenen individuellen Situation und den Erfordernissen weitere Vorschriften in die Satzung aufnehmen. Wenn eine börsennotierte Aktiengesellschaft auf Grund

---

[195] *Dong, Ansheng*, http://finance.sina.com.cn/g/35792.html

[196] 中国证券监督管理委员会

[197] 上市公司章程指引

[198] *Pissler*, ZChinR 2002 Heft 3/4, 132, http://www.zchinr.de/upload/25/News02-3u4.pdf. „Chinesisches Gesellschaftsgesetz“ im Aufsatz von *Pissler* wird als „chinesisches Kapitalgesellschaftsgesetz“ in der vorgelegten Arbeit übersetzt.

besonderer Umstände den Inhalt der Satzungsanleitungen1997 verändern oder streichen möchte, muss sie es der CSRC, insbesondere beim Antrag auf Ausgabe der Aktien oder auf Zulassung zum Aktienhandel an der Börse, erklären.

b. Normierungsansichten zur Hauptversammlung börsennotierter Aktiengesellschaften [199] von 2000

Am 18. Mai 2000 hat die CSRC die Normierungsansichten zur Hauptversammlung börsennotierter Aktiengesellschaften (im folgenden Normierungsansichten2000), die am 23. Februar 1998 von der CSRC verabschiedet wurden, revidiert. Die Hauptversammlung ist das einzige Organ, in dem die Aktionäre die Mitgliedschaftsrechte ausüben und die grundlegenden Angelegenheiten der Gesellschaft beschließen können. Um einerseits zu vermeiden, dass die Manager die Gesellschaft unrechtmäßig beherrschen und die Rechte der Aktionäre und der Gesellschaft verletzen, und andererseits zu gewährleisten, dass die Hauptversammlung die Aufgaben gesetzmäßig ausüben kann, hat die CSRC durch die Normierungsansichten2000 den Prozess der Einberufung der Hauptversammlung, den Inhalt der Tagesordnung, die von Aktionären oder Aufsichtsrat vorgeschlagene außerordentliche Hauptversammlung und die Durchführung der Hauptversammlungen der börsennotierten Aktiengesellschaften ausführlicher geregelt. Obwohl die Normierungsansichten2000 von der CSRC keine gesetzlichen Bestimmungen sind, haben sie gewisse Wirkungskraft auf die börsennotierten Aktiengesellschaften. Wenn die Art der Einberufung und Durchführung der Hauptversammlung und der Inhalt der Beschlüsse der Hauptversammlung den Regelungen von KgesG, Normierungsansichten2000 und der Satzung der Gesellschaft nicht entsprechen, ist die CSRC berechtigt, entsprechende Sanktion zu erlassen.

c. Anleitung zur Errichtung des *independent director*-Systems[200] in börsennotierten Aktiengesellschaften[201] von 2001

Um die Corporate Governance der börsennotierten Aktiengesellschafen weitgehend zu verbessern, und eine ordnungsmäßige Unternehmensführung der börsennotierten Aktiengesellschaften zu fördern, hat die CSRC am 21. August 2001 für die börsennotierten Aktiengesellschaften die Anleitung zur Errichtung des *independent director*-Systems in börsennotierten Aktiengesellschaften (im folgenden Anleitung2001) bekannt gemacht. In den Satzungsanleitungen1997 ist die fakultative Einrichtung von einem *independent director* vorgesehen. Allerdings wurde nur vorgeschrieben, welche Personen nicht als *independent directors* in Betracht kommen. Die Gesellschaft kann auf Grund eigener Bedürfnisse die Amtsbefugnisse von *independent directors* in der Satzung regeln.[202]

---

[199] 上市公司股东大会规范意见

[200] In der Anleitung2001 wird von „unabhängigen externen Vorstandsmitgliedern" (Kurzbezeichnung: „unabhängige Vorstandsmitglieder") gesprochen. Sie kommen außerhalb der Gesellschaft und sind keine geschäftsführende Vorstandsmitglieder. Weil es aus dem angloamerikanischen Rechtssystem stammt, wird das englische Wort „*independent director*" in der Arbeit direkt verwendet.

[201] 关于在上市公司建立独立董事制度的指导意见

[202] § 112 Satzungsanleitungen1997

Das aus dem angloamerikanischen Rechtsraum stammende *independent director*-System ist dem chinesischen Rechtssystem und KgesG aber fremd. Auf den ersten Blick ist die Integration des Instituts der unabhängigen Vorstandsmitglieder (*independent director*) in das chinesische Gesellschaftsrecht problematisch.[203] Die Aufgaben zur Unternehmensführung werden nach dem chinesischen KgesG auf Vorstand und Aufsichtsrat aufgeteilt. Der Aufsichtsrat ist zur Überwachung der Geschäftsführung verantwortlich. Die Aufgaben der Vorstandsmitglieder lassen sich nicht zwischen Geschäftsführung und deren Kontrolle wie im angloamerikanischen Rechtssystem aufspalten. Da der Aufsichtsrat in der Realität keine effektive Wirkung entfalten kann, ist mit der Einführung der *independent directors*, die im angloamerikanischen Rechtssystem dem Board angehören und zur Überwachung der anderen geschäftsführenden Mitglieder vom Board zuständig sind, eine stärkere Kontrolle des Vorstands und eine verbesserte Corporate Governance zu erwarten.

Unter einem *independent director* versteht man nach der Anleitung2001 ein Vorstandsmitglied, das außer der des Vorstandsmitgliedes keine andere Amtposition in der Gesellschaft besitzt und zur Gesellschaft und ihren Hauptaktionären in keinerlei Verhältnis steht, welches seine selbstständige und objektive Urteilungsfähigkeit verhindern könnte.[204] Das heißt, dass ein *independent director* unabhängig von der Gesellschaft und den Großaktionären sein muss. Die *independent direktors* haben der börsennotierten Aktiengesellschaft und allen Aktionären gegenüber Treue- und Sorgfaltpflicht （诚信与勤勉）.[205] Die *independent directors* müssen die Einheitsinteressen (整体利益) der Gesellschaft wahren. Sie müssen insbesondere berücksichtigen, dass die Interessen der Minderheitsaktionäre nicht geschädigt werden.[206] Die börsennotierten Aktiengesellschaften werden in den Anleitung2001 aufgefordert, nach der Anleitung2001 ihre eigenen Satzungen abzuändern und angemessene *independent directors* anzustellen – darunter mindestens einen Buchprüfungsexperten (会计专业人士). Bis zum 30. Juni 2002 sollten mindestens zwei Mitglieder des Vorstands *independent directors* sein. bis zum 30. Juni 2003 sollte der Anteil von *independent directors* mindestens ein Drittel der Vorstandsmitglieder ausmachen.[207]

In der Anleitung2001 werden u.a. die Bestellung, die Unabhängigkeit und die Zuständigkeit der *independent directors* geregelt. Weitergehende und ausführliche Vorschriften der Anleitung2001 befinden sich im kommenden Teil über das *independent director*-System. Ob dieses System in der Wirklichkeit so gut funktioniert wie erwartet, ist noch umstritten. Das Verhältnis zwischen Aufsichtsrat und *independent directors* ist ein weiteres zu lösendes Problem. Dies ist bei der Novellierung des chinesischen Kapitalgesellschaftsgesetzes zu berücksichtigen.

---

[203] *Pissler*, ZChinR 2002 Heft 3/4 S. 141, http://www.zchinr.de/upload/25/News02-3u4.pdf

[204] 1. Abschnitt, Ziff. 1 Anleitung2001

[205] 1. Abschnitt, Ziff. 2 Satz 1 Anleitung2001.

[206] 1. Abschnitt, Ziff. 2 Satz 2 Anleitung2001.

[207] 1. Abschnitt, Ziff. 3 Anleitung2001.

4. Corporate Governance Kodex für börsennotierte Aktiengesellschaften[208] von 2002

1999 hat die OECD die Grundsätze der Corporate Governance, die den OECD Ländern und Nicht-OECD Ländern als Richtschnur dienen, verabschiedet. Danach haben viele Staaten eigene Grundsätze über Corporate Governance, die ihrer inländischen Situation entsprechen, ausgearbeitet. Es gibt daher einen Trend zur internationalen Vereinheitlichung der Grundsätze der Corporate Governance. Als ein Schwellenland sieht sich auch China diesem Druck zur Etablierung international einheitlicher Standards ausgesetzt.

Am 7. Januar 2002 hat die CSRC den chinesischen Corporate Governance Kodex für börsennotierte Aktiengesellschaften (im folgenden CCGK) verabschiedet, um die Errichtung und Vervollständigung des modernen Unternehmenssystems bei den börsennotierten Aktiengesellschaften voranzutreiben, den Betrieb der börsennotierten Aktiengesellschaften zu normieren und die gesunde Entwicklung der chinesischen Wertpapiermarktes (证券市场) zu fördern[209]. In diesem Kodex werden die weltweit generell anerkannten Standards berücksichtigt und mit der aktuellen Situation in China verbunden. Dieser Kodex legt die fundamentalen Prinzipien der Corporate Governance börsennotierter Aktiengesellschaften in China, die Methoden der Verwirklichung des Schutzes der Rechte von Anlegern sowie den Inhalt von Handlungsstandards und beruflicher Moral dar, nach denen sich Vorstands-, Aufsichtsratmitglieder und *manager* sowie andere hochrangige Manager börsennotierten Aktiengesellschaften richten müssen.[210]

Bei der Festlegung und Änderung der Gesellschaftssatzung und detaillierter Regeln über die Corporate Governance von börsennotierten Aktiengesellschaften sollen die Inhalte zum Ausdruck kommen, die in diesem Kodex angeführt werden. Dieser Kodex ist ein wesentlicher Bewertungsmaßstab für die Beurteilung, ob eine börsennotierte Aktiengesellschaft eine solide Struktur ihrer Corporate Governance hat. Gegenüber börsennotierten Aktiengesellschaften, die schwerwiegende Probleme mit ihren Corporate Governance haben, werden die Wertpapieraufsichtsorgane die Durchführung einer Korrektur nach den Erfordernissen dieses Kodexes veranlassen.[211]

Neben der Wiederholung der geltenden Rechtsbestimmungen befinden sich in CCGK noch die Regelungen, die es nicht in den geltenden Gesetzen gibt. Der verbundene Handel (关联交易)[212], beherrschende Aktionäre (控制股东)[213], *independent director*[214], spezielle Ausschüsse des Vorstandes (董事会专门委员会)[215]

---

[208] 上市公司治理准则

[209] Präambel des CCGK.

[210] Präambel des CCGK.

[211] Präambel des CCGK.

[212] §§ 12-14 CCGK.

[213] §§ 15-27 CCGK.

[214] §§ 49-51 CCGK.

[215] §§ 52-58 CCGK.

und *stakeholder* (利益相关者)[216] usw. werden beispielsweise geregelt. Der CCGK berücksichtigt einerseits die aktuellen Problemen der chinesischen börsennotierten Aktiengesellschaften, und andererseits die internationalen Standards der Corporate Governance. Daher ist der CCGK fortschrittlicher als das KgesG. Außerdem zielt der CCGK auf den Schutz der Interessen der Minderheitsaktionäre ab. Die Corporate Governance der börsennotierten Aktiengesellschaften muss gewährleisten, dass alle Aktionäre und insbesondere mittlere und kleine Aktionäre eine gleichberechtigte Stellung genießen. Aktionäre genießen entsprechend ihrer Anteile die selben Rechte und übernehmen entsprechend Pflichten.[217]

Der CCGK ist kein Gesetz, sondern nur eine Verwaltungsbestimmung vom Wertpapieraufsichtsorgan. Obwohl das Wertpapieraufsichtsorgan, die CSRC, auf Grund ihrer Zuständigkeit für die Kontrolle und Verwaltung der börsennotierten Aktiengesellschaften, besonders für die Sanktion der ordnungswidrig handelnden börsennotierten Aktiengesellschaften, die Einhaltung des Corporate Governance Kodexes fordern kann, besteht noch kein zwingendes Gebot zur Aufnahme der Vorschläge des Corporate Governance Kodexes im Sinne eines Gesetzes. Obwohl die CSRC gegenüber den börsennotierten Aktiengesellschaften, die schwerwiegende Probleme bei der Corporate Governance haben, die Durchführung einer Korrektur nach den Erfordernissen des Kodexes befehlen kann, sind die Gesellschaften, die „keine schwerwiegenden Probleme" bei der Corporate Governance haben, nicht verpflichtet, die Vorschriften des CCGK einzuhalten. Außerdem ist nicht im Kodex geregelt, welche negativen Folgen die börsennotierten Aktiengesellschaften, die den Bestimmungen von CCGK nicht entsprechen, tragen müssen.

Die börsennotierten Aktiengesellschaften sollen ihre Corporate Governance, abweichende Bestimmungen zum Kodex und die Gründe hierfür bekannt machen.[218] Allerdings werden entsprechende Folgen nicht vorgeschrieben. Die Bestimmungen des CCGK sind deswegen mehr Vorschläge als zwingende Regelungen. Im chinesischen KgesG gibt es auch keine entsprechende Vorschrift über die jährliche Erklärungspflicht von Vorstand und Aufsichtsrat zum Corporate Governance Kodex wie im deutschen AktG[219]. Daher fehlt eine Verbindung zwischen KgesG und CCGK. Infolgedessen ist die Wirkung des Kodexes noch stark begrenzt.

---

[216] §§ 81-86 CCGK.

[217] § 2 CCGK.

[218] § 91 Nr. 5 CCGK.

[219] § 161a AktG

C. Aktionärsstruktur und öffentliche Beteiligung an Aktiengesellschaften

I. Aktionärsstruktur und öffentliche Beteiligung an Aktiengesellschaften in Deutschland

1. Konzentrierte Aktionärsstruktur in Deutschland

In Deutschland liegt eine konzentrierte Aktionärsstruktur vor.[220] Der Anteilbesitz der größten Aktiengesellschaften konzentriert sich zu einem erheblichen Teil auf Großaktionäre. Große Beteiligungen prägen die Eigentümerstruktur der Aktiengesellschaften. Im Vergleich zu den USA, wo die Aktienanteile sehr breit gestreut sind, ist die Aktionärsstruktur der deutschen börsennotierten Aktiengesellschaften relativ konzentriert. Im Jahr 1994 befanden sich nur 12,7 % von 558 im amtlichen Handel oder geregelten Markt notierten Aktiengesellschaften in mehrheitlichem Streubesitz.[221] Nach einer Untersuchung aus dem Jahre 1992der 500 größten deutschen Unternehmen sind 51 % aller Beteiligungen Mehrheitsbeteiligungen.[222] Eine andere Untersuchung der Anteilseignerkreise der deutschen Aktiengesellschaften des DAX 100 im Jahr 1999 zeigte auf, dass fast ein Drittel der Unternehmen von einem Anteilseigner mit über 50 %-Anteil dominiert wird.[223]

Bei der deutschen konzentrierten Aktionärsstruktur wird die Mehrheit des Aktienbesitzes von Unternehmen gehalten. Darüber hinaus sind die Unternehmen auch aneinander beteiligt. Direkte und indirekte Verflechtungen in Form von wechselseitigen Beteiligungen und Ringverflechtungen kreieren intransparente Strukturen.[224] Außerdem spielen die Banken, die als Aktionäre oder Vertreter der Aktionäre auftreten, eine große Rolle. Es sind vor allem diese drei Aspekte, die die Aktionärsstruktur in Deutschland charakterisieren. Diese bilden somit den Ausgangspunkt für die folgende Analyse.

a. Höchster Aktienbesitz der Unternehmen

In Deutschland sind bedeutende Aktionäre Unternehmen, wobei der Anteilsbesitz von Nicht-Finanzunternehmen den der Finanzunternehmen weit übertrifft.[225] Eine Untersuchung im Jahr 1996 zeigte eine grobe Verteilung: Die Anteile an deutschen Aktiengesellschaften befanden sich zu mehr als einem Drittel in Besitz von Nicht-Finanzunternehmen, zu ungefähr einem Fünftel in den Händen der institutionellen Anteilseigner, zu etwas mehr als einem Sechstel bei Privatpersonen und zu etwa einem Viertel in Besitz des öffentlichen Haushalts und von Auslän-

---

[220] *Kaplan*, in: *Feddersen/Hommelhoff/Schneider* (1996), S. 303. Nach der Tabelle über den Vergleich den Systemen der Corporate Governance in Deutschland, Japan und den USA ist der Anteilsbesitz in Deutschland konzentriert, in Japan weniger konzentriert und in den USA starke Streuung; *Hopt*, in: *Feddersen/Hommelhoff/Schneider* (1996), S. 247; *Schmidt* (2001), S. 250.

[221] Siehe: *Starke* (2002), S. 59.

[222] Vgl. *Starke* (2002), S. 59.

[223] *Schmidt* (2001), S. 249.

[224] *Schmidt* (2001), S. 259.

[225] *Schmidt* (2001), S. 257.

dern.[226] Ende 2000 wurden 30,9 % der Aktien inländischer Aktiengesellschaften von Unternehmen gehalten. Nach einem Report des Deutschen Aktieninstituts lag der Anteil der Unternehmen am Aktienumlauf Ende 2002 mit 33,1 % an der Spitze. Dieser Anteil betrug Ende 1998 sogar 40,6 %. Die Banken verzichteten tendenziell auf ihren Aktienbesitz. Im Vergleich zum Ende 1998 war der Anteil der Banken Ende 2002 um 1,8 Prozentpunkte gefallen.[227]

Die Entwicklung und die hauptsächliche Veränderung der deutschen Aktionärsstruktur in den letzten Jahren liegen darin, dass sich der Anteil von institutionellen Anteilseignern, wie z.B. Investmentfonds, Versicherungen und Pensionsfonds gesteigert hat. Der Aktienbesitz von Investmentfonds lag beispielsweise im Jahr 1996 bei 5,5 %, Ende 1998 bei 9,8 % und Ende 2002 schon bei 14,0 %. Der Anteil von Versicherungen und Pensionsfonds[228] lag Ende 1998 bei 6,9 % und Ende 2002 bei 14,2 %.[229] Der größte Aktienanteil ist jedoch nach wie vor unangefochten im Besitz von Unternehmen.

b. Intensive Verflechtungen im Unternehmensbereich

Auf dem „engen" deutschen Kapitalmarkt bilden Nicht-Finanzunternehmen die Aktionärsgruppe mit dem umfangreichsten Anteilsbesitz.[230] Darüber hinaus sind solche Unternehmen so wie die Banken gegenseitig aneinander beteiligt. Dies führt zu hohen Beteiligungsverflechtungen. Der Grad der Konzentrierung ist deswegen bei deutschen Aktiengesellschaften sehr hoch. Im Jahr 1992 waren 73,61 % aller und 96,96 % der börsennotierten Aktiengesellschaften konzernverbunden.[231] Eine Untersuchung der bedeutendsten deutschen Gesellschaften im Jahr 1999 zeigte auf, dass 62 der 100 größten Aktiengesellschaften, in einem Netz, das dem Schaltplan eines elektrischen Gerätes ähnelt, miteinander verflochten waren.[232] Bei den dick umrandeten Unternehmen, die als die „Schaltzentralen" des Netzwerkes angesehen werden und die Zentren der Macht darstellen, handelt es sich ausschließlich um institutionelle Investoren, genauer: Banken und Versicherungen. Nach Schätzung der Deutschen Bundesbank bilden von dem nahezu 40%igen Anteil, den Produktionsunternehmen am deutschen Aktienbesitz einnehmen, ungefähr drei Viertel gegenseitige Verflechtungen.[233]

c. Starke Stellung der Banken

Der Einfluss der deutschen und anderer europäischer Großbanken auf die Unternehmen ist gegenüber anderen Ländern, insbesondere den USA und Großbritan-

[226] Vgl. *Schmidt* (2001), S.246.
[227] Vgl. *Leven*, AG 2003, R512.
[228] Der Anteil von Versicherung lag im Jahr 1996 erst 5,6%. Allerdings gab es die Pensionsfonds noch nicht. Vgl. *Schmidt* (2001), S. 245.
[229] Vgl. *Leven*, AG 2003, R512.
[230] *Schmidt* (2001), S. 373.
[231] Vgl. *Starke* (2002), S. 59.
[232] Vgl. *Schmidt* (2001), S. 253f.
[233] Vgl. *Schmidt* (2001), S. 257.

nien weitaus größer.[234] Wegen des traditionellen bankenabhängigen Finanzierungssystems in Deutschland[235] spielen die Banken in der deutschen Wirtschaft eine große Rolle. Ohne die Mitwirkung der Banken ist die Funktion des heutigen Kapitalmarktes undenkbar.[236] Deutsche Großbanken verfügen über ein erhebliches Einflusspotenzial auf große deutsche Publikumsaktiengesellschaften.[237] Die Macht der Bank stammt hauptsächlich aus ihrer Einflusskumulation aus Kreditvergabe, Aufsichtsratspositionen, Konsortialführerschaft, Vermögensverwaltung und –beratung, Beteiligungsbesitz und Depotstimmrecht.[238] Dabei spielen der direkte Beteiligungsbesitz und das Depotstimmrecht eine zentrale Rolle.[239]

Die Beteiligung der Großbanken an den deutschen Aktiengesellschaften ist ein seit der Industrialisierung existierendes Charakteristikum des bankendominierten Finanzierungssystems in Deutschland.[240] Nach einer Erhebung Ende 1994 hatten die 10 größten privaten Banken in absoluten Zahlen insgesamt 135 Beteiligungen. An börsennotierten Gesellschaften hatten diese 10 größten privaten Banken 30 Beteiligungen.[241] Im Jahr 2000 hielten deutsche Banken insgesamt 13,0 % aller inländischen Aktien direkt.[242] Dem Wert nach ist die Beteiligung der privaten Banken an den einzelnen großen deutschen Aktiengesellschaften nicht gerade überwältigend.[243] Der Grund für die Beteiligung eines Kreditinstituts liegt weder an der Beherrschung einzelner Unternehmen noch an einer besonderen Rendite aus der Beteiligung, sondern an der Sicherung der langfristigen Beziehung zwischen der Bank und besonders wichtigen, meist großen Unternehmen.[244]

Neben dem Beteiligungsbesitz der Banken an deutschen Wirtschaftsunternehmen ist das so genannte Depotstimmrecht bei der Corporate Governance von großer Bedeutung. Die Aktionäre lassen ihre Aktien in einem Depot der Bank verwahren und erteilen eine Vollmacht zur Stimmrechtsausübung. Die Banken üben Stimmrechte für solche Aktionäre bzw. ihre Depotkunden auf der Hauptversammlung aus. Im deutschen AktG von 1937 wurde das Depotstimmrecht gesetzlich verankert.[245] Die Vertretung bei Ausübung des Stimmrechts entspricht den Bedürfnissen der Praxis. Aus Kostengründen nehmen die Kleinaktionäre kaum an der Hauptversammlung teil. Um das Scheitern der Hauptversammlung wegen niedriger Hauptversammlungspräsenz zu vermeiden, ist das Depotstimmrecht durch die Banken von großer Bedeutung. Nach einer Untersuchung erreichte der Anteilsbesitz von Banken und Versicherungen an den untersuchten 24 Unter-

---

[234] *Hopt*, GesRZ 2002, S. 6.

[235] Vgl. *Schmidt* (2001), S. 273: „(…) dass die deutsche Industriefinanzierung in entscheidender Weise seit der Hochindustrialisierungsphase durch die Großbanken geprägt wurde."

[236] *Schmidt* (2001), S. 278.

[237] *Gerke/Mager*, in: *Hommelhoff/Hopt/Von Werder* (2003), S. 565.

[238] Vgl. *Seibert*, AG 2004, 529; *Gerke/Mager*, in: *Hommelhoff/Hopt/Von Werder* (2003), S. 550.

[239] *Gerke/Mager*, in: *Hommelhoff/Hopt/Von Werder* (2003), S. 565.

[240] Vgl. *Schmidt* (2001), S. 377.

[241] Vgl. *Hopt*, in: *Feddersen/Hommelhoff/Schneider* (1996), S. 247.

[242] Vgl. *Gerke/Mager*, in: *Hommelhoff/Hopt/Von Werder* (2003), S. 551.

[243] *Hopt*, in: *Feddersen/Hommelhoff/Schneider* (1996), S. 247, 248.

[244] *Hopt*, in: *Feddersen/Hommelhoff/Schneider* (1996), S. 248.

[245] Vgl. *Schmidt* (2001), S. 272.

nehmen im Jahr 1992 überwiegend nicht die Höhe von 5 % des Grundkapitals. Aber die Hauptversammlungen solcher Unternehmen, deren Anteile mehrheitlich in Streubesitz waren, wurden von Banken dominiert. Bei jenen untersuchten Unternehmen ergaben sich durchschnittlich 60 % aller ausgeübten Stimmenrechte aus Vollmachtstimmrechten der Banken. Deswegen waren die Banken in 75 % der untersuchten Gesellschaften in der Lage, Grundlagenbeschlüsse durchzusetzen, sofern die Satzung keine abweichende Regelung vorsah.[246]

Zur Verbesserung der Informationsverteilung und der Stimmrechtsausübung wurde das AktG in einigen Punkten durch das Namensaktiengesetz[247] von 2001 geändert. Die Mitteilungen an die Aktionäre können in anderer als schriftlicher Form gemacht werden (§ 125 Abs. 1 und 2 AktG). Für die Form der Vollmacht kann die Satzung der Gesellschaft eine Erleichterung bestimmen (§ 135 Abs. 3 Satz 2 AktG). Neben der Kreditinstitute werden die von der Gesellschaft eingesetzten Stimmrechtsvertreter erstmals im deutschen Recht ausdrücklich geregelt (§ 134 Abs. 3 Satz 3 AktG). Die 15-Monats-Befristung der Vollmacht an Kreditinstitute und Aktionärsvereinigungen wurde aufgehoben. Stattdessen hat das Kreditinstitut den Aktionär jährlich und deutlich darauf hinzuweisen, dass jederzeit die Möglichkeit eines Widerrufs und der Wahl andere Vertretungsmöglichkeiten bestehen (§ 135 Abs. 2 AktG). Wegen des Wegfalls der Beschränkung von 15 Monaten kann nun eine echte Dauervollmacht[248] erteilt werden. Durch diese Novelle werden die Arten der Stimmrechtsvertretung vermehrt und die Erteilung der Stimmrechtsvollmacht erleichtert. Nicht geändert wurde, dass das Kreditinstitut das Stimmrecht für die Interessen des Aktionärs ausüben muss. Das Kreditinstitut hat dem Aktionär eigene Vorschläge für die Ausübung des Stimmrechts zu den einzelnen Gegenständen der Tagesordnung mitzuteilen und sich dabei „vom Interesse des Aktionärs leiten zu lassen (§ 128 Abs. 2 Satz 1 und 3 AktG). Allerdings haben die eigenen Weisungen des Aktionärs Vorranggegenüber den Vorschlägen des Kreditinstituts (§ 128 Abs. 2 Satz 5 AktG). Hat der Aktionär dem Kreditinstitut keine Weisungen für die Ausübung des Stimmrechts erteilt, so hat das Kreditinstitut das Stimmrecht entsprechend seinen eigenen Vorschlägen auszuüben, es sei denn, dass das Kreditinstitut den Umständen nach annehmen darf, dass der Aktionär bei Kenntnis der Sachlage die abweichende Ausübung des Stimmrechts billigen würde (§ 135 Abs. 5 AktG).

Die Banken kontrollieren das Management der Unternehmen zwar nicht durch ihre Vertreter in den Aufsichtsräten, aber indirekt durch die Ausübung der Depotstimmrechte. Besonders in Gesellschaften mit einem hohen Anteil an Streubesitz gewinnt das Vollmachtstimmrecht seine größte Bedeutung.[249] Die Ausübung von Stimmrechten ist für den Kleinaktionär die einzige Möglichkeit an dem Beschluss grundlegender Angelegenheiten der Aktiengesellschaft mitzuwirken. Dadurch können die Aktionäre das Management auch indirekt kontrollieren. Für die Ban-

---

[246] Vgl. *Baums/Fraune*, AG 1995, 99,101,103,111.

[247] Gesetz zur Namensaktie und zur Erleichterung der Stimmrechtsausübung (Namensaktiengesetz – NaStraG) vom 18.01.2001, BGBl. I 2001, 123, verkündet am 24.01.2001, In-Kraft-Treten am 25.01.2001.

[248] *Seibert*, AG 2004, 530ff.

[249] *Baums/Fraune*, AG 1995, 111.

ken ist das Depotstimmrecht auch von großer Bedeutung, weil sie dadurch Einfluss auf die Unternehmensführung nehmen können, besonders wenn die Aktionäre keine direkten Weisungen erteilen und die Banken deswegen einen großen Spielraum bekommen. Dabei ist es natürlich sehr wichtig, durch gesetzliche Bestimmungen den Konflikt zwischen eigenen Interessen der Banken und den Interessen der Aktionäre zu vermeiden bzw. zu lösen.

Die Ausübung des Stimmrechts durch die Banken in Deutschland ist Tradition und steht im Zusammenhang mit der traditionell herausragenden Position der Banken in der deutschen Wirtschaft. Obwohl die Bankmacht in Deutschland seit langem kritisiert wird, hat kein eindeutiger empirischer Beleg für einen systematischen Machtmissbrauch oder negative Auswirkungen für die Gesamtwirtschaft bisher vorgelegt werden können[250]. Mit der Entwicklung des Kapitalmarkts und der Vermehrung der Stimmrechtsvertretungsmöglichkeiten ist es aber tendenziell davon auszugehen, dass die Bankmacht an Bedeutung verlieren wird. Trotzdem wird das Depotstimmrecht der Banken nicht ganz aus dem Wirtschaftsleben verschwinden. Besonders für die Großbanken ist es noch ein Teil der Geschäfte, durch die sie Kunden gewinnen und das notwendige Verhältnis zu den Unternehmen aufbauen sowie die Einflussmöglichkeit auf die Unternehmensführung vergrößern können. Außerdem sollten die Banken auf Grund ihrer Erfahrungen beim Depotstimmrecht gegenüber den anderen Stimmrechtsvertretern Vorrang haben. Die zentrale Frage liegt nicht darin, ob die Bankmacht verstärkt oder abgeschwächt werden soll, sondern darin, wie eine extreme Machtpositionen in Unternehmen vermieden werden können und das Interesse des Aktionärs effizient geschützt werden kann.

2. Öffentliche Beteiligung an Aktiengesellschaften

a. Entstehung und aktuelle Situation der öffentlichen Beteiligung

(1) Entstehung der öffentlichen Beteiligung

Im Gegensatz zu anderen westeuropäischen Industrienationen - wie Großbritannien und Frankreich - hat es nach dem Zweiten Weltkrieg in den westlichen Bundesländern der Bundesrepublik Deutschland keine Verstaatlichung von Branchen oder Unternehmen gegeben. Der Beteiligungsbesitz des Bundes bestand vielmehr aus „ererbten" Beteiligungen aus dem Besitz des Deutschen Reiches, des Landes Preußen und aus im Zuge des Wiederaufbaus neu geschaffenen Instrumenten zur Erfüllung neuer Aufgaben des Bundes in der Finanzierung in der Forschungspolitik, in der Entwicklungshilfepolitik sowie im Verkehrswesen und in der Wohnungswirtschaft.[251] Die Bundesunternehmen waren in der Wirtschaft nicht dominierend; sie waren vielmehr bei einer im Grundsatz privatwirtschaftlich orientierten Beteiligungspolitik in das marktwirtschaftliche System integriert.[252] In der

---

[250] *Gerke/Mager*, in: *Hommelhoff/Hopt/Von Werder* (2003), S. 550, 565.

[251] http://www.bundesfinanzministerium.de/Bundesliegenschaften-und-Bundesbeteiligungen/Aktuell-.510.1818/Artikel/Bundesbeteiligungen.htm

[252] *Knauss* (1998), S. 12.

Bundesrepublik Deutschland hatte der private Sektor – privates Eigentum und unternehmerische Initiative – in der Nachkriegszeit grundsätzlich Vorrang vor dem staatlichen Sektor.[253] Die deutsche öffentliche Wirtschaft mit ihren Trägerebenen Bund-Länder-Gemeinden hat trotzdem im Verlauf ihrer langen Geschichte bedeutende Zäsuren erlebt.[254]

(2) Öffentliche Beteiligung in privatrechtlicher Rechtsform

Im Rahmen der historische Rechtsentwicklung in Deutschland hat sich ergeben, dass sich die Verwaltung zur unmittelbaren Erreichung ihrer Zwecke auch auf den Boden des Privatrechts begeben darf.[255] Diese Auffassung wurzelt in der Fiskustheorie, die von einer Doppelrolle der öffentlichen Hand als Hoheitsträger und als Privatrechtssubjekt (Fiskus) ausgeht. In Deutschland kennt das Gesellschaftsrecht keine spezielle Rechtsform für Beteiligungen der öffentlichen Hand an privaten Unternehmen.[256] Haushaltsrecht und Gemeindewirtschaftsrecht gestatten der öffentlichen Hand die Beteiligung an einem wirtschaftlichen Unternehmen nur, wenn für das Unternehmen die Form einer AG, einer Kommanditgesellschaft auf Aktien oder einer GmbH gewählt wird.[257] Der Grund liegt darin, dass die öffentliche Hand bei solchen Unternehmen keine unbeschränkte Haftung zu tragen hat. Andererseits ist es ein sinnvoller Versuch, durch eine privatrechtliche Rechtsform den öffentlichen Unternehmen eine größere kaufmännische Beweglichkeit zu verleihen. Infolgedessen sind Bund, Länder und Gemeinden, die „natürlichen" Personen des öffentlichen Rechts an zahlreichen Unternehmen des Privatrechts als Aktionär, GmbH-Gesellschafter oder auch als Kommanditist beteiligt.[258] Zwei Unternehmensformen sind deswegen zu unterscheiden: Wenn das Grundkapital in voller Höhe in der Hand des Staates liegt, wird die Gesellschaft als Eigengesellschaft bezeichnet. Anderenfalls spricht man in der Regel von einem gemischtwirtschaftlichen Unternehmen, an denen neben der öffentlichen Hand auch private Mitglieder beteiligt sind.[259] Diese Teilprivatisierung, bzw. Organisationsprivatisierung, bietet sich an, um der öffentlichen Hand ihre Garantenstellung zu sichern und ihr gleichzeitig zu ermöglichen, in der Kooperation mit Privaten Wissen und Finanzen zu erschließen, die der staatlichen Administration nicht zur Verfügung stehen. [260]

Schon bei früheren Privatisierungsaktionen wurde die Rechtsform der AG häufig benutzt. Die erste, größere Privatisierungsaktion kam erst 1959 durch die Ausgabe von *Preussag*-„Volksaktien" zustande.[261] Die Umwandlung der GmbH *Volkswagenwerk* in eine AG war die nächste große Privatisierung, wobei 60 % des Grundkapitals der neuen Gesellschaft privatisiert und die restlichen 40 %

---

[253] *Knauss* (1989), S. 2.
[254] *Knauss* (1989), S. 1.
[255] *Rüfner* (1967), S. 370.
[256] *Lutter/Grunewald*, WM 1984, 385.
[257] *Emmerich* (1969), S. 187.
[258] *Lutter/Grunewald*, WM 1984, 385.
[259] Vgl. *Emmerich* (1969), S. 38, 39.
[260] *Schmidt*, ZGR 1996, 345, 346.
[261] *Emmerich* (1969), S. 36.

zwischen dem Bund und dem Land Niedersachsen geteilt wurden.[262] Die dritte erfolgreiche Privatisierung war die des großen Bundesunternehmens *Veba*, das aus preußischem Besitz stammte, wobei 36 % des Grundkapitals als Namensaktien auf den Bund und die restlichen im größtenteils auf Kleinaktionäre verteilt wurde.[263]

(3) Aktuelle Situation des öffentlichen Beteiligungsbesitzes

Obwohl in Deutschland keine Verstaatlichung betrieben wurde und deswegen Privatisierung auch nicht in dem Ausmaß wie in anderen Ländern stattgefunden hat, spielt Privatisierung in der deutschen Wirtschaft und Politik noch eine wichtige Rolle. „Privatisierung von staatlichen Unternehmen, mit denen keine politischen Ziele mehr verfolgt werden, ist der beste Weg, um Wachstums- und Beschäftigungschancen zu nutzen und wettbewerbsfähige Arbeitsplätze zu schaffen."[264] „Privatisierung ist ein wirksames Instrument, Staatsunternehmen erfolgreich in die Zukunft zu führen und ihre Wettbewerbsfähigkeit durch privates Kapital zu sichern."[265] Die Privatisierungspolitik der Bundesregierung ist Teil einer umfassenden Staatsmodernisierung. Infolgedessen wird der öffentliche Anteil, der eigentlich nicht besonders groß war, immer geringer. Im Vergleich zu anderen Beteiligungen haben der Staat und andere öffentliche Anstalten heute in Deutschland keinen nennenswerten Aktienbesitz mehr.

Der Staatsanteil lag Ende 2002 nur bei 0,8 %, während er Ende 1998 noch 1,2 % betrug.[266] Nach dem Beteiligungsbericht 2004 des Ministeriums der Finanzen waren der Bund und sein Sondervermögen bis Oktober 2004 unmittelbar an 111 Unternehmen des öffentlichen und privaten Rechts beteiligt. Gegenüber dem Vorjahr hat sich insgesamt die Zahl aller unmittelbaren Beteiligungen des Bundes und ihres Sondervermögens um 5 verringert. Die Gesamtzahl der bedeutenden mittelbaren und unmittelbaren Beteiligungen hat sich gegenüber dem Vorjahr um 85 auf insgesamt 421 verringert. Diese Veränderung spiegelt sowohl die Weiterentwicklung der Privatisierungspolitik wie auch die Beteiligungsstrategie der Unternehmen mit Bundesbeteiligung wider.[267]

---

[262] Vgl. *Emmerich* (1969), S. 36, 37.

[263] Vgl. *Emmerich* (1969), S. 37, 38.

[264] Beteiligungsbericht 2002 vom Ministerium der Finanzen, http://www.bundesfinanzministerium.de/lang_de/DE/Service/Downloads/Downloads__2/18369__1,templateId=raw,property=publicationFile.null

[265] Beteiligungsbericht 2004 vom Ministerium der Finanzen, http://www.bundesfinanzministerium.de/lang_de/DE/Service/Downloads/Downloads__6/28774__0,templateId=raw,property=publicationFile.pdf

[266] *Leven*, AG 2003, R512.

[267] Siehe: Beteiligungsbericht 2004 des Ministeriums der Finanzen. Bedeutendere mittelbare und unmittelbare Beteiligung bedeutet: Unmittelbare Beteiligungen mit mind. 25 v.H und einem Nennkapital von mind. 50.000 Euro; Mittelbare Beteiligungen mit mind. 25 v. H und einem Nennkapital von mind. 50.000 Euro.

b. Besondere gesetzliche Regelungen über die wirtschaftliche Betätigung der öffentlichen Hand

Besondere gesetzliche Regelungen über wirtschaftliche Betätigung der öffentlichen Hand befinden sich in den folgenden Rechtsbestimmungen. Zunächst einmal wird das Recht, Aufsichtsratsmitglieder an den Aufsichtsrat zu entsenden, im § 101 Abs. 2 Satz 1 AktG geregelt. Obwohl dort öffentliche Hand oder ein ähnlicher Begriff nicht benutzt wird, kann man die öffentliche Hand auch zu „bestimmten Aktionären" rechnen. So ist § 101 AktG zum Teil als eine Sonderregelung anzusehen. Darüber hinaus enthält das deutsche AktG in den §§ 394, 395 mit dem Titel „Sondervorschriften bei Beteiligung von Gebietskörperschaften" Sonderregelungen für die öffentliche Hand als Aktionär in einer Aktiengesellschaft. Danach ist die Verschwiegenheitspflicht der Aufsichtsratsmitglieder, die auf Veranlassung einer Gebietskörperschaft in den Aufsichtsrat gewählt oder entsandt worden sind, hinsichtlich der Berichte, die sie der Gebietskörperschaft zu erstatten haben, ausgeschlossen. Außerdem enthält das Haushaltsgrundsätzgesetz (HGrG) gewisse Sonderregelungen für die öffentliche Beteiligung des Bundes und der Länder in einer Rechtsreform des privaten Rechts. Die die öffentliche Beteiligung betreffenden wichtigsten Vorschriften sind z.B. § 44 über „Prüfung staatlicher Betätigung bei privatrechtlichen Unternehmen", § 53 über „Rechte gegenüber privatrechtlichen Unternehmen" und § 54 über „Unterrichtung der Rechnungsprüfungsbehörde". Schließlich finden sich nahezu wortgleich in der Bundeshaushaltsordnung (BHO) und in den Landeshaushaltsordnungen (LHO) Sonderregelungen über die öffentliche Beteiligung.

Es fragt sich nun, wie die oben erwähnten Vorschriften bei der öffentlichen Beteiligung an Aktiengesellschaften durchgesetzt werden. Es ist zweifelsfrei so, dass das AktG Vorrang vor den anderen öffentlich rechtlichen Regelungen haben soll. Solange die öffentliche Hand an Aktiengesellschaften beteiligt ist oder am Wirtschaftsverkehr teilnimmt, soll sie nicht hoheitlich handeln, sondern als privatrechtliches Wirtschaftssubjekt wie die anderen Teilnehmer am Wirtschaftsleben auftreten. Im Bereich des Wirtschaftsverkehrs unterliegt die öffentliche Hand als Wirtschaftssubjekt privatrechtlichen Regelungen und als Mitglied von privaten Korporationen dem Gesellschaftsrecht. Deswegen lässt sich die öffentliche Hand vor allem dem AktG unterwerfen. Auf Grund der besonderen Interessen der öffentlichen Hand hat ihr der Gesetzgeber durch §§ 101, 394 und 395 AktG spezielle Sonderrechte eingeräumt. Trotzdem handelt es sich weiterhin um Privatrecht, da nur die Sonderrechte, die im AktG ausdrücklich geregelt werden, anerkannt sind. Folglich soll sichergestellt werden, dass die Beteiligungen der öffentlichen Hand nach kaufmännischen Gesichtspunkten und zugleich unter Berücksichtigung der besonderen Interessen der öffentlichen Hand verwaltet werden.[268] In den Haushaltsordnungen wird größtenteils Verwaltungsinnenrecht gesetzt, also Rechte und Pflichten normiert, die innerhalb der Behördenorganisation im Zusammenhang mit der Abwicklung des Haushalts und der Verwaltung des Vermögens der öffentlichen Hand gelten sollen.[269] Deswegen nehmen die gesetzlichen

---

[268] *Lutter/Grunewald,* WM 1984, 386

[269] *Lutter/Grunewald,* WM 1984, 386.

Regelungen in diesem Bereich keinen Einfluss auf die vorrangige Position des AktG. Nach ihrem Wortlaut und nach der klar formulierten Intention des Gesetzgebers sollen demgegenüber die einschlägigen Vorschriften des HGrG die Regeln des privaten Korporationsrechts ergänzen und notfalls ändern.[270] Bei Erlass des HGrG war der Gesetzgeber sich darüber im klaren, dass die verabschiedeten neuen Vorschriften der §§ 53, 54 HGrG *leges speciales* zum allgemeinen Gesellschaftsrecht sind und ein Sonderrecht der öffentlichen Hand begründen.[271] Durch solche Sonderregelungen wird deutlich, dass es Sonderrechte der öffentlichen Hand als Mitglied in einer Korporation des Privatrechts lediglich insofern gibt, als sie im Gesetz ausdrücklich formuliert sind.[272] Die Zielsetzung solcher Sonderregelungen ist nicht, der öffentlichen Hand eine Vorrangstellung zu bieten, sondern vielmehr eine stärkere Kontrolle der Ausübung der Aktionärsrechte der öffentlichen Hand zu ermöglichen.

c. Ausübung der Aktionärsrechte der öffentlichen Hand

Die öffentliche Hand als Anteilseigner von Aktiengesellschaften ist gleich den anderen Aktionäre zu behandeln. Allerdings ist nicht zu leugnen, dass der öffentlichen Hand spezifische Aufgabenstellung zugewiesen sind. Die öffentliche Beteiligung wird oftmals an einen öffentlichen Zweck gebunden. Deshalb sind folgende Fragen notwendigerweise aufzuwerfen: Nimmt die öffentliche Hand durch Weisungsrecht auf die Organe der Aktiengesellschaft Einfluss? Kann die öffentliche Hand von ihren Vertretern in der Aktiengesellschaft alle erlangten Informationen herausverlangen, ohne die Vorschriften des AktG zu beachten? Ist das Kontrollrecht der öffentlichen Hand wegen der besonderen Art der Beteiligung und des öffentlichen Zwecks notwendig? Um solche Fragen zu beantworten, sind folgende Rechte auf Grundlage des deutschen Rechts zu analysieren.

(1) Weisungsrecht

Der Staat ist rein tatsächlich gesehen, nicht mit den „normalen“ Aktionären vergleichbar. Zumindest kann der Staat nicht „persönlich“, sondern nur durch die Staatsbehörden oder Beamten als seine Vertreter, seine Aktionärsrechte ausüben. Die unternehmerische Beteiligung des Bundes wird beispielsweise dezentral – in der Regel aufgabenbezogen – von den Bundesministerien geführt. Obwohl der Staat angesichts des Gleichbehandlungsgrundsatzes kein Vorrecht haben soll, sind der erforderliche Einfluss und die erforderliche Kontrolle des Staates zu wahren. Denn die Verwendung der Privatrechtsform darf nicht zur Abstreifung der Pflichten und Bindungen des Staates führen.[273] Es fragt sich nun, ob die Vertreter sich den Weisungen des Staates auf jeden Fall unterwerfen müssen. Um auf diese Frage zu antworten, sind unterschiedliche Situationen zu berücksichtigen.

---

[270] *Lutter/Grunewald*, WM 1984, 386.
[271] *Lutter/Grunewald*, WM 1984, 387.
[272] *Lutter/Grunewald*, WM 1984, 385.
[273] *Püttner* (1985), S. 235.

Die Vertreter der Aktionäre in der Hauptversammlung dürfen nach dem AktG Weisungen unterworfen sein, in einzelnen Fällen müssen sie es sogar sein.[274] Wenn das Verfahren des Erwerbs oder die Gründung eines Unternehmens in Exekutive und Legislative abgeschlossen ist, obliegt dem zuständigen Bundesminister die Verwaltung der Bundesbeteiligung.[275]

Nach § 101 Abs. 2 AktG können die Aufsichtsratsmitglieder von bestimmten Aktionären in den Aufsichtsrat entsandt werden. Die Entsendungsrechte können insgesamt höchstens für ein Drittel der sich aus dem Gesetz oder der Satzung ergebenden Zahl der Aufsichtsratsmitglieder der Aktionäre eingeräumt werden[276]. Das Entsendungsrecht wurde mit Rücksicht auf die Bedürfnisse der öffentlichen Hand in gemischtwirtschaftlichen Unternehmen im AktG von 1937 eingeführt. Das AktG von 1965 behält dieses Recht bei. Die Reformen des AktG haben es ebenfalls nicht berührt. Der Gesetzgeber betrachtet also das Entsendungsrecht als ein Mittel, das der öffentlichen Hand erlaubt, einen besonderen Einfluss auf die Unternehmensverwaltung auszuüben.[277] Es fragt sich, ob die entsandten Aufsichtsratsmitglieder an Weisungen des Entsendungsberechtigten gebunden sind. Um diese Frage zu beantworten, ist die Stellung der Aufsichtsratsmitglieder zu analysieren. Die Aufsichtsratsmitglieder, die den Vorstand überwachen und die wichtigen Leitenentscheidungen treffen sollen, haben unabhängig von ihrer Herkunft das Wohl des Unternehmens im Auge zu behalten[278]. Der Aufsichtsrat hat seine Aufgaben unabhängig und eigenverantwortlich zu erfüllen. Satzungsbestimmungen oder Vereinbarungen, die die Bestellung der Aufsichtsratsmitglieder Dritten übertragen oder die Aufsichtsratsmitglieder an die Weisungen oder die Zustimmung Dritter binden, verstoßen folglich gegen die gesetzliche Kompetenzverteilung und sind deshalb nichtig.[279] Die vom Staat in den Aufsichtsrat entsandten Aufsichtsratsmitglieder haben die gleiche Rechtsstellung und tragen demnach dieselben Rechte und Pflichten wie die übrigen Aufsichtsratsmitglieder. Deswegen sind dem Wohl des Unternehmens widersprechende Weisungen unzulässig und dürfen weder gegeben noch befolgt werden.[280]

Nach dem deutschen AktG werden die Vorstandsmitglieder vom Aufsichtsrat gewählt. Die Aktionäre, die mehr Aufsichtsratsmitglieder in den Aufsichtsrat entsenden oder wählen können, haben natürlich mittelbar die Möglichkeit, vor allem, ihre Interessen repräsentierende Vorstandsmitglieder zu wählen. Die Organe der Gesellschaft dürfen aber nicht nur für die Interessen einzelner Aktionäre, sondern müssen für die Belange aller Aktionäre und der Gesellschaft tätig werden. Außerdem leitet der Vorstand die Gesellschaft als ein Kollektiv. Kein Vorstandsmitglied kann allein eine Entscheidung treffen. Darüber hinaus hat der Vorstand die Gesellschaft gemäß § 76 Abs. 1 AktG in eigener Verantwortung zu

---

[274] *Püttner* (1985), S. 237.
[275] *Knauss* (1989), S. 6.
[276] § 101 Abs. 4 AktG.
[277] *Emmerich* (1969), S. 207.
[278] *Püttner* (1985), S. 236; *Emmerich* (1969), S. 207.
[279] *Emmerich* (1969), S. 206.
[280] *Püttner* (1985), S. 236; *Emmerich* (1969), S. 207.

leiten. Maßnahmen der Geschäftsführung können dem Aufsichtsrat nicht übertragen werden. Die Satzung oder der Aufsichtsrat können nur anordnen, dass bestimmte Arten von Geschäften nur mit seiner Zustimmung vorgenommen werden dürfen (§ 111 Abs. 4 Satz 1 und 2 AktG.). Auch die Hauptversammlung kann über Fragen der Geschäftsführung nur entscheiden, wenn es der Vorstand verlangt (§ 119 Abs. 2 AktG). Die Zuständigkeitsverteilung ist zwingend, so dass sie durch die Satzung nicht geändert werden kann (§ 23 Abs. 4 Satz 1 AktG). Die Leitung der Gesellschaft obliegt daher allein dem Vorstand. Weisungsrechte anderer Organe oder der Gesellschafter an Vorstandsmitglieder sind damit ausgeschlossen. Dem Grundsatz nicht entsprechende Vereinbarungen und Satzungsbestimmungen sind grundsätzlich nichtig (§ 134 BGB; § 23 Abs. 4 Satz 1 AktG). Alle Argumente, mit denen versucht worden ist, einen Vorrang der besonderen Abmachungen vor der zwingenden, gesetzlichen Kompetenzverteilung in der Aktiengesellschaft zu begründen, haben sich also als nicht stichhaltig erwiesen.[281]

Im Ergebnis scheint damit der Einfluss der öffentlichen Hand auf die Aktiengesellschaften mit öffentlicher Beteiligung gering zu sein. Als Aktionär kann die öffentliche Hand natürlich in der Hauptversammlung durch die Ausübung des Stimmrechts an den grundlegenden Entscheidungen mitwirken. Dabei ist nicht die besondere Rechtspersönlichkeit oder die Macht der öffentlichen Hand, sondern allein der Aktienanteil entscheidend. Obwohl die von der öffentlichen Hand entsandten Aufsichtsratsmitglieder auch an die Weisungen des Entsendungsberechtigten gebunden sind, müssen sie jedoch im Konfliktsfalle den Interessen der Gesellschaft den Vorrang einräumen. Das AktG hat Vorrang. Es ist deshalb unmöglich, über den vom AktG zwingend gezogenen Rahmen hinaus Entsendungs- und Weisungsrechte gegenüber Vorstand und Aufsichtsrat zu begründen.[282]

(2) Informationsrecht durch ausgewählte oder entsandte Aufsichtsratsmitglieder

Die Aufsichtsratsmitglieder, die auf Veranlassung einer Gebietskörperschaft in den Aufsichtsrat gewählt oder entsandt werden, haben der Gebietskörperschaft Berichte zu erstatten. Um eine umfassende Prüfung der Betätigung durch den Bund oder die Länder zu ermöglichen, sind sie verpflichtet, ihre sämtlichen Erkenntnisse und Unterlagen einschließlich aller Berichte des Vorstandes, zu übermitteln. Dies führt unvermeidlich zum Konflikt mit der aktienrechtlichen Verschwiegenheitspflicht. Durch „Sondervorschriften bei Beteiligung von Gebietskörperschaften" bzw. die Vorschriften der §§ 394 und 395 hat das deutsche AktG diesen Konflikt in bemerkenswerter Weise gelöst. Nach diesen Vorschriften unterliegen die auf Veranlassung einer Gebietskörperschaft in den Aufsichtsrat gewählten oder entsandten Aufsichtsratsmitglieder keiner Verschwiegenheitspflicht hinsichtlich der Berichte, die sie der Gebietskörperschaft zu erstatten haben. Jedoch sind die, für die Zwecke der Berichte bedeutungslosen vertraulichen Angaben und Geheimnisse der Gesellschaft, ausgenommen. Die Verschwiegenheitspflicht obliegt stattdessen den Personen, die die Beteiligungen der Gebietskörper-

---

[281] Vgl. *Emmerich* (1969). S. 202.
[282] *Emmerich* (1969). S. 210.

schaft verwalten oder für eine Gebietskörperschaft die Gesellschaft, die Betätigung der Gebietskörperschaft als Aktionär oder die Tätigkeit der auf Veranlassung der Gebietskörperschaft gewählten oder entsandten Aufsichtsratsmitglieder prüfen. Daraus ergibt es sich, dass der öffentlichen Hand einerseits mehr Informationsrechte als normalen Aktionären eingeräumt werden, andererseits die Befreiung von der Verschwiegenheitspflicht der ausgewählten oder entsandten Aufsichtsratsmitglieder auf das AktG zu beschränken ist. Die Vorschriften lassen erkennen, dass das Gesetz nirgends von einem Vorrang der haushaltsrechtlichen oder beamtenrechtlichen Informationspflichten vor der gesellschaftsrechtlichen Verschwiegenheitspflicht ausgeht, da anderenfalls die Vorschriften wohl entbehrlich gewesen wären.[283]

(3) Kontrollrecht

Wegen der Trennung von Eigentum und Verfügungsrecht ist es für die Aktionäre notwendig, die Handlungen der Vorstände zu kontrollieren, um die Wahrnehmung ihrer Aktionärsinteressen zu gewährleisten. Aber die öffentliche Hand kann nicht „persönlich“, sondern nur durch die Behörden und die Beamtenschaft das Kontrollrecht ausüben. Sie sind die Vertreter des Staates und haben keine mit den Interessen der öffentlichen Hand verbundenen Eigeninteressen bei der Ausübung des Kontrollrechts. Die Vorstände der Aktiengesellschaft zu überwachen, ist eher als eine ihrer Aufgaben bzw. Pflichten anzusehen als ein ihnen zustehendes Recht. Außerdem werden die als Vertreter innerhalb der Aktiengesellschaft handelnden Vorstände und Aufsichtsräte wegen der besonderen Interessen der öffentlichen Hand auch verwaltungsrechtlich kontrolliert. Wenn man im Rahmen der öffentlichen Beteiligungen von Kontrollrecht spricht, hat dies zwei Bedeutungen. Die eine bezieht sich auf die Kontrolle der Vorstände der Aktiengesellschaft. Die andere bezieht sich auf die Kontrolle der den Staat vertretenden Vorstands- und Aufsichtsratsmitglieder. Auf einer Seite soll die öffentliche Hand gleich den übrigen Aktionären behandelt werden. Auf der anderen Seite ist eine besondere Kontrolle erforderlich, um die besonderen Interessen des Staates zu gewährleisten.

In einer Aktiengesellschaft ist der Aufsichtsrat zuständig für die Kontrolle des Vorstands. Dadurch, dass die öffentliche Hand die ihre Interessen repräsentierenden Aufsichtsräte auswählt oder entsendet, wird die Kontrolle des Vorstands durchgesetzt. Außerdem regelt das HGrG zusätzlich die Kontrolle durch die Prüfungsbehörde und besondere Kontrollrechte der öffentlichen Hand. Der § 44 HGrG regelt die „Prüfung staatlicher Betätigung bei privatrechtlichen Unternehmen“: „Der Rechnungshof prüft die Betätigung des Bundes oder des Landes bei Unternehmen in einer Rechtsform des privaten Rechts, an denen der Bund oder das Land unmittelbar oder mittelbar beteiligt sind, unter Beachtung kaufmännischer Grundsätze.“ Gemäß § 53 Abs. 1 HGrG hat die öffentliche Hand einen besonderen Anspruch auf die Abschlussprüfung: „Gehört einer Gebietskörperschaft die Mehrheit der Anteile eines Unternehmens in einer Rechtsform des privaten Rechts oder gehört ihr mindestens der vierte Teil der Anteile und steht

283 *Emmerich* (1969), S. 210.

ihr zusammen mit anderen Gebietskörperschaften die Mehrheit der Anteile zu, so kann sie verlangen, dass das Unternehmen 1. im Rahmen der Abschlussprüfung auch die Ordnungsmäßigkeit der Geschäftsführung prüfen lässt; 2. die Abschlussprüfer beauftragt, in ihrem Bericht auch darzustellen a) die Entwicklung der Vermögens- und Ertragslage sowie die Liquidität und Rechstabilität der Gesellschaft, b) verlustbringende Geschäfte und die Ursachen der Verluste, wenn diese Geschäfte und die Ursachen für die Vermögens- und Ertragslage von Bedeutung waren, c) die Ursachen eines in der Gewinn- und Verlustrechnung ausgewiesenen Jahresfehlbetrages; 3. ihr den Prüfungsbericht der Abschlussprüfer und, wenn das Unternehmen einen Konzernabschluss aufzustellen hat, auch den Prüfungsbericht der Konzernabschlussprüfer unverzüglich nach Eingang übersendet." Der § 54 Abs. 1 HGrG schreibt für die „Unterrichtung der Rechnungsprüfungsbehörde" weiter vor: „In den Fällen des § 53 kann in der Satzung mit Dreiviertelmehrheit des vertretenen Kapitals bestimmt werden, dass sich die Rechnungsprüfungsbehörde der Gebietskörperschaft zur Klärung von Fragen, die bei der Prüfung nach § 44 auftreten, unmittelbar unterrichten und zu diesem Zweck den Betrieb, die Bücher und die Schriften des Unternehmens einsehen kann." Dieses unmittelbare Einsichtsrecht der Rechnungsprüfungsbehörde kann neben den schon bestehenden Kontrollbefugnissen und Kontrollpflichten von Aufsichtsrat und Abschlussprüfer (mit erweitertem Prüfungsauftrag!) als eine dritte Kontrolle angesehen werden.[284] Dieses Recht der Rechnungsprüfungsbehörde auf Büchereinsicht ist aber kein Vorzugsrecht, weil das Recht die betreffende Bestimmung der Satzung voraussetzt. Das heißt, dass § 54 HGrG nur die Grundlage zur Schaffung eines statutarischen Rechts der öffentlichen Hand legt.[285]

d. Zusammenfassung

Die Zielsetzung des Gesetzgebers bei den oben erwähnten besonderen Vorschriften liegt darin, die Unternehmen mit staatlicher Beteiligung stärker zu kontrollieren. Das besondere Interesse des Staates wird in solchen Vorschriften berücksichtigt. Trotzdem wird der Grundsatz des privaten Korporationsrechts nicht durchbrochen. Die Interessen der übrigen Aktionäre werden dadurch auch nicht geschädigt. Solange die öffentliche Hand die Rechtsform des privaten Rechts verwendet, muss sie auch dem Gesellschaftsrecht wie die anderen Aktionäre unterliegen. Deswegen werden die Berichte der Aufsichtsratsmitglieder und die Verschwiegenheitspflicht bei Beteiligung von Gebietskörperschaften als „Sondervorschriften" im AktG vorgeschrieben und gerade nicht im öffentlichen Haushaltsrecht. Durch das beschränkte Entsendungsrecht und die beschränkte Entlastung von der Verschwiegenheitspflicht der entsandten Aufsichtsratsmitglieder verringert sich der öffentliche Einfluss auf die Unternehmensführung. Die Vorschriften der §§ 53, 54 HGrG sind nur unter bestimmten Bedingungen anwendbar. Sie stehen nicht im Konflikt zum AktG, sondern ergänzen seine Regelungen. Sie regeln eher das Verhältnis zwischen den öffentlichen Behörden, die unterschiedliche

[284] Vlg. *Lutter/Grunewald*, WM 1984, 393.
[285] *Lutter/Grunewald*, WM 1984, 393

Aufgaben haben, als das zwischen dem Aktionär und der Aktiengesellschaft. Gegenstand der Prüfung durch die Rechnungshöfe ist, wie die amtliche Begründung hervorhebt, nicht der Jahresabschluss. Denn nicht das Unternehmen, sondern die Beteiligung der verwaltenden Behörde wird haushaltsrechtlich geprüft.[286]

Daraus ergibt sich, dass das AktG bei der öffentlichen Beteiligung an einer Aktiengesellschaft Vorrang hat. Der Gleichbehandlungsgrundsatz, der im AktG seit langem als allgemeiner Rechtsgrundsatz anerkannt und nach der Zweiten EG-Richtlinie nunmehr auch ausdrücklich in § 53a AktG verankert ist[287], betont erneut die gleiche Rechtsstellung der Aktionäre auf der Ebene des AktG. Die Behandlung der Aktionäre erfolgt bei der Aktiengesellschaft, als reiner Kapitalgesellschaft, nach Aktien und deren Nennbeträgen, also nach der Höhe der Kapitalbeteiligung.[288] Die Herkunft der Aktionäre ist gleichgültig. Die mitgliedschaftsrechtliche Stellung der öffentlichen Hand in Aktiengesellschaften ist dieselbe wie die der übrigen Aktionäre. Mit der Mitgliedschaft in privaten Korporationen verbundene besondere Rechte der öffentlichen Hand bestehen daher nur insoweit, als sie im Gesetz ausdrücklich formuliert sind.[289]

II. Aktionärsstruktur und öffentliche Beteiligung an Aktiengesellschaften in China

Wie oben schon erwähnt kann die Aktionärsstruktur auch einen Einfluss auf Corporate Governance nehmen. Dies lässt sich insbesondere an der chinesischen Corporate Governance auf Grund des Wandels des Wirtschaftssystems ablesen, weil die öffentliche Beteiligung die Aktionärsstruktur der chinesischen Aktiengesellschaften prägt.

Seit Einführung der „Anteilsordnung" während der Reform der staatseigenen Betriebe sind immer mehr Gesellschaften mit der modernen Rechtsform der GmbH oder AG entstanden. Die Rechtsform der AG ist besonders bei der Umstrukturierung der großen und mittelständigen staatseigenen Betriebe angewandt worden. Nach ihrem Inhabern werden die Aktien in China in Staatsaktien (国家股), Aktien einer juristischen Person (法人股), Publikumsaktien (社会公众股) und Auslandsinvestitionsaktien (外资股) unterteilt. Staatsaktien sind nach § 2 Abs. 2 der „Vorläufigen Methode zur Verwaltung staatseigner Anteilsrechte von Aktiengesellschaften"[290] (im folgenden StaatseigeneAnteilsrechte VwMethode) vom 3. November 1994 Aktien, die durch Investitionen der Regierungsabteilungen oder ihrer Organe, die als Vertreter des Staates zur Investition ermächtigt

---

[286] *Emmerich* (1969), S. 192.

[287] *Hueck/Windbichler* (2003), S. 360.

[288] Vgl. *Hueck/Windbichler* (2003), S. 360; BGHZ 70, 117, 121 = NJW 1978, 540; Das gilt für sog. Hauptrechte wie Stimm- und Dividendenrecht. Bei sog. Hilfsrechten wie Teilnahme an der Hauptversammlung, Rede- und Auskunftsrecht gilt dagegen Gleichbehandlung nach Köpfen. Näheres bei *Hüffer* (2004), § 53 a Rn. 6 ff.; KölnKommAktG/*Zöllner/Lutter* § 53 a Rn. 23; MünchKommAktG/*Bungeroth* § 53 a Rn. 9 ff.

[289] *Lutter/Grunewald*, WM 1984, 385.

[290] 股份有限公司国有股权管理暂行办法 v. 3.11.1994. Diese deutsche Übersetzung in *Pissler* (2004) wird übernommen.

werden, gebildet werden. In Folge der Umstrukturierung der staatseigenen Betriebe in Aktiengesellschaften befinden sich die Beteiligungsanteile im großen Umfang in der Hand des Staates. Bis Ende April 2001 haben sich insgesamt 1124 Aktiengesellschaften an den Börsen in Shanghai und Shenzhen angemeldet. Davon haben die Aktiengesellschaften, deren Größtaktionär die öffentliche Hand war, 65 % ausgemacht.[291] Durch die Mehrheitsbeteiligungen kann der Staat mit weniger Kapital mehr Ressourcen kontrollieren. Dadurch wird die hauptsächliche Position des sozialistisch öffentlichen Eigentums konsolidiert. Durch Investitionen juristischer Personen der Unternehmen oder Institutionseinheiten (事业单位) und gesellschaftlicher Gemeinschaften (社会团体) entstehen die Aktien der juristischen Person. Dazu gehören die Aktien staatseigner juristischer Personen (国有法人股), die durch Investitionen der Staatsunternehmen oder Institutionseinheiten mit staatlichem Vermögen gebildet werden[292]. Staatsaktien und Aktien staatseigner juristischer Personen werden insgesamt als „staatseigene Anteilsrechte" (国有股权) bezeichnet.[293] Die Publikumsaktien werden gebildet, indem die durch Platzierung (募集) zu gründenden Aktiengesellschaften die Aktien an die Öffentlichkeit ausgeben. Die Auslandinvestitionsaktien entstehen, indem ausländisches Kapital einschließlich des Kapitals aus Hongkong, Taiwan und Macau in die Aktiengesellschaft investiert wird. Diese Einteilung ist jedoch abgelehnt worden, weil sie dem Prinzip der Gleichberechtigung der Aktienanteile widerspricht. Deswegen ist diese Klassifizierung nicht ins KgesG aufgenommen worden. Allerdings besteht die Unterscheidung zwischen Staatsaktien und Aktien juristischer Personen als ein objektives Phänomen in den Gesellschaften mit staatlicher Beteiligung.[294]

Im Folgenden werden hauptsächlich die Besonderheiten der Aktionärsstruktur der chinesischen Aktiengesellschaften und die Beteiligung der öffentlichen Hand sowie die daraus resultierenden Probleme analysiert.

1. Dominanz der Beteiligungsanteile der öffentlichen Hand

Die Rechtsformen der GmbH und AG sind bei der Reform der staatseigenen Betriebe zur Errichtung des modernen Unternehmenssystems angewandt worden. Besonders die ersten börsennotierten Aktiengesellschaften Chinas sind von den staatseigenen Betrieben umstrukturiert worden.

Die Umstrukturierung der staatseigenen Betriebe in Aktiengesellschaften ist folgendermaßen, nach einschlägigen Bestimmungen erfolgt: 1) Bei Erweiterung und Kapitalerhöhung des Unternehmens wurden die Investitionen der unterschiedlichen Anleger in Aktienanteile umgerechnet oder das Kapital wurde durch Ausgabe der Aktien platziert und das vorherige Vermögen des Unternehmens nach der Bewertung ebenfalls in Aktienanteile umgewandelt. Dann wurde das Unternehmen nach den Bedingungen und Forderungen zur Gründung einer Aktiengesellschaft umstrukturiert. 2) Bei einer Fusion der Unternehmen investierten

[291] *Ju, Jinwen* (2001), http://www.people.com.cn/GB/paper87/4448/501835.html

[292] § 2 Abs. 3 StaatseigeneAnteilsrechte VwMethode.

[293] § 2 Abs. 4 StaatseigeneAnteilsrechte VwMethode.

[294] *Cheng, Hehong/Liu, Zhihui/Wang, Hongliang* (2000), S. 52.

die Eigentümer des fusionierten Unternehmens ihr Vermögen als Gesellschaftsanteile in das fusionierende Unternehmen, dessen Vermögen nach der Bewertung auch in Aktienanteile umgerechnet wurde. Nach den Bedingungen und Forderungen zur Gründung einer Aktiengesellschaft wird das neue Unternehmen nach der Fusion in eine Aktiengesellschaft umstrukturiert. Ein Unternehmen konnte mit anderen Unternehmen auch dadurch fusionieren, indem es die herrschenden Mehrheitsbeteiligungsanteile in den anderen Unternehmen hielt. Dann wurden die fusionierten Unternehmen nach Bedingungen und Forderungen zur Gründung einer Aktiengesellschaft in eine Aktiengesellschaft umstrukturiert. 3) Bei der Bildung einer Unternehmensgruppe wurde das herrschende Unternehmen (核心/控制企业) nach Bedingungen und Forderungen zur Gründung einer Aktiengesellschaft in eine Aktiengesellschaft umstrukturiert. Durch Beteiligung oder herrschende Mehrheitsbeteiligung des herrschenden Unternehmens und gegenseitige Beteiligung der anderen Mitgliedsunternehmen (成员企业) der Unternehmensgruppe, wurden betreffende Mitgliedsunternehmen nach Bedingungen und Forderungen zur Gründung einer Aktiengesellschaft in Aktiengesellschaften umstrukturiert. 4) Die Unternehmen, die vollständig mit Krediten gegründet wurden und überschuldet waren, konnten durch die Ausgabe der Aktien die unzureichende Kapitalstruktur ändern und nach den einschlägigen Voraussetzungen in Aktiengesellschaften umstrukturiert werden.[295] In der Praxis gab es eine populäre Methode zur Umstrukturierung der staatseigenen Betriebe: Die staatseigenen Betriebe haben ihr Vermögen ganz oder zum Teil in Aktienanteile umgewandelt und dann an die Öffentlichkeit ausgegeben. Dadurch wurden solche staatseigenen Betriebe in Aktiengesellschaften umstrukturiert. Sie konnten auch die nach der Bewertung entstandenen Staatsaktienanteile an die Öffentlichkeit verkaufen und dadurch mit anderen Investoren zusammen Aktiengesellschaften gründen.[296]

Die staatseigenen Betriebe, die in Aktiengesellschaften umstrukturiert worden sind, waren große oder mittelständige Unternehmen und betätigten sich in der Regel in besonders wichtigen Branchen. Einerseits war die Summe des Unternehmensvermögens sehr groß. Die staatliche Beteiligung, die anhand des Vermögensumfangs umgerechnet worden ist, stellt deswegen nach der Umstrukturierung einen großen Anteil dar. Andererseits wollte der Staat seine dominierende Position in solchen Branchen nicht aufgeben. Eine Mehrheitsbeteiligung der öffentlichen Hand wurde demnach in solchen Gesellschaften bewahrt. Die Anteile der Aktiengesellschaften, besonders der börsennotierten Aktiengesellschaften, wurden dann im großen Umfang vom Staat gehalten. Dass ein Aktionär der einzige größte Aktionär ist (一股独大), ist ein übliches Phänomen in China.[297]

Bis Ende 1999 belief sich das Grundkapital aller börsennotierten Aktiengesellschaften Chinas, die sich bei den inländischen Börsen angemeldet hatten, auf insgesamt 290 Mrd. Yuan. Davon machten öffentliche Beteiligungsanteile einschließlich den Anteilen der staatseignen juristischen Personen wertmäßig 180

---

[295] *Qi, Duojun* (2003), S. 31.

[296] *Qi, Duojun* (2003), S. 31.

[297] *Zhu, Ciyun*, CJL 2004 Nr. 4, 105 ; Pissler, ZchinR 2002 Heft 3/4, 134, http://www.zchinr.de/upload/25/News02-3u4.pdf

Mrd. Yuan aus, wovon wiederum Anteile im Wert von 110 Mrd. Yuan vom Staat gehalten wurden.[298] Nach einer Studie aus dem Jahr 2001 haben die Staatsaktien bei den untersuchten 1135 börsennotierten Aktiengesellschaften im Durchschnitt 39,21 % ausgemacht. Die größten Aktionäre, von denen mehr als 80 % Regierungsabteilungen oder Staatsunternehmen waren, besaßen durchschnittlich 43,93 % der gesamten Aktienanteile.[299] Bis Ende 2002 machten die Staatsaktien insgesamt 47 % sämtlicher Aktienanteile der börsennotierten Aktiengesellschaften aus. [300] Die Mehrheitsbeteilung befand sich in der Regel in der Hand des Staates. Die Aktienanteile der zweitgrößten Aktionäre waren in Relation zum größten Anteilseigner sehr gering.[301] Bis Ende Mai 2004 gab es in China insgesamt 1324 börsennotierte Aktiengesellschaften. Darunter gab es 486 Gesellschaften, deren größter Aktionär mehr als 50 % der Aktienanteile gehalten hat. In 419 Gesellschaften war der größte Aktionär der Staat oder ein Staatsunternehmen, der mehr als 50 % der Aktienanteile besitzt haben. In 450 Gesellschaften wurden 20 % bis 50 % Aktienanteile vom Staat oder von Staatsunternehmen gehalten. Beides machte 91,4 % der gesamten börsennotierten Aktiengesellschaften aus.[302] Diese Situation verstärkte die Machtkonzentration in den Händen der Inhaber staatseigener Aktien, da der einzelne Anleger innerhalb der Gesellschaft nichts erreichen konnte.[303] Eine konzentrierte Aktionärsstruktur wäre dann für die chinesischen börsennotierten Aktiengesellschaften sehr charakteristisch. Allerdings ist diese konzentrierte Aktionärsstruktur wesentlich anders ausgeprägt als die deutsche konzentrierte Aktionärsstruktur, bei der die Aktienanteile zum großen Teil nicht vom Bund, sondern von Unternehmen gehalten werden.

2. Nicht an der Börse handelbare Staatsaktien

Außer der oben erwähnten Einteilung der Aktien nach ihren Inhabern besteht in China noch eine andere wichtige Klassifizierung, die die chinesische Börse sehr stark beeinflusst. Die Aktien lassen sich zwischen an der Börse handelbaren Aktien (流通股) und nicht an der Börse handelbaren Aktien (非流通股) unterscheiden. Zu Anfang der Reform hat man befürchtet, dass der Börsenhandel von Staatsaktien und Aktien juristischer Personen zur Absenkung der wirtschaftlichen Verhältnisse des Gemeineigentums (公有制经济) führt.[304] Dass die Staatsaktien und die Aktien der juristischen Person nicht an der Börse gehandelt werden dürfen, hat daher einen historischen Grund.[305] Es ist ein besonderes Problem bei der Wirtschaftswandlung Chinas.

Allerdings können sie durch Vereinbarung übertragen werden. Sowohl nach dem chinesischen KgesG[306] als auch nach den „vorläufigen Maßnahmen zur Ver-

---

298 *Qu, Weibin*, http://www.chinampaonline.com/article/list.asp?id=80

299 *Wang, Zhongjie* (200), S. 7.

300 http://www.chinanews.com.cn/n/2003-06-04/26/310328.html

301 http://business.sohu.com/68/52/article201605268.shtml

302 Siehe: *Zhu, Ciyun*, CJL 2004 Nr.4, 105.

303 *Pissler*, ZChinR 2002 Heft 3/4, 134, 135, http://www.zchinr.de/upload/25/News02-3u4.pdf

304 *Gan, Peizhong*, RDFY 2002 Nr. 12, 58.

305 *Zhu, Li* (2003), http://www.cs.com.cn/10/01/02/200312300523.htm

306 § 144 KgesG.

waltung der Übertragung des Staatseigentums bei Staatsunternehmen“[307] soll die Übertragung des staatlichen Vermögens einschließlich staatseigener Aktien in einer nach dem Recht errichteten Handelsorganisation öffentlich vorgenommen werden. Allerdings gibt es auch immer nicht öffentliche Übertragungen. Für diese Situation ist eine neue Vorschrift geschaffen worden. Im Dezember 2004 haben die Börsen in Shanghai und Shenzhen mit *China Securities Depository and Clearing Corporation Limited*[308] (im folgenden CSDCC) die „Durchsetzungsordnung für die Übertragung der nicht an der Börse handelbaren Aktien der börsennotierten Aktiengesellschaften“[309] verabschiedet. Diese Ordnung schreibt vor, dass die Übertragung[310] der Aktien börsennotierter Aktiengesellschaften an den Börsen durchgesetzt und von den Börsen in Shanghai und Shenzhen und CSDCC zentralisiert und einheitlich durchgeführt werden muss. Der illegale Handel außerhalb der Börsen wurde streng verboten. Die Börsen sind zuständig für die Bestätigung der Ordnungsmäßigkeit des Antrags der Parteien der Übertragung, die Prüfung der Bekanntmachung der die Übertragung betreffenden Informationen und die Offenlegung der Informationen über die Übertragung. Die CSDCC regelt die mit der Übertragung der Anteile im Zusammenhang stehende Auslegung der Aktien, vorübergehende Aufbewahrung der Aktien, Registrierung und Übereignung der Aktien. Die Aktien, die von den Aktieninhabern zur Veräußerung oder von den Käufern zum Erwerb beantragen werden, müssen zumindest 1 % des Grundkapitals der börsennotierten Aktiengesellschaft ausmachen. Wenn eine Übertragung der Aktien nicht nach dieser Ordnung durchgesetzt worden ist, sind die Börsen berechtigt, die Bestätigung der Übertragung abzulehnen und die CSDCC berechtigt, die Registrierung der Veränderung des Aktiencharakters und der Übereignung zu verweigern. Diese Ordnung ist am 1.1.2005 in Kraft getreten. Dass die nicht an der Börse handelbaren Aktien über die Börsen übertragen werden, bedeutet aber nicht, dass solche Aktien in an der Börse handelbare Aktien umgewandelt werden. Der Charakter solcher Aktien bleibt unverändert. Die Bedeutung liegt aber darin, dass die Übertragung der nicht an der Börse handelbaren Aktien, besonders der Staatsaktien und der Aktien staatseigener juristischer Personen, öffentlich und transparent durchgeführt werden soll. Dadurch hofft man, dass die Übertragung der Aktien registriert und der Verlust des öffentlichen Vermögens vermied werden kann. Allerdings wird die Unterscheidung zwischen an der Börse handelbaren Aktien und nicht an der Börsen handelbaren Aktien nicht geändert.

Diese Unterscheidung der Aktien hat zur Folge, dass durchschnittlich zwei Drittel der Aktien der chinesischen börsennotierten Aktiengesellschaften nicht an der Börse gehandelt werden. Bis Ende 2004 haben die nicht an der Börse handel-

---

[307] § 4. 企业国有产权转让管理暂行规定 v. 31. 12. 2003.

[308] 中国证券登记结算有限责任公司

[309] 上市公司非流通股转让业务办理规则

[310] Hier bedeutet „Übertragung“ „Handel durch Vereinbarung“. Der Charakter der Staatesaktien und der Aktien der juristischen Person, dass sie nicht an der Börse gehandelt werden, bleibt unberührt. Die Aktionäre haben eine Übertragung ihrer Anteile bei einer nach dem Recht errichteten Wertpapierbörse durchzuführen (§ 144 KgesG). Nach dem Inkrafttreten der neuen Ordnung sollte diese Regelung durchgesetzt. Die Übertragung der Aktien außerhalb der Börse ist dann verboten.

baren Aktien 64 % der Gesamtaktien der börsennotierten Aktiengesellschaften Chinas ausgemacht, darunter waren 74 % Staatsaktien.[311] Dies bringt in der Praxis gewisse Nebenwirkungen mit sich. Erstens kann der Staat das Risiko der Gesellschaftsführung und der Kursschwankungen nicht verlagern; zweitens kann das Staatskapital nicht zwischen unterschiedlichen Branchen und Unternehmen ungehindert fließen, so dass der mit Staatskapital finanzierten Unternehmensbetrieb häufig ineffizient ist; drittens fehlt die Möglichkeit, staatliche Aktienanteile zu höheren Beträgen zu veräußern und den Nennbetrag übersteigende Erlöse zu erzielen.[312] Darüber hinaus kann dem Preis der Aktien der echte Wert des Kapitals nicht abgelesen werden. Durch den Preis der Aktien können die Anteilseigener keine echten Informationen über die Situation der Gesellschaft bekommen. Die Kontrolle aus dem Kapitalmarkt funktioniert gar nicht. Die Funktion des Kapitalmarkts zur Verteilung der Ressourcen nach dem Preissystem des Markts wird nicht entfaltet. Außerdem hat diese Unterscheidung der Aktien eine unausgeglichene Interessenstruktur innerhalb der Gesellschaft zur Folge. Die Aktionäre werden unterschiedlich behandelt. Der Corporate Governance fehlt dann die Grundlage der gemeinsamen Interessen. Diese Unterscheidung behindert deswegen sowohl die Entwicklung des chinesischen Kapitalmarktes, als auch die Verbesserung der chinesischen Corporate Governance. Deswegen muss eine Reform vorgenommen werden, damit der Unterschied zwischen den an der Börse handelbaren Aktien und den nicht an der Börse handelbaren Aktien sowie die daraus resultierende Probleme beseitigt werden können.

Am 29. 4. 2005 hat CSRC das Pilotprojekt der Reform der Unterscheidung der Aktien zwischen an der Börse handelbaren Aktien und nicht an der Börse handelbaren Aktien[313] (im folgenden Aktienreform) initiiert. Am 24.8 2005 haben CSRC, SASAC auf der Ebene des Staatsrats, das Finanzministerium, das Handelsministerium und die Volksbank Chinas zusammen die „Leitung zur Aktienreform der börsennotierten Aktiengesellschaften“[314] verabschiedet. Darin wird betont, dass die Aktienreform nicht auf die Verringerung der staatseigenen Aktien abzielt und der Staat keine Pläne hinsichtlich einer Verringerung der staatseigenen Aktien am inländischen Kapitalmarkt zur Kapitalsammlung hat. Am 4. 9. 2005 hat CSRC die „Verwaltungsmethode zur Aktienreform der börsennotierten Aktiengesellschaften“[315] bekannt gemacht. Nach dieser Vorschrift wird die Aktienreform nach dem Prinzip von „Öffentlichkeit, Fairness und Gerechtigkeit“ von

---

[311] Vgl. 中国股市的转折点 (Der Wendepunkt der chinesischen Börse), 中国证监会主席尚福林访谈 (Interview des Vorsitzenden von CSRC *Shang, Fulin*), http://www.china.org.cn/chinese/2005/May/862830.htm

[312] *Liu, Junhai* (1997), S. 350.

[313] Diese Reform heißt auf Chinesisch „股权分置改革“. In der Arbeit wird diese Reform mit „Aktienreform“ bezeichnet.

[314] 关于上市公司股权分置改革的指导意见.

[315] 上市公司股权分置改革管理办法.

den Aktionären auf dem A-Aktien-Markt[316] auf Grundlage von gleichberechtigter Beratung, Treue und gegenseitigem Verständnis und Selbstentscheidung, durchgeführt. Außerdem regelt diese Vorschrift das Verfahren, die Vorlage der Reformkonzeptionen, Veröffentlichung der Information, die Verwaltungsmaßnahmen und die Haftungen usw.

Bei der Aktienreform wird das Grundprinzip der Marktregelung respektiert. Die Interessen der mittleren und keinen Aktionäre, die in der Regel die an der Börse handelbaren Aktien halten, werden berücksichtigt. Durch diese Reform hofft man, dass sich der chinesische Kapitalmarkt gut entwickelt, die Probleme mit dem staatlichen Beteiligungsanteile und der unausgeglichenen Aktionärsstruktur gelöst und endlich die chinesische Corporate Governance vervollkommnet werden. Allerdings ist die Unterscheidung der Aktien zwischen den an der Börse handelbaren Aktien und den nicht an der Börse handelbaren Aktien ein aus der Geschichte herrührendes Problem. Die Lösung des Problems kann daher wohl nicht im ersten Anlauf vollständig erreicht werden.

3. Betonung des staatlichen Eigentums

Im chinesischen KgesG ist ausdrücklich geregelt, dass GmbH und AG unternehmerische juristische Personen (企业法人) sind (§ 3 Satz 1 KgesG). Die Gesellschaft hat vollständige Ansprüche auf das durch Investitionen der Gesellschafter gebildete Vermögen, gemäß dem Recht genießt sie gewisse Privatrechte und übernimmt eine zivilrechtliche Haftung (§ 4 Satz 2 KgesG). Im gleichen Paragraphen wird aber auch vorgeschrieben, dass der Anteil an staatlichem Vermögen auch dem Staat zusteht (§ 4 Satz 3 KgesG)[317].

Im chinesischen KgesG werden einerseits die Ansprüche der Gesellschaft auf das Unternehmensvermögen der juristischen Person anerkannt, andererseits wird das Eigentum des Staates am „staatlichen Vermögen in der Gesellschaft" auch ausdrücklich geregelt. Diese Betonung des „Staatseigentums" ist offensichtlich von einer Ideologie geprägt. Es erklärt die Befürchtung des Staates, dass das staatliche Vermögen bei der Umstrukturierung verloren gehen könnte.[318] Anders als das Prinzip der „Trennung von Eigentum und Betreibungsrecht" in der zweiten Phase der Wirtschaftsreform richtet sich diese Vorschrift nach dem Prinzip der „Trennung von Staatseigentum und Ansprüchen auf das Vermögen der juristischen Person"[319]. Das Eigentum am staatlichen Vermögen steht nach wie vor dem Staat zu. Die Gesellschaft mit unabhängiger Persönlichkeit hat einen umfassenden Anspruch auf das Unternehmensvermögen. Der Gesetzgeber hat im Ge-

---

[316] Der offizielle Name von A-Aktien sind „Rminbi normale Aktien" (人民币普通股票). Sie sind die Aktien, die bereits innerhalb des Gebietes an der Börse gehandelt werden und in Renminbi konvertierbar sind. A-Akiten-Markt ist dann der Markt, wo die A-Aktien gehandelt werden.

[317] „Diese Vorschrift besagt in Wirklichkeit nicht, dass der Staat an dem ihm in die Gesellschaft investierte Vermögen ein direktes Verfügungsrecht hat, sondern dass der Staat über das Eigentum über den Anteil, der dem von ihm investierten Vermögen entspricht, verfügt." Siehe: *Wang, Baoshu*, JR 2004 Nr. 1, 6.

[318] *Luo, Peixin*, CJL 2004 Nr. 2, 72, Fn. 5.

[319] 国家所有权和法人财产权分离原则

setz zwei Begriffe, nämlich „Eigentum am staatlichen Vermögen (国有资产所有权)“ und „Ansprüche auf das Vermögen der juristischen Person (法人财产权)“, benutzt. Man hoffte, dass die Vorschriften dem Prinzip, dass an einer Sache nur ein Eigentum bestehen kann, nicht widersprechen. Allerdings hat diese wörtliche Unterscheidung in Wirklichkeit keinen Sinn. Ohne Eigentum am Unternehmensvermögen kann eine GmbH oder AG keine unabhängige juristische Person werden. „Eigentum (am Unternehmensvermögen)“ und „Ansprüche auf das Vermögen der juristischen Person“ sollen keinen wesentlichen Unterschied haben. Mann kann unter „Ansprüchen auf das Vermögen der juristischen Person“ nicht anders als „Eigentum am Unternehmensvermögen“ verstehen. Diese so genannte „neue Trennung von zwei Rechten“ (新两权分离) steht im Widerspruch zum Grundprinzip der juristischen Person. Nach der Gründung einer GmbH oder AG wird das Eigentum am investierten Vermögen dem Unternehmen übertragen. Die Gesellschafter bekommen entsprechende Gesellschaftsanteile, die ihnen eine Gewinnbeteiligung und diverse Mitgliedschaftsrechte gewährleisten. Sie können aber weder über das Unternehmensvermögen verfügen noch einen direkten Einfluss auf die Geschäftsführung geltend machen. Bei einer GmbH oder AG mit staatlicher Beteiligung gilt das gleiche Grundprinzip. Das so genannte „staatliche Vermögen in der Gesellschaft“ besteht nach der Gründung der Gesellschaft nicht mehr. Stattdessen besitzt der Staat als ein Gesellschafter entsprechende Gesellschaftsanteile. Das Staatseigentum wird durch die Ausübung der Mitgliedschaftsrechte verwirklicht. Das Eigentum am Unternehmensvermögen einschließlich des vom Staat eingelegten Vermögens steht der Gesellschaft zu. Die Gesellschaft ist die alleinige Eigentümerin des Unternehmensvermögens.

Die das Festhalten am Staatseigentum widerspricht auch dem Ziel der Wirtschaftsreform Chinas, ein modernes Unternehmenssystem zu bilden. Schon seit Anfang der Reform wurde es gefordert, dass die Regierung und die Unternehmen getrennt werden sollten. Das heißt, dass den Unternehmen unabhängige Rechtspersönlichkeit eingeräumt werden sollte und die Regierung nicht in die Unternehmensführung eingreifen durfte. Leider ist dies bis heute noch nicht verwirklicht worden, weil das Eigentum von Staat und Unternehmen nach wie vor nicht wirklich getrennt wurde. Eins der wichtigsten Merkmale des modernen Unternehmenssystems ist das klar bestimmte Eigentum am Unternehmen. Obwohl die Unabhängigkeit der GmbH und AG schon im chinesischen KgesG ausdrücklich vorgeschrieben wird, ist das unabhängige Eigentum der Gesellschaft am Unternehmensvermögen wegen des Festhaltens am Staatseigentum zweifelhaft. Ohne klar begrenztes Eigentum am Unternehmensvermögen kann eine gute Corporate Governance auch nicht gewährleistet werden.

Das Festhalten am Staatseigentum widerspricht außerdem dem Gleichbehandlungsprinzip. Nur das Staatseigentum wird im Gesetz erwähnt. Es wird aber nicht vom Eigentum der anderen Gesellschafter gesprochen. Offensichtlich wird der Staat als besonderer Gesellschafter angesehen. Im privatrechtlichen Bereich gilt das Prinzip der Gleichberechtigung. Der Staat hat keinerlei Vorrang vor den anderen Gesellschaftern. Das chinesische KgesG sollte für alle GmbHs und AGs gelten. Es ist gleichgültig, ob eine GmbH oder AG staatliche Beteiligung hat. Wenn Sonderregelungen wegen der staatlichen Beteiligung notwendig sind, sollen sie im Gesellschaftsrecht ausdrücklich geregelt werden. Allerdings dürfen die

Grundprinzipien der Kapitalgesellschaft und die Grundsätze des Gesellschaftsrechts nicht dadurch geschädigt werden.

Im Entwurf zur Novellierung des chinesischen KgesG des Staatsrats wird die Vorschrift über das Staatseigentum gestrichen. Allerdings ist die endgültige novellierte Vorschrift noch nicht klar formuliert.

4. Ausübung der Aktionärsrechte der öffentlichen Hand

Die Form der Verwaltung des staatlichen Vermögens und der Ausübung der entsprechenden Rechte in China hat sich weiterentwickelt. 1988 wurde eine Behörde im Staatsrat zur einheitlichen Verwaltung des staatlichen Vermögens gegründet. 1998 wurde diese Behörde abgeschafft und während der Regulierung der Abteilungen des Staatsrats in das Ministerium für Finanzen eingliedert. Die Zuständigkeiten, die mit der Verwaltung des staatlichen Vermögens zu tun haben, sind von verschiedenen Staatsbehörden getragen worden[320]. Dass die Rechte der Kapitalanleger (出资人权利) getrennt ausgeübt wurden und jede Regierungsabteilung aus ihren eigenen Interessen die Rechte dem Unternehmen gegenüber ausgeübt, aber keine dementsprechende Haftung getragen hat, hatte dazu geführt, dass es am Herrn über das Eigentum am Staatsvermögen (国有资产产权主体) mangelte, das Eigentumssystem des staatlichen Vermögens (国有资产产权制度) sehr unklar war und das Staatsvermögen mit niedrigem Nutzen betrieben worden ist.[321] 2002 ist auf der sechzehnten Tagung der kommunistischen Partei gefordert worden, ein Verwaltungssystem des staatlichen Vermögens einzuführen, in dem die Zentralregierung und die örtlichen Regierungen als Vertreter des Staates die Aufgaben der Kapitalanleger tragen und die Rechte und Interessen des Eigentümers genießen, Recht, Verpflichtung und Verantwortlichkeit vereinheitlicht werden und die Verwaltung des Vermögens, des Personals und der Angelegenheiten zusammen kombiniert werden. Im März 2003 wurde die *State-owned Assets Supervision and Administration Commission* (im folgenden SASAC) auf der Ebene der Zentralregierung[322] gegründet. SASAC auf der Ebene der Provinz und der Stadt sind danach ebenfalls geschaffen worden. Es ging um das Prinzip von „einheitlichem Eigentum, Vertretung auf verschiedenen Ebenen“[323]. Die SASAC auf den drei Ebenen sind die einheitlichen und speziellen Organisationen zur Verwaltung des staatlichen Vermögens. Sie tragen keine Kompetenzen zur öffentlichen Verwaltung (公共管理). Außer solchen Organisationen hat keine andere Regierungsabteilung das Recht auf die Ausübung der Rechte der Kapitalanleger im Sinne des Staates. Als Vertreter des Staates üben die SASAC auf unterschiedlichen Ebenen die Aktionärsrechte der öffentlichen Hand aus. Die Errichtung sol-

[320] Zum Beispiel: Die staatliche Wirtschafts- und Handelskommission war zur Leitung und Verwaltung der Reform der staatseigenen Betriebe, das Finanzministerium für die Verwaltung des Ertrags des Staatsvermögens und der Veränderung des Eigentums am Staatsvermögen, zuständig. *Wang, Quanxing/Fu, Lei/Xu, Chengyun,* RDFY 2004 Nr. 1, 51.

[321] *Zhao, Huadong*, http://www.law-lib.com/lw/lw_view.asp?no=3263

[322] 国务院国有资产管理委员会 (State-owned Assets Supervision and Administration Commission of the State Council)

[323] Chin. 统一所有，分级代表

cher Anstalten zielt auf die Trennung der Staatsmacht vom Eigentum am staatlichen Vermögen ab.[324] Durch das neue Verwaltungssystem des staatlichen Vermögens hofft man, dass der Träger von Recht, Verpflichtung und Verantwortlichkeit der Verwaltung des staatlichen Vermögens eindeutig bestimmt werden kann.

In diesem Verwaltungssystem des staatlichen Vermögens ermächtigen der Staatsrat und die örtlichen Regierungen die SASAC als Vertreter des Staates zur Ausübung der Rechte des Kapitalanlegers. Wenn die SASAC die Unternehmen direkt verwalten, könnte die übermäßige Einmischung der Regierung in die Unternehmensführung unvermeidlich sein.[325] So beauftragen sie die von ihnen beteiligten staatseigenen Unternehmen, die entsprechende Voraussetzungen erfüllen, staatliches Vermögen zu verwalten und zu investieren.[326] So wird ein dreistufiges System für Verwaltung und Investition des staatlichen Vermögens gegründet. An der Spitzestelle sind die Kontroll- und Verwaltungsorgane des staatlichen Vermögens. Die mit Verwaltung und Investition des staatlichen Vermögens beauftragten Unternehmen[327], deren Vermögen alleine durch den Staat investiert wird und oftmals als Anlagegesellschaften oder Holdingsgesellschaften auftreten, stehen auf der mittleren Stufe. Die Unternehmen, die öffentliche Beteiligungen haben, sind auf der dritten Stufe. In der Praxis werden die staatseigenen Aktien überwiegend von staatseigenen Unternehmen in Form von Holdinggesellschaften (控股公司) gehalten. [328]

Am 27. Mai 2003 hat der Staatsrat eine „Vorläufige Bestimmung für Kontrolle und Verwaltung des Staatsvermögens bei Unternehmen"[329] (im folgenden VB-KVSU) verabschiedet. Diese Bestimmung gilt für die Kontrolle und Verwaltung des staatlichen Vermögens in Staatsunternehmen und Unternehmen, in denen die öffentliche Hand beherrschend oder nur einfach beteiligt ist. Die Zielsetzung dieser Bestimmung sollte darin liegen, dass die Interessen des Staates als Kapitalanleger gewahrt und das staatliche Vermögen in Unternehmen einheitlich verwaltet wird. Dadurch versucht man zu vermeiden, dass die Unternehmen mit staatlichen Beteiligungen von den gesellschaftsinternen Managern beherrscht werden und letztendlich niemand für den Verlust des staatlichen Vermögens verantwortlich ist. § 4 VB-KVSU legt fest, dass das staatliche Vermögen im Unternehmen dem Staat gehört. Der Staatsrat und die lokalen Regierungen als Vertreter des Staates, üben die Aufgaben des Kapitalanlegers aus und genießen entsprechende Rechte im Interesse des Eigentümers. Die Kontroll- und Verwaltungsorgane (国有资产

---

[324] *Wang, Quanxing/Fu, Lei/Xu, Chengyun*, RDFY 2004 Nr. 1, 51.

[325] *Wang, Quanxing/Fu, Lei/Xu, Chengyun*, RDFY 2004 Nr. 1, 53.

[326] § 28 Abs. 1 VB-KVSU.

[327] „Sie sind von der Regierung gegründet und spezialisieren sich auf die Investition des staatlichen Vermögens." „Sie sind im wesentlichen ein besonderes Finanzinstitut (oder Investmentbank)." *Wang, Quanxing/Fu, Lei/Xu, Chengyun*, RDFY 2004 Nr. 1, 53.

[328] *Pissler*, ZChinR 2002 Heft 3/4, 134, http://www.zchinr.de/upload/25/News02-3u4.pdf

[329] 企业国有资产监督管理暂行条例

监督管理机构) auf den unterschiedlichen Ebenen[330] üben als Vertreter des Staatsrats und der lokalen Regierungen die Aufgaben des Kapitalanlegers aus und sind für die Kontrolle und dir Verwaltung des staatlichen Vermögens zuständig. Das staatliche Vermögen im Unternehmen wird dann landesweit einheitlich kontrolliert und verwaltet, damit sich der Rechts-, Pflicht- und Haftungsträger des staatseigenen Vermögens vereint.

In diesem Verwaltungssystem des staatlichen Vermögens ermächtigen der Staatsrat und die örtlichen Regierungen die SASAC als Vertreter des Staats zur Ausübung der Rechte des Kapitalanlegers. Die SASAC können die von ihnen beteiligten staatlichen Unternehmen oder Gesellschaften mit ausschließlichem Staatskapital beauftragen, die entsprechende Voraussetzungen erfüllen, staatliches Vermögen zu betreiben.[331] So wird ein dreistufiges System für Verwaltung und Betreibung des staatlichen Vermögens gegründet. An der Spitzestelle sind die Kontroll- und Verwaltungsorgane des staatlichen Vermögens. Die mit der Betreibung des staatlichen Vermögens beauftragten Unternehmen, dessen Vermögen alleine vom Staat investiert wird und oftmals als Anlagegesellschaften oder Holdingsgesellschaften auftreten, stehen auf der mittleren Stufe. Die Unternehmen, die öffentliche Beteilung haben, sind auf der dritten Stufe. In der Praxis werden die staatseigenen Aktien überwiegend von staatseigenen Unternehmen in Form von Holdinggesellschaften (控股公司) gehalten. [332]

Gemäß § 13 VB-KVSU sind die Hauptkompetenzen der Kontroll- und Verwaltungsorgane des staatlichen Vermögens

- nach dem chinesischen KgesG und anderen Verwaltungsbestimmungen die Aufgaben des Kapitalanlegers den beteiligten Unternehmen gegenüber wahrzunehmen und die Rechte und Interessen des Eigentümers zu wahren,
- die Reform bzw. Umstrukturierung der staatseigenen oder vom Staat dominierten Unternehmen voranzutreiben und zu leiten,
- nach den einschlägigen Bestimmungen Aufsichtsräte in die beteiligten Unternehmen zu entsenden,
- nach dem gesetzlichem Prozess die Leiter der beteiligten Unternehmen zu ernennen, zu kündigen und zu prüfen, sie auf Grund der Ergebnisse der Prüfung zu belohnen oder zu betrafen,
- die Werthaltung und Wertsteigerung des staatlichen Vermögens durch Statistik und Überprüfung zu überwachen und zu verwalten;
- anderen Aufgaben des Kapitalanlegers auszuüben und die Aufträge der Regierung zu übernehmen.

---

[330] Die Kontroll- und Verwaltungsorgane des staatlichen Vermögens sind in der Tat *State-owned Assets Supervision and Administration Commission* (SASAC, 国有资产监督管理委员会) auf der Ebene des Staatsrats und der Regierungen der Provinz und Stadt.

[331] § 28 Abs. 1 VB-KVSU.

[332] *Pissler*, ZChinR 2002 Heft 3/4, 134, http://www.zchinr.de/upload/25/News02-3u4.pdf

Die Kontroll- und Verwaltungsorgane können nach der Satzung der vom Staat dominierten beteiligten Gesellschaften die Kandidaten, die als Vorstandsmitglieder und Aufsichtsratsmitglieder in die Gesellschaften entsandt werden sollen, nominieren, die Kandidaten für den Posten des Vorstandsvorsitzenden, des stellvertretenden Vorstandsvorsitzenden und des Aufsichtsratsvorsitzenden empfehlen und jenen wiederum die Kandidaten für den Posten des *managers*, stellvertretenden *managers* und Generalbuchhalters vorschlagen (§ 17 Abs. 3 VB-KVSU). Sie können nach der Satzung der Gesellschaft mit einfacher staatlicher Beteiligung die Kandidaten, die als Vorstandsmitglieder oder Aufsichtsratsmitglieder in die Gesellschaften entsandt werden, nominieren (§ 17 Abs. 4 VB-KVSU). Sie können außerdem, gemäß dem chinesischen KgesG, Vertreter des staatlichen Aktionärs und der Vorstandsmitglieder zur Teilnahme an der Hauptversammlung bzw. der Vorstandssitzung entsenden (§ 22 Abs. 1 VB-KVSU). Wenn die Hauptversammlung oder die Vorstandssitzung der vom Staat dominierten oder beteiligten Gesellschaften über Spaltung, Fusion, Bankrott, Auflösung, Kapitalerhörung und -herabsetzung, Ausgabe der Anleihe der Gesellschaft, Bestellung der Geschäftsleiter usw. Beschlüsse treffen, sollen die von den Kontroll- und Verwaltungsorganen des staatlichen Vermögens entsandten Vertreter nach ihren Weisungen ihre Standpunkte entäußern und ihr Stimmrecht ausüben (§ 22 Abs. 2 VB-KVSU). Das heißt, dass im Gegensatz zum deutschen AktG die vom Staat in die Aktiengesellschaften entsandten Vorstandsmitglieder seinem Weisungsrecht unterworfen sind. Dadurch kontrolliert der Staat die Geschäftsführung der Gesellschaft, besonders wenn die öffentliche Hand die Mehrheit der Gesellschaftsanteile hält. Es ist dann zu befürchten, dass die Umstrukturierung der staatseigenen Betriebe in Kapitalgesellschaften nur eine formal organisatorische Änderung wäre und die Unternehmen in Wirklichkeit noch wie die staatseigenen Betriebe geführt würden.

Das Ziel der Errichtung eines modernen Unternehmenssystems soll darin liegen, dass die Funktion des Staates im Rahmen der Wirtschaftverwaltung von der bezüglich der Wirtschaftbeteiligung zu unterscheiden ist. Wirtschaftverwaltung steht im Bereich des Wirtschaftsverwaltungsrechts. Die öffentliche Hand als Verwalter steht den „Verwalteten", den Wirtschaftbeteiligten, gegenüber. Zwischen den beiden Subjekten besteht ein Über-Unterordnungs-Verhältnis. Dagegen ist der Begriff der Wirtschaftsbeteiligung im Gebiet des Zivilrechts zu verorten. Der Staat als Wirtschaftssubjekt hat eine den anderen Wirtschaftssubjekten neben- oder gleichgeordnete Rechtsposition. Deswegen darf die öffentliche Hand als Wirtschaftsbeteiligter im Bereich des Privatrechts keine politische Macht ausüben. Als Wirtschaftsbeteiligter muss der Staat die Prinzipien des Zivilrechts respektieren. Die Vermischung der beiden unterschiedlichen Rollen führt zu einem unangemessenen Eingriff ins Wirtschaftsleben, sogar in die innere Geschäftsführung der Gesellschaft. Das Weisungsrecht der Kontroll- und Verwaltungsorgane des staatlichen Vermögens kann zwar den Einfluss der öffentlichen Hand auf die Geschäftsführung gewährleisten, aber das Prinzip der Gleichberechtigung verletzen. Dies hätte die Wirkungslosigkeit der Umstrukturierung des Unternehmenssystems zur Folge.

Bei der Ausübung der Rechte der öffentlichen Hand als Aktionär sollte beachtet werden,

- dass das Gesellschaftsrecht das vor allem und im Wesentlichen geltende Recht ist,
- dass die politische Macht des Staates vom Bereich des Privatrechts ausgeschlossen wird,
- dass nicht durch die Kontrolle der Geschäftsführung der Gesellschaft, sondern durch die Überwachung der entsandten Vertreter der öffentlichen Hand die Interessen des Staates im Rahmen des Privatrechts gewährleistet werden.

Wie oben schon erwähnt, sind die meisten börsennotierten Aktiengesellschaften in China aus den ehemaligen staatseigenen Betrieben hervorgegangen. Die entsprechende Wandlung der Funktion des Staates ist deswegen für eine gute Corporate Governance von Bedeutung. Das heißt, dass der Staat seinen langen Arm vom Bereich des Privatrechts zurückziehen und auf seine unangemessene politische Machtposition im Wirtschaftsleben verzichten muss. Obwohl die Beteiligung der öffentlichen Hand in den Gesellschaften sukzessiv verringert wird, wird sie über einen langen Zeitraum hinweg noch fortbestehen. Die Betonung des Gesellschaftsrechts und die Beseitigung des Eingriffs des Staates in die Geschäftsführung sollten gleichzeitig Berücksichtigung finden.

III. Lösungsmöglichkeiten der Probleme der Aktionärsstruktur und der öffentlichen Beteiligungen in China

1. Verringerung der öffentlichen Beteiligungen

a. Die Probleme mit den zu großen Beteiligungsanteilen der öffentlichen Hand

Die Aktionärsstruktur der chinesischen börsennotierten Aktiengesellschaften ist sehr konzentriert und unausgeglichen. Auf der einen Seite gibt es eine Konzentration von Aktienbesitz beim größten Aktionär, während sich die übrigen Aktien in den Händen einer Unzahl von Kleinaktionären befinden.[333] Obwohl die Aktionärsstruktur der deutschen börsennotierten Aktiengesellschaften auch konzentriert ist, kann man die beiden Strukturen nicht miteinander gleichsetzen. Der große Unterschied liegt in der Identität der Großaktionäre. In Deutschland sind die Großaktionäre normalerweise Nichtfinanz-Unternehmen. Es ist in Deutschland schon bekannt, dass Gemischtwirtschaftsunternehmen zwischen Privaten und der öffentlichen Hand keineswegs eine seltene Ausnahmen, sondern eine sehr übliche Form der Zusammenarbeit zwischen dem Privaten und dem öffentlichen Sektor seien[334]. Aber die Gemischtwirtschaftsunternehmen verwenden vorzugsweise die Rechtsform der GmbH. Die öffentliche Hand besitzt in Deutschland nur sehr geringe Aktienanteile, die sich stetig verringern. Dagegen nimmt die öffentliche Hand in China oftmals eine beherrschende Anteilsinhaberstellung ein. Das Phänomen, dass die öffentliche Hand in der Regel der einzige Großaktionär der chinesischen börsennotierten Aktiengesellschaften ist, ist die Folge der Umstruktu-

[333] *Pissler*, ZChinR 2002 Heft 3/4, S. 134, http://www.zchinr.de/upload/25/News02-3u4.pdf
[334] *Bös/Schneider*, ZGR 1996, 519.

rierung von den staatseigenen Betrieben in moderne Kapitalgesellschaften, und spiegelt die besondere Aktionärsstruktur der heutigen börsennotierten Aktiengesellschaften in China wider.

Der Umstand, dass eine unternehmensbeherrschende absolute Anteilsmehrheit an chinesischen börsennotierten Aktiengesellschaften in der Regel auf die öffentliche Hand entfällt, ist definitiv als eine enorme Behinderung der Funktionsentfaltung der Corporate Governance anzusehen. Diese unausgeglichene Aktionärsstruktur führt dazu, dass Hauptversammlung und Vorstand von dem größten Aktionär beherrscht werden und das Kontroll- und Ausgleichsystem durch Corporate Governance versagt.[335] Außerdem bringt eine solche Aktienanteilsstruktur mindestens noch zwei Probleme mit sich:

Zuerst haben die überwiegend öffentlichen Beteiligungen an börsennotierten Aktiengesellschaften eine unscharfe Trennung zwischen der Rolle des Staates als Verwalter auf dem öffentlich-rechtlichen Gebiet und als Aktionär im privatrechtlichen Bereich zur Folge. Das Ziel der Reform der staatseigenen Betriebe liegt darin, dass solche Unternehmen als unabhängige Rechts- und Wirtschaftssubjekte aus der Umklammerung der öffentlichen Hand befreit werden. Ein Übergewicht öffentlicher Beteiligung könnte aber die Wiederholung der anormalen Beziehung zwischen Regierung und Unternehmen in der Planwirtschaft zur Folge haben.[336] Wegen der Mehrheitsbeteiligung kann der Staat durch seine Vertreter die Hauptmanager direkt in die Gesellschaften entsenden. Dann kann der Willen der öffentlichen Hand, der unvermeidlich einen politischen Charakter hat, leicht in der Unternehmensführung durchgesetzt werden. Die anderen Gesellschafter, die nur geringere Anteile halten, können aber keinen Einfluss auf die Unternehmensführung nehmen. Die Verwechselung und Mischung der Funktion der Sozialverwaltung und Wirtschaftsbeteiligung des Staates hat zur Folge, dass die Gesellschaften mit staatlicher Beteiligung wieder zu Untergebenen der Regierung werden. Wenn die Gesellschaften mit staatlicher Beteiligung nicht vom Eingriff des Staates befreit werden und keine Unabhängigkeit besitzen, wird ein modernes Unternehmenssystem unmöglich eingerichtet werden können.

Zweitens ist diese Aktionärsstruktur nicht nützlich für die Wahrung der Interessen des Staates. Der Staat ist eigentlich nur ein abstrakter Begriff. Seine Funktionen werden nur durch seine Behörden bzw. Beamten verwirklicht. Die Rechte des Staates als ein Aktionär werden nur durch seine Vertreter ausgeübt. In China ermächtigen der Staatsrat und die örtlichen Regierungen die SASAC zur Verwaltung des staatlichen Vermögens. Normalerweise ermächtigen die SASAC dann bestimmte Gesellschaften zur Investition des staatlichen Vermögens. Die Vertreter des Staates entsenden dann ihre Vertreter zur Teilnahme an der Hauptversammlung oder der Vorstandssitzung. Um die Rechte des staatlichen Aktionärs ausüben zu können, muss die Vertreter mehrschichtig ermächtigt werden. Am Ende üben natürliche Personen, die keine Eigentümer des staatlichen Vermögens sind, die Rechte des staatlichen Aktionärs aus. Wenn notwendige, effektive Maßnahmen der Kontrolle oder des Anreizes fehlen, könnte diese Vertreter sehr

---

335 *Gan, Peizhong*, RDFY 2002 Nr. 12, 57.
336 *Gan, Peizhong*, RDFY 2002 Nr. 12, 57.

wahrscheinlich aus Eigennutz handeln. Die Interessen des Staates werden dann geschädigt. Je mehr Ressourcen die Regierung kontrolliert, desto mehr Korruption und Verschwendung werden verursacht.[337] Ein dringend zu lösendes Problem in China ist, dass die internen Manager der Gesellschaften mit staatlicher Mehrheitsbeteilung die Gesellschaften kontrollieren und die Rechte der Gesellschafter verletzen. Die staatliche Mehrheitsbeteiligung ist einer der Gründe.

Privates Eigentum und privatwirtschaftliche, durch Markt und Wettbewerb gesteuerte und kontrollierte unternehmerische Tätigkeit würden am besten wirtschaftliche Freiheit, ökonomische Effizienz und Anpassung an sich verändernde Marktverhältnisse gewährleisten.[338] Die Grundlage der modernen Wirtschaft liegt deswegen darin, dass die wirtschaftlichen Tätigkeiten nach den Anforderungen des Markts ausgeübt werden und die öffentliche Hand nur geringfügig am Wirtschaftsverkehr teilnimmt. Von der wirklichen Situation der börsennotierten Aktiengesellschaften Chinas ausgehend liegen die Probleme der Aktionärsstruktur nicht darin, dass die Aktionärsstruktur übermäßig konzentriert ist, sondern darin, dass die Identität der Großaktionäre zu einseitig ist.[339] Wenn der Staat seine Beteiligung an den Aktiengesellschaften nicht zurückfährt, hat die Umstrukturierung der Staatsbetriebe kaum echte Wirkung. Solange die Gesellschaftsanteile in den Aktiengesellschaften noch im großen Umfang in der Hand des Staates liegen, kann eine gute Corporate Governance, die auf einer ausgeglichenen Aktionärsstruktur basisiert, nicht funktionieren. Um die oben erwähnten Probleme zu lösen und eine gut funktionierende Corporate Governance in China zu verwirklichen, müssen die Anteile der öffentlichen Beteiligungen allmählich verkleinert werden.[340]

b. Die Ziele der Verringerung der öffentlichen Beteiligungen

(1) Zur Entwicklung des Kapitalmarkts

Die chinesischen Börsen[341] wurden erst Anfang der 90er Jahre gegründet. Anders als in den Ländern, wo die Börse eine Folge der Entwicklung des Marktes ist, geht die Entstehung der chinesischen Börsen auf Bestrebungen und Aktionen der Regierung zurück. Der Wertpapiermarkt wird in China hauptsächlich als ein Finanzierungsmarkt (融资市场), der die schwere Verantwortung für die Befreiung der staatseigenen Betriebe aus der schwierigen Lage trägt, geplant.[342] Die chinesi-

337 *Wang, Yiping*, RDFY 2005 Nr. 5, 45.

338 *Knauss* (1989), S. 4.

339 *Zhang, Fang* (2000), S. 28.

340 *Gan, Peizhong* hat eine andere Methode, die sogenannte „Spaltung der staatseigenen Beteiligungsanteile", vorgebracht. 20 % bis 50 % der Gesamtanteile der Gesellschaft sollten noch von dem Großaktionär gehalten werden. Die restlichen von ihm gehaltenen Anteile sollten versteigert oder von SASAC an andere Investitionsorganisationen verteilt werden. Dann sollten die Gesellschaftsanteile von unterschiedlichen staatlichen Investoren gehalten werden. Die sehr konzentrierte Aktionärsstruktur könnte dann reformiert werden. Siehe: *Gan, Peizhong*, RDFY 2003 Nr. 10, 34 ff.

341 Die Geschichte der Entstehung und Entwicklung der chinesischen Börsen siehe *Pissler* (2004), S. 73ff..

342 *Luo, Peixin*, CJL 2004 Nr. 2, 72; *Gan, Peizhong*, RDFY 2002 Nr. 12, 60.

schen Börsen dienen der Reform der staatseigenen Betriebe, die für ihre weitere Entwicklung einen enormen Kapitalbedarf aufwiesen, weil der Staat diesen Bedarf nicht mehr alleine befriedigen konnte. Nach der Umstrukturierung können die Aktiengesellschaften Kapital vom Markt gewinnen, wenn ihre Aktien an der Börse gehandelt werden. Dass fast zweidrittel der Aktien aller börsennotierten Aktiengesellschaften nicht an der Börse gehandelt werden dürfen, behindert die Entwicklung der chinesischen Börse nach dem ausländischen Vorbild und schränkt die Börse in ihrer Regelungsfunktionen bezüglich des Kapitalmarkts erheblich ein. Die Börse kann den echten Wert der Aktien nicht widerspiegeln. Der Preis der Aktien wird oft durch die Politik der Regierung beeinflusst. In diesem Fall ist es kein Wunder, dass an den chinesischen Börsen große Kursschwankungen vorkommen. Da die Investoren deswegen kein Vertrauen zu den Börsen haben, fehlt es den Börsen an Kapitalzufluss. Daher ist die Entwicklung der chinesischen Börsen vorbelastet. An einer Verringerung der öffentlichen Beteiligung führt kein Weg vorbei, wenn man den Kapitalmarkt perfektionieren möchte. Einerseits sollte die staatliche Beteiligung verringert werden, anderseits sollten die staatseigenen Aktien auch an der Börse gehandelt werden dürfen. Das große Volumen staatlicher und damit nicht an der Börse gehandelter Aktienanteile hinterließe auf Grund historischer Gegebenheiten somit eine tiefe Wunde in der chinesischen Börsenkultur und würde die Zukunft der chinesischen Börse ernsthaft in Frage stellen.[343] Am 6. Juni 2001 hat der Staatsrat eine Verordnung – Vorläufige Methode zur Verwaltung der Verringerung staatseigener Aktien zur Sammlung von Geldmitteln für die soziale Fürsorge[344] (im folgenden V-Methode) – verabschiedet. In dieser V-Methode ist Verringerung staatlicher Beteiligungen gleichzusetzen mit der Veräußerung staatlicher Gesellschaftsanteile in börsennotierten Aktiengesellschaften (einschließlich der Aktiengesellschaften, die sich auf einen Börsengang vorbereiten) an Investoren aus der Öffentlichkeit. Das Ziel liegt darin, dass einerseits die Reform und die Entwicklung der staatseigenen Betriebe unterstützt werden, andererseits die Finanzierung der Sozialversicherungsfonds sowie das Sozialversicherungssystem verbessert werden. Die in dieser Verordnung niedergeschriebene Maßnahme zur Verringerung staatlicher Beteiligung ist wie folgt zu verstehen: wenn die Aktiengesellschaften (einschließlich den in einer ausländischen Börse registrierten Aktiengesellschaften), an denen der Staat Anteile besitzt, zum ersten Mal oder wegen Kapitalerhöhung, an die Öffentlichkeit Aktien ausgeben, sollten sie die staatlichen Anteile in Höhe von 10 % der Summe der ausgegebenen Aktien verkaufen; die Aktiengesellschaften, die weniger als drei Jahre alt sind, übertragen die zu verkaufenden staatlichen Anteile durch Zuweisung an den Vorstand des Sozialversicherungsfonds mit Beauftragung, ihre Anteile bei öffentlicher Ausgabe einmalig oder etappenweise zu veräußern. Diese Verordnung fordert, dass bei der Verringerung staatlicher Beteiligungen der Preis grundsätzlich vom Markt bestimmt wird. Da staatliche Aktienanteile nicht an der Börse gehandelt werden, ist ihr Preis auf dem Kapitalmarkt

[343] *Gu, Gongyun/Jing, Tao* (2002), S. 6.

[344] 减持国有股筹集社会保障资金管理暂行办法. Diese deutsche Übersetzung in *Pissler* (2004) wird in der Arbeit übernommen.

unzutreffend höher als ihr reeller Wert. Deswegen hat diese Methode zur Bestimmung des Preises gegen die Forderung des Markts nach Gerechtigkeit und Fairness verstoßen und die Investitionszuversicht der Investoren zerschlagen.[345] Am 22. Oktober 2001 hat CSAC die Verringerung staatlicher Beteiligungen an der Börse vorübergehend gestoppt. Am 23. Juni 2003 hat der Staatsrat beschlossen, dass außer den Unternehmen, deren Aktien an einer ausländischen Börse gehandelt werden, für die inländischen börsennotierten Aktiengesellschaften die V-Methode nicht mehr gelten soll und er keine konkreten Maßnahmen zur Verringerung der staatlichen Gesellschaftsanteile treffen wird. Dies bedeutet aber nicht, dass die Verringerung staatlicher Beteiligung eingestellt wurde. Diese Maßnahme hat noch viele Nebenwirkungen gezeigt. Es wäre richtig, diese Verordnung zu stoppen. Man sollte neue Wege zur Verringerung staatlicher Beteiligung erforschen und diskutieren.[346] Man ist sich bereits einig, dass die staatliche Beteiligung verringert werden muss.[347] Die Frage ist nur, wie dieses Ziel bewerkstelligt wird. Die Interessensstruktur muss verändert werden. Im Wirtschaftsleben haben die Staatsinteressen keinen Vorrang vor denen der Privaten. Wegen ihrer schwächeren Position im Vergleich zum Staat sollen die Interessen der Publikumsinvestoren besonders berücksichtigt werden. Sonst gäbe es keine Möglichkeit, die staatliche Beteiligung zu verringern, ohne die Börsen zu zerstören.

(2) Zur Verstärkung der Corporate Governance

Die Probleme mit Corporate Governance in China sind während der Bildung des modernen Unternehmenssystems aufgetaucht. Die Umstrukturierung der staatseigenen Betriebe in Aktiengesellschaften bringt Konflikte zwischen dem neuen und dem alten Unternehmenssystem mit sich. Im alten Unternehmenssystem fehlte es an der effektiven Kontrolle der Unternehmensführung, und der Eingriff der Regierung in die Unternehmensführung war sehr stark. Im neuen Unternehmenssystem jedoch sollen die Manager der Kontrolle durch Vertreter von Aktionären und Arbeitnehmern unterliegen und es soll keinen Eingriff von Seiten der Regierung mehr geben. Die formale organisatorische Umstrukturierung ist zwar einfach. Die Durchsetzung der Unternehmensführung nach Grundsätzen des neuen Unternehmenssystems ist aber noch mit Schwierigkeiten behaftet. Das größte Hindernis besteht hauptsächlich in dem Übergewicht der öffentlichen Beteiligung und den sich daraus ergebenden Folgen. Die öffentliche Hand besitzt einen großen Anteil, so dass sie als der größte Aktionär alle Organe, - Hauptversammlung, Vorstand und Aufsichtsrat - beherrschen kann. Dagegen sind die Kleinaktionäre in ihren Einfluss- und Handlungsmöglichkeiten dermaßen beschränkt, dass sie sich nicht für die Unternehmensführung, sondern nur für den gegenwärtigen Börsenkurs interessieren. Auch wenn die Organisation der Gesellschaft nach dem KgesG ausgestaltet wird, fehlt es doch noch immer an einer echten Machtverteilung zwi-

---

[345] *Gan, Peizhong*, RDFY 2002 Nr. 12, 57, 58; *Li, Boqiao/He, Yibao*, RDFY 2002 Nr. 12, 54.

[346] Vgl. 经济学家曹凤岐访谈 (Interview von Wirtschaftwissenschaftler *Cao, Fengqi*), http://business.sohu.com/80/45/article201864580.shtml

[347] *Gan, Peizhong*, RDFY 2002 Nr. 12, 57 ff.; *Jiang, Ping/Xu, Bingmei*, RDFY 2002 Nr. 7, 5; Li, *Boqiao/He, Yibao*, RDFY 2002 Nr. 12, 53 ff.; *Li, Shuguang*, RDFY 2003 Nr. 10, 13 ff..

schen den Organen. Denn der Größtaktionär kann auf Grund seiner dominierenden Beteiligungsanteile seine Vertreter in jedes Organ entsenden. Eine Machtverteilung zwischen den Organen wird dann durch einseitige „Machtvertretung" ersetzt. Ohne eine ausgeglichene Aktionärsstruktur kommt kaum eine gute Corporate Governance zustande. Wenn der einzige größte Aktionär die öffentliche Hand ist, kann der Versuch, eine klare Trennung der Funktionen des Staates zwischen öffentlich-rechtlicher Verwaltung und privatrechtlicher Wirtschaftsteilnahme herbeizuführen, fast unmöglich Erfolg haben. Fehlt es an einem Gegengewicht zur öffentlichen Beteiligung, so mangelt es auch einer Organisationsstruktur, in der die Aufgaben zur Unternehmensführung und Unternehmensüberwachung von unterschiedlichen Organen ausgeübt werden, an Effektivität. Wegen dieser mangelhaften Basis ist Corporate Governance zweifellos problematisch.

Die Verringerung der öffentlichen Beteiligung könnte zu einer ausgeglicheneren Kapitalbeteiligung der Aktionäre beitragen. Neben den Interessen der öffentlichen Hand sollten die Interessen der Publikumsinvestoren berücksichtigt werden. Dann könnte sich ein System, in dem unterschiedliche Interessen repräsentiert und ausgeglichen werden, bilden lassen. Auf dieser Basis könnte eine Organisationsstruktur aufgebaut werden, in der die Macht zwischen den Organen tatsächlich aufgeteilt wird. Auf Grund einer solchen Organisationsstruktur wäre eine gute Corporate Governance-Struktur zu erwarten.

c. Konzentration der Aufgaben des Staates auf die Funktion der Sozialverwaltung und notwendige Wirtschaftsteilnahme

Die Verringerung der öffentlichen Beteiligung bedeutet nicht, dass die öffentliche Hand sich ganz aus dem Wirtschaftsverkehr zurückziehen muss oder alle öffentliche Beteiligung beseitigt würden. In den notwendigen Bereichen, wo es um die wichtigen Interessen des Volks und des Staates geht und sich der vom Staat angestrebte Zweck nicht besser und wirtschaftlicher auf andere Weise erreichen lassen, muss die öffentliche Hand eine große Rolle spielen. Einfach gesagt, sollte sich die wirtschaftliche Tätigkeit des Staats auf das im öffentlichen Interesse Notwendige beschränken. Mit einem Mehrheitsbesitz kann die öffentliche Hand in solchen Bereichen immer eine dominierende Stellung wahren. Sie ist dann ständig in der Lage, die grundlegenden Angelegenheiten der Gesellschaft zu beschließen und die grundlegenden Bedürfnisse der Gesellschaft zu befriedigen. Es ist natürlich zu beachten, dass die Rechtsformen des Privatrechts, nämlich die Rechtsform von GmbH oder AG, angewendet werden sollen. Bietet das Privatrecht die flexibleren Lösungen, dann kann mit ihm die Verfolgung des öffentlichen Zwecks sogar wirksamer durchgesetzt werden.[348] Andererseits beschränken sich die Recht und Pflicht des Staats als Gesellschafter dann auf das Kapitalgesellschaftsrechts. Der Staat sollte nur vorsichtig am Wirtschaftsleben teilnehmen und sich auf die Soziaverwaltung und die notwendige Wirtschaftsteilnahme konzentrieren. Wenn der Staat umfangreich an der Wirtschaft teilnimmt, würde er einerseits wegen der Verwaltung des staatlichen Vermögens sehr belastet sein

[348] *Schmidt*, ZGR 1996, 347.

und andererseits wegen seiner starken politischen Position die wirtschaftliche Konkurrenz beeinträchtigen.

Die Aktionäre üben ihr Stimmrecht im Ausmaß ihrer Kapitalbeteiligung auf der Hauptversammlung aus, indem sie die grundlegenden Angelegenheiten der Gesellschaft beschließen. Wenn die öffentliche Hand das absolute Mehrheit hält, kann sie ihren Einfluss auf die Entscheidung der grundlegenden Angelegenheiten wahren. Auf die Frage, wie dies zu bewerkstelligen ist, könnte eine nähere Betrachtung des Gesetzes[349] über die Privatisierung der Volkswagen-Werk GmbH in Deutschland vielleicht eine Antwort liefern. Nach diesem Gesetz wird das Stimmrecht für die privaten Aktionäre auf ein Zehntausendstel des Grundkapitals beschränkt (§ 2). Die Vertreter privater Aktionäre dürfen nur das Stimmrecht für ein Fünfzigstel des Grundkapitals ausüben (§ 3 Abs. 5). Der Bund und das Land Niedersachsen können je zwei Vertreter in den Aufsichtsrat entsenden (§ 4 Abs. 1). Der Zustimmung des Aufsichtsrats bedürfen unter anderem die Verlegung und die Errichtung von Produktionsstätten (§ 4 Abs. 2). In allen Fällen, in denen das Aktiengesetz eine Mehrheit von Dreivierteln des vertretenen Grundkapitals verlangt, ist bei der Volkswagenwerk AG[350] eine Mehrheit von Vierfünfteln des vertretenen Grundkapitals erforderlich (§ 4 Abs. 3). Durch solche Regelungen dürfte bei der Volkswagenwerk AG in noch größerem Maße der dauernde Einfluss des Bundes und des Landes Niedersachsen sichergestellt sein.[351]

Weltweit gesehen ist Privatisierung als Rückzug des Staats aus der Wirtschaftstätigkeit zum Programm und zu einem wesentlichen Argument im Standortwettbewerb zwischen den Volkswirtschaften geworden.[352] Damit die Wettbewerbsfähigkeit der chinesischen Unternehmen verstärkt wird, müssen die staatlichen Beteiligungsanteile an den Kapitalgesellschaften verringert und die starken Einflüsse des Staats auf die Unternehmensführung beseitigt werden. Angesichts der äußerst gossen staatlichen Unternehmensbeteiligung erscheint es unmöglich, in einem standardisierten Verfahren gleichzeitig die gesamte öffentliche Beteiligungen in China zu beseitigen oder zu verringern. Sowohl die Vielfältigkeit der unterschiedlichen Unternehmen als auch die Auswirkung auf den Börsenkurs sind zu berücksichtigen. Ein allmählicher Abbau der öffentlichen Beteiligung, angefangen mit den größten und wichtigsten Unternehmen, wäre daher vorzuziehen. Dafür sollten spezielle Gesetze über die Maßnahmen der Verringerung staatlicher Gesellschaftsanteile, die Verteilung der Rechte, die Organisation usw. geschaffen werden.

---

[349] Gesetz über die Überführung der Anteilsrechte an der VW-Werk GmbH in private Hand v. 21. 07. 1960 (BGB1. I, S. 585-587).

[350] Die Volkswagenwerk GmbH wurde am 22. August 1960 zur „Volkswagenwerk Aktiengesellschaft". Die Hauptversammlung beschloss am 4. Juli 1985, das Unternehmen „Volkswagenwerk AG" in „VOLKSWAGEN AG" umzubrennen.

[351] *Emmerich* (1969), S. 37.

[352] *Schmidt*, ZGR 1996, 345.

2. Unterscheidung der Rolle der öffentlichen Hand als öffentlich-rechtliches Subjekt und Aktionär

a. Ausübung der Aktionärsrechte anhand des Gesellschaftsrechts

Der Staat kann sowohl das Rechtssubjekt im öffentlich-rechtlichen Bereich, als auch, durch seine wirtschaftliche Tätigkeit, Rechtsträger auf dem zivilrechtlichen Gebiet sein. Einerseits ist der Staat eine öffentlich-rechtliche juristische Person, die eine spezifische Aufgabenstellung der öffentlichen Verwaltung hat. In diesem Sinne hat der Staat eine übergeordnete Stellung vor den vom Staat verwalteten Wirtschaftssubjekten. Dies ergibt sich aus den Grundsätzen des Verwaltungsrechts. Andererseits kann der Staat auch am Wirtschaftsverkehr teilnehmen. In diesem Fall muss sich die öffentliche Hand den Grundsätzen des privaten Rechts unterwerfen und den Grundsatz der Gleichbehandlung respektieren. Es wird dabei nicht berücksichtigt, ob der Staat durch die Rechtsform des Privatrechts öffentliche Aufgaben wahrnimmt. In den OECD-Grundsätzen über Corporate Governance für Staatsunternehmen wird bestimmt, dass Staatsunternehmen, die mit privaten Unternehmen in Wettbewerb stehen, sich nach den Regeln des Marktes verhalten sollen, um Wettbewerbsverzerrung zu vermeiden.[353] Die Wahrnehmung von Staatsaufgaben sollte klar und eindeutig von den Aufgaben des Staates als Unternehmer getrennt sein.[354]

Die AG ist eine Rechtsform des privaten Rechts. Wählt der Staat diese Rechtsform, so unterwirft er sich der gesellschaftsrechtlichen Ordnung und kann nur über seine Gesellschafterstellung Einfluss nehmen.[355] Als Aktionär soll der Staat gleich den anderen Aktionären behandelt werden. Im System der Kapitalgesellschaft ist nicht die Identität des Aktionärs, sondern das Kapital von Bedeutung.[356] Jeder Aktionär übt seine Rechte auf Grund von ihm gehaltener Gesellschaftsanteile aus. Die öffentlichen Interessen dürfen auf keinen Fall einen Vorrang vor denen der Gesellschaft und der anderen Aktionäre haben.

Heutzutage fehlt in China noch das Bewusstsein, dass in einer Aktiengesellschaft die öffentliche Hand die gleiche Stellung haben muss wie die anderen Aktionäre und nicht durch den verwaltungsrechtlichen Eingriff, sondern durch die Ausübung der Aktionärsrechte gemäß dem Gesellschaftsrecht die Unternehmensführung mittelbar beeinflussen soll. Sogar im chinesischen KgesG wird die öffentliche Beteiligung an vielen Stellen besonders geregelt. Es scheint, als ob die öffentliche Hand als ein besonderer Aktionär mit Privilegien ausgestattet werden soll. Es wird dann als normal angesehen, dass der Staat in die Unternehmensführung eingreift. Um die Bildung und Durchführung des Marktwirtschaftssystems zu fördern, brauchen wir eine starke Regierung, derer Stärke aber auf der legalen Herrschaft basiert und deren Macht beschränkt wird.[357] Die staatlichen Handlun-

---

353 Vgl. *Schneider*, AG 2005, 495.
354 Vgl. *Schneider*, AG 2005, 495.
355 *Püttner* (1985), S. 119.
356 *Zhu, Ciyun*, CJL 2004 Nr. 4, 107.
357 *Zheng, Wanqing*, JR 2005 Nr. 1, 122.

gen, sei es im Verwaltungsrechtsbereich oder im Privatrechtsbereich, müssen den Rechtsbestimmungen unterworfen sein.

Die OECD-Grundsätze über Corporate Governance für Staatsunternehmen fordert, dass bei Staatsunternehmen die Rechte aller Aktionäre in gleicher Weise anerkannt werden.[358] Dem Staat dürfen nicht wegen seiner politischen Position besondere Aktionärsrechte eingeräumt werden. Im Sinne des Gesellschaftsrechts hat der Staat als ein Aktionär keinerlei gesonderte Stellung im Vergleich zu anderen Mitaktionären. Als Aktionär kann der Staat bzw. seine Vertreter nicht direkt an der Unternehmensführung teilnehmen oder dem von ihm gewählten Vorstand oder Aufsichtsrat bestimmte Weisungen verteilen. Nur wenn der Staat gegenüber den Gesellschaften mit öffentlicher Beteiligung auf einen direkten politischen Eingriff verzichten würde, könnten Ausführung und Einhaltung der einschlägigen Gesetze garantiert werden. Wenn die unsäglichen Einflüsse aus der öffentlich-rechtlichen Sphäre auf die Unternehmen wirklich beseitigt werden könnten, würde eine gute Corporate Governance, die die Unabhängigkeit der Unternehmen voraussetzt, grundsätzlich gewährleistet.

Im deutschen AktG wird die öffentliche Beteiligung außer in den §§ 394, 395 überhaupt nicht besonders vorgeschrieben. Im § 53a AktG wird ausdrücklich geregelt, dass Aktionäre unter gleichen Voraussetzungen auch gleich behandelt werden. Dieses Prinzip der Gleichbehandlung schließt den Vorrang der öffentlichen Beteiligung aus. Nicht die Identität der Aktionäre, sondern ihre Gesellschaftsanteile sind entscheidend für ihren Einfluss auf die Geschäftsführung. Im Rahmen der Verbesserung des chinesischen KgesG sollte der Grundsatz der Gleichbehandlung der Aktionäre ausdrücklich vorgeschrieben und die nicht zutreffende Betonung der Rechte der öffentlichen Hand beseitigt werden.

Ein anderes Vorbild aus dem deutschen Recht für China ist die Geltung der konzernrechtlichen Rechtsbestimmungen. Obwohl in China noch keine systematischen gesetzlichen Rechtsbestimmungen für Unternehmensgruppen (企业), sondern nur verwaltungsrechtliche Akte von entsprechenden Regierungsabteilungen,[359] bestehen, gibt es in der Praxis schon zahlreiche Unternehmensgruppen[360]. Die Vorschrift des KgesG über die Investition der Gesellschaft ermöglicht auch die Bildung einer Unternehmensgruppe.[361] Bis Juni 1999 gab es in China landesweit schon 6.458 registrierte Unternehmensgruppen.[362] Die von SASAC auf der Ebene des Staatsrats verwalteten 169 Zentralunternehmen (中央企业) gehören beispielsweise zum größten Teil zu Unternehmensgruppen.[363] Die oben erwähnten mit Staatsvermögen betriebenen Gesellschaften und die an ihnen beteiligten Un-

---

[358] Vgl. *Schneider*, AG 2005, 496.

[359] *Wang, Changbin* (2004), S. 22.

[360] Die Geschichte und Probleme der chinesischen Unternehmensgruppen siehe: *Wu, Yue* (2003), 173ff..

[361] „Eine Gesellschaft kann bei anderen Gesellschaften mit beschränkter Haftung und Aktiengesellschaften investieren und dabei begrenzt auf den Betrag ihrer Einlage Haftung für die Gesellschaft, bei der sie investiert hat, übernehmen." § 12 Abs. 1 KgesG

[362] Vgl. *Wang, Changbin* (2004), S. 5.

[363] http://www.sasac.gov.cn/zyqy/qyml/default.htm

ternehmen können unzweifelhaft als Konzerne angesehen werden. Nach der Statistik des Investitionsverbands Chinas (中国投资协会) gab es (bis Dezember 2004) 250 Anlage- und Holdingsgesellschaft (投资控股公司) auf der Ebene der Provinz, 150 auf der Ebene der Stadt.[364] Es wird auch oftmals kritisiert, dass der sogenannte verbundene Handel zwischen börsennotierten Aktiengesellschaften und ihren Hauptaktionären die Interessen der börsennotierten Aktiengesellschaften und der Minderheitsaktionäre geschädigt hat.

Das deutsche Aktienkonzernrecht wird in erster Linie als Schutzrecht verstanden. Das Konzernrecht soll vornehmlich die mit der Abhängigkeits- und Konzernlage verbundenen Gefahren für die außenstehenden Aktionäre und Gläubiger bekämpfen.[365] Für die Unternehmen, die zu den in § 15 AktG angeführten verbundenen Unternehmen gehören, gilt das unzweifelhaft Konzernrecht. Nach einer Entscheidung vom BGH wird festgesetzt, dass auch die Bundesrepublik Deutschland ein beherrschendes Unternehmen sein kann.[366] Die spezifische Aufgabenstellung des Staats kann „durchaus mit dem wirtschaftlichen Interesse der Privataktionäre am Gedeihen der Gesellschaft typischerweise kollidieren“[367]. Die aktienrechtlichen Schutzvorschriften seien jedenfalls dann ein sachgerechtes und unentbehrliches Mittel zur Konfliktlösung, wenn die öffentliche Hand sich privatwirtschaftlich in einem Umfang betätigt, dass sich hieraus allein schon für private Aktionäre die Gefahr ergibt, das Interesse der Gesellschaft und damit ihr eigenes einem für sie fremden Unternehmensziel aufgeopfert zu sehen.[368]

China braucht dringend gesetzliche Vorschriften, um eine Rechtsgrundlage für die Unternehmensgruppen anzubieten. Die starke Beteiligung des Staats muss man bei der Gesetzgebung besonders berücksichtigen.

b. Besondere Vorschriften über die Beteiligung der öffentlichen Hand im Rahmen des Gesellschaftsrechts

Obwohl der Staat als Aktionär gleich den anderen Aktionären behandelt werden muss, ist trotzdem anzumerken, dass er wegen seiner spezifischen Aufgabenstellung tatsächlich gewisse Besonderheiten aufweist. Der Staat nimmt die Aufgabe wahr, die Interessen der Allgemeinheit zu bewahren und zu verwirklichen. Bei der Erfüllung der öffentlichen Aufgaben treten unterschiedlich in der Hierarchie der Verwaltung angesiedelte Vertreter der öffentlichen Hand auf. Weil der Staat seine Kompetenzen nur durch seine Vertreter übernehmen kann, gewinnt die Überwachung seiner Vertreter besondere Bedeutung. Die Sondervorschriften über die Gebietskörperschaften im deutschen AktG räumen der öffentlichen Hand besondere Überwachungs- und Informationsrechte ein. Das Ziel besteht darin, dass durch verstärkte Überwachungs- und Informationsrechte die öffentlichen Interessen gewahrt werden. Die Interessen der übrigen Aktionäre dürfen dadurch nicht benachteiligt werden. Solche Vorschriften betreffen vielmehr die Leute, die die

---

364 http://finance.sina.com.cn/roll/20041216/09011228854.shtml

365 *Wu, Yue* (2003), S. 50.

366 BGHZ 69, 334.

367 BGHZ 69, 338.

368 BGHZ 69, 338.

öffentliche Beteiligung verwalten oder als Vertreter der öffentlichen Hand in den Aktiengesellschaften tätig sind. Diese Kontrolle ist eine staatliche Wirtschaftsaufsicht. Derer Ergebnis wird nur als eine Grundlage zur Bewertung der Leistung der Investition des staatlichen Vermögens angesehen und richtet sich nicht direkt an die Gesellschaft.[369]

Wie kann man solche besonderen Rechte im Zusammenhang mit dem geltenden Gesellschaftsrecht gesetzlich vorschreiben? In Deutschland tauchten bereits 1911 Vorschläge auf, die sich dafür aussprachen, für die gemischtwirtschaftlichen Gesellschaften besondere Rechtsvorschriften zu treffen. Sondervorschriften gesellschaftsrechtlicher Art finden sich erstmals im AktG von 1965 in den §§ 394, 395.[370] Andere besondere Vorschriften über die öffentliche Beteiligung befinden sich auch im HGrG und in der BHO sowie in den LHO.

Das chinesische KgesG spiegelt den Inhalt der Reform der staatseigenen Betriebe wider. Viele Vorschriften betreffen ausschließlich die Reform der staatseigenen Betriebe oder die staatlichen Investoren. Dies führt zur Disharmonie der Regelungen und ist nicht förderlich für die Durchführung des chinesischen KgesG.[371] Weil die Reform der staatseigenen Betriebe noch vorangetrieben wird, sollten die betroffenen Angelegenheiten in einem besonderen Gesetz, das sich auf die Umstrukturierung der staatseigenen Betriebe bezieht, geregelt werden.[372] Das chinesische KgesG soll allen betroffenen Subjekten allgemeine Bestimmungen bieten. Wenn auf Grund der staatlichen Beteiligung besondere Rechte eingeräumt werden müssten, sollten sie durch „Sondervorschriften" im KgesG ausdrücklich vorgeschrieben werden. Die Grundsätze des Gesellschaftsrechts sollte dadurch aber nicht geschädigt werden. Durch die Novellierung des chinesischen KgesG sollten die Vorschriften über die „besondere Behandlung" von Staatsunternehmen beseitigt und dem Staats- und Privatkapital sowie ausländischer Investition eine gerechte Konkurrenzumgebung geboten werden.[373]

c. Verstärkung der Kontrolle der öffentlichen Beteiligung statt des direkten Eingriffs in die Unternehmensführung

Als Aktionär kann der Staat nicht selbst, sondern nur durch seine Vertreter die Aktionärsrechte ausüben. Die Kontrolle der Vertreter und der ist von großer Bedeutung.

In Deutschland werden die öffentlichen Beteiligungen von den entsprechenden Bundesressorts verwaltet. Von den 506 bedeutenderen unmittelbaren und mittelbaren Beteiligungen fallen insgesamt 78 Beteiligungen in den Geschäftsbereich des Bundesministeriums der Finanzen, hiervon 69 Beteiligungen in den mittelbaren Bereich; in den Geschäftsbereich des Bundesministeriums für Verkehr, Bau-

---

369 *Zhu, Daqi/Zhu, Yongyang,* RDFY 2003 Nr. 2, 16.

370 MünchKommAkrG/*Semler*, Band 1, Einleitung Rn. 12.

371 *Wang, Baoshu* (2003), http://www.civillaw.com.cn/weizhang/default.asp?id=13736

372 In China fehlt noch ein spezielles Gesetz zur Regelung des Eigentums an Staatsunternehmen und ihres Handels. Ein „Staatsvermögensgesetz" wird von vielen Juristen vorgeschlagen. u. a. Siehe: *Zheng, Wanqing*, JR 2005 Nr. 1, 116 ff.; *Qi, Duojun*, RDFY 2002 Nr. 7, 12.

373 *Feng, Guo,* LSM 2004 Nr. 25, 22; *Li, Shuguang,* RDFY 2003 Nr. 10, 13.

und Wohnungswesen 412 Beteiligungen, hiervon 399 Beteiligungen in den mittelbaren Bereich. 16 Beteiligungen verteilen sich auf weitere 10 Bundesressorts.[374] Der zuständige Bundesminister soll darauf hinwirken, dass die auf Veranlassung des Bundes gewählten oder entsandten Mitglieder der Aufsichtsorgane bei ihrer Tätigkeit auch die besonderen Interessen des Bundes berücksichtigen.[375] Im Kontrollsystem für Bundesbeteiligungen ist die externe Kontrolle besonders wichtig und stärker als die in der Privatwirtschaft: Neben der Abschlussprüfung findet eine Prüfung nach den Vorschriften des § 53 HGrG statt. Neben dem Aufsichtsrat sind in die Kontrolle auch die Beteiligungsverwaltung und der Bundesrechnungshof eingeschaltet. Unternehmensinterne und unternehmensexterne Kontrolle spielen hierbei zusammen. Die parlamentarische Kontrolle und, in besonderem Maße, eine Kontrolle durch die Öffentlichkeit würden das Kontrollsystem ergänzen.[376]

In der zentralen Planwirtschaft Chinas hat der Staat durch den direkten Eingriff in die Unternehmensführung der staatseigenen Betriebe die Betreibung des staatlichen Vermögens kontrolliert. Heutzutage wird versucht, ein modernes Unternehmenssystem in China einzurichten. Die unabhängige Rechtspersönlichkeit der Unternehmen ist die Grundlage. Der unmittelbare Eingriff des Staates in die Unternehmensführung muss ausgeschlossen sein. Es wird ausdrücklich geregelt, dass die Kompetenz der Regierung zur öffentlichen Sozialverwaltung von der des Kapitalanlegers zu unterscheiden ist (§ 7 Satz 2 VB-KVSU). Außer den Kontroll- und Verwaltungsorganen auf unterschiedlichen Ebenen als spezifische Organe zur Kontrolle und Verwaltung des staatlichen Vermögens werden die Kompetenzen der Regierung auf die öffentliche Sozialverwaltung beschränkt. Die Kontroll- und Verwaltungsorgane des staatlichen Vermögens sollen den gesetzmäßig selbständigen Betrieb der Unternehmen unterstützen und nicht in die Aktivitäten der Unternehmen, nämlich Produktion und sonstiger Betrieb, intervenieren (§ 10 Abs. 2 VB-KVSU).

Die Regelungen über die Kontrolle der öffentlichen Beteiligung in chinesischen Rechtsvorschriften sind nicht eingehend und durchsetzbar. Im chinesischen Rechnungsprüfungsgesetz[377] wird nur die Rechnungsprüfung und Kontrolle der 100%igen Staatsunternehmen angesprochen. Die Rechungsprüfung und Kontrolle der Unternehmen mit öffentlicher Mehrheitsbeteiligung wird aber vom Staatsrat vorgeschrieben.[378] Im chinesischen Haushaltsgesetz[379] befindet sich keine Regelung über die Kontrolle der öffentlichen Beteiligung. Im VB-KVSU wird geregelt, dass die Kontroll- und Verwaltungsorgane des staatlichen Vermögens die Buchhaltung der Unternehmen mit staatlicher Beteiligung kontrollieren, ein Normsystem der Werthaltung und -steigerung des staatlichen Vermögens einrichten und die Rechte und Interessen des Kapitalanlegers des staatlichen Vermögens

[374] Vgl. Beteiligungsbericht 2003 des Bundesministeriums der Finanzen.

[375] § 65 Abs. 6 BHO

[376] *Knauss* (1989), S. 7.

[377] 中华人民共和国审计法 v. 31.8.1994.

[378] §§ 20, 22 Rechnungsprüfungsgesetz Chinas.

[379] 中华人民共和国预算法 v. 22.3.1994.

wahren (§ 35 VB-KVSU). Nur die 100%igen Staatsunternehmen müssen den Kontroll- und Verwaltungsorganen regelmäßig über die Situation der Buchhaltung, der Produktion und der Werthaltung und –steigerung berichten (§ 37 VB-KVSU).

Im Vergleich zum deutschen Recht sind die oben zitierten Regelungen über die Kontrolle der staatlichen Beteiligung vielfach abstrakt und nicht durchsetzbar. Es gibt noch kein Gesetz für die Kontrolle und Verwaltung des staatlichen Vermögens. Im Hinblick auf die Menge des staatlichen Vermögens und die umfangreiche staatliche Beteiligung sollte ein spezielles Gesetz dafür geschaffen werden. Was die Kontrolle der staatlichen Beteiligung betrifft, sollte im Gesetz geregelt werden, welche Unternehmen, welche Berichte den Kontroll- und Verwaltungsorganen zur Prüfung vorlegen müssen. Diese Prüfung ist auch eine unmittelbare Kontrolle der als Vertreter des Staates im Management der Unternehmen tätigen Vorstände oder Aufsichtsräte. Diese unternehmensexterne Kontrolle berührt die gesellschaftsrechtlichen Grundsätze nicht. Ein unkontrolliertes Ausufern staatlicher Eingriffe in die Unternehmensführung ist auf jeden Fall zu verhindern.

3. Stärkung der Kontrollfunktion durch die Banken

Im Vergleich mit den deutschen Banken, die in der Wirtschaft eine große Rolle spielen, operieren die chinesischen Banken im Wirtschaftsleben, besonders im industriellen Bereich nur beschränkt. Vor beinahe einem Jahrzehnt wurden vielfältige Bankgeschäfte verboten. Seitdem müssen Bank-, Wertpapier-, Versicherungs- und Finanzgeschäfte separat abgewickelt werden, um eine Finanzkrise zu verhüten. Spareinlagen und Kreditgewährung stellen deswegen die Hauptgeschäfte der chinesischen Banken dar.

Um den Bedarf an Investitionserträgen und Profiten zu decken, entsteht das Verlangen der Banken, das Geschäft auf den industriellen Sektor auszuweiten. Besonders nach dem Übereinkommen der Welthandelsorganisation (WTO) wird China seinen Bankensektor bis 2006 komplett öffnen. So werden die einheimischen Banken mit der Konkurrenz aus den ausländischen Banken, die meistens gemischte Bankgeschäfte betreiben, konfrontiert. Hinsichtlich dieser Situation ist die Tür für die Übernahme des gemischten Bankgeschäfts zu öffnen.

Zuerst wird diese Tendenz durch die Abänderung des Gesetzes über Handelsbanken[380] aufgezeigt. Dieses Gesetz, das am 27. Dezember 2003 novelliert wurde, regelt in § 43, dass es den Handelsbanken im Staatsgebiet der Volksrepublik China verboten ist, sich im Treuhand- und Wertpapiergeschäft zu betätigen und in Immobilien, die nicht dem eigenen Betrieb dienen, oder in finanzielle Institutionen oder Unternehmen, die keine Banken sind, zu investieren, „außer wenn es vom Staat anderweitig vorgeschrieben wird". Das bedeutet, dass das Gesetz Raum für die Übernahme gemischter Bankgeschäfte lässt, wo der Staat eine Bedingung auferlegt. Im Vergleich zum alten Gesetz über Handelsbanken, das den Banken die Tätigkeit in den oben aufgeführten Bereichen völlig verboten hat, ist die Beschränkung der Tätigkeit der Handelsbanken schon entschärft worden.

---

[380] 商业银行法 v. 10.5.1995

Darüber hinaus verbietet das am 28. Oktober 2003 verabschiedete Wertpapierinvestmentfondsgesetz (证券投资基金法) nicht, dass die Handelsbanken auch Fondsmanagementgesellschaften (基金管理公司) errichten können. Allerdings ist die Genehmigung des Staatsrats notwendige Voraussetzung. Daher gibt es jetzt schon die Möglichkeit, dass die Handelsbanken auch in weiteren Bereichen tätig werden können. Am 20.2.2005 haben *The Prople's Bank of China*, *China Banking Regulatory Commission* (CBRC) und *China Securities Regulatory Commission* (CSRC) „die Verwaltungsmethode für den Versuch zur Gründung der Fondsmanagementgesellschaft der Handelsbanken"[381] zusammen verabschiedet. Der Chef der Volksbank Chinas hat gesagt, die Fondsgesellschaften der Handelsbanken könnten direkt auf dem Kapitalmarkt in den Aktienhandel investieren.[382] Auf diese Weise treten viele Handelsbanken mittelbar in börsennotierte Aktiengesellschaften ein. Trotzdem dürfen die Handelsbanken noch nicht direkt in die Unternehmen investieren. Dass die Handelsbanken durch die Gründung von Fonds indirekt in die börsennotierten Aktiengesellschaften investieren, kann die jetzige Aktionärsstruktur der chinesischen Aktiengesellschaften noch nicht ändern. Denn es braucht Zeit, wenn die Handelsbanken die Aktienfonds, die im Vergleich zu den anderen Fonds viel riskanter sind, gründen. Der Unterschied der Macht innerhalb der Aktiengesellschaften zwischen Mehrheits- und Minderheitsaktionären ist nach wie vor sehr groß. Der Interessenausgleich zwischen Mehrheits- und Kleinaktionären und der Schutz der Kleinaktionäre sind noch zu lösendes Problem in China.

Weder das Depotstimmrecht der Banken wie es in Deutschland geregelt ist, noch *voting trust* wie in den USA findet sich im chinesischen Recht. Obwohl die Vertretung beim Stimmrecht des Aktionärs in KgesG geregelt wird[383], fehlen noch entsprechende Vorschriften über ihre Durchsetzung. In der Praxis zeigte sich, dass die Vertretung des Stimmrechts (表决权代理) des Aktionärs von einem einzelnen Aktionär oder von dem Management der Gesellschaft „gesammelt" wird. Bei den vielfältigen Zielen steht der Kampf um die Herrschaftsmacht innerhalb der Gesellschaft im Vordergrund. Im KgesG wird nicht ausführlich geregelt, wer als Vertreter zur Teilnahme an der Hauptversammlung von Aktionären beauftragt werden kann. So ist es schon möglich, dass die Banken als Vertreter der Aktionäre ihre Stimmrechte ausüben. In der Wirklichkeit ist es aber noch nicht geschehen.

Wie anfangs schon erwähnt, fehlt es der Aktionärsstruktur der chinesischen Aktiengesellschaft an einer Machtbalance zwischen den unterschiedlichen Aktionärsgruppen. Anders als in Deutschland, wo trotz einer konzentrierten Aktionärsstruktur die Aktiengesellschaften normalerweise mehrere große Unternehmensaktionäre haben, ist die öffentliche Hand meistens der einzige größte Aktionär der Aktiengesellschaft. Dagegen halten die anderen Aktionäre kleine und gestreute

---

[381] 商业银行设立基金管理公司试点管理办法

[382] Siehe: New Culture View (新文化报) am 24. 3. 2005, S. 18.

[383] „Ein Aktionär kann einen Vertreter beauftragen, an der Hauptversammlung teilzunehmen; der Vertreter muss der Gesellschaft den schriftlichen bevollmächtigenden Auftrag des Aktionärs übergeben und das Stimmrecht im Rahmen der Vollmacht ausüben." § 108 KgesG.

Anteile, wodurch sie lediglich über eine eher schwache Position verfügen. Eine solche Aktionärsstruktur führt unvermeidlich zu einer unangemessenen Beherrschung der Gesellschaft durch den größten Aktionär bzw. die öffentliche Hand. Dies verstößt sowohl gegen den ursprünglichen Zweck der Modernisierung des Unternehmenssystems als auch gegen den Grundsatz des Interessenausgleiches bei Corporate Governance. Deswegen wäre es hilfreich, ein Gegengewicht zum staatlichen Anteilseigner zu schaffen, wenn diese Aktionärsstruktur nicht innerhalb einer kurzen Zeit verändert wird.

Ein Gegengewicht, das sich auf die Hochzentralisierung der Aktionärsstruktur Chinas auswirken kann, muss drei Voraussetzungen erfüllen: Zuerst sollte es ausreichende Personal- und Kapitalressourcen geben; zweitens sollte Wunsch und Motiv zur Teilnahme an der Corporate Goverance bestehen; drittens sollte über ausreichend Informationen über die Corporate Goverance der Gesellschaft zur Verfügung stehen.[384] So ist die Bank die richtige Wahl. Die Aktionäre, besonders die Kleinaktionäre, können die Aktien bei den Banken hinterlegen. Auf Grund des Depot- oder Vollmachtstimmrechts vertreten die Banken jene Aktionäre in der Hauptversammlung. Als Depotvertreter haben sie Fremdinteressen wahrzunehmen. Die Banken haben vor allem mehr Sachverstand als die normalen Aktionäre. Auf Grund der gebündelten Anteile können die Stimmen der Kleinaktionäre durch die Vertretung durch die Banken bei den Beschlüssen in der Hauptversammlung gehört werden.

Leider dürfen die Handelsbanken noch nicht direkt in Unternehmen investieren. Wenn die Banken nicht durch Ausübung ihrer Aktionärsrechte die Gesellschaften, die von ihnen Kredite aufgenommen haben, effektiv kontrollieren können, würden ihre Interessen wahrscheinlich leichter von solchen Gesellschaften geschädigt.[385] In diesem Fall gewinnt das Depotstimmrecht durch die Banken besondere Bedeutung. Obwohl die Banken lediglich Vertreter der Aktienhinterleger sind, kann ihnen das Depotstimmrecht zu einer bedeutenden Einflussnahme auf die Unternehmensführung dienen. Für die Banken, bei denen die Unternehmen eine beträchtliche Kreditsumme aufgenommen haben, ist die Beteiligung an den Geschäften der Unternehmen von besonderer Wichtigkeit.

Damit die Banken bei der Ausübung des Depotstimmrechts die Interessen der Kleinaktionäre auch wirklich gut vertreten können, sollte die Ausübung des Depotstimmrechts der Banken an strenge gesetzliche Vorgaben gekoppelt sein. Wenn die Banken durch die Ausübung des Depotstimmrechts gewisse Aufsichtsratsmitglieder wählen könnten, würde dies die Kontrolle des Aufsichtsrats verstärken.

In Deutschland gibt es seit langem eine Debatte über die Abschwächung der Macht der Banken in den Aktiengesellschaften. Dagegen sollte die Funktion der Banken zur Kontrolle der Geschäftsführung der Gesellschaft und zum Ausgleich der Interessen innerhalb der Gesellschaft in China gerade gestärkt werden. Jedes Land verfügt über eine eigene Tradition und sieht sich unterschiedlichen gegenwärtigen Ausgangssituationen gegenüber. Die ausländischen Erfahrungen aufzu-

---

[384] *Yan, Xiaolong*, RDFY 2003 Nr. 1, 72.

[385] *Yan, Xiaolong*, RDFY 2003 Nr. 1, 72.

nehmen, ohne sie mit der eigenen Situation zu verbinden, wäre nicht optimal. Auf der Basis einer zutreffenden Situationsanalyse des eignen Landes sollte man die abstrakten Lösungsansätze anderer Länder in die eigene Entwicklung einbeziehen.

D. Vorstand: Rechtsstellung, Haftung sowie die Position des *independent directors* im chinesischen Recht

I. Rechtsstellung des Vorstands

1. Nach dem deutschen Aktiengesetz

a. Im Verhältnis zur Gesellschaft

(1) Leitungsorgan

Nach § 76 Abs. 1 AktG hat der Vorstand unter eigener Verantwortung die Gesellschaft zu leiten. Durch diese Vorschrift hat der Gesetzgeber dem Vorstand die Unternehmensleitung übertragen. Mit der Formulierung „unter eigener Verantwortung" wird das Führungsmonopol des Vorstands betont. Es sei ausgeschlossen, dass sich Aufsichtsrat oder Hauptversammlung ihrerseits Leitungsaufgaben anmaßen oder durch Weisungen auf Leitungsentscheidungen Einfluss nehmen. [386] Diese Vorschrift, die als magna charta des Vorstands einer deutschen Aktiengesellschaft angesehen werden kann[387], stellt die Rechtsstellung des Vorstands auf ein solides Fundament. Im Verhältnis des Vorstands zur Gesellschaft begründe § 76 Abs. 1 AktG eine organschaftliche Pflicht zur Unternehmensleitung.[388] Der Vorstand ist ein gesetzliches Organ der Aktiengesellschaft. Seine Entstehung und Zuständigkeit werden ausdrücklich und zwingend im Aktiengesetz geregelt. Weder die Übertragung der Kompetenzen auf ein anderes Organ noch die Überschreitung der gesetzlichen Zuständigkeit sind zulässig.

Wenn man die Rechtsstellung des Vorstands im Verhältnis zur Gesellschaft analysieren möchte, muss man zuerst drei Begriffe, nämlich „(Gesellschafts-)Leitung", „Geschäftsführung" und „Vertretung", die jeweils in §§ 76, 77, 78 AktG geregelt werden, voneinander abgrenzen. Die Bedeutung und der Inhalt der drei Begriffe sind im Gesetz nicht ausdrücklich angesprochen. In der Fachliteratur finden sich hierzu allerdings viele unterschiedliche Auffassungen. Nach einer Auffassung gehe es bei der Leitung nur um einen Ausschnitt aus der Geschäftsführung, die jede tatsächliche und rechtsgeschäftliche Tätigkeit für die Gesellschaft umfasst, nämlich um die Führungsfunktion des Vorstands.[389] Nach dieser Auffassung ist Geschäftsführung gegenüber der Leitung ein Oberbegriff. Es wird nach einer anderen Auffassung vertreten, dass (Gesellschafts-)Leitung ein Oberbegriff, Geschäftsführung die Innenwirkung jedes tatsächlichen oder rechtsgeschäftlichen Handelns für die Gesellschaft, und Vertretung das nach außen wirkende Recht sei.[390] Dieser Meinung nach sind Geschäftsführung und Vertretung zwei gleichlaufende Bestandteile der Gesellschaftsleitung. Dagegen be-

---

[386] *Fleischer*, ZIP 2003, 1; Vgl. auch *Hoffmann-Becking*, ZGR 1998, 507.

[387] Vgl. *Peltzer*, in: *Hommelhoff/Hopt/Von Werder* (2003), S. 225.

[388] *Fleischer*, ZIP 2003, 1.

[389] *Wiesner*, in: Münchener Handbuch des Gesellschaftsrechts (1999), § 19 Rn. 12; *Hüffer* (2004), § 76 Rn. 7; Köln KommAktG/*Mertens*, § 76, Rn. 4.

[390] Vgl. Auch *Beuthien*, NJW 1999, 1146.

steht noch eine andere Auffassung, wonach der Begriff der Geschäftsführung, der weder im BGB noch im HGB oder den Spezialgesetzen legaldefiniert wird, allgemein das Handeln für die juristische Person betreffen würde; demgegenüber die Vertretung nur ein Teil dieses Handelns, nämlich das rechtsgeschäftliche Handeln nach den Grundsätzen des Stellvertretungsrechts sei.[391] Der letztgenannten Auffassung ist zuzustimmen. „Leitung der Aktiengesellschaft" sollte vor allem zwei Bedeutungen, nämlich „Repräsentation" und „Leitung", enthalten. Im Sinne der „Repräsentation" ist der Vorstand der gesetzliche Vertreter der Aktiengesellschaft. Im Sinne der „Leitung" obliegt dem Vorstand das Management der Aktiengesellschaft. Auf Grund des Verfügungsrechts wird der Vorstand tatsächlich zum Leiter der Aktiengesellschaft. Die Handlungen der Aktiengesellschaft, sei es im Außen- oder Innenverhältnis, fallen in den Zuständigkeitsbereich des Vorstands. Geschäftsführung ist jedes Handeln des Vorstands für die Gesellschaft, ob in eigenem oder in fremden Namen, ob rechtlich oder tatsächlich[392], ob intern oder nach außen wirkend[393]. Geschäftsführung ist als eine weitere Konkretisierung der „Leitung der Aktiengesellschaft" anzusehen. Diese Vorschrift beantwortet auch die Frage, wie der Vorstand, durch die Geschäftsführung, die Gesellschaft leiten soll. Unter „Geschäfte" sollte man alle Angelegenheiten, die mit der Gesellschaft zu tun haben, verstehen. Der Begriff „Geschäftsführung" findet sich auch im § 111 Abs. 1 AktG, wonach der Aufsichtsrat die Geschäftsführung zu überwachen hat. Wenn die Geschäftsführung sich lediglich auf Innenverhältnisse beziehen würde, wäre die Kontrolle vom Aufsichtsrat nur auf die Handlungen des Vorstands innerhalb der Gesellschaft beschränkt. Geschäftsführung ist ein sehr umfassender Begriff. „Vertretung" meint nur den Teilbereich der Geschäftsführung im Außenverhältnis. Zum Schutz des Rechtsverkehrs ist ausdrücklich zu regeln, wer die Aktiengesellschaft gesetzlich vertreten soll und wie dies zu geschehen hat.

Sowohl nach der Fiktionstheorie von *Savigny* als auch nach der Theorie der realen Verbandspersönlichkeit von *Gierke* kann die juristische Person als eine Körperschaft nicht wie ein Mensch aus Fleisch und Blut, nämlich wie eine natürliche Person selbst, sondern lediglich durch die Vertretung bestimmter einzelner Menschen im Rechtsverkehr handeln. Obwohl das Wesen der juristischen Person weiterhin umstritten ist, werden die Rechtsfähigkeit der juristischen Person und die Vertretung der juristischen Person durch den Vorstand zweifelsfrei im deutschen BGB normiert, ohne einer Theorie der juristischen Person explizit zu folgen. So ist, was die rechtliche Stellung des Vorstands im Verhältnis zur Aktiengesellschaft betrifft, der Vorstand als das leitende Organ oder Geschäftsführender oder Vertreter der Gesellschaft anzusehen. Als der gesetzliche Vertreter sei der Vorstand nicht nur Vertretungsorgan für Rechtsgeschäfte und Rechtshandlungen, sondern allgemeines Handlungsorgan für die Gesellschaft, was ebenfalls für den Vorstand der anderen juristischen Personen gilt.[394]

---

[391] *Flume* (1983), S. 357.

[392] KölnKommAktG/*Mertens*, § 77 Rn. 2.

[393] *Wiesner*, in: Münchener Handbuch des Gesellschaftsrechts (1999), § 22 Rn. 1.

[394] *Flume* (1983), S. 357.

(2) Vertretungsorgan

Die Vertretungsbefugnis des Vorstands ist ausdrücklich im deutschen AktG geregelt. Nach § 78 Abs. 1 AktG wird die Gesellschaft durch den Vorstand gerichtlich und außergerichtlich vertreten. Die Vertretungsmacht des Vorstands beruht auf der Bestellung als Organ. Bei dieser Vertretung handelt es sich daher um eine organschaftliche Vertretung[395], die der gesetzlichen Vertretung verwandt ist.[396] Nach der allgemeinen Regelung beim Verein im § 26 Abs. 2 Satz 1 Halbs. 2 BGB hat der Vorstand die Stellung eines gesetzlichen Vertreters.

Durch die Regelungen des § 78 Abs. 2 bis 4 AktG wird die Frage danach beantwortet, wie die Vertretungsbefugnis durch die Vorstandsmitglieder durchgesetzt wird. Zuerst ist das grundlegende Prinzip der Gesamtvertretung im § 78 Abs. 2 Satz 1 AktG deutlich geregelt. Es ist vorgeschrieben, dass sämtliche Vorstandsmitglieder in einem mehrgliedrigen Vorstand nur gemeinschaftlich zur Vertretung der Gesellschaft befugt sind, wenn die Satzung nichts anderes bestimmt. Dieser für die aktive Vertretung geltende Grundsatz schütze die Gesellschaft vor gefährlichen und übereilten Maßnahmen sowie vor Unzulänglichkeit und Unehrlichkeit einzelner Vorstandsmitglieder.[397] Die Gesamtvertretung würde in der Form ausgeübt, dass alle gesamtvertretungsberechtigten Vorstandsmitglieder durch übereinstimmende Erklärungen das Geschäft schließen.[398] Jedoch müssten die Vorstandsmitglieder nicht durch einen Gesamtakt zur gleichen Zeit und am gleichen Ort handeln.[399] Der Schwerpunkt besteht darin, dass alle gesamtvertretungsberechtigten Vorstandsmitglieder dem Geschäftpartner eine übereinstimmende Erklärung abgeben, damit das Geschäft zustande kommen kann. Außer der Gesamtvertretung hat der Gesetzgeber noch weitere Arten der Durchführung der Vertretungsbefugnis vorgeschrieben, die eigentlich Ausnahmen vom Grundsatz der Gesamtvertretung sind.

Zur Entgegennehme von Willenserklärungen räumt § 78 Abs. 2 Satz 2 AktG jedem Vorstandsmitglied zwingend Einzelvertretungsbefugnis ein. Hier gilt das Prinzip der Gesamtvertretung nicht.

b. Im Verhältnis zum Aufsichtsrat

Gemäß § 111 AktG hat der Aufsichtsrat die Geschäftsführung des Vorstands zu überwachen. Durch § 84 AktG hat der Gesetzgeber den Aufsichtsrat auch befähigt, den Vorstand zu bestellen und abzuberufen. Darüber hinaus wird dem Aufsichtsrat durch die gesetzliche Berichterstattungspflicht des Vorstands und den satzungsgemäßen eventuellen Zustimmungsvorbehalt auch eine gewisse beratende und mitentscheidende Funktion zugewiesen. Der BGH hat durch seine Rechtsprechung aufgezeigt, dass die Aufgabe des Aufsichtsrats, die Geschäftsführung

---

[395] *Beuthien* hegt Zweifel an diesem Begriff. Er meint, Gesellschaftsorgane seien keine Personen und könnten daher keine Stellvertreter i. S. des § 164 I 1 BGB sein; Vielmehr sei die Organtätigkeit Eigenhandeln der geschäftsfähigen Körperschaft selbst. Vgl. *Beuthien*, NJW 1999, 1146.

[396] *Wiesner*, in: Münchener Handbuch des Gesellschaftsrechts (1999), § 23 Rn. 1.

[397] MünchKommAktG/*Hefermehl/Spindler*, Band 3, § 78 Rn. 20.

[398] MünchKommAktG/*Hefermehl/Spindler*, Band 3, § 78 Rn. 53.

[399] MünchKommAktG/*Hefermehl/Spindler*, Band 3, § 78 Rn. 50.

zu überwachen, die Pflicht enthalte, den Vorstand in übergeordneten Fragen der Unternehmensführung zu beraten.[400] Daraus kann man ableiten, dass der Aufsichtsrat im Verhältnis zum Vorstand das Überwachungs- und Beratungsorgan der Gesellschaft ist.

In der Realität schlägt der Vorstand oft selbst seine neuen Mitglieder vor und lässt sie dann nur noch vom Aufsichtsrat bestellen.[401] Die Geschäftsordnungen des Vorstands werden häufig im Zusammenwirken von Vorstand und Aufsichtsrat zustande kommen, auch wenn der Gesetzgeber dem Aufsichtsrat eine vorrangige Regelungskompetenz in allen Fragen der Geschäftsordnung des Vorstands im § 77 Abs. 2 Satz 1 AktG eingeräumt hat.[402]

c. Im Verhältnis zur Hauptversammlung

Nach der *principal-agent-Theorie* wird der Vorstand als *agent* von den Aktionären, bzw. dem *principal* mit der Geschäftsführung beauftragt. In diesem Sinne sollte der Vorstand von den Aktionären in der Hauptversammlung gewählt werden. Nach dem deutschen AktG wird der Vorstand jedoch nicht direkt von den Aktionären auf der Hauptversammlung, sondern vom Aufsichtsrat, dessen Mitlieder von den Aktionären in der Hauptversammlung gewählt werden, gewählt.

Nach § 121 Abs. 2 Satz 1 AktG ist der Vorstand befugt, die Hauptversammlung einzuberufen, die Tagesordnung aufzustellen und diese bekannt zu machen. Der Vorstand ist demnach der „Organisator“ der Hauptversammlung. Auf der Hauptversammlung ist der Vorstand verpflichtet, den Aktionären wichtige und vor allem richtige Informationen über die Lage der Gesellschaft zu liefern und sie über seine Geschäftsführung zu unterrichten. Gegenüber den Aktionären sollte der Vorstand als Informationsschuldner angesehen werden. In diesem Sinne ist die Hauptversammlung der Ort, wo die Aktionäre bzw. der *principal* und der Vorstand bzw. der *agent* zusammentreffen und das Ergebnis der Geschäftsführung des Vorstands von den Aktionären geprüft wird.

Die Hauptversammlung ist ein Organ, das über die im Gesetz oder in der Satzung ausdrücklich vorgesehenen grundlegenden Angelegenheiten der Gesellschaft beschließt. Die von der Hauptversammlung im Rahmen ihrer Zuständigkeit beschlossenen Maßnahmen hat der Vorstand gemäß § 83 Abs. 2 AktG auszuführen. In diesem Sinne ist der Vorstand auch ein die Beschlüsse der Hauptversammlung ausführendes Organ.

Der Vorstand ist das einzige Organ, das für die Geschäftsführung zuständig ist. Nach § 119 Abs. 2 AktG kann der Vorstand aber auch verlangen, dass die Hauptversammlung über Fragen der Geschäftsführung entscheidet. Nach der Holzmüller-Rechtsprechung ist der Vorstand verpflichtet, die Hauptversammlung nach § 119 Abs. 2 AktG anzurufen, wenn es um Strukturentscheidungen geht.[403] Durch diese Rechtsprechung wird der Schutz der Aktionäre vor der Willkür des

---

[400] BGH, Urteil vom 25. März 1991, WM 1991, 1075.

[401] Siehe: *Witt* (2003), S. 79; Vgl. *Peltzer*, in: *Hommelhoff/Hopt/Von Werder* (2003), S. 227, 228; Ähnliches vgl. Münchener Handbuch des Gesellschaftsrechts (1999), § 20 Rn. 18.

[402] Vgl. *Hoffmann-Becking*, ZGR 1998, 501, 503.

[403] BGHZ 83, 122 (131).

Vorstands verstärkt und die Kompetenz des Vorstands gewissermaßen beschränkt. Aber in der Praxis bestehe immer noch große Unsicherheit, wann ein derartiger Fall vorliegt und wann nicht.[404]

Schließlich steht der Hauptversammlung bei Differenzen zwischen Vorstand und Aufsichtsrat nach Maßgabe der §§ 111 Abs. 4, 173 Abs. 1 AktG ein Letztentscheidungsrecht zu.[405]

2. Nach dem chinesischen Kapitalgesellschaftsgesetz

a. Im Verhältnis zur Gesellschaft

Nach dem chinesischen KgesG hat eine Aktiengesellschaft einen Vorstand mit fünf bis neunzehn Vorstandsmitgliedern (§ 112 Abs. 1 KgesG). § 112 Abs. 2 KgesG listet die Kompetenzen des Vorstands auf. Der Vorstand ist der Hauptversammlung verantwortlich und übt die folgenden Amtsbefugnisse aus:

- er ist für die Einberufung der Hauptversammlung verantwortlich und erstattet ihr einen Arbeitsbericht;
- er führt die Beschlüsse der Hauptversammlung aus;
- er bestimmt Geschäftsplan und Investitionsvorschläge der Gesellschaft;
- er setzt die Entwürfe für den Jahreshaushalt und die Jahresschlussrechnung der Gesellschaft fest;
- er setzt den Vorschlag für die Verteilung der Gewinne und die Deckung der Verluste der Gesellschaft fest;
- er setzt Vorschläge zu Erhöhungen und Senkungen des registrierten Kapitals der Gesellschaft und für die Ausgabe von Gesellschaftsschuldverschreibungen fest;
- er entwirft Vorschläge zur Vereinigung, Teilung und Auflösung der Gesellschaft;
- er bestimmt über die Einsetzung interner Leitungsorgane der Gesellschaft;
- er stellt den Geschäftsführer der Gesellschaft ein und entlässt ihn, und er stellt nach dem Namensvorschlag des Geschäftsführers stellvertretende Geschäftsführer und den für die Finanzen Verantwortlichen der Gesellschaft ein, entlässt sie und bestimmt ihre Bezahlung;
- er setzt die Grundsätze für die Leitung der Gesellschaft fest.

Aus den oben aufgestellten Kompetenzen des Vorstands ergibt sich, dass der Vorstand nicht für die konkreten alltäglichen Angelegenheiten bei der Geschäftsführung zuständig ist. Er ist eher ein Organ, das für die strategische Ausrichtung der Gesellschaft verantwortlich ist. Dies stellt allerdings nicht in Frage, dass der

---

[404] *Hüffer* (2004), § 119 Rdn. 30.
[405] *Wiesner*, in: Münchener Handbuch des Gesellschaftsrechts (1999), § 19 Rn. 6.

Vorstand eine zentrale Rolle in der Geschäftsführung spielt. Der Vorstand leitet das Unternehmen.

b. Im Verhältnis zum Aufsichtsrat

Wie der Vorstand wird der Aufsichtsrat nach dem chinesischen KgesG auch von der Hauptversammlung gewählt. Die beiden Organe sind der Hauptversammlung parallel verantwortlich. Nach § 126 Ziff. 2 KgesG überwacht der Aufsichtsrat die Handlungen der Vorstandsmitglieder und des *managers* bei der Ausführung von Gesellschaftsaufgaben darauf, ob sie Gesetze, Rechtsnormen oder die Gesellschaftssatzung verletzen. Daraus kann man die Schlussfolgerung ziehen, dass die Kontrolle vom Aufsichtsrat nach dem chinesischen KgesG in der Regel nachträglich stattfindet, und nicht präventiv eingreift. Durch den Vergleich zwischen den Vorschriften über Vorstand und Aufsichtsrat kann man den Eindruck gewinnen, dass der Vorstand in der Rangordnung höher als der Aufsichtsrat angesiedelt ist. Der Vorstand steht im Kernbereich der Unternehmensführung. Er muss nicht dem Aufsichtsrat, sondern direkt der Hauptversammlung gegenüber Rechenschaft ablegen. In dieser Struktur wäre der Aufsichtsrat ein Organ neben dem Vorstand, das nichts mit dem Vorstand zu tun hätte. Würde dem Aufsichtsrat eine starke und effektive Kompetenz zur Kontrolle eingeräumt, wäre der Vorstand gezwungen, der Überwachung durch den Aufsichtsrat einen höheren Stellenwert zu anerkennen. Als ein gesetzliches Überwachungsorgan ist der Aufsichtsrat in China im Vergleich zum Vorstand noch sehr schwach. Einerseits ist dies auf den Mangel gesetzlich normierter Kompetenzen zurückzuführen. Andererseits nimmt das „Direktorsprinzip“ eines alleinentscheidungsbefugten Betriebsleiters der staatseigenen Betriebe aus der Zeit der Planwirtschaft noch gewissen Einfluss auf die Führungsstruktur der Kapitalgesellschaften. Auch wenn diese moderne Rechtsform anders als staatseigene Betriebe ausgestaltet sein soll, so spielt die historische Entwicklung dennoch eine gewisse Rolle.

c. Im Verhältnis zur Hauptversammlung

Die Hauptversammlung ist ein Machtorgan (权力机关) und übt die im Gesetz vorgeschriebenen Amtsbefugnisse aus (§ 102 Satz 2 KgesG). Die Hauptversammlung ist zuständig für Bestellung und Abberufung der Vorstandsmitglieder und beschließt die Vergütung der Vorstandsmitglieder (§ 102 Abs. 2 KgesG). Der Vorstand ist direkt der Hauptversammlung nämlich den Aktionären verantwortlich. Er führt die Beschlüsse der Hauptversammlung aus (§ 112 Abs. 2 Satz 2 KgesG). Die Hauptversammlung wird vom Vorstand nach dem Gesetz einberufen und vom Vorstandsvorsitzenden geleitet (§§ 105 Satz 1, 112 Abs. 2 Satz 1 KgesG). Der Vorstand ist deswegen der Organisator der Hauptversammlung.

Im Verhältnis zur Hauptversammlung ist der Vorstand ein für die Interessen der Aktionäre geschäftsführendes und die Beschlüsse der Hauptversammlung ausführendes Organ. Da es der chinesischen Aktionärsstruktur wegen des Übergewichts der staatlichen Beteiligung noch an einem Interessenausgleich fehlt, könnten die Großaktionäre durch Beherrschung des Vorstands die Gesellschaft kontrollieren und die Interessen der Kleinaktionäre beschädigen.

3. Vergleich und Bewertung

a. In Hinsicht auf Zuständigkeit und Aufgaben des Vorstands

Wie oben erwähnt, sind die Kompetenzen des Vorstands im KgesG eingehend aufgeführt. Die Rechtsposition und die Eigenschaft des Vorstands werden aber nicht durch ausdrückliche Formulierung im Gesetz vorgeschrieben.[406] Es fragt sich nun, ob man die umfassenden Kompetenzen des Vorstands im Gesetz vollständig auflisten kann, und in wie fern der Gesetzgeber durch Vorschriften regeln kann, wie der Vorstand die Geschäfte führen soll. Es ist zu überlegen, welche Regelungen über die Zuständigkeit und den Charakter des Vorstands ins KgesG eingefügt werden sollen.

Im Gegensatz zum KgesG schreibt das AktG die Zuständigkeit bzw. die Aufgaben des Vorstands nicht ausführlich, sondern sehr abstrakt vor. Die Überschrift von § 76 AktG – Leitung der Aktiengesellschaft – weist schon auf die Zuständigkeit und die Rechtsstellung des Vorstands hin. Ansonsten hat der Gesetzgeber die Aufgaben des Vorstands nicht eingehend im AktG aufgelistet, sondern wenn überhaupt auf einzelne Normen verteilt, wie z.B. die Vorbereitung und Ausführung von Hauptversammlungsbeschlüssen (§ 83 AktG), Berichte an den Aufsichtsrat (§ 90 AktG) sowie die Buchführung (§ 91 Abs. 2 AktG) usw. Ohne die Kompetenzen des Vorstands aufzuzählen, kann man aus der Eigenschaft des Vorstands vier Verantwortungsbereiche als unveräußerliche und unübertragbare Leitungsaufgaben des Vorstands ableiten: Planungs- und Steuerungsverantwortung, Organisationsverantwortung, Finanzverantwortung und Informationsverantwortung.[407]

Der Vorstand ist das zentrale Organ der Aktiengesellschaft, das für die Leitung der Gesellschaft zuständig ist. Diese Eigenschaft des Vorstands steht im chinesischen Gesellschaftsrecht eigentlich auch nicht im Zweifel, obwohl es nicht im Gesetz klar formuliert wird. Wenn die Zuständigkeit des Vorstands im chinesischen KgesG ausdrücklich und abstrakt geregelt würde, bräuchte man die Aufgaben des Vorstands nicht konkret aufzulisten. Es ist zum einen unmöglich, alle Aufgaben des Vorstands durch eine Auflistung im Gesetz abzudecken, ohne die Unterschiede der Größe und der Branche der Gesellschaft zu berücksichtigen. Zum anderen ist es auch überflüssig, die Aufgaben des Vorstands, welche aus seiner Rechtsstellung selbstverständlich abgeleitet werden können, explizit im Gesetz aufzulisten. Außerdem ist es auch nicht klar, ob der Vorstand andere Aufgaben, welche nicht im Gesetz ausdrücklich genannt werden, ausüben kann.

Die gesetzgeberische Technik des AktG ist angemessener und praktischer. Ohne die einheitlichen Aufgaben des Vorstands im AktG abschließend und detailliert zu benennen, hat der Gesetzgeber nur die allgemeine Zuständigkeit und die notwendigen Pflichten des Vorstands geregelt. Die Selbstregulierung der Gesellschaft steht folglich im Vordergrund. Die Aufgaben des Vorstands können in der Satzung auf Grund der eigenen Situation der Gesellschaft konkret vorge-

---

406 *Wang, Baoshu*, CJL 1999, Nr. 5, 67.
407 *Fleischer*, ZIP 2003, 5ff.

schrieben werden. Dem Vorstand kann ein gewisser und zuweilen großer Spielraum eingeräumt werden, damit er im Rahmen der gesetzlichen Bestimmungen seine Leitungsaufgabe wirklich unter eigener Verantwortung ausüben kann. Darüber hinaus kann man auch durch bestimmte Vorschriften über die konkreten Aufgaben des Vorstands, die Pflichten dieses Organs und seiner Mitglieder regeln.

Wenn das KgesG revidiert würde, sollte man zuerst die Rechtsstellung des Vorstands ausdrücklich im Gesetz in einer generellen Art und Weise vorschreiben und dann statt einer Aufzählung der Aufgaben und der Zuständigkeiten des Vorstands diese im konkreten Regelungszusammenhang regeln. In vielen Fällen sollten die Pflichten des Vorstands noch ausführlicher geregelt werden.

b. In Hinsicht auf das Organisationsprinzip des Vorstands

Das Organisationsprinzip des Vorstands im AktG hat sich erst im Laufe der Zeit entwickelt. In der Weimarer Zeit wurde im HGB über die Binnenorganisation des Vorstands nichts ausgesagt. In der Praxis entwickelten sich zwei Organisationsprinzipien, nämlich das „Generaldirektorprinzip" und das „Gleichberechtigungsprinzip". In der Zeit des „Dritten Reichs" hat das „Führerprinzip" die Gestaltung im politischen so wie wirtschaftlichen Bereich geprägt. Im deutschen AktG von 1937 wurde das „Führerprinzip" schließlich festgelegt. § 70 Abs. 2 Satz 2 AktG von 1937 hat dem Vorstandsvorsitzenden das Recht eingeräumt, bei Meinungsverschiedenheiten im Vorstand allein zu entscheiden. Dem Vorstandsvorsitzenden konnte auch nach § 71 Abs. 2 Satz 2 AktG von 1937 das Alleinzeichnungsrecht verliehen werden. Die Reform des AktG von 1965 hat das „Kollegialprinzip" wieder hergestellt. Nach § 77 Abs. 1 AktG von 1965 sind sämtliche Vorstandsmitglieder in einem mehrgliedrigen Vorstand nur gemeinschaftlich zur Geschäftsführung befugt, so lange die Satzung oder die Geschäftsordnung nichts Abweichendes bestimmt. Das Alleinentscheidungsrecht des Vorsitzenden wurde abgeschafft. Bis heute gilt das Kollegialprinzip nach wie vor unverändert. [408] Der DCGK enthält eine Empfehlung zum mehrgliedrigen Vorstand: „Der Vorstand soll aus mehreren Personen bestehen und einen Vorsitzenden oder Sprecher haben. Eine Geschäftsordnung soll die Geschäftsverteilung und Zusammenarbeit im Vorstand regeln."[409] Die Einhaltung des Kollegialprinzips findet sich in der Präambel des DCGK: „Die Mitglieder des Vorstands tragen gemeinsam die Verantwortung für die Unternehmensleitung. Der Vorstandsvorsitzende koordiniert die Arbeit der Vorstandsmitglieder." In § 77 Abs. 1 Satz 1 AktG ist das gesetzliche Leitbild der Gesamtgeschäftsführung niedergelegt. Diese einstimmige Kollegialität des Entscheidungsverfahrens will gewährleisten, dass inhaltlich die für das Unternehmen richtigen Entscheidungen fallen.[410] Durch das Prinzip der Gesamtverantwortung werde – im Modell – für das operative Geschäft, aber auch für die

---

[408] Geschichtliche Entwicklung der Organisation des Vorstands im deutschen Recht vgl. *Von Hein*, ZHR 2002, 472ff.

[409] Ziff. 4.2.1. DCGK

[410] *Bezzenberger*, ZGR 1996, 666.

strategischen Überlegungen ein permanentes internes Controlling gewährleistet.[411]

In einer deutschen Aktiengesellschaft kann es auch einen Vorstandsvorsitzenden geben. Einen Vorstandsvorsitzenden zu ernennen, liegt ausschließlich in der Kompetenz des Aufsichtsrats. Aber der Aufsichtsrat ist nicht verpflichtet von dieser Ernennungskompetenz gemäß § 84 Abs. 2 AktG auch Gebrauch zu machen. Als Leiter des Gremiums ist der Vorstandsvorsitzende befugt, das Kollegium zu repräsentieren, die Ressorttätigkeit der anderen Vorstandsmitglieder zu überwachen und zu koordinieren. Vom Vorstandsvorsitzenden ist der Vorstandssprecher zu unterscheiden. Der Vorstandssprecher wird vom Vorstand selbst ernannt, wenn der Aufsichtsrat von seinem Ernennungsrecht nicht Gebrauch gemacht hat. Dem Vorstandssprecher kommt lediglich sitzungsleitende und Repräsentationsfunktion zu.[412] Im Vergleich zum Vorstandsvorsitzenden fehlt es dem Vorstandssprecher an den Befugnissen zur vorstandsinternen Überwachung und Koordination der Tätigkeit aller Vorstandsressorts.[413] Rechtlich tragen aber aller Vorstandsmitglieder „gleichrangige Verantwortlichkeit“[414]. Weder die Ernennung des Vorstandsvorsitzenden oder des Vorstandssprechers, noch eine umfassende Geschäftsverteilung auf verschiedene Vorstandsressorts kann die grundsätzlich kollegiale Struktur im deutschen AktG gefährden, weil ein „harter Kern“ sich stets als Gesamtverantwortung aller Vorstandsmitglieder darstellt[415].

Die Fortsetzung dieser gesetzlichen kollegialen Struktur im AktG ist aber dadurch in Frage gestellt, dass die Einführung der Funktion eines CEO in die deutschen Aktiengesellschaften gefordert wird. Dies zeigt sich in der zunehmenden Funktion der Vorstandsvorsitzenden in der Praxis. „Der Vorstandsvorsitzende hat kraft Persönlichkeit und allgemeiner Umstände eine Position, die der eines US-amerikanischen CEO fast entspricht“.[416] Dies ergibt sich auch deutlich aus der zu Beginn des Jahres 2002 verwirklichten Reform der Führungsstruktur der Deutschen Bank. In ihrer neuen Führungsstruktur existiert ein Vorstandssprecher, der von den Vorstandsmitgliedern gewählt wurde und eine starke Position auf der Leitungsebene innehat. Diese außerordentliche Führungsstruktur ist als „faktische Annäherung an das amerikanische CEO-Modell“ interpretiert worden.[417] In § 77 Abs. 1 Satz 1 AktG ist der Grundsatz der gemeinschaftlichen Geschäftsführung aller Vorstandsmitglieder festgelegt, wonach der Vorstandsvorsitzende keine besondere Kompetenz und auch kein Weisungsrecht gegenüber seinen Vorstandskollegen besitzen darf. Es wird allerdings die Meinung vertreten, dass ein Vorstandsvorsitzender eine materielle Bedeutung habe, die sich in besonderen Aufgaben, Befugnissen und Verantwortlichkeiten widerspiegelt[418] Es könne in der

---

[411] *Dauner-Lieb*, In: FS für Röhricht (2005), S. 100.

[412] *Wiesner*, in: Münchener Handbuch des Gesellschaftsrechts (1999), § 24 Rn. 4.

[413] Vgl. *Hoffmann-Becking*, ZGR 1998, 517; *Wiesner*, in: Münchener Handbuch des Gesellschaftsrechts (1999), § 24 Rn. 4

[414] *Dauner-Lieb*, in: FS für Röhricht (2005), S. 101.

[415] Vgl. *Hoffmann-Becking*, NZG 2003, 747; *Krieger* (1981), S. 247; *Götz*, AG 1995, 337, 339.

[416] *Semler*, in: FS für Lutter (2000), S. 728.

[417] Vgl. *Von Hein*, ZHR 2002, 465-469.

[418] *Bezzenberger*, ZGR 1996, 662.

Satzung oder in der Geschäftsordnung allenfalls festgelegt werden, dass der Vorstand mit Stimmenmehrheit entscheidet und dass bei Stimmengleichheit der Vorsitzende den Stichentscheid trifft.[419] Es ist auch zulässig, dass bei einem mehrgliedrigen Vorstand dem Vorstandsvorsitzenden ein Alleinvertretungsrecht eingeräumt wird, obwohl das vom Gesetz nicht vorgeschrieben ist.[420] Nach dem deutschen AktG hat nur der Aufsichtsrat die Kompetenz, die Vorstandsmitglieder zu ernennen. Die Lebenswirklichkeit sieht aber anders aus, indem der Vorstandvorsitzende entgegen § 84 Abs. 1 Satz 1 AktG einen ganz erheblichen Einfluss auf die Bestellung und eventuelle Wiederbestellung oder eben auch Nicht-Wiederbestellung seiner Kollegen hat.[421] Die faktische Vorrangstellung des Vorstandsvorsitzenden gehe nicht selten über das hinaus, was sich der Gesetzgeber mit dem Kollegialprinzip vorgestellt hat.[422] Eine wirkliche kollegiale Führung sei angesichts derartiger Disziplinierungsmöglichkeiten gegenüber unbotmäßigen Kollegen wahrscheinlich jetzt schon in vielen Fällen nicht mehr gegeben.[423] Trotzdem bestünde jedoch keine Notwendigkeit für eine Änderung des Gesetzes, da das geltende Aktienrecht flexibel genug sei, um sich einer im gesetzlichen Rahmen verlaufenden Entwicklung anzupassen.[424]

Nach dem chinesischen KgesG besteht der Vorstand der Aktiengesellschaft aus mindestens fünf Mitgliedern. Das heißt, dass der Vorstand der chinesischen Aktiengesellschaft kollegial zu organisieren ist. Egal wie groß die Aktiengesellschaft ist, darf sich der Vorstand aus nicht weniger als fünf Personen zusammensetzen. Organisatorisch gesehen muss der Vorstand einer chinesischen Aktiengesellschaft nach dem KgesG nur ein mehrköpfiges Organ sein. Eine Vorstandssitzung kann nur durchgeführt werden, wenn mindestens die Hälfte der Vorstandsmitglieder teilnimmt; Vorstandsbeschlüsse bedürfen der Stimmen von über der Hälfte aller Vorstandsmitglieder (§ 117 KgesG). Aus dieser Vorschrift ergibt sich, dass der Vorstand der Aktiengesellschaft in China die Geschäfte der Gesellschaft durch Beschlussfassung auf der Vorstandssitzung gemeinschaftlich führen soll. Innerhalb des Vorstands lassen sich die Mitglieder allerdings zwischen Vorstandsvorsitzendem, stellvertretenden Vorstandsvorsitzenden und normalen Vorstandsmitgliedern unterscheiden. Der Vorstand hat einen Vorsitzenden und kann ein oder zwei stellvertretende Vorsitzende haben; Vorsitzender und stellvertretende Vorsitzende werden mit den Stimmen von mehr als der Hälfte der Gesamtheit der Vorstandsmitglieder gewählt (§ 113 Abs. 1 KgesG). Der Vorstandsvorsitzende ist der gesetzliche Repräsentant (法定代表人) der Gesellschaft (§ 113 Abs. 2 KgesG). Obwohl der Vorstandsvorsitzende auch ein Mitglied des Vorstands ist, wird die Amtsbefugnis des gesetzlichen Repräsentanten aber im chinesischen KgesG als eine Amtsbefugnis außerhalb der Zuständigkeiten des Vor-

---

[419] *Von Hein*, ZHR 2002, 480.

[420] *Hefermehl/Spindler*, in: MünchKomm/AktG (2004), § 78 Rn. 28.

[421] *Semler*, in: FS für Lutter (2000), S. 728; Vgl. *Peltzer*, in: *Hommelhoff/Hopt/Von Werder* (2003), S. 238.

[422] *Hoffmann-Becking*, NZG 2003, 745.

[423] Vgl. *Semler*, in: *Hommelhof/Hopt/Von Werder* (2003), S. 238.

[424] *Schwark*, in: *Hommelhoff/Lutter/Schmidt/Schön/Ulmer* (2002), S.94

stands geregelt.[425] Die Amtsbefugnisse des Vorstandsvorsitzenden sind im Gesetz aufgeführt. Nach § 114 KgesG übt der Vorstandsvorsitzende folgende Amtsbefugnisse aus: 1) Er leitet die Hauptversammlung und beruft Sitzungen des Vorstands ein und leitet sie; 2) er überprüft die Ausführung der Vorstandsbeschlüsse; 3) er unterzeichnet Aktien und Schuldverschreibungen der Gesellschaft.

Die Unterschiede der Führungsstruktur der Aktiengesellschaft zwischen China und Deutschland sind groß. Zunächst einmal sind die Vorschriften im deutschen AktG flexibler als die im chinesischen KgesG. § 77 Abs. 1 AktG sieht die gemeinschaftliche Geschäftsführung aller Vorstandsmitglieder als abdingbaren Regelfall vor. Gleichzeitig kann durch Satzung oder Geschäftsordnung von diesem Regelfall abgewichen werden. Das heißt, dass das Gesetz nur einen Standardfall normiert und damit der Gesellschaft gewisse Freiheiten einräumt. Eine solche gesetzgeberische Methode betont einerseits das Kollegialprinzip der gemeinschaftlichen Geschäftsführung und berücksichtigt andererseits den notwendigen Spielraum der Unternehmen. Was das Mehrheitsprinzip betrifft, so lassen sich Vorschriften dazu in speziellen Normen finden. Nach dem chinesischen KgesG wird dagegen die gemeinschaftliche Geschäftsführung durch sämtliche Vorstandsmitglieder nicht explizit als Regelfall vorgeschrieben. Der Vorstand übt seine Aufgaben durch Vorstandsbeschlüsse aus. Dabei wird allerdings das Mehrheitsprinzip im Gesetz ausdrücklich vorgeschrieben, ohne die gemeinschaftliche Geschäftsführung als einen Grundsatz vorher festzulegen. Außerdem verhindert diese starre Vorschrift eine Selbstregulierung der Gesellschaft durch Satzung oder Geschäftsordnung. Daher wird der Eindruck erweckt, dass das KgesG mehr oder weniger Wert auf zwingende Vorschriften legt. Wenn das chinesische KgesG revidiert würde, sollte man das Kollegialprinzip des Vorstands als allgemeine Basis einführen und die gemeinschaftliche Geschäftsführung aller Vorstandsmitglieder als einen Grundsatz ausdrücklich im Gesetz regeln. Auf dieser Basis könnte das Gesetz der Gesellschaft gewisse autonome Rechte durch die Satzung oder Geschäftsordnung verleihen. Allerdings sollte eine notwendige Beschränkung, wie im § 77 Abs. 1 Satz 2 AktG, („es kann jedoch nicht bestimmt werden, dass ein oder mehrere Vorstandsmitglieder Meinungsverschiedenheiten im Vorstand gegen die Mehrheit seiner Mitglieder entscheiden“), auch im KgesG ausdrücklich geregelt werden.

Ein weiterer großer Unterschied bei der Organisation des Vorstands zwischen chinesischem und deutschem Recht liegt in der Einsetzung und Stellung des Vorstandsvorsitzenden. Nach dem chinesischen KgesG wird der Vorstandsvorsitzende von den Vorstandsmitgliedern gewählt,[426] während nach dem deutschen AktG der Vorstandsvorsitzende vom Aufsichtsrat ernannt wird[427]. Für die Ernennung ist der Aufsichtsrat ausschließlich zuständig.[428] Das chinesische KgesG räumt dem Vorstandsvorsitzenden außer der inneren Kompetenz wie z.B. zur Einberufung der Sitzung des Vorstands, Kooperation der Vorstandsmitglieder und Kontrolle

[425] *Wang, Baoshu*, CJL 1999, Nr. 5, 68.
[426] § 113, Abs. 1 KgesG
[427] § 84 Abs. 2 AktG
[428] MünchKommAktG/*Hefermehl/Spindler*, § 84 Rn. 80.

der Ausführung der Aufgaben noch besonders gesetzliche Vertretungsmacht ein.[429] Bei der Gesellschaft kann nach Bedarf der Vorstand den Vorstandsvorsitzenden ermächtigen, während der Zeit, in der der Vorstand nicht tagt, einen Teil der Amtsbefugnisse des Vorstands auszuüben.[430] Im Gegensatz dazu werden die Zuständigkeiten des Vorstandsvorsitzenden nicht im deutschen AktG betont.

Was das Organisationsprinzip des Vorstands betrifft, darf man nicht über die Diskussion über CEO (*Chief Executive Officer*) hinweg gehen. Der CEO hat eine besondere und wichtige Position bei der Führungsstruktur im angloamerikanischen Rechtsraum. In Deutschland ist die Diskussion um Rechtsposition und Einführung der Funktion des CEO ins AktG sehr aktuell. Diese Diskussion bezieht sich besonders auf die Beziehung zwischen Vorstandsvorsitzendem und CEO sowie die Stärkung der Position des Vorstandsvorsitzenden zur Annäherung an den CEO. Insbesondere die Reform der Führungsstruktur bei der Deutschen Bank und die starke Funktion des Vorstandsvorsitzenden in der Unternehmenspraxis würden aufweisen, dass sich der Vorstandsvorsitzende im deutschen Recht in Richtung eines starken amerikanischen CEO entwickeln würde. Ist es notwendig, die Vorstandsspitze im deutschen Recht in Richtung eines starken amerikanischen CEO zu verändern? Um diese Frage zu beantworten, sollte man zuerst klar wissen, was mit CEO gemeint ist. *Hoffman-Becking* hält das Bild vom allmächtigen amerikanischen CEO für schief und korrekturbedürftig.[431] Der CEO sei innerhalb des *Board of Directors* nur ein gleichberechtigtes Mitglied des Kollegiums. Nur gegenüber den ihm nachgeordneten *officers* habe er Weisungsbefugnisse. Ansonsten besitze ein CEO keinerlei Alleinentscheidungsrechte.[432] Das heißt, dass der CEO nur im Rahmen des Kollegialprinzips seine Aufgaben ausüben kann. Das *Board of Directors* im monistischen System wird ebenfalls kollegial organisiert. Demnach wird es das Organisationsprinzip im deutschen AktG nicht verletzen, dass der Vorstandsvorsitzende eine stärkere Funktion hat als der Gesetzgeber vorgesehen hat und sich der Stellung eines amerikanischen CEO annähert. Solange der Vorstandsvorsitzende nicht über den gesetzlichen Rahmen, den der Gesetzgeber auf Grund des Kollegialprinzips vorgeschrieben hat, hinausgeht, ist sein Verhalten nicht gesetzeswidrig. Darüber hinaus erlaubt das deutsche AktG die Unternehmensautonomie bzw. die Selbstregulierung durch Satzung oder Geschäftsordnung. Eine gesetzliche Verstärkung des Vorstandsvorsitzenden oder die Schaffung der Rechtsposition des CEO im deutschen AktG wäre deswegen überflüssig, weil im geltenden gesetzlichen Rahmen für den Vorstandsvorsitzende, sogar ein einziges Vorstandsmitglied die Position des CEO einnehmen kann. Was der Gesetzgeber vornehmen sollte, ist, durch bestimmte Vorschriften zu vermeiden, dass das Kollegialprinzip durch einen außerordentlich starken Vorstandsvorsitzenden zerstört wird.

Eine andere Besonderheit des Managementsystems der chinesischen Aktiengesellschaften im Vergleich zu den deutschen Aktiengesellschaften ist die Ein-

---

[429] §§ 113, Abs. 2, 114 Abs. 1, KgesG.

[430] § 120 Abs. 1 KgesG.

[431] *Hoffmann-Becking*, NZG 2003, 746.

[432] *Hoffmann-Becking*, NZG 2003, 746.

richtung des *managers* (经理) nach dem KgesG. Im Abschnitt über den Vorstand werden die Einsetzung und die Aufgaben des *managers* geregelt. Der *manager* wird vom Vorstand eingestellt und entlassen (§ 119 Abs. 1 Satz 1 KgesG). Er ist dem Vorstand verantwortlich und übt folgende Amtsbefugnisse aus:

- Er leitet Produktion und Betrieb der Gesellschaft und organisiert die Ausführung der Beschlüsse des Vorstands;
- er organisiert die Ausführung des Jahresgeschäftsplans und des Investitionsvorschlags der Gesellschaft;
- er entwirft Vorschläge zur Einsetzung interner Leitungsorgane der Gesellschaft;
- er entwirft Grundsätze für die Leitung der Gesellschaft
- er setzt die konkreten Vorschriften der Gesellschaft fest
- er schlägt die Einstellung und Entlassung von stellvertretenden *managers* und des für die Finanzen vor
- er stellt das Leitungspersonal der Gesellschaft ein und entlässt es, soweit es nicht vom Vorstand eingestellt und entlassen wird
- er hat andere von der Gesellschaftssatzung und vom Vorstand übertragene Amtsbefugnisse. (§ 119 Abs. 1 Satz 2 KgesG).

Der *manager* kann an der Vorstandssitzung als nicht stimmberechtigter Delegierter teilnehmen (§ 119 Abs. 2). Die Ernennung und die Bezeichnung des *managers* ist durch die traditionelle Unternehmenskultur beeinflusst worden. Das machtkonzentrierte „Verantwortungssystem des Betriebsleiters (*managers*)“ (厂长（经理）负责制) im traditionellen Unternehmensrecht ist durch die pluralistische Organisationsstruktur (Hauptversammlung, Vorstand und *manager* und Aufsichtsrat) in den Kapitalgesellschaften ersetzt worden. Die hohe Konzentration der Zuständigkeiten des Betriebsleiters im staatseigenen Betrieb ist durch die Machtverteilung in der Kapitalgesellschaft dezentralisiert worden.

Die Person des *managers* findet sich nicht im deutschen AktG. Der Vorstand im deutschen Recht ist für die Unternehmensleitung bzw. Geschäftsführung zuständig. Er übernimmt somit das laufende Tagesgeschäft und verwaltet den Produktions-, Vertriebs- und Finanzierungsprozess sowie alle sonstigen routinemäßigen Unternehmens-Abläufe, die zur Umsetzung der von ihm definierten Unternehmenspolitik notwendig sind.[433] Meist wird die Geschäftsführung in einzelne Ressorts aufgegliedert, sei es nach Geschäftssparten (Hochbau, Tiefbau, Spezialbau) oder sei es funktional (Unternehmensplanung, Produktion und Entwicklung, Vertrieb, Finanzen und Rechnungslegung, Controlling).[434] Anders als in Deutschland werden die chinesischen Aktiengesellschaften vom *manager* konkret geführt. Die Vorstandsmitglieder üben ihre Aufgaben aus, indem sie an den Vorstandssitzungen teilnehmen. Allerdings können die Vorstandsmitglieder auch als *manager* in der Gesellschaft tätig werden. Es ist auch nicht selten, dass der Vorstandsvorsitzende gleichzeitig der *manager* ist.

---

[433] *Wiesner*, in Münchner Handbuch des Gesellschaftsrechts (1999), § 19, Rn. 13.
[434] *Bezzenberger*, ZGR 1996, 663.

Über die Rechtsposition (法律地位) des *managers* gibt es noch keine einhellige Ansicht. Nach einer Auffassung wird vertreten, dass der manager das geschäftsführende Organ der Gesellschaft sein sollte.[435] Einer Auffassung nach sei der *manager* das Hilfsorgan (辅助机关) zur Geschäftsführung und das Durchführungsorgan (执行机关) des Vorstands.[436] Dagegen wird auch vertreten, dass der *manager* zum obersten Management (高级管理人员) gehöre und für die Tagesgeschäfte zuständig sei.[437] Aus den gesetzlichen Zuständigkeiten des *managers* ergibt es sich, dass er die Kompetenz des Vorstands im Sinne des deutschen Rechts zum Teil ausüben kann. Der *manager* entspreche nahezu dem Vorstandsmitglied in einer ausländischen Gesellschaft.[438] Die traditionelle Zuständigkeit des Vorstands (im Sinne des kontinentaleuropäischen Rechtssystems) würde (im chinesischen Gesellschaftsrecht) geteilt: das Entscheidungsrecht (决策权) gehört zu den Aufgaben des Vorstands, das Durchführungsrecht (执行权) dem *manager*.[439] Der Ansicht, die den *manager* nicht als Organ der Gesellschaft ansieht, ist zuzustimmen. Er wird vom Vorstand eingestellt und ist dem Vorstand verantwortlich. Er gehört zum Managementkreis der Gesellschaft, aber ist dem Vorstand untergeordnet.

Die Vorschriften im chinesischen KgesG über *manager* sollten novelliert werden. Zuerst sollte „*manager*" im Gesetz nicht als ein Amtstitel (职称), sondern nur als eine allgemeine Bezeichnung für die Leute, die vom Vorstand eingestellt werden und für die Tagesgeschäfte der Gesellschaft zuständig sind, angewandt werden.[440] In der Unternehmenspraxis werden solche Leute als Generalmanager (总经理), *president* (总裁) oder CEO (首席执行官) bezeichnet. In dieser Situation ist es deplaziert, den Amtstitel des *managers* im Gesetz zwingend festzulegen. Es sollte der Gesellschaft zustehen, konkrete Amtstitel für den *manager* zu bestimmen.[441] Darüber hinaus sollten die Zuständigkeiten des *managers* nicht mehr im Gesetz aufgelistet werden. Welche Zuständigkeiten ein *manager* hat und welche Geschäfte er führen darf, gehört zur internen Bevollmächtigung der Gesellschaft. Im externen Verhältnis tritt ein *manager* im Namen der Gesellschaft auf. Die Beschränkung des Umfangs seiner Vertretungsmacht ist dem Dritten gegenüber unwirksam. Statt des Amtstitels und der Kompetenzen des *managers* sollten eine Legaldefinition, die Methode der Bestellung und die maßgeblichen Rechtsquellen betreffend den *manager* im Gesellschaftsrecht geregelt werden[442]. Es sollte von der Gesellschaft durch die Satzung selbst bestimmt werden, ob und

---

435 *Han, Changyin/Wu, Zeyong*, CJL 1999, Nr.4, 85, 86, 87, 91.

436 *Xu,Yan* (1997), S. 290; *Mei, Shenshi* bezeichnet manager als „Organ" (zur Unterstützung der Geschäftsführung von Vorstandsvorsitzendem und Vorstand), aber nicht als Organ auf der Ebene der Gesellschaft und schon gar nicht als ein selbständiges Organ. Siehe: *Mei, Shenshi* (1996), S. 2, 15.

437 *Wang, Baoshu/Cui,Qinzhi* (2000), S. 220.

438 *Wang, Baoshu/Qian, Yulin* (2004), http://www.privatelaw.com.cn/new2004/shtml/20040716-231149.htm.

439 *Wang, Yanhua* (2000), S. 282.

440 *Xie, Zengyi* (200)], http://www.civillaw.com.cn/weizhang/default.asp?id=19319

441 *Xie, Zengyi* (2004), http://www.civillaw.com.cn/weizhang/default.asp?id=19319

442 *Xie, Zengyi* (2004), http://www.civillaw.com.cn/weizhang/default.asp?id=19319

wie viele *manager* sie einstellen und welche Zuständigkeiten[443] sie dem *manager* einräumen möchte.

Im Entwurf zur Novellierung des KgesG vom Staatsrat wird die Formulierung über die Kompetenzen des *managers* nicht geändert. Allerdings wird ein Satz ergänzend hinzugefügt: Den Bestimmung der Satzung wird gefolgt, wenn sie über die Aufgaben des *managers* etwas anders vorsieht. Da es schon erlaubt ist, dass die Aufgaben des *managers* durch die Satzung der Gesellschaft bestimmt werden, ist die Aufzählung der Aufgaben im Gesetz nun überflüssig. Wie die Vorschriften endgültig aussehen werden, ist noch unklar. Allerdings ist eine gründliche Reform zu erwarten.

c. In Hinsicht auf die Vertretung der Gesellschaft

In Hinsicht auf die Vertretung der Aktiengesellschaft besteht ein großer Unterschied zwischen chinesischem und deutschem Gesellschaftsrecht.

Zunächst liegt ein Unterschied in der Festlegung des gesetzlichen Vertreters. Nach dem deutschen AktG hat der Vorstand die Stellung eines gesetzlichen Vertreters[444]. In § 78 Abs. 1 AktG ist geregelt, dass der Vorstand die Gesellschaft gerichtlich und außergerichtlich vertritt. Die Stellung des Vorstands als gesetzlicher Vertreter ergebe sich zwar nicht unmittelbar aus Abs. 1, folge aber aus dem für alle Körperschaften geltenden Grundsatz des § 26 Abs. 2 Satz 1 Halbs. 2 BGB.[445]

Statt „gesetzlicher Vertreter“ (法定代理人) wird der Begriff des „gesetzlichen Repräsentanten“ (法定代表人) im chinesischen Recht verwendet. Der „gesetzliche Repräsentant“ der juristischen Person ist der Leiter (负责人), der nach dem Recht oder der Organisationssatzung der juristischen Person die Gesellschaft repräsentiert und die Amtsbefugnisse ausübt (§ 38 AGZ). Nach § 3 der „Verwaltungsvorschrift über die Registrierung der gesetzlichen Repräsentanten der unternehmerischen juristischen Personen“[446] wird die Qualifikation des gesetzlichen Repräsentanten der unternehmerischen juristischen Person durch Nachprüfung und Registrierung der Registrierungsbehörde bestimmt. „Gesetzlicher Vertreter“ wird nur im Sinne der Stellvertretung des Zivilrechts und Prozessrechts angewandt. Dagegen gilt der Begriff „gesetzlicher Vertreter“ der unternehmerischen juristischen Person speziell für den Leiter des Unternehmens. Mit diesem Begriff wird klargestellt, dass der Leiter des Unternehmens kein unabhängiges Objekt außerhalb des Unternehmens ist und seine Handlungen die Handlungen des Unternehmens sind. Nach dem chinesischen KgesG ist der Vorstandsvorsitzende der gesetzliche Repräsentant der Gesellschaft (§ 113 Abs. 2 KgesG). Diese Vorschrift ist auf die oben erwähnte Regelung im AGZ zurückzuführen. Allerdings wird diese Regelung im KgesG ins Extrem gewandelt, weil der gesetzliche Repräsen-

---

443 Auch *Liu, Junhai*, RDFY 2003 Nr. 5, 7.

444 MünchKommAktG/*Hefermehl/Spindler*, Band 3, § 78 Rn. 2.

445 MünchKommAktG/*Hefermehl/Spindler*, Band 3, § 78 Rn. 2.

446 企业法人法定代表人登记管理规定 v. 22.2.1998, i.K.s. 7.4.1998.

tant nicht durch die Gesellschaftssatzung, sonder direkt im Gesetz festgelegt wird.[447]

Darüber hinaus spiegelt sich der Unterschied auch in den Bestimmungen über die Durchführung der Vertretungsbefugnis wider. In § 78 Abs. 2 bis 4 AktG wird angesprochen, wie die Vertretungsbefugnis durchgesetzt wird, sofern der Vorstand aus mehreren Personen besteht. Zuerst wird eine gemeinschaftliche Vertretung durch sämtliche Vorstandsmitglieder als Regelfall im § 78 Abs. 2 Satz 1 AktG festgelegt. Neben diesem Regelfall werden weitere Vertretungsmodelle als Ausnahmen vom Grundsatz der Gesamtvertretung im Gesetz zugelassen. Die Satzung oder kraft satzungsgemäßer Ermächtigung der Aufsichtsrat kann das Vertretungsmodell für die Gesellschaft bestimmen. Im Gegensatz dazu wird nur ein einziges Vertretungsmodell bzw. Einzelvertretung im chinesischen KgesG geregelt. Als der gesetzliche Repräsentant der Gesellschaft vertritt der Vorstandsvorsitzende die Gesellschaft allein gerichtlich und außergerichtlich. Weitere Vertretungsmodelle sind von Gesetzes wegen nicht zulässig. Andere können nur durch eine Bevollmächtigung durch den Vorstandsvorsitzenden die Gesellschaft nach außen wirksam vertreten.

Es fragt sich vornehmlich, ob der Vorstandsvorsitzende gesetzlicher Vertreter (Repräsentant) der Aktiengesellschaft im Sinne des Organs werden kann. Um diese Frage zu beantworten, ist die Bedeutung der Vertretung der Aktiengesellschaft zunächst zu analysieren. Als eine juristische Person kann die Aktiengesellschaft nur mittels ihrer Organe am Rechtsverkehr teilnehmen. Die Organe der Aktiengesellschaft lassen sich in ein Handlungsorgan, ein reines Willensbildungsorgan und den Aufsichtsorgan[448] unterteilen, nämlich Vorstand, Hauptversammlung und Aufsichtsrat. Nach dieser Machtverteilung ist der Vorstand das Leitungsorgan, nämlich das Handlungsorgan, das die Geschäfte der Gesellschaft führt und die Gesellschaft nach außen vertritt (repräsentiert). Im Rahmen der Organfunktion ist zu beachten, dass nicht ein Vorstandsmitglied oder einzelne Vorstandsmitglieder, sondern nur der Gesamt-Vorstand, unabhängig davon, ob dieser nur aus einer Person oder aus mehreren Personen besteht, als Vertretungsorgan der Gesellschaft auftritt. Hier muss aber danach differenziert werden, ob es um den gesetzlichen Vertreter der Gesellschaft im Sinne des Organs, oder sich um die Durchsetzung der Vertretungsbefugnis handelt. Der erste Fall kann sich nur auf das einzige Vertretungsorgan der Gesellschaft, den Vorstand, beziehen. Im zweiten Fall bestehen dagegen mehrere Möglichkeiten, weil die Vertretungsbefugnis von natürlichen Personen durchgesetzt wird. Der gesetzliche Vertreter der Gesellschaft kann deswegen nur ein Organ, nämlich der Vorstand, sein.

Wenn die dargestellte Analyse zutreffen würde, könnte man darauf erwidern, dass der Vorstandsvorsitzende kein gesetzlicher Vertreter der Aktiengesellschaft im Sinne des Vertretungsorgans werden könnte, weil er kein Organ ist. Zwar kann der Vorstandsvorsitzende die Vertretungsmacht allein ausüben. Er tritt jedoch nicht als ein Organ, sondern als ein Mitglied, dem Einzelvertretungsmacht eingeräumt wird, auf. Das KgesG räumt die Vertretungsmacht, die eigentlich dem

---

447 *Wang, Baoshu*, RDFY 2003 Nr. 10, 73.
448 Vgl. *Schmidt* (2002), § 10 I 1 b).

Vorstand als einem der drei Organe der Aktiengesellschaft zustehen soll, direkt dem Vorstandsvorsitzenden ein, ohne die Vertretung durch das Organs von der Ausübung der Vertretungsmacht durch natürliche Personen zu unterscheiden.

Es fragt sich noch, ob die Einzelvertretung eine vernünftige Maßnahme zur Durchführung des Vertretungsrechts ist. Die Vertretung durch eine einzelne Person ermöglicht zwar leicht eine einfachere und schnellere Vornahme der Vertretungsakte. Für eine große Aktiengesellschaft mit sehr vielen Geschäften sei es aber fragwürdig, ob jedes Geschäft von einer bestimmten Person unterschrieben werden muss, und wie weit eine einzelne Person eine Gesellschaft, deren Aktien sehr weit gestreut sind, vertreten kann.[449] Außerdem könnte die Verhinderung oder der Wegfall des einzigen Vertreters den gesamten Vorstand für die Zeit bis zur Bestellung eines neuen Vertreters lahm legen.[450] Wegen Selbstherrlichkeit des Vorstandsvorsitzenden, sind demokratische Entscheidungen durch den Vorstand nicht möglich.[451] Obwohl es nach dem deutschen AktG auch möglich ist, dass dem Vorstandsvorsitzenden ein Alleinvertretungsrecht eingeräumt werden kann, wird die Einzelvertretung in der Praxis selten genutzt. In der Praxis werde gewöhnlich je zwei Vorstandsmitgliedern Kollektivvertretungsmacht erteilt.[452] Dass das Vertretungsrecht nur an den Vorstandsvorsitzenden fällt, führt leicht zu einer Machtkonzentration. Der Vorstandsvorsitzende, der nach dem deutschen AktG keine besondere Rechte haben darf, ist nach dem chinesischen KgesG eher den anderen Vorstandsmitgliedern übergeordnet. In einer nicht ausgeglichenen Aktionärsstruktur kann der Mehrheitsaktionär leicht, durch die Wahl des Vorstandsvorsitzenden, den Vorstand und die Geschäftsführung beeinflussen. In einer Aktiengesellschaft mit staatlicher Mehrheitsbeteiligung nimmt die öffentliche Hand durch Endsendung oder Wahl des Vorstandsvorsitzenden großen Einfluss auf die Geschäftsführung.

Im Vergleich zum deutschen AktG sind die Bestimmungen über die Vertretung der Aktiengesellschaft im chinesischen KgesG noch sehr einfach formuliert und unbeweglich. Die einseitige gesetzliche Bestimmung über den Vertreter der Gesellschaft kommt mit dem Prinzip der „Willensautonomie" im privatrechtlichen Bereich in Kontakt.[453] Dies muss geändert werden. Zuerst sollte nicht der Vorstandsvorsitzende, sondern der Vorstand als Organ und gesetzlicher Repräsentant (Vertreter) der Gesellschaft bestimmt werden. Zweitens sollte das Gesamtvertretungsprinzip im Gesetz ausdrücklich vorgeschrieben werden. Der Vorstand ist ein Kollektivorgan. Dass die Vorstandsmitglieder gemeinschaftlich handeln, sollte ein grundlegendes Prinzip sein. Drittens sollte den Aktiengesellschaften erlaubt werden, durch die Satzung die Durchsetzung der Vertretungsbefugnis in anderer Weise zu regeln. Es wäre noch vorteilhafter, wenn der Gesetzgeber entsprechende Vertretungsmodelle im Gesetz vorschlagen könnte, vergleichbar dem deutschen AktG. Im chinesischen KgesG gibt es zu viele zwingende Vor-

---

449 *Wu, Yue* (2003), http://www.civillaw.com.cn/weizhang/default.asp?id=8991

450 Vgl. MünchKommAktG/*Hefermehl/Spindler*, Band. 3, § 78 Rn. 35.

451 *Xu, Yanbing*, RDFY 2004 Nr. 10, 8.

452 MünchKommAktG/*Hefermehl/Spindler*, Band. 3, § 78 Rn. 28, 29, 32.

453 *Xu, Yanbin*, RDFY 2004 Nr. 10, 8.

schriften. Diese verhindern, dass die Aktiengesellschaften sich der eigenen Situation entsprechend anpassen und selbst flexibel regulieren können. Das Gesetz sollte nur den Grundsatz und den Mindeststandard festlegen. Das chinesische KgesG sollte großen Wert auf die Funktion der Satzung bei der Selbstregulierung der Aktiengesellschaft legen.[454] In dem Entwurf zur Novellierung des chinesischen Kapitalgesellschaftsgesetzes des Staatsrats wird § 131 Abs. 2 KgesG verbessert: Der gesetzliche Repräsentant der Gesellschaft und seine Amtsbefugnisse werden in der Satzung vorgesehen; Der gesetzliche Repräsentant ist eine Person. Der Vorschlag im Diskussionsentwurf des Staatsrats, dass eine oder mehrere Personen den gesetzlichen Repräsentant bzw. gesetzliche Repräsentanten darstellen können, ist endgültig nicht akzeptiert worden.

II. Die Haftung des Vorstands gegenüber der Gesellschaft

1. Einleitung

a. Das Verhältnis zwischen Pflicht und Haftung

Was die Haftung betrifft, sollte man zunächst einen Blick auf die Pflichten werfen. Wer seine Pflicht nicht erfüllt, kann dafür zur Verantwortung gezogen werden und dadurch unter Umständen Schadenersatzpflichtig sein.[455] Diese Formulierung bringt das Verhältnis zwischen Pflicht und Haftung deutlich zum Ausdruck. Die Haftung tritt ein, sofern die betreffende Pflicht verletzt wird. Es gibt freilich noch andere Voraussetzungen für eine Haftung. Aber die Pflichtverletzung ist die wichtigste Voraussetzung. Die Haftung kann als eine sekundäre Pflicht bzw. als Ersatz für den Verstoß gegen eine Primärpflicht angesehen werden. Ohne Pflicht bzw. Pflichtverletzung besteht auch keine Haftung.

Der Vorstand ist das alleinige Führungsorgan der Aktiengesellschaft und steht deswegen im Kern der Unternehmensführung der Gesellschaft. Damit der Vorstand die Gesellschaft gut leiten kann, werden ihm normalerweise Handlungsfreiheit und Selbstverantwortung eingeräumt. Andererseits sind angemessene Pflichten und Haftungen des Vorstands, die die Handlungsmöglichkeiten auf einen entsprechenden Rahmen beschränken und den Machtmissbrauch des Vorstands vermeiden, von großer Bedeutung. Die wirtschaftliche Effizienz eines Unternehmensorganisationsrechts hänge zu einem guten Teil davon ab, ob es die Führungskräfte der Unternehmen zu unternehmerischen Höchstleitungen veranlasst.[456] Einerseits einen großen Handlungsspielraum zu verleihen, andererseits die Bindung an Pflichten vorzusehen, bildet einen wichtigen Teil der Regelungen über den Vorstand im Kapitalgesellschaftsrecht. Die Pflichten sind als Verhaltensmaßstäbe für den Vorstand anzusehen, und die Haftung als Sanktion für Ver-

---

[454] *Wang,Baoshu* meint, dass ein oder mehrere gesetzliche Repräsentanten durch die Gesellschaftssatzung vorgesehen werden sollte. Die Vertretungsbefugnis steht seiner Meinung nach aber nicht dem Vorstand, sondern einer oder mehreren natürlichen Personen zu. Siehe: *Wang, Baoshu*, RDFY 2003 Nr. 10, 73; Gleiche Meinung siehe: *Liu, Junhai*, RDFZ 2003 Nr. 5, 4.

[455] *Peltzer*, NZG 2002, 10.

[456] *Horn*, ZIP 1997, 1129.

stöße gegen diese Pflichten. Ohne betreffende Haftung wären die Bestimmungen über die Pflichten wirkungslos.

b. Die Pflichten des Vorstands gegenüber der Gesellschaft

Auf Grund der Rechtsposition des Vorstands kann man auf die allgemein anerkannte Zweiteilung von Treue- und Sorgfaltspflichten verweisen.

Die Rechtsfigur der organschaftlichen Treuepflicht stammt aus dem englischen Gesellschaftsrecht. 1844 war es in England gängige Praxis, dass das Gesellschaftsvermögen häufig auf einen Treuhänder übertragen wurde.[457] Dogmatisch wurzelt die Treuepflicht im Verhältnis zwischen Organmitglied und Gesellschaft.[458] Der heute dominierenden Vorstellung zufolge seien die Geschäftsleiter *fiduciaries* und als solche ihrer Gesellschaft besondere Treue schuldig.[459] Treuepflicht sei immanenter Bestandteil der rechtlichen Beziehung zwischen dem Organmitglied und der Gesellschaft.[460] Aus wirtschaftswissenschaftlicher Sicht besteht eine *principal-agent*-Beziehung zwischen Gesellschaftsleiter und Anteilseignern. In der Aktiengesellschaft sind die Aktionäre Prinzipale, welche die Unternehmensführung an den Vorstand, ihren Agenten, übertragen haben. Nach der *principal-agent*-Theorie führt die daraus resultierende Beziehung leicht zum *agency*-Problem. Treuepflicht lasse sich als eine Antwort der Rechtsordnung auf das *agency*-Problem begreifen.[461] Die Treuepflicht verpflichte den Vorstand dazu, im Rahmen der treuhänderischen und fremdnützigen Beziehung alles zu unterlassen, was sich nachteilig auf das Unternehmen auswirken kann, und eigene Interessen hinter diejenigen der Gesellschaft zu stellen.[462]

Die Sorgfaltspflicht geht von der Rechtsposition des Vorstands als Handlungsorgan der Gesellschaft aus. Der Vorstand ist zuständig für die Geschäftsführung der Gesellschaft. Da der Vorstand über fremdes Vermögen verfügt, sollte der Verhaltensmaßstab eines vernünftigen Geschäftsmannes für ihn besonders geregelt werden. Die Sorgfaltspflicht dient als Verhaltensanforderung für den Vorstand und schreibt vor, wie die Vorstandsmitglieder die Geschäfte führen sollen. Die Sorgfaltspflicht verpflichte die Organmitglieder, im Rahmen eines gewissen unternehmerischen Ermessensspielraums sorgfältig vorzugehen, sobald sie kraft ihrer Organbefugnisse auf das Gesellschaftsvermögen einwirken.[463] Mit der Sorgfaltspflicht seien alle Pflichten umschrieben, die ein ordentlicher Geschäftsmann, in verantwortlich leitender Position, bei selbständiger treuhänderischer Wahrnehmung fremder Vermögensinteressen einzuhalten hat.[464]

---

[457] *Fleischer*, WM 2003, 1047.

[458] *Fleischer*, WM 2003, 1046.

[459] *Fleischer*, WM 2003, 1047.

[460] *Möllers*, in: *Hommelhoff/Hopt/Von Werder* (2003), S. 413.

[461] Vgl. *Fleischer*, WM 2003, 1049; *Fleischer*, ZGR 2001, 1, 7-8.

[462] *Möllers*, in: Hommelhoff/Hopt/*Von Werder* (2003), S. 413.

[463] *Möllers*, in: Hommelhoff/Hopt/Von Werder (2003), S. 413.

[464] LG Hannover, AG 1977, 198/200; KölnKommAktG/*Mertens*, § 93, Rn. 27; *Wiesner*, in: Münchener Handbuch des Gesellschaftsrechts (1999), § 26 Rn. .

Sorghaltspflicht und Treuepflicht sind nicht gleich, auch wenn sich teilweise überschneiden. Während die Sorgfaltspflicht die Vernunft der Geschäftsführungsmaßnahmen oder betreffender Entscheidungen des Vorstands betont, wird der Zweck der Handlungen der Vorstandsmitglieder, nicht im Eigeninteresse, sondern im Interesse der Gesellschaft zu handeln, bei der Treuepflicht unterstrichen. Die Treuepflicht ist eine Kombination von Molarpflicht und Rechtspflicht.[465] Sowohl die Treuepflicht als auch die Sorgfaltspflicht spiegeln sich in konkreten Bestimmungen im Kapitalgesellschaftsrecht wider. Zugleich kann man die Sorgfalts- und Treuepflicht auch als ein lückenschließendes Prinzip ansehen. Denn man kann nicht allein durch konkrete Gesetzesbestimmungen alle Problemfelder der Praxis abdecken, so dass ein rein abstrakter Verhaltensmaßstab notwendig ist. Er kann zur Bewertung der Handlungen des Vorstands dienen, wenn keine entsprechende konkrete Pflicht im Gesetz geregelt wird.

c. Die Funktion der Haftungsregeln

Die Pflichten stellen eine Schranke für die Vorstandsmitglieder bei der Ausübung ihrer Amtsbefugnisse dar. Die Haftung ist eine Garantie für die Durchsetzung der Pflichten. In diesem Sinne ist die Haftung auch Warnung an die Vorstandsmitglieder, ihre Pflichten zu beachten. Sonst werden sie betreffende Sanktionen leiden. Ohne betreffende Haftungen hätten die Regelungen über die Pflichten keinen Sinn.

Aus rechtsökonomischer Sicht verfolge die organschaftliche Treuepflicht das doppelte Ziel, die Geschäftsleiter durch wirkungsvolle Abschreckung *ex ante* zu einem pflichtgemäßen Verhalten zu veranlassen und die Durchsetzungswahrscheinlichkeit *ex post* zu erhöhen.[466] Nach der *principal-agent*-Theorie steht dem Vorstand ein breiter Entscheidungsspielraum zu, und es ist für die Aktionäre zu kostspielig, die Handlungen des Vorstands unmittelbar zu überwachen. Dementsprechend dienen die scharfen Haftungsregeln als notwendige Schranke oder indirekte Überwachung für den Vorstand.

Auf Grund der Abschreckungswirkung der Haftung sind die Vorstandsmitglieder veranlasst, die Gesellschaft gut zu leiten. Dies entspricht gerade dem Ziel einer guten Corporate Governance. Die Haftung ist demnach als eine wichtige Maßnahme auf dem Weg zu guten Corporate Governance anzusehen. Unter dem Gesichtspunkt eines – weit verstandenen – Anlegerschutzes sei die Effektivität des Haftungsregimes ein wichtiges Kriterium für die Abschätzung der mit dem Investment verbundenen Risiken.[467] Als eine Überwachungsmaßnahme sollte die Haftung des Vorstands bei der Diskussion um Corporate Governance berücksichtigt werden.

---

465 *Liu, Junhai* (1997), S. 233.
466 *Fleischer*, WM 2003, 1049.
467 *Goette*, in: *Hommelhoff/Hopt/Von Werder* (2003), S. 750.

2. Pflichten und organschaftliche Haftung des Vorstands nach deutschem Recht

a. Die Pflichten des Vorstands

Die Sorgfaltspflicht wird in § 93 Abs. 1 Satz 1 AktG ausdrücklich angesprochen, die Treuepflicht wird dagegen nur in ihren Einzelausprägungen des Wettbewerbsverbots im § 88 Abs. 1 und der Verschwiegenheitspflicht im § 93 Abs. 1 Satz 2 AktG dargestellt.[468] Gemäß § 93 Abs. 1 Satz 1 AktG haben die Vorstandsmitglieder bei ihrer Geschäftsführung die Sorgfalt eines ordentlichen und gewissenhaften Geschäftsleiters anzuwenden. Diese Vorschrift beschreibt eine allgemeine Pflicht für die Vorstandsmitglieder. Die Sorgfaltspflicht eines Vorstandsmitglieds erstrecke sich auf alle Tätigkeiten, die es ausübt.[469] Ein Vorstandsmitglied habe sein ganzes Tun den Grundsätzen einer ordentlichen und gewissenhaften Aufgabenerfüllung unterzuordnen.[470] Die Anforderungen an die Sorgfaltspflicht bemesse sich nicht nach einem einheitlichen festen Maßstab, sondern bestimme sich nach Art und Größe des Unternehmens, der Zahl der Beschäftigen, der Konjunkturlage, den Zeitverhältnissen sowie den besonderen Aufgaben des einzelnen Mitglieds.[471] Im DCGK wird die Treuepflicht besonders unter dem Titel „Interessenskonflikte" geregelt. Darunter fallen das Wettbewerbsverbot, Verbot von Sondervorteilen, Verbot der Aneignung von Geschäftschancen, Offenlegung der Interessenskonflikte und die Beschränkung der Nebentätigkeit des Vorstands.[472]

b. Die organschaftliche Haftung des Vorstands gegenüber der Gesellschaft

Das deutsche Gesellschaftsrecht unterscheidet zwischen einer organschaftlichen Binnenhaftung, einer allgemein zivilrechtlichen und einer speziellen gesellschaftsrechtlichen Außenhaftung von Organmitgliedern.[473] § 93 Abs. 2 AktG handelt sich um die organschaftliche Binnenhaftung des Vorstands. Die Vorstandsmitglieder einer AG haben bei ihrer Geschäftsführung die Sorgfalt eines ordentlichen und gewissenhaften Geschäftsleiters anzuwenden. Über vertrauliche Angaben und Geheimnisse der Gesellschaft haben sie Stillschweigen zu bewahren. Vorstandsmitglieder, die ihre Pflichten verletzen, sind der Gesellschaft zum Ersatz des daraus entstandenen Schadens verpflichtet.[474] In § 93 Abs. 2 AktG befindet sich der allgemeine, grundsätzlich alle Pflichtverletzungen sanktionierende Tatbestand der Organhaftung.[475]

---

[468] Vgl. *Fleischer*, WM 2003, 1045.
[469] *Semler*, AG 2005, 324.
[470] *Semler*, AG 2005, 324.
[471] MünchKommAktG/*Kalss/Hefermehl/Spindler*, Bund 3, § 93 Rn. 22.
[472] Vgl. Ziff. 4.3.1-4.3.5, DCGK.
[473] *Sebler*, AG 2005, 323.
[474] § 93 Abs. 1, 2 AktG.
[475] *Habersack/Schürnbrand*, WM 2005, 957.

(1) Voraussetzungen

(a) Pflichtverletzung

Innenhaftung sei typischerweise die Haftung für Fehler im Rahmen des Managements.[476] Nur wenn die Vorstandsmitglieder ihre Pflichten verletzt haben, haben sie die betreffende Haftung zu tragen. Zum Dreh- und Angelpunkt eines auf § 93 Abs. 2 Satz 1 AktG gestützten Schadenersatzanspruchs der Gesellschaft würde das Tatbestandsmerkmal der Pflichtverletzung.[477] Pflichtverletzung ist der Verstoß gegen Pflichten, die für die Vorstandsmitglieder gesetzlich nominiert oder gesellschaftsintern konkretisiert[478] sind. Dies bezieht sich sowohl auf die Sorgfaltspflicht als auch auf die Treuepflicht. Die in der Satzung oder im Anstellungsvertrag festgelegten Pflichten beziehen sich ebenfalls auf Sorgfalts- und Treuepflicht. Wenn es keine betreffenden konkreten Bestimmungen über die Pflichten gibt, kann man die Sorgfalts- und Treuepflicht direkt als einen abstrakten Verhaltensmaßstab zur Bewertung der Handlungen der Vorstandsmitglieder anwenden.

(b) Verschulden

Haftung aus § 93 Abs. 2 Satz 1 AktG sei Verschuldenshaftung.[479] Die Haftung setzt eine schuldhafte Pflichtverletzung voraus. Auch wenn dies im Gesetz nicht ausdrücklich vorgeschrieben ist, verstehe es sich von selbst, dass nur eine schuldhafte Verletzung der organschaftlichen Pflichten die Haftung auslösen kann.[480] Ein Vorstandsmitglied hafte grundsätzlich für jedes Verschulden, für leichte Fahrlässigkeit ebenso wie für vorsätzliches Handeln.[481] Die Vorstandsmitglieder handeln dann schuldhaft, wenn sie vorsätzlich oder fahrlässig die Sorgfalt eines ordentlichen und gewissenhaften Geschäftsleiters außer Acht lassen. Die objektive Pflichtverletzung und das subjektive Verschulden bedingen und ergänzen sich gegenseitig. Sowohl der Ausschluss der Haftung bei leichter Fahrlässigkeit als auch die Vereinbarung einer verschuldensunabhängigen Haftung sollte unwirksam seien.[482]

(c) Schaden

Gemäß § 93 Abs. 2 Satz 1 AktG kann die Gesellschaft Schadenersatz von den pflichtwidrig handelnden Vorstandsmitgliedern verlangen. Daraus ergibt sich, dass für die Haftung auch der Eintritt eines Schadens vorausgesetzt wird. Der Schaden kann in zwei Arten eingeteilt werden: den unmittelbaren Schaden und den mittelbaren Schaden. Der erste bedeutet, dass der Schaden aus der Pflichtverletzung primär bei der Gesellschaft entsteht. Der zweite bedeutet, dass der Schaden primär bei einem Dritten entsteht und der Dritte von der Gesellschaft Ersatz

---

[476] *Thümmel/Sparberg*, DB 1995,1018.
[477] *Lutter*, ZHR 2002,526.
[478] Vgl. *Lutter*, ZHR 2002, 535.
[479] *Hüffer* (2004), § 93 Rn. 14, S. 440.
[480] *Goette*, in: Hommelhoff/Hopt/*Von Werder* (2003), S. 768.
[481] *Semler*, AG 2005, 324.
[482] Vgl. *Schlosser* (2002), S. 110.

verlangen kann. Der Schaden des Dritten ist ebenfalls der eigene Schaden der Gesellschaft.[483] Es ist aber schwierig, den Nachweis eines durch die Pflichtverletzung kausal verursachten Schadens zu liefern.[484] Meist wird es am konkreten Schaden der Gesellschaft fehlen.[485] Der Schaden muss sich nicht nur auf die Minderung des Gesellschaftsvermögens beschränken, die wegen der pflichtwidrigen Handlungen der Vorstandsmitglieder entstanden ist. Denn manchmal ist der Schaden nicht unmittelbar erkennbar, sondern potentiell. Man kann den Schaden daher nicht unmittelbar nach der Pflichtverletzung erkennen. Aber nach den Erfahrungen und den wirtschaftlichen Regeln muss der Schaden auf Grund der pflichtwidrigen Handlung entstehen. So sollte ein dem Unternehmenszweck widersprechender negativer Einfluss auf das Gesellschaftsvermögen als Schaden angesehen werden. Darüber hinaus komme auch ein entgangener Vorteil in Betracht, welcher der Gesellschaft bei pflichtgemäßem Handeln zugeflossen wäre, etwa im Zusammenhang mit einer Kapitalbeschaffungsmaßnahme.[486] Für Schadenersatzansprüche der Gesellschaft ist entscheidend, ob der Schaden durch die Pflichtverletzung der Organmitglieder verursacht wird. Wenn die Organmitglieder pflichtgemäß gehandelt hätten und der Schaden trotzdem nicht vermieden worden wäre, haften die betroffenen Organmitglieder nicht. Denn es fehlt an der Kausalität zwischen Pflichtverletzung und Schaden.

(2) Umgekehrte Beweislast

In Abweichung von dem Grundsatz, dass jede Partei die ihr günstigen Tatsachen zu beweisen hat, wird eine Beweislastumkehr im deutschen AktG geregelt. In § 84 Abs. 2 Satz 2 AktG von 1937 wurde bereits eine gesetzliche Umkehrung der Beweislast vorgesehen, um die Haftung zu verschärfen[487] und den in der Rechtsprechung schon entwickelten Gedanken, wonach der Vorstand in Schadenersatzprozessen den Entlastungsbeweis zu führen hat, gesetzlich zu verankern[488]. Der Gesetzgeber hat die Beweislastumkehr im deutschen AktG von 1965 fortgesetzt, auch wenn er die Aussage der Vorgänger-Vorschrift umgeschrieben hat. Gemäß § 93 Abs. 2 Satz 2 AktG von 1965 tragen die betroffenen Vorstandsmitglieder die Beweislast, wenn streitig ist, ob sie die Sorgfalt eines ordentlichen und gewissenhaften Geschäftsleiters angewandt haben. Sie müssen beweisen, dass sie pflichtgemäß und ohne Verschulden gehandelt haben. Auf Grund der Beweislastumkehr in § 93 Abs. 2 Satz 2 AktG werden die Pflichtwidrigkeit und das Verschulden des Organs vermutet.[489] Mehr als, dass ihr ein Schaden durch ein möglicherweise pflichtwidriges Verhalten des Organs entstanden ist, habe die Gesell-

483 *Medicus*, ZGR 1998, 578.
484 *Seibt*, AG 2002, 255.
485 *Seibert*, BB 2002, 584.
486 *Seibt*, AG 2002, 255; *Wiesner*, in: Münchener Handbuch des Gesellschaftsrechts (1999), § 26 Rn. 6.
487 MünchKommAktG/*Kalss/Hefermehl/Spindler*, Band 3, § 93 Rn. 86; Ausführliche historische Entwicklung der Verteilung der Beweislast in der Rechtsprechung und im Gesetz siehe: *Goette*, ZGR 1995, 650-657.
488 Vgl. *Goette*, ZGR 1995, 669.
489 *Kästner*, AG 2000, 115.

schaft nicht darzulegen und zu beweisen.[490] Das Organmitglied kann sich nur dadurch entlasten, dass es darlegt, das beanstandete Verhalten habe im Rahmen seines unternehmerischen Ermessens gelegen oder auch ein pflichtgemäßes Alternativverhalten hätte den Eintritt des Schadens nicht verhindert.[491] Diese ungewöhnliche Beweislastregelung erleichtert die Inanspruchnahme auf Ersatzansprüche gegen ein schuldhaft seine Leitungsaufgabe verletzendes Vorstandsmitglied. Hinsichtlich der Rechtsposition, die die Vorstandsmitglieder genießen, erscheint eine umgekehrte Beweislast auch durchaus angemessen zu sein. Denn in aller Regel hat keiner außer dem Vorstand selbst, Überblick über die vielfältigen, von außen nicht überschaubaren Aktivitäten des Vorstands. Die Beweislast beziehe sich auf die objektive Pflichtwidrigkeit (Rechtswidrigkeit) und die subjektive Pflichtwidrigkeit (Schuld).[492] Die vorgesehene Beweislastumkehr betreffe also nicht allein das Verschulden, sondern erfasse auch die objektive Pflichtwidrigkeit, sobald die Gesellschaft den Eintritt eines Schadens und seine Verursachung durch ein Organ festgestellt wurde.[493] Diese Beweislastregelung ist jedoch nicht unproblematisch. Die Führung eines solchen Entlastungsbeweises ist in der Praxis insbesondere bei einem viele Jahre zurückliegenden Sachverhalt schwer.[494] In dem Fall, in dem ein beklagtes Vorstandsmitglied zwischenzeitlich die Gesellschaft verlassen hat, ist eine Beweislastumkehr häufig wenig hilfreich. Auf Grund solcher Tatbestände sollte die Beweislastverteilung von Fall zu Fall festgestellt werden. Bei einer Inanspruchnahme kurz vor Ablauf der Verjährungsfrist, nach mehrere Jahre zurückliegendem Ausscheiden, sollte einer Gesellschaft ein höhere Darlegungslast abverlangt werden.[495] Diese Beweislastumkehr gilt nur bei Sorgfaltspflichtverletzungen. Dies ergibt sich aus dem Wortlaut von § 93 Abs. 2 Satz 2 AktG.

(3) Geltendmachung

(a) Durch die Gesellschaft

Bei der Innenhaftung ist nur die Gesellschaft berechtigt, Ansprüche auf Schadenersatz wegen Pflichtverletzung der Vorstandsmitglieder geltend zu machen. Der Vorstand ist eigentlich der gesetzliche Vertreter der Gesellschaft. Aber in dem Fall, dass die Vorstandsmitglieder ihre Pflichten verletzt haben und die Gesellschaft von ihnen den Schadenersatz verlangt, kann nicht der Vorstand, sondern muss der Aufsichtsrat die Gesellschaft vertreten. Nach § 112 AktG vertritt der Aufsichtsrat die Gesellschaft gegenüber Vorstandsmitgliedern gerichtlich und außergerichtlich. Diese Vorschrift kann als eine der Regelungen angesehen werden, die dem Vorrang des Gesellschaftsinteresses bei möglichen Interessenkonflikten Geltung verschafft.[496]

---

[490] *Goette*, ZGR 1995, 674.
[491] *Thümmel/Sparberg*, DB 1995, 1015.
[492] MünchKommAktG/*Kalss/Hefermehl/Spindler*, Band 3, § 93 Rn. 86.
[493] *Goette*, ZGR 1995, 670.
[494] *Ihlas* (1997), S. 85.
[495] Vgl. *Goette*, ZGR 1995, 674.
[496] *Fleischer*, WM 2003, 1050.

(b) Durch die Aktionäre

Im Normalfall vertritt der Aufsichtsrat die Aktiengesellschaft, bei der Geltendmachung von Schadenersatzansprüchen der Gesellschaft gegenüber den pflichtwidrig handelnden Vorstandsmitgliedern. Da der Vorstand und der Aufsichtsrat als die Verwaltungsorgane der Gesellschaft häufig zusammenarbeiten, bestehen oftmals „menschliche Befangenheitsprobleme“[497] zwischen den beiden Organen und ihren Mitgliedern. „Eine Interessenseinheit und ein Geflecht wechselseitiger Abhängigkeiten“[498] zwischen Vorstand und Aufsichtsrat verhindern jedoch die Kontrollfunktion des Aufsichtsrats. So entsteht folgendes Problem: Wer kann das Recht der Gesellschaft wahren, wenn der Aufsichtsrat ablehnt, die Klage gegen pflichtwidrig handelnde Vorstandsmitglieder zu erheben? Können die Aktionäre im Name der Gesellschaft Schadenersatzansprüche gegenüber Vorstandsmitgliedern geltend machen? Nach dem deutschen AktG steht dem einzelnen Aktionär keine Individualklage gegen Vorstandsmitglieder zu, auch nicht als Feststellungsklage.[499] Allerdings kann eine Minderheit der Aktionäre, deren Anteile zusammen den zehnten Teil des Grundkapitals erreichen, nach § 147 Abs. 1 Satz 1 AktG die Geltendmachung von Ersatzansprüchen der Gesellschaft verlangen. Für die Aktionäre eröffne das eine Möglichkeit.[500] In der Praxis sei § 147 Abs. 1 AktG aber wegen der in Publikumsgesellschaften nur schwer zu erreichenden 10%-Schwelle bisher weitgehend funktionslos geblieben.[501] Der Kleinaktionär sei machtlos, da § 147 AktG es ihm unmöglich mache, eine Klage zu erzwingen.[502] Dieses System, das die Geltendmachung von Ansprüchen dem Aufsichtsrat überantwortet und für Minderheitsaktionäre nur sehr begrenzte Möglichkeiten aufweist, habe sich als Achillesferse für deutsche Corporate Governance erwiesen.[503] Um die Klagedurchsetzung durch eine Aktionärsminderheit zu stärken, hat die Regierung die bisherigen einschlägigen Bestimmungen im „Entwurf eines Gesetzes zur Unternehmensintegrität und Modernisierung des Anfechtungsrechts“ (UMAG)[504] geändert. Nach § 148 AktG des Entwurfs können Aktionäre, deren Anteile im Zeitpunkt der Antragstellung zusammen 1 % des Grundkapitals oder einen Börsenwert von 100.000 Euro erreichen, die Haftungsansprüche der Gesellschaft gegen ihre Organe verfolgen. 100.000 Euro Börsenwert in einem Einzeltitel dürfte fast jeder institutionelle Anleger und manch größerer Privatanleger auf die Waage bringen.[505] Um eine rechtsmissbräuchliche Ausnutzung der neuen Regelung zu vermeiden, wird ein Klagezulassungsverfahren vor dem Prozessgericht dem eigentlichen Klageverfahren vorgeschaltet und ein „Haf-

---

497 *Trescher*, DB 1995, 661.

498 *Lutter*, JURA 2002, 83.

499 MünchKommAktG/*Kalss/Hefermehl/Spindler*, Band. 3, § 93 Rn. 1.

500 *Reichert/Weller*, ZPR 2002, 50.

501 *Ulmer*, ZHR 1999, 290,337f.; *Reichert/Weller*, ZPR 2002, 50.

502 *Trescher*, DB, 1995, 665.

503 MünchKommAktG/*Kalss/Hefermehl/Spindler*, Band 3, § 93 Rn. 2.

504 Der Regierungsentwurf „Entwurf eines Gesetzes zur Unternehmensintegrität und Modernisierung des Anfechtungsrechts (UMAG)“ ist auf der Internetseite des Bundesjustizministeriums über http://www.bundesjustizministerium.de/media/archive/797.pdf abrufbar.

505 http://www.bundesjustizministerium.de/media/archive/795.pdf

tungsfreiraum im Bereich qualifizierter unternehmerischer Entscheidungen geschaffen“[506]. „Der Schwellenwert von 100.000 Euro ist niedrig und kann nur im Zusammenhang mit den weiteren Einschränkungen und Sicherungen (Zulassungsverfahren mit seinen Voraussetzungen, Kostenregelungen, Business Judgment Rule) verstanden und vertreten werden.“[507]

(c) Durch die Gesellschaftsgläubiger

Nach § 93 Abs. 5 Satz 1 AktG kann der Ersatzanspruch der Gesellschaft auch von den Gesellschaftsgläubigern geltend gemacht werden, soweit sie von der Gesellschaft keine Befriedigung erlangen können. Bei normalen Pflichtverletzungen gilt dies nur dann, wenn die Vorstandsmitglieder ihre Pflicht „gröblich“ verletzt haben. In den Fällen des § 93 Abs. 3 AktG ist die Feststellung dieser „gröblichen“ Pflichtverletzung nicht erforderlich. In der Regel können die Gläubiger als außenstehende Dritte nicht direkt mit den Vorstandsmitgliedern, sondern nur mit der Gesellschaft, Geschäfte machen. Der Gesetzgeber hat den Gläubigern unter bestimmten Voraussetzungen erlaubt, die Ersatzansprüche der Gesellschaft gegen die pflichtwidrigen Vorstandsmitglieder geltend machen zu dürfen. Dies kann zumindest zwei Wirkungen entfalten: einerseits werden dadurch die Interessen der Gläubiger geschützt; andererseits sehen sich die Vorstandsmitglieder dazu veranlasst, ihre Aufgaben pflichtgemäß auszuüben.

3. Die Haftungsschranke in der Rechtsprechung und im UMAG

Obwohl dem Vorstand die Geschäftsführung in „eigener Verantwortung“ gemäß § 76 AktG zugebilligt wird, hat der Gesetzgeber gleichzeitig in § 93 AktG eine strenge Organhaftung für die Vorstandsmitglieder geregelt. Diese Schranke kann einerseits die Vorstandsmitglieder dazu veranlassen, die Geschäfte der Gesellschaft pflichtgemäß zu führen; andererseits kann sie aber auch verhindern, dass der Vorstand auf die sich schnell verändernde Situation des Markts flexibel reagiert und betreffende Entscheidungen rechtzeitig trifft. Eine übermäßige intensive Ausgestaltung der Sorgfaltspflicht kann wohl kaum Bestandteil der gesetzgeberischen Intention gewesen sein und darf es auch nicht. Es stellt sich daher die Frage, wie man eine angemessene Maßnahme, die sowohl eine größtmögliche Sorgfalt als auch den Mut zu einem angemessenen unternehmerischen Risiko gewährleistet, finden kann. Wie kann man die Handlungen des Vorstands auf einen angemessenen Umfang beschränken und gleichzeitig vermeiden, die Verantwortungsfreudigkeit und den Mut zur Tat erheblich zu mindern? Bei der Antwort auf solche Fragen geht es um die angemessene Beschränkung der Haftung des Vorstands.

Wenn man von der Haftung des Vorstands spricht, sollte man zuerst die Frage stellen, worin das Ziel der Haftung liegt. Nicht ein konservativer risikoscheuer Vorstand, sondern eine effektive Geschäftsführung, bei der die Interessen der Gesellschaft vorrangig berücksichtigt werden, sollte das Ziel sein. Die Geschäftsführung gehört zu dem Teil der unternehmerischen Tätigkeit, die durch die Not-

---

[506] Begründung zum UMAG, S. 20, http://www.bundesjustizministerium.de/media/archive/797.pdf.
[507] Begründung zum UMAG, S. 41, http://www.bundesjustizministerium.de/media/archive/797.pdf.

wendigkeit Entscheidung trotz mancher Ungewissheit zu treffen, gekennzeichnet ist[508]. Besonders bei der Beurteilung künftiger Umstände wird es häufig zu sehr komplexen Entscheidungssituationen[509] kommen. Unternehmerische Entscheidungen müssen oft im Hinblick auf ungewisse künftige Entwicklung getroffen.[510] Dies führt oft zu sehr komplexen Entscheidungssituationen[511]. Wegen der Eilbedürftigkeit mancher Entscheidungen darf der Vorstand darüber hinaus häufig nicht all zu lange alle möglichen Risiken abwägen und „zerreden". Selbst bei sehr sorgfältiger Vorbereitung der Entscheidungen und Abwägung aller Risiken werden sich ein Drittel dieser Entscheidungen als falsch erweisen.[512] Es ist unfair und unzumutbar für die Vorstandsmitglieder, dass sie für jede nicht erfolgreiche Entscheidung Haftung tragen müssen, ohne die objektive Situation und die wirtschaftlichen Elemente zu berücksichtigen. Eine Abänderung der strengen Haftung des Vorstands und die Berücksichtigung seines breiten Handlungsspielraums sind zuerst durch die Rechtsprechung in Deutschland angemerkt worden. Im Fall „ARAG/Garmenbekt" hat der BGH in den Leitsätzen festgestellt, dass „dem Vorstand für die Leitung der Geschäfte der AG ein weiter Handlungsspielraum zugebilligt werden muss, ohne den unternehmerisches Handeln schlechterdings nicht denkbar ist".[513] Neben dem bewussten Eingehen geschäftlicher Risiken sollte die Gefahr von Fehlbeurteilungen und Fehleinschätzungen, der jeder Unternehmensleiter, mag er noch so verantwortungsbewusst handeln, ausgesetzt ist, auch grundsätzlich berücksichtigt werden.[514] Auf Grund dessen hat der BGH den haftungsfreien unternehmerischen Ermessensspielraum des Vorstands erweitert. „Gewinnt der Aufsichtsrat den Eindruck, dass dem Vorstand das nötige Gespür fehlt, er also keine glückliche Hand bei der Wahrnehmung seiner Leitungsaufgabe hat, kann ihm das Veranlassung geben, auf dessen Ablösung hinzuwirken. Eine Schadenersatzpflicht des Vorstands kann daraus nicht hergeleitet werden. Diese kann erst dann in Betracht kommen, wenn die Grenzen, in denen sich vom Verantwortungsbewusstsein getragenes, ausschließlich am Unternehmenswohl orientiertes, auf sorgfältiger Ermittlung der Entscheidungsgrundlagen beruhendes unternehmerisches Handeln bewegen muss, deutlich überschritten sind, die Bereitschaft, unternehmerische Risiken einzugehen, in unverantwortlicher Weise überspannt worden ist oder das Verhalten des Vorstands aus anderen Gründen als pflichtwidrig gelten muss."[515] Obwohl der BGH die *business judgement rule* mit keinem Wort in der Beurteilung erwähnt, seien die Grenzen dieses Entscheidungs- und Handlungsspielraums in Anlehnung an die *business judgement rule*[516]

---

[508] *Dauner-Lieb* (1998), S. 14 ff., 20 ff., 25 ff.

[509] Vgl. *Dauner-Lieb*, in: FS für Röhricht (2005), S. 84.

[510] MünchKommAktG/*Hefermehl/Spindler*, § 76 Rn. 25.

[511] Vgl. *Dauner-Lieb*, in: FS für Röhricht (2005), S. 84.

[512] *Lutter*, ZIP 1995, 441.

[513] BGH, Urt. V. 21.4.1997, ZIP 1997, 883.

[514] BGH, Urt. V. 21.4.1997, ZIP 1997, 885, 886.

[515] BGH , Urt. V. 21.4.1997, ZIP 1997, 885, 886.

[516] *Semler* hat aber eine andere Meinung. "Das US-amerikanische Recht bringt uns nichts Neues, die Folgerungen aus der Business Judgmeng Rule sind uralte Erkenntnisse deutscher Rechtsprechung und Rechtswissenschaft." AG 2005, 324.

erstmals konkreter gefasst worden.[517] Indem der BGH einen Handlungsspielraum des Vorstands als Haftungsschranke anerkennt, öffne er den im Zusammenhang mit der *business judgement rule* angestellten Überlegungen eine Tür ins deutsche Aktienrecht.[518]

Mit Blick auf die vorgesehene Verschärfung des Rechts zur Geltendmachung von Ansprüchen der Gesellschaft durch eine einer Aktionärsminderheit (§ 148 AktG-E) stellt der neue Satz 2 des § 93 Abs. 1 AktG klar, dass eine Erfolgshaftung der Organmitglieder gegenüber der Gesellschaft ausscheidet, dass also für Fehler im Rahmen des unternehmerischen Entscheidungsspielraums nicht gehaftet wird („Business Judgment Rule").[519] § 93 Abs. 1 Satz 2 AktG des Entwurfs wird wie folgt formuliert: „Eine Pflichtverletzung liegt nicht vor, wenn das Vorstandsmitglied bei einer unternehmerischen Entscheidung vernünftigerweise annehmen durfte, auf der Grundlage angemessener Information zum Wohle der Gesellschaft zu handeln." Es sollte ein sicherer Hafen für unternehmerische Entscheidungen, die nach bestem Wissen und Gewissen getroffen worden sind, geschaffen werden.[520]

Bei der Einschätzung, ob ein Vorstandsmitglied seine Sorgfaltspflicht verletzt hat, sollte das erfolglose Ergebnis der Entscheidung oder Handlung nicht der einzige Ermessensstandard sein. Es ist schlechterdings nicht möglich, Vorhersagen mit einer solchen Bestimmtheit und Präzision zu machen. Jedes Wirtschaftssubjekt begegnet unterschiedlichen, im Voraus nicht erkennbaren Risiken, die häufig den Erfolg der Entscheidungen des Vorstands verhindern können. Auf Grund der unvermeidlichen Risiken, die naturgemäß im wirtschaftlichen Verkehr bestehen, sollten die Vorstandsmitglieder nicht zum Erfolg der von ihnen getroffenen Entscheidungen verpflichtet sein. Sie sollten infolgedessen auch keine Erfolgshaftung tragen. Eine solche Erfolgshaftung würde das unternehmerische Risiko unrechtmäßig auf die Mitglieder des Vorstands verlagern. Der Vorstand als Leitungsorgan übe zwar die Leitungsfunktion des Unternehmens aus, sei aber nicht der Unternehmer; das sei und bleibe die Gesellschaft selbst.[521]

4. Pflichten und Haftungen des Vorstands nach dem chinesischen Recht

a. Die Pflichten des Vorstands

Die Pflichtregelungen in den §§ 59 bis 62 KgesG gelten für Vorstandsmitglieder und *manager* von GmbH und AG.[522] Da der *manager* in der Geschäftsführungsstruktur einer chinesischen Kapitalgesellschaft für die konkrete alltägliche Geschäftsführung zuständig und mit dem Vorstand gleichgesetzt ist, muss er die gleichen Pflichten wie die Vorstandsmitglieder tragen.

---

517 *Henze*, BB 2001, 53.
518 *Horn*, ZIP 1997, 1134.
519 Begründung zum UMAG, S. 18, http://www.bundesjustizministerium.de/media/archive/797.pdf
520 *Dauner-Lieb*, in: FS für Röhricht (2005), S. 92.
521 *Schlosser* (2002), S. 110.
522 §§ 59, 62 KgesG gelten auch für Aufsichtsratsmitglieder der GmbH und AG.

Zuerst hat der Gesetzgeber in § 59 Abs. 1 KgesG ausdrücklich geregelt, dass die Vorstandsmitglieder, Aufsichtsratsmitglieder und *manager* die Gesellschaftssatzung einhalten, Amtspflichten gewissenhaft ausführen und die Interessen der Gesellschaft wahren müssen und ihre Stellung und Amtsbefugnisse im Rahmen der Gesellschaft nicht für ihren privaten Vorteil nutzen dürfen. Vorstandsmitglieder, Aufsichtsmitglieder und *manager* dürfen Amtsbefugnisse nicht nutzen, um Vermögensvorteile aus Bestechungen und anderes rechtswidriges Einkommen zu erzielen; sie dürfen Vermögen der Gesellschaft nicht widerrechtlich mit in Beschlag nehmen.[523] Vorstandsmitglieder und *manager* dürfen Geldmittel der Gesellschaft nicht für sich verwenden oder anderen leihen; Sie dürfen Vermögen der Gesellschaft nicht in eigenem Namen oder im Namen anderer auf ein Konto einzahlen; Sie dürfen mit dem Vermögen der Gesellschaft nicht für Schulden von Gesellschaftern, der Gesellschaft oder anderer Einzelpersonen bürgen. [524] § 61 KgesG regelt das Wettbewerbsverbot und das Verbot des Handels mit der „eigenen" Gesellschaft für die Vorstandsmitglieder und *manager*. Vorstandsmitglieder und *manager* dürfen weder selbst, noch für andere, Geschäfte gleicher Art wie die, der Gesellschaft betreiben, oder Tätigkeiten verfolgen, welche die Interessen ihrer Gesellschaft schädigen. Wenn sie derartige Geschäfte betreiben oder derartige Tätigkeiten verfolgen, fällt ihr Einkommen daraus an die Gesellschaft. Außerdem dürfen sie mit der eigenen Gesellschaft keinen Vertrag schließen und keine Geschäfte treiben, soweit nicht die Gesellschaftssatzung etwas anderes bestimmt, oder die Gesellschafterversammlung zustimmt. In § 62 KgesG wird die Verschwiegenheitspflicht der Vorstandsmitglieder, Aufsichtsratsmitglieder und *manager* geregelt. Sie dürfen keine Geheimnisse der Gesellschaft bekannt machen, soweit nicht das Gesetz etwas anders bestimmt, oder die Gesellschafterversammlung zustimmt.

Aus dieser Darstellung der Regelungen über die Pflichten der Vorstandsmitglieder und *manager* der chinesischen Kapitalgesellschaften ist ersichtlich, dass das chinesische KgesG nur die Treuepflicht vorschreibt. § 59 Abs. 1 KgesG ist eine Generalklausel über die Treuepflicht. Die darunter geregelten Pflichten konkretisieren diese allgemeine Treuepflicht. Die allgemeine Sorgfaltspflicht findet sich noch nicht im chinesischen KgesG.

In den Satzungsanleitungen1997 werden Treuepflicht und Sorgfaltspflicht gleichzeitig geregelt. Gemäß § 80 Satzungsanleitungen1997 sollen die Vorstandsmitglieder die Gesetze, die Verwaltungsrechtsbestimmungen[525] und die Satzung der Gesellschaft einhalten, die Aufgaben treu ausüben und die Interessen der Gesellschaft wahren. Bei einem Konflikt zwischen ihren eigenen Interessen und den Interessen der Gesellschaft sollen die Vorstandsmitglieder den größten Interessen der Gesellschaft Vorrang geben und dies als einen Verhaltensmaßstab einhalten. Darunter werden elf konkrete Treuepflichten, deren Durchsetzung die Vorstandsmitglieder sicherstellen müssen, aufgelistet. Nach § 81 Satzungsanleit-

---

[523] § 59 Abs. 2 KegeG.

[524] § 60 KgesG.

[525] Im chinesischen Recht bedeutet Verwaltungsrechtsbestimmung die Bestimmung, die vom Staatsrat verabschiedet wird.

ungen1997 sollen die Vorstandsmitglieder die von der Gesellschaft eingeräumten Rechte sorgfältig, gewissenhaft und bestrebt ausüben. Unter fünf Aspekten wird diese Sorgfaltspflicht in den Satzungsanleitungen1997 konkretisiert. Die börsennotierten Aktiengesellschaften sollen die hauptsächlichen Bestimmungen der Satzungsanleitungen1997 in die eigene Satzung aufnehmen. Anpassungen an individuelle Besonderheiten und Gegebenheiten der Gesellschaft lassen sich weiterhin in die Satzung integrieren. Obwohl die Sorgfaltspflichten der Vorstandsmitglieder nicht im chinesischen KgesG geregelt werden, füllen die Bestimmungen der Satzungsanleitungen1997 diese Lücken gewissermaßen aus. Da die Satzung der Gesellschaft als ein Gesetz innerhalb der Gesellschaft anzusehen ist, müssen die Vorstandsmitglieder die Satzung wie die gesetzlichen Bestimmungen beachten. In § 33 CCGK wird das Prinzip der Pflichten von Vorstandsmitgliedern festgelegt, wonach die Vorstandsmitglieder ihre Pflichten gemäß dem größten Nutzen der Gesellschaft und der Gesamtheit der Aktionäre, gemäß Treu und Glauben und sorgfältig erfüllen müssen.

Die Vorstandsmitglieder der chinesischen börsennotierten Aktiengesellschaften müssen die Treuepflicht und Sorgfaltspflicht erfüllen, auch wenn die Sorgfaltspflicht nicht im Gesetz, sondern in der Satzung geregelt wird. Für alle anderen Aktiengesellschaften kann man aber nur die Treuepflicht der Vorstandsmitglieder im KgesG finden. Da die börsennotierten Aktiengesellschaften einen großen Einfluss auf die Wirtschaft und die Gesellschaft nehmen, werden die Pflichten der Vorstandsmitglieder der börsennotierten Aktiengesellschaften durch entsprechende Bestimmungen außerhalb des KgesG ergänzt. Die Vorstandsmitglieder müssen jene Pflichten tragen, sei es auf Grund eines Gesetzes oder auf Grund der eigenen Satzung.

b. Die Haftung des Vorstands gegenüber der Gesellschaft

§ 63 KgesG ist eine allgemeine Haftungsregelung für Vorstandsmitglieder, Aufsichtsratsmitglieder und *manager* der GmbH und AG. Wenn Vorstandsmitglieder, Aufsichtsmitglieder und *manager* bei der Ausführung ihrer Amtspflichten Gesetze, Verwaltungsrechtsbestimmungen oder die Gesellschaftssatzung verletzen und (damit) der Gesellschaft Schaden zufügen, haften sie auf Schadenersatz. Außerdem wird die Verantwortung der Vorstandsmitglieder für die Vorstandsbeschlüsse der Aktiengesellschaften in § 118 Abs. 3 KgesG geregelt. Wenn die Vorstandsbeschlüsse Gesetze, Verwaltungsrechtsbestimmungen oder die Gesellschaftssatzung verletzen, sodass die Gesellschaft schwere Verluste erleidet, haften die an dem Beschluss beteiligten Vorstandsmitglieder der Gesellschaft auf Schadenersatz. Wenn jedoch nachgewiesen wird, dass ein Vorstandsmitglied bei der Beschlussfassung eine andere Meinung geltend gemacht hat, und dies im Protokoll vermerkt ist, kann dieses Vorstandsmitglied von der Haftung befreit werden. Die Satzungsanleitungen1997 und der CCGK haben diese Vorschrift ebenfalls aufgenommen. Der Bemessungsstandard für die Höhe des durch die rechtswidrigen Beschlüssen entstandenen Schadens ist in diesen beiden Bestimmungen niedriger als im KgesG. Im chinesischen KgesG muss der Schaden „beträchtlich" sein. In den Satzungsanleitungen1997 und im CCGK gibt es diese Beschränkung aber nicht. Da die rechtliche Stellung des KgesG höher als die der Satzungsanleitungen1997 und des CCGK ist, müssen sich die Bestimmungen der Satzungsanleitungen1997 und des CCGK den Vorschriften KgesG unterwerfen.

§ 63 KgesG ist eine Generalklausel für die Haftung der Vorstandsmitglieder, Aufsichtsratsmitglieder und *manager*. § 118 Abs. 3 KgesG bezieht sich dagegen nur auf die Haftung der Vorstandsmitglieder bei der Beschlussfassung, die gegen Gesetze, Verwaltungsrechtsbestimmungen oder die Satzung verstoßen. Die letztere Vorschrift konkretisiert und vertieft die erstere.

Die Haftung der Vorstandsmitglieder setzt zunächst voraus, dass die Vorstandsmitglieder bei der Geschäftsführung gegen Gesetze, Verwaltungsrechtsbestimmungen oder die Satzung der Gesellschaft verstoßen. Die Vorstandsmitglieder haften gegenüber der Gesellschaft, wenn sie ihre Pflichten verletzen. Die Pflichtverletzung sollte deswegen die erste Voraussetzung der Haftung sein. Die Gesetze, Verwaltungsrechtsbestimmungen oder Satzung einzuhalten, ist eine der Pflichten, die Ausprägung der Sorgfaltspflicht sind. Die Aussage über die Voraussetzung der Haftung der Vorstandsmitglieder hinsichtlich der Pflichtverletzung im chinesischen KgesG ist noch zu allgemein und unklar.

Die zweite Voraussetzung ist, dass die Gesellschaft wegen der rechtswidrigen oder satzungswidrigen Handlungen Schaden erleidet. Wie oben schon erwähnt, ist die „Mindestschadenshöhe" im Gesetz und in den anderen einschlägigen Bestimmungen unterschiedlich geregelt. Es gibt sogar unterschiedliche Regelungen darüber in den Vorschriften der §§ 63, 118 KgesG. § 63 KgesG spricht nur „Schaden" an. In § 118 Abs. 3 KgesG wird aber ein „beträchtlicher Schaden" gefordert. Die letztere Vorschrift reduziert eigentlich den Maßstab der Haftungsvoraussetzung, der in der Generalklausel § 63 KgesG festgelegt wird. Dies führt dazu, dass die Vorstandsmitglieder als wichtigste Organmitglieder aber weniger Haftung als die anderen Organmitglieder und *manager* tragen würden. Darüber hinaus ist die Aussage „beträchtlicher Schaden" ebenfalls nicht eindeutig. Dieses Problem hat bislang noch keine Konkretisierung in der Literatur und Rechtsprechung erfahren.

Was die Durchsetzung der Haftung der Vorstandsmitglieder betrifft, fehlt es im chinesischen KgesG noch an entsprechenden Vorschriften. In § 111 KgesG wird geregelt, dass die Aktionäre berechtigt sind, eine Klage auf Unterlassen der rechtswidrigen oder verletzenden Handlung zu erheben, wenn Beschlüsse der Hauptversammlung oder des Vorstands gegen Gesetze oder Verwaltungsrechtsbestimmungen verstoßen und die legitimen Rechtsinteressen der Aktionäre geschädigt werden. Hier wird lediglich eine Unterlassungsklage erwähnt, die Schadenersatzklage allerdings nicht. Im CCGK gibt es andere Bestimmungen. Wenn Vorstandsmitglieder, Aufsichtsratmitglieder oder *manager* bei der Ausübung ihres Amtes gegen Bestimmungen der Gesetzen, Verwaltungsrechtsbestimmungen oder der Gesellschaftssatzung verstoßen und der Gesellschaften einen Schaden zufügen, müssen sie die Schadenersatzhaftung übernehmen. Aktionäre haben das Recht zu fordern, dass die Gesellschaft von diesem Recht Gebrauch macht und Schadenersatz fordert.[526]

Trotz solcher Bestimmungen ist die Haftung der Vorstandsmitglieder nach dem chinesischen KgesG noch nicht durchsetzbar. Obwohl den Aktionären das Recht auf Klage gegen die Vorstandsmitglieder eingeräumt wird, wird aber nicht

---

[526] § 4 Satz 3, 4 CCGK.

klar geregelt, wie die Aktionäre das Recht ausüben können. Kann jeder Aktionär, unabhängig von der Höhe seines Aktienanteils, eine solche Klage erheben? Wie können die Aktionäre die Gesellschaft zur Erhebung einer solchen Klage zwingen? Wer kann als Vertreter der Gesellschaft eine solche Klage gegen die Vorstandsmitglieder erheben? Solange solche Fragen noch nicht im Gesetz klar beantwortet werden, kann das Recht auch nicht durchgesetzt werden. Außerdem fehlt es im chinesischen KgesG noch an einer zugunsten der Aktionäre oder der Gesellschaft verteilte Beweislast, wie z.B. einer Beweislastumkehr. Es fragt sich deswegen, wie die Aktionäre beweisen können, ob und wie die Vorstandsmitglieder rechtswidrig oder satzungswidrig gehandelt haben. Darüber hinaus wird es im KgesG nicht ausdrücklich geregelt, wer im Fall der Geltendmachung von Schadenersatzansprüchen gegen die Vorstandsmitglieder die Gesellschaft vertreten soll. Obwohl die Gesellschaft nach dem chinesischen KgesG berechtigt ist, gegen die rechtwidrig oder satzungswidrig handelnden Vorstandsmitglieder Klage zu erheben, ist es noch unklar, wer die Klage für die Gesellschaft erheben soll. Der Vorstandsvorsitzende, der gesetzliche Repräsentant (Vertreter) der Gesellschaft, vertritt nach KgesG die Gesellschaft gerichtlich und außergerichtlich. Bei der Klage gegen die Vorstandsmitglieder wäre der Vorstandsvorsitzende aber kein legitimer Vertreter der Gesellschaft, weil er in einer engen Beziehung zu seinen Vorstandskollegen steht und die Klage sich wahrscheinlich auch auf ihn selbst beziehen würde. Im chinesischen KgesG fehlt bislang eine Vorschrift darüber, wer die Gesellschaft vertreten kann, wenn der Vorstand verklagt wird.

5. Bewertung und Empfehlungen

a. Die Regelungen über die Pflichten des Vorstands müssen verbessert werden

Wie oben schon erwähnt, fehlt eine Regelung über die Treuepflicht des Vorstands im deutschen AktG. Umgekehrt ist die Sorgfaltspflicht im chinesischen KgesG nicht geregelt. Treuepflicht und Sorgfaltspflicht können sich nicht gegenseitig ersetzen. Bei der Treuepflicht geht es darum, dass die Vorstandsmitglieder im Interesse der Gesellschaft die Geschäfte führen und Konflikte zwischen eigenen Interessen und den Interessen der Gesellschaft vermeiden. Die Interessensorientierung der Handlungen des Vorstands ist der Schwerpunkt der Treuepflicht. Im Gegensatz dazu handelt es sich bei der Sorgfaltspflicht darum, dass die Vorstandsmitglieder bei der Geschäftsführung die Sorgfalt eines ordentlichen und gewissenhaften Geschäftsleiters anwenden. Die Art und Weise der Handlung des Vorstands ist der Kern der Sorgfaltspflicht. Infolgedessen wird die Treuepflicht im DCGK, und die Sorgfaltspflicht im CCGK angesprochen. Der Kodex hat jedoch keinen Gesetzesrang. Die Gesellschaften müssen den Kodex nicht zwingend einhalten. Damit sich die Regelungen über die Pflichten des Vorstands umfassend Geltung erlangen, sollten sie auch im förmlichen Recht anerkannt werden. Die Pflichten sind die Grundlage der Haftung. Das heißt, dass keine Haftung zu tragen ist, wenn keine Pflicht verletzt wird. Ohne angemessen die Pflichten zu regeln, kann man auch keine entsprechende Haftung fordern. Daher sollten die zwei allgemeinen Pflichten des Vorstands, nämlich Treuepflicht und Sorgfaltspflicht, ausdrücklich im Gesetz geregelt werden.[527] Auf Grund der beiden Generalklauseln sollten darüber hinaus konkrete Pflichten im Gesetz vorgeschrieben werden.

Des Weiteren sollten die Reglungen über die Pflichten des Vorstands bzw. der Vorstandsmitglieder im KgesG je nach Gesellschaftsform getrennt geregelt werden. Im geltenden chinesischen KgesG finden die Bestimmungen über die Pflichten der Vorstandsmitglieder und *manager* gleichermaßen auf GmbH und AG Anwendung. Dies trägt nicht dem bestehenden Unterschied zwischen den beiden Rechtsformen Rechnung. Eine GmbH mit verhältnismäßig wenig Gesellschaftern und verhältnismäßig kleinem Umfang kann statt eines Vorstands einen geschäftsführenden Vorsteher (执行董事) bestellen. Der geschäftsführende Vorsteher kann gleichzeitig *manager* der Gesellschaft sein.[528] Dagegen muss jede Aktiengesellschaft einen Vorstand mit mindestens fünf Mitgliedern einrichten.[529] Im Vergleich zum Geschäftsführer einer GmbH sollten die Vorstandsmitglieder einer AG strengere Pflichten sowie eine strengere Haftung tragen, weil sie einen größeren Handlungsspielraum haben und dementsprechend auch mehr Verantwortung übernehmen sollten. Der Geschäftsführer einer GmbH unterliegt häufig der Weisung der Gesellschafterversammlung. Im Gegensatz dazu leitet der Vorstand der AG die Gesellschaft gemeinschaftlich und unter eigener Verantwortung. Die unterschiedlichen Anforderungen an die Geschäftsführer der GmbH und den Vorstand der AG kann man im stattdessen sehr wohl im deutschen Recht finden. Nach § 43 GmbHG haben die Geschäftsführer in den Angelegenheiten der Gesellschaft die Sorgfalt eines ordentlichen Geschäftsmannes anzuwenden. Im deutschen AktG wird hingegen „die Sorgfalt eines ordentlichen und gewissenhaften Geschäftsleiters“[530] von den Vorstandsmitgliedern gefordert.

Wenn das chinesische KgesG geändert würde, sollte der Gesetzgeber die Pflichten des Vorstands noch eingehender regeln, indem er zuerst Treuepflicht und Sorgfaltspflicht als grundsätzliche allgemeine Pflichten der Vorstandsmitglieder vorsieht, und dann die konkreten Pflichten für die Vorstandsmitglieder noch ausführlicher und ausdrücklicher im Gesetz vorschreibt und schließlich die Pflichten der Vorstandsmitglieder der Aktiengesellschaften strenger als die der Geschäftsführer der GmbH ausgestaltet.

b. Eine einheitliche Generalklausel der Haftung des Vorstands muss geschaffen werden

Im chinesischen KgesG beziehen sich zwei Vorschriften auf die Haftung der Vorstandsmitglieder. Bei § 63 KgesG handelt es sich um eine allgemeine Haftung der Vorstandsmitglieder, Aufsichtsratsmitglieder und *manager* der GmbH und

---

[527] *Wang, Baoshu* meint, dass eine Generalregelung über die Treue- und Sorgfaltspflicht der Schwerpunkt der Reform des chinesischen KgesG hinsichtlich der Pflichten der Vorstandsmitglieder ist. Siehe: *Wang, Baoshu*, RDFY 2003, Nr. 10, 73.

[528] § 51 KgesG.

[529] § 112 Abs. 1 KgesG.

[530] § 93 Abs. 1 Satz 1 AktG.

AG. § 118 Abs. 3 KgesG bezieht sich aber nur auf die Haftung der Vorstandsmitglieder der AG, die sich aus den rechts- oder satzungswidrigen Beschlüssen des Vorstands ergibt. Die Voraussetzungen der Haftung nach den beiden Vorschriften haben noch einen kleinen Unterschied hinsichtlich des Schadensmaßstabs. In der letzt genannten Vorschrift wird von einem „beträchtlichen Schaden“ gesprochen. Diese Beschränkung, die den Haftungsmaßstab der Vorstandsmitglieder der AG zu Unrecht reduziert, befindet sich aber nicht in der ersten Vorschrift.

§ 118 Abs. 3 KgesG sollte aufgehoben werden. Zuerst ist diese besondere Haftung wegen rechts- oder satzungswidriger Vorstandsbeschlüsse überflüssig. Beschluss zu fassen, gehört doch zu der Geschäftsführung des Vorstands. Der Vorstand leitet das Unternehmen, indem er betreffende Entscheidungen in Form von Beschlüssen trifft. Es ist deswegen nicht notwendig, diese Haftung neben der allgemeinen Haftung von § 63 KgesG noch einmal zu regeln. Außerdem ist nicht ersichtlich, weshalb der Haftungsmaßstab der Vorstandsmitglieder der Aktiengesellschaften durch diese Vorschrift gemildert werden sollte.

Eine neue Vorschrift über die Haftung der Vorstandsmitglieder der AG, die die §§ 63, 118 Abs. 3 des geltenden KgesG ersetzen würde, sollte bei der Revision dieses Gesetzes eingeführt werden. In dieser Vorschrift sollten folgende Punkte berücksichtigt werden: Zuerst sollte die Generalklausel die Pflichten der Vorstandsmitglieder im Gesetz vorschreiben. Darüber hinaus ist wichtige Voraussetzung für die Haftung, dass die Pflichtverletzung zum Ausdruck gebracht wird. Nach dem geltenden KgesG setzt die Haftung der Vorstandsmitglieder nicht die Pflichtverletzung, sondern die rechts-, verwaltungsrechtsbestimmungs- oder satzungswidrige Amtsführung voraus. Die Vorstandsmitglieder haben eine so genannte „Legalitätspflicht“[531]. Das heißt, dass die Vorstandsmitglieder sowohl die internen Pflichtenbindung, die durch Gesellschaftsrecht, Satzung und Geschäftsordnung näher ausgeformt wird, als auch die externen Pflichtenbindung, die sich aus den zahlreichen Rechtsvorschriften ergibt, einhalten müssen. Dies ist nur eine der Pflichten der Vorstandsmitglieder. Deswegen sind die im chinesischen KgesG festgelegte Voraussetzungen nicht unproblematisch. Es wäre im Sinne von Klarheit und Vollständigkeit, wenn die „Pflichtverletzung“ als erste Voraussetzung direkt in die Vorschrift ausdrücklich aufgenommen werden würde. Es wäre auch viel logischer, weil die Haftung eine „Pflichtverletzung“ voraussetzt. Außerdem sollte die zweite wichtige Voraussetzung, nämlich der Schaden der Gesellschaft, der aus der Pflichtverletzung der Vorstandsmitglieder resultiert, in der Vorschrift festgelegt werden. Schließlich sollte die Haftung mit der Rechtsfolge, der Gesellschaft Schadenersatz zu leisten, im Gesetz vorgeschrieben werden.

c. Die Durchsetzung der Haftung des Vorstands ist im Gesetz zu regeln

Ohne im Gesetz vorzuschreiben, wie die Schadenersatzansprüche geltend gemacht werden sollen, sind die Bestimmungen über die Pflichten und die Haftung des Vorstands wirkungslos. Die nur auf dem Papier stehenden Rechte können die Interessen der Rechtsinhaber in Wirklichkeit nicht ermöglichen. Wie oben schon erwähnt, fehlen bislang Bestimmungen über die Durchsetzung der Haftung des

---

[531] Vgl. *Fleischer*, ZIP 2005, 142.

Vorstands im chinesischen KgesG. Dies verhindert eine wirkungsvolle Entfaltung von Pflichten und Haftung. In der zukünftigen Revision des KgesG sollten die Normen über die Durchsetzung der Haftung des Vorstands hinsichtlich folgender Punkte geschaffen werden:

(1) Wer kann die Schadenersatzansprüche der Gesellschaft geltend machen?

Obwohl die Schadenersatzhaftung der Vorstandsmitglieder gegenüber der Gesellschaft im chinesischen KgesG geregelt wird[532], fehlt dieser Vorschrift noch die Durchführbarkeit. Denn es wird nicht im Gesetz ausdrücklich vorgeschrieben, wer die Schadenersatzansprüche der Gesellschaft geltend machen kann. Seit dem Inkrafttreten des chinesischen KgesG kommen solche Fälle nur selten vor Gericht; nicht etwa, weil es solche Probleme nicht gibt, sondern vielmehr, weil diese Ansprüche nicht durchsetzbar sind.[533]

Anders als im deutschen AktG hat der Gesetzgeber im chinesischen KgesG dem Aufsichtsrat keine ausreichend Vertretungsmacht gegenüber dem Vorstand eingeräumt. Dies führt folglich dazu, dass niemand bzw. kein Organ die Gesellschaft vertreten kann, wenn der Vorstand wegen der Pflichtverletzung verklagt werden soll. Nach dem KgesG ist der Vorstandsvorsitzende der gesetzliche Repräsentant (Vertreter) der Gesellschaft. Wenn nur einzelne „normale" Vorstandsmitglieder wegen ihrer Pflichtverletzung der Gesellschaft zum Schadenersatz verpflichtet wären, könnte nur der Vorstandsvorsitzende im Namen der Gesellschaft eine Klage gegenüber solchen Vorstandsmitgliedern erheben. Wegen engen Beziehungen zwischen den Vorstandsmitgliedern einschließlich des Vorstandsvorsitzenden wird eine solche Klage jedoch ganz selten vorkommen. Besonders wenn wegen eines rechtswidrigen Vorstandsbeschlusses der Gesamtvorstand verklagt werden soll, könnte der Vorstandsvorsitzende die Gesellschaft nicht mehr angemessen vertreten. In diesem Fall fehlt ein Vertreter der Gesellschaft, der gegenüber dem Vorstand Schadenersatz geltend machen kann. Auf Grund des Vorbilds im deutschen AktG wären folgende Lösungsmöglichkeiten zu berücksichtigen.

Zuerst sollte der Aufsichtsrat ermächtigt werden, dass er die Gesellschaft vertritt, wenn eine Schadensbegleichung seitens der Gesellschaft gegenüber den Vorstandsmitgliedern gefordert wird. Wie im deutschen AktG ist der Aufsichtsrat im chinesischen KgesG auch ein Überwachungsorgan der Gesellschaft. Die Aufsichtsratsmitglieder aus der Seite der Anteilseigener werden von den Aktionären im Hauptversammlung gewählt. Im Vergleich zur Hauptversammlung ist der Aufsichtsrat geeigneter und praktischer, die Gesellschaft dem Vorstand gegenüber zu vertreten. Dem Aufsichtsrat sollte zudem die Pflicht auferlegt werden, Schadenersatzansprüche der Gesellschaft gegenüber dem Vorstand geltend zu machen. Der Aufsichtsrat ist verpflichtet, im Rahmen seines gesetzlichen Aufgabenkreises, die Interessen der Gesellschaft in eigener Verantwortung wahrzu-

---

[532] § 63 KgesG. „Wenn Vorstandsmitglieder, Aufsichtsräte und *manager* bei der Ausführung von Amtspflichten bei der Gesellschaft Gesetze, Verwaltungsrechtsbestimmungen oder die Gesellschaftssatzung verletzen und [damit] für die Gesellschaft Schaden verursachen, haften sie auf Schadenersatz."
[533] *Yuan, Jinxiu*, RDFY 2003, Nr. 7, 4.

nehmen sowie die Durchsetzbarkeit eines Schadenersatzanspruchs zu prüfen und eine eigenständige Entscheidung über die gerichtliche Geltendmachung herbeizuführen. Diese in der deutschen Rechtsprechung [534] verdeutlichte Pflicht des Aufsichtsrats sollte auch im chinesischen KgesG zukünftig geregelt werden und in der Rechtsprechungspraxis durchgesetzt werden.

Da der Vorstand und der Aufsichtsrat oft zusammen arbeiten, könnte der Aufsichtsrat wegen dieser engen Beziehung es möglicherweise ablehnen, gegenüber dem Vorstand oder einzelnen Vorstandsmitgliedern eine Klage zu erheben. In diesem Fall wäre es notwendig, weitere Handlungsmöglichkeiten zu schaffen, um die Ersatzansprüche geltend machen zu können und die Interessen der Gesellschaft und daher auch die der Aktionäre zu wahren.

Die Prozessführungsbefugnis der Aktionäre gegen die Beschlüsse der Hauptversammlung oder des Vorstands wird im chinesischen KgesG geregelt.[535] Schadenersatzansprüche der Aktionäre werden aber im Gesetz nicht angesprochen. Die Gerichte können beim Prozess die Anteilseigener weder materiellrechtlich noch verfahrensrechtlich schützen, weil sie keine Rechtsgrundlage finden können.[536]

Die Aktionäre, die bestimmte Voraussetzungen erfüllen, sollten die Befugnis haben, die Schadenersatzansprüche der Gesellschaft geltend zu machen. Im chinesischen KgesG fehlt einerseits die Möglichkeit, die inneren Konflikte der Gesellschaft vor ein Gericht zu bringen, andererseits die Möglichkeit das Aktionärsrechts durch eine Minderheit der Aktionäre ausüben zu können. Die Verhältnisse zwischen Aktiengesellschaft, ihren Organen und den Aktionären gehört zu den internen Beziehungen. Wenn es zwischen ihnen Streit gibt, ist dieser zunächst innerhalb der Gesellschaft zu lösen. Lässt sich eine interne Lösung nicht herbeiführen, sollte eine gerichtliche Klage erhoben werden. Andererseits sind die Interessen der Aktionäre mit der Geschäftsführung der Gesellschaft eng verbunden. Wenn die interne Organisation nicht funktioniert, sollte den Aktionären gewisse Rechte eingeräumt werden. Allerdings müssen die Voraussetzungen das Erzwingen einer Klage durch die Aktionäre und das Überprüfungsverfahren im Gesetz klar und streng geregelt sein, um zu vermeiden, dass die Aktionäre dieses Recht missbrauchen.

Ferner ist das Erwirken der Geltendmachung des Ersatzanspruchs durch die Gläubiger der Gesellschaft auch nicht zu vergessen. Neben den Aktionären sind die Gläubiger eine weitere Interessensgruppe, die ein berechtigtes Interesse an einer „gesunden“ Lage der Gesellschaft hat. Allerdings sind gewisse Beschränkungen notwendig. Die Gläubiger dürfen beispielsweise nicht in die inneren Angelegenheiten der Gesellschaft eingreifen. Die Geltendmachung des Ersatzanspruchs durch die Gläubiger ist direkt an das Interesse der Gesellschaft gekoppelt.

---

[534] BGHZ 135, 244, 252 = BB 1997, 1169.

[535] § 111 KgesG. „Wenn Beschlüsse der Hauptversammlung oder des Vorstands Gesetze oder Verwaltungsrechtsbestimmungen oder legale Rechtsinteressen der Aktionäre verletzen, sind die Aktionäre berechtigt, beim Gericht Klage auf Einstellung der rechtswidrigen oder verletzenden Handlung zu erheben.“

[536] *Yuan, Jinxiu*, 2003 RDFY Nr. 7, 4.

Das Interesse der Gläubiger ist nur unmittelbar geschützt. Dies soll eher eine Garantie für die Gläubiger dafür sein, dass die Gesellschaft in der Lage ist, ihrer Verbindlichkeiten nachzukommen. Geltendmachung des Ersatzanspruchs durch die Gläubiger der Gesellschaft ist auf einer Seite Gläubigerschutz, auf der anderen Seite eine externe Kontrolle der Vorstandsmitglieder.

(2) Wer ist verpflichtet, die Pflichtverletzung und Schuld des Vorstands zu beweisen?

Die Verteilung der Beweislast ist ebenfalls entscheidend für die Durchsetzung der Haftung des Vorstands gegenüber der Gesellschaft. Im chinesischen KgesG ist die Geltendmachung des Ersatzanspruchs durch die Aktionäre noch nicht klar geregelt. Die Verteilung der Beweislast ist ebenso nicht besonders geregelt wie im deutschen AktG, vielmehr gilt das normale Prinzip aus dem Verfahrensrecht, dass, wer ein Anspruch geltend macht, diesen auch zu beweisen hat. Im Hinblick auf die Haftung des Vorstands ist die Situation aber anders als im Normalfall. Zwischen dem Kläger und dem Beklagten bestehen normalerweise Informationsasymmetrien. Der Beklagte, nämlich der Vorstand, besitzt die maßgeblichen Informationen zum Unternehmensgeschehen einschließlich natürlich betreffend seines eigenen Verhaltens. Dagegen hat der Vertreter der Gesellschaft (der Aufsichtsrat), die Aktionäre oder die Gläubiger nur wenige Informationen. Es ist deswegen gerechtfertigt, dass der Beklagte zu beweisen hat, dass er seine Pflicht nicht verletzt hat.

Eine umgekehrte Beweislastverteilung ist von Bedeutung für die Durchsetzung der Haftung des Vorstands. Wenn die Geltendmachung des Ersatzanspruchs wegen Informationsmangel nicht gelingen könnte, würde der Sinn der Vorschriften über die Haftung des Vorstands abgeschwächt. Eine umgekehrte Beweislastverteilung sollte folglich ins chinesische KgesG aufgenommen werden.

III. *Independent directors* in den chinesischen börsennotierten Aktiengesellschaften

1. Einleitung

Im angloamerikanischen monistischen Rechtsraum gibt es kein selbständiges Kontrollorgan wie im kontinentaleuropäischen Rechtssystem. Im Board sind *directors* vertreten, die für die Überwachung der Geschäftsführung zuständig sind. Im amerikanischen Recht nennt man sie *outside directors*, im englischen Recht *non-executive directors*. In Hongkong werden sie als „*independent non-executive directors*" (unabhängige nicht geschäftsführende Vorstandsmitglieder) bezeichnet. Auf dem Festland Chinas wird der Begriff „*independent director*" in den Rechtsverordnungen und der Rechtspraxis angewandt.[537]

1993 hat die Aktiengesellschaft Tsingtao Beer H-Aktien[538] ausgegeben und nach den diesbezüglichen Bestimmungen der Börse Hongkongs zwei Stellen für

[537] *Wang, Liguo* (2004), S. 6.

[538] H-Aktien sind die Aktien, die von den Aktiengesellschaften, die auf dem Festland China registriert und an der Börse in Hongkong notiert sind, ausgegeben werden.

independent directors eingerichtet. Die Tsingtao Beer AG ist die erste inländische Gesellschaft, die *independent directors* eingeführt hat. Nach den Satzungsanleitungen1997 können die Gesellschaften entsprechend ihrer Bedürfnisse Stellen für *independent directors* einrichten. Es ist aber nur eine Empfehlung und daher nicht verbindlich. Nach den „Ansichten zur weitergehenden Förderung der standardisierten Führung der an ausländischen Börsen notierten Aktiengesellschaften und zur Vertiefung der Reform"[539] von CSRC und Wirtschafts- und Handelskommission aus dem Jahr 1999 müssen, die an ausländischen Börsen notierten Aktiengesellschaften, mehr als zwei Stellen für *independent directors* einrichten. 2001 wurde die Anleitung2001 erlassen. Seitdem wird das *independent director*-System der börsennotierten Aktiengesellschaften in China offiziell ausgeführt. Nach der Statistik von CSRC haben 1244 von 1250 an den Börsen in Shanghai und Shenzhen notierte Aktiengesellschaften bis Ende Juni 2003 schon Stellen für *independent directors* eingerichtet. Die Gesamtzahlen der *independent directors* betrugen 3839. Durchschnittlich hatte jede Gesellschaft mehr als drei *independent directors*.[540]

2. Bestellung und Zuständigkeit der *independent directors*

a. Bestellung der *independent directors*

Der *Independent director* ist ein Vorstandsmitglied. Deswegen muss er vor allem die Amtbedingungen, die von normalen Vorstandsmitgliedern gefordert und in den §§ 57, 58 KgesG festgesetzt werden, erfüllen. Ferner muss er die Unabhängigkeit, die in der Anleitung2001 geregelt wird, tatsächlich besitzen. In der Anleitung2001 befindet sich eine Liste von Personen, die nicht als *independent directors* in Betracht kommen, da sie nicht über genügend Unabhängigkeit verfügen. Gemeint sind die Personen, die in der Gesellschaft oder einem ihr unterstehenden Unternehmen angestellt sind oder die Personen, die Verwandte ersten Grades in auf- und absteigender Linie der oben erwähnten Personen sind oder besondere Sozialbeziehungen zu ihnen haben (Ersteres bedeutet Ehepartner, Eltern und Kinder, letzteres bezieht sich auf Geschwister, Schwiegereltern, Schwiegersohn und –tochter sowie Schwager). Die Personen, die mittelbar oder unmittelbar mehr als 1 % der Aktien der betreffenden Gesellschaft halten oder zu den natürlichen Personen der zehn Aktionäre mit dem größten Anteil gehören sowie deren Verwandte ersten Grades in auf- und absteigender Linie dürfen auch nicht als *independent directors* bestellt werden. Die Personen, die für die Gesellschaft oder ihr unterstehender Unternehmen Finanz-, Rechts- oder Beratungsdienstleistung anbieten, besitzen natürlich auch keine Unabhängigkeit gegenüber der Gesellschaft.[541] Darüber hinaus wird gefordert, dass die *independent directors* mehr als eine fünfjährige Berufserfahrung im Bereich Recht, Wirtschaft oder anderer Be-

---

[539] 关于进一步促进境外上市公司规范运作和深化改革的意见

[540] http://www.ce.cn/new_hgjj/ziliao2/200410/27/t20041027_2108401.shtml

[541] 3. Abschnitt, Anleitung2001.

rufsfelder, die mit den Aufgaben des *independent directors* zu tun haben, vorweisen müssen.[542]

Vorstand, Aufsichtsrat und die Aktionäre der börsennotierten Aktiengesellschaft, die allein oder gemeinschaftlich mehr als 1 % der Aktien der betreffenden Gesellschaft besitzen, können Kandidaten für den Posten des *independent directors* zur Wahl vorschlagen. In der Hauptversammlung wird die Bestellung der *independent directors* beschlossen.[543] Vor der Einberufung der Hauptversammlung legen die börsennotierten Aktiengesellschaften CSRC alle, die nominierten Kandidaten betreffenden Materialien, vor. CSRC hat die Qualifikation und Unabhängigkeit innerhalb von 15 Arbeitstagen zu überprüfen.[544]

b. Zuständigkeiten der independent directors

Damit die *independent directors* auch tatsächlich ihre Funktion ausüben können, sollen börsennotierte Aktiengesellschaften den *independent directors* noch folgende besondere Kompetenzen einräumen:[545]

- Vor der Beratung im Vorstand müssen bedeutende Transaktionen mit verbundenen Parteien (关联交易) zunächst von den *independent directors* genehmigt werden.
- Sie schlagen dem Vorstand vor, eine Wirtschaftsprüfungsgesellschaft zu beauftragen oder nicht.
- Sie schlagen dem Vorstand vor, eine außerordentliche Hauptversammlung einzuberufen.
- Sie schlagen vor, eine Vorstandssitzung einzuberufen.
- Sie können selbständig externe Beratungsgesellschaften oder Wirtschaftsprüfungsgesellschaft beauftragen.
- Sie können vor der Durchführung der Hauptversammlung die Stimmrechtsvollmachten der Aktionäre sammeln.

Wenn die *independent directors* oben erwähnte Befugnisse ausüben, müssen mehr als die Hälfte[546] aller *independent directors* zustimmen. Wenn die oben erwähnten Vorschläge und Amtsbefugnisse nicht akzeptiert bzw. nicht normal ausgeübt werden, sollen die börsennotierten Aktiengesellschaften dies bekannt machen.[547]

Die *independent directors* sollen „unabhängige Auffassungen" (独立意见) über die bedeutenden Angelegenheiten der börsennotierten Aktiengesellschaften, wie z.B. Nominierung, Bestellung und Abberufung der Vorstandsmitglieder, Anstellung und Entlassung der hochrangigen Manager, Vergütung der Vorstands-

---

[542] 2. Abschnitt, Ziff. 4 Anleitung2001.

[543] 4. Abschnitt, Ziff. 1 Anleitung2001.

[544] 4. Abschnitt, Ziff. 3 Satz 1, 3 Anleitung2001.

[545] 5. Abschnitt, Ziff. 1 Anleitung2001.

[546] *Jiang, Daxing* meint, dass in dieser Situation die Rechte der *independent directors* nicht im Wesentlichen erweitert werden. Siehe: *Jiang,Daxing,* LR 2003 Nr. 3, 45.

[547] 5. Abschnitt, Ziff. 2, 3 Anleitung2001.

mitglieder und der hochrangigen Manager, gegenüber dem Vorstand oder der Hauptversammlung vertreten.[548]

Im Entwurf zur Novellierung des chinesischen KgesG des Staatsrats wird gefordert, dass *independent directors* mehr als ein Drittel der Vorstandsmitglieder der börsennotierten Aktiengesellschaften ausmachen sollen.[549] Der Vorstand der börsennotierten Aktiengesellschaften soll ein *Audit Committee* und einen Vergütungsausschuss einrichten, bei denen mehr als die Hälfte der Mitglieder *independent directors* sein sollen.[550] Die Amtsbefugnisse der *independent directors* in Anleitung2001 werden in diesem neuen Entwurf aber reduziert. Außer den Amtsbefugnissen nach dem KgesG werden den *independent directors* noch folgende Kompetenzen eingeräumt: Sie können verbundene Transaktionen, Anstellung oder Entlassung der Wirtschaftsprüfungsgesellschaft und andere wichtigen Angelegenheiten prüfen und dazu ihre unabhängigen Auffassungen vertreten. Die oben genannten Angelegenheiten können nur nach der Zustimmung von mehr als der Hälfte aller *independent directors* im Vorstand diskutiert werden. Sie können für die Nominierung, Bestellung, Abberufung, Vergütung und Prüfung der Vorstandsmitglieder und oberster Manager und betreffend aller Angelegenheiten, die ihrer Meinung nach die Interessen der Kleinaktionäre verletzen könnten, unabhängige Auffassungen vertreten.[551]

3. Die Probleme des *independent director*-Systems in Praxis und geltender Rechtsstruktur

a. Unabhängigkeit der *independent directors*

Die Unabhängigkeit der *independent directors* ist Grundlage für die effiziente Ausübung ihrer Kontrollaufgaben. Obwohl die Anleitung2001 die Unabhängigkeit der *independent directors* ausdrücklich verlangt, ist sie in der Unternehmenspraxis noch nicht umfassend anerkannt. Der Hauptgrund liegt in der unausgeglichenen Aktionärsstruktur. Die meisten chinesischen börsennotierten Aktiengesellschaften werden von wenigen Großaktionären, sogar teilweise einem einzigen Großaktionär, dominiert. Nicht selten verfügen sie über die absolute Mehrheit. Durch die dominierenden Gesellschaftsanteile beherrschen die Großaktionäre sowohl die Hauptversammlung als auch den Vorstand. In diesem Fall spielen die Großaktionäre, eventuell sogar nur der einzige Hauptaktionär, und der Vorstand eine entscheidende Rolle bei der Bestellung und Abberufung der *independent directors.* Nach einer Studie werden die *independent directors* zu 87,36 % vom Vorstand, zu 15,06 % von Großaktionären oder echten Kontrollierenden und zu 1,7 % von einem speziellen Ausschuss des Vorstands nominiert.[552]

Der Grund, warum in den börsennotierten Aktiengesellschaften das *independent director*-System eingeführt wird, ist der Versuch, eigenmächtige Handlun-

---

[548] 6. Abschnitt, Ziff. 1 Anleitung2001.

[549] § 151 Abs. 1 KgesG-E.

[550] § 152 Abs. 1 KgesG-E.

[551] § 153 Abs. 1 KgesG-E.

[552] Vgl. *Liu, Junhai*, RDFY 2003 Nr. 10, 45.

gen der Großaktionäre zu unterbinden und die Interessen der Kleinaktionäre besser zu schützen. Aber in der Praxis sieht es leider anders aus. Heutzutage werden die Kandidaten der *independent directors* der börsennotierten Aktiengesellschaften zum großen Teil von den Großaktionären oder den Vorständen ernannt und dann im Namen des Vorstands in der Hauptversammlung nominiert. Dies führt dazu, dass die *independent directors* bei der Ausübung ihrer Aufgabe keine echte Unabhängigkeit zu Großaktionären und Management wahren können.[553] Eine Studie über *independent directors* aus dem Jahr 2004 zeigt, dass sich ein Drittel der *independent directors* bei Vorstandsabstimmungen niemals der Stimme enthielten oder Gegenstimmen abgaben, und 35 % der *independent directors* keine selbständig Auffassung gegenüber den Großaktionären oder dem Management vertraten.[554]

Damit die Unabhängigkeit der *independent directors* gewährleistet wird und sie die Interessen der Minderheitsaktionäre gut vertreten können, wird vorgeschlagen, dass bei der Wahl der *independent directors* das Stimmrecht des dominierenden Mehrheitsaktionärs (控股股东) ausgeschlossen sein sollte.[555] Dies könnte die Interessen der Kleinaktionäre besser schützen. Das Prinzip der Gleichbehandlung der Gesellschafter und die Interessen der Großaktionäre würden aber verletzt werden. Es fragt sich noch, nach welchem Standard die Großaktionäre und Kleinaktionäre zu unterscheiden sind. Jede Gesellschaft hat eine unterschiedliche Aktionärsstruktur. Die Gesellschaftsanteile sind ebenfalls sehr unterschiedlich. Ein einheitlicher gesetzlicher Maßstab zur Differenzierung ist unmöglich. Außerdem könnte es zum Rechtsmissbrauch durch die Kleinaktionäre führen.

Die Anwendung des „kumulativen Stimmrechts" (累积投票权) bei der Wahl der *independent directors* könnte eine Alternative darstellen.[556] Das System der „kumulativen Stimmabgabe" (累积投票制度) stammt aus den USA und wird bei der Wahl der Vorstandsmitglieder angewandt, um die Interessen der Mehrheits- und Minderheitsaktionäre auszugleichen. Bei der kumulativen Stimmabgabe ist die Anzahl der Stimmrechte jedes Aktionärs gleich mit der Zahl der zu besetzenden Positionen im Vorstand. Die Aktionäre können ihre Stimmen ausschließlich auf einen Kandidaten kumulieren. Dadurch wird gewährleistet, dass die Minderheitsaktionäre die ihre Interessen und ihren Willen vertretenden Vorstandsmitglieder wählen können.[557] Im CCGK wird die kumulative Stimmabgabe zum ersten Mal geregelt.[558] Die börsennotierten Aktiengesellschaften, bei denen der be-

---

553 Independent director: wer kann meine Unabhängigkeit sicherstellen? http://news.xinhuanet.com/focus/2004-10/25/content_2110892.htm

554 Independent director: wer kann meine Unabhängigkeit sicherstellen? http://news.xinhuanet.com/focus/2004-10/25/content_2110892.htm

555 Vgl. *Li, Jianwei*, RDFY 2004 Nr. 6, 50, 51, 53.

556 *Liu, Junhai* (1997), S. 189 ff.; *Zhang, Kaiping* (1998), S. 79 ff.; *Liu, Lianyu* (2002), S. 17 ff.; *Xu, Qing*, http://biz.163.com/40916/1/10D88NM100020QBL.html.

557 *Liu, Junhai* (1997), S. 189 ff.; *Zhang, Kaiping* (1998), S. 79 ff.; *Liu, Lianyu* (2002), S. 17 ff.; *Pissler*, ZChinR 2002 Heft 3/4, 140, http://www.zchinr.de/upload/25/News02-3u4.pdf; *Xu, Qing*, http://biz.163.com/40916/1/ 10D88NM100020QBL.html.

558 § 31 CCGK.

herrschende Aktionär einen beherrschenden Anteil von mehr als 30% hält, werden verpflichtet, das System der kumulativen Stimmabgabe anzuwenden. Im Entwurf zur Novelierung des chinesischen KgesG wird der Gesellschaftssatzung und der Hauptversammlung das Entscheidungsrecht zur Anwendung des Systems der kumulativen Stimmabgabe bei der Wahl von Vorstands- und Aufsichtsratsmitgliedern eingeräumt.[559]

Bei der Wahl der *independent directors* können die Kleinaktionäre durch das kumulative Stimmrecht die ihre Interessen vertretenden *independent directors* wählen. Allerdings könnte die besondere Aktionärsstruktur in China, bei der der Unterschied der Beteiligungsanteile zwischen den größten Aktionären und anderen Aktionären sehr groß ist, die Anwendung des Systems verhindern.[560] Letztlich liegt in der Veränderung der unausgeglichenen Aktionärsstruktur der Schlüssel zu den Problemen der chinesischen Corporate Governance.

b. Die Wirkung des *independent director*-Systems

Mit der Einführung des *independent director*-Systems in China ist man von einer Verbesserung der chinesischen Corporate Governance ausgegangen. Ob dieses System wirklich so gut funktionieren kann wie in den Ursprungsländern England und USA, ist noch unklar. Die unzureichende Unabhängigkeit der *independent directors* schwächt die Funktion dieses Systems ab. Außerdem stößt die Ausübung der Aufgabe der *independent directors* in der Unternehmenspraxis auf Schwierigkeiten. Im Februar 2004 haben die *independent directors* der *Leshandianli*-AG eine Wirtschaftsprüfungsgesellschaft selbständig beauftragt, um die Finanzangelegenheiten der Gesellschaft zu prüfen. Wegen Behinderungen und Einflussnahme von Seiten des Vorstands wurde diese Prüfung nicht durchgeführt, was letztlich im Rücktritt der *independent directors* gipfelte.[561] Im Juni 2004 hat ein *independent director* der *Yili*-AG gefordert, dass eine Wirtschaftsprüfungsgesellschaft beauftragt wird, um den Staatsanleihehandel der Gesellschaft zu prüfen. Im August 2004 wurde dieser *independent director* durch einen Beschluss der außerordentlichen Hauptversammlung abberufen. Der zweite *independent director* ist aus Protest von seinem Posten zurückgetreten.[562] Solche Fälle zeigen, dass bei einem Konflikt mit dem Vorstand die *independent directors* noch eine schwächere Position bekleiden. Wenn die ordnungsgemäße Ausführung der Aufgaben der *independent directors* behindert wird, wählen sie lieber den Rücktritt und verlassen die Gesellschaft. In den börsennotierten Aktiengesellschaften sind die *independent directors* im Vorstand nur zu einem kleinen Anteil vertreten. Diese Schwäche der Machtverhältnisse führt unvermeidlich zu einem verlustreichen Ausgang im Machtkampf mit dem übrigen Management. Darüber hinaus hat CSRC in der Anleitung2001 versäumt, die *independent directors* mit weit reichenden Kompetenzen und einer effizienten Zuständigkeitsregelung auszustatten,

559 § 123 Abs. 1 KgesG-E.

560 Xu, Qing, http://biz.163.com/40916/1/10D88NM100020QBL_2.html

561 http://news.qq.com/a/20040718/000279.htm

562 独立董事：谁来保证我独立？(*Independent director*: wer kann meine Unabhängigkeit sicherstellen?) http://news.xinhuanet.com/focus/2004-10/25/content_2110892.htm

damit sie im Konfliktfalle die Ausübung ihrer Aufgaben weiterhin sicherstellen können. Die entsprechenden Mechanismen, die die *independent directors* vor einer ungerechtfertigten Abberufung schützen können, fehlen jedoch noch. Außer der Behinderung durch das Management bestehen noch weitere Probleme, die ihre Ursachen bei den *independent directors* selbst haben. Nach einer Studie über 69 börsennotierte Aktiengesellschaften halten sich gut 40 % der befragten *independent directors* für Berater zur Strategie der Gesellschaft.[563] Dies entspricht offensichtlich nicht der Intention des *independent director*-Systems. Dieses will nämlich vor allem, dass *die independent directors* die Kontrolle des Managements verbessern und die Interessen der Kleinaktionären schützen. Diese Studie zeigt des weiteren, dass sich die meisten der befragten *independent directors* jedes Jahr nur fünf bis neun Tage zur Teilnahme an Vorstandssitzungen und nur ein bis fünf Tage zur Arbeit an Ort und Stelle in der Gesellschaft nehmen. Ein Drittel der befragten *independent directors* haben auf diese letzte Frage gar nicht geantwortet, was wohl vermuten lässt, dass sie sich kaum Zeit für die Arbeit an Ort und Stelle in der Gesellschaft nehmen.[564] *Clarke* ist der Meinung, dass das *independent director*-System, zumindest wenn man von den geltenden Bestimmungen ausgeht, die erwartete Wirkung möglicherweise nicht wird erzielen können. Ein *Independent director*-System in China einzurichten, sei im Wesentlichen eine administrative Forderung. Wenn die Unternehmer *independent directors* bewusst und freiwillig einsetzen würden, könnten *independent directors* im echten Sinn funktionieren.[565]

c. Konflikt mit der geltenden Rechtsstruktur

Das *Independent director*-System stammt aus dem angloamerikanischen Rechtsraum, wo außerhalb des Vorstands kein selbständiges Kontrollorgan, wie der Aufsichtsrat im kontinentaleuropäischen System, besteht. In China gilt ein ähnliches System wie in Deutschland. Die Aufgaben zur Kontrolle und Geschäftsführung werden dem Aufsichtsrat und dem Vorstand zugewiesen. Der Aufsichtsrat ist zuständig für die Überwachung der Geschäftsführung durch das Management. Die Einführung des *independent director*-Systems bringt die Frage mit sich, wie man die Beziehung bzw. den Konflikt zwischen Aufsichtsrat und *independent directors* behandeln soll. Der Gesetzgeber hat während der Schaffung des KgesG[566] die Einführung der *independent directors* nicht vorausgesehen und deswegen keinen Platz in der Gesetzessystematik für sie vorgesehen. Die Einführung des *independent director*-Systems durch die Bestimmung von CSRC hat daher eine Zuständigkeitskollision zwischen Aufsichtsrat und *independent direcots* zur Folge, weil sie mit der Überwachung des Vorstands über identische Aufgabenbereiche verfügen und sich ihre Kompetenzen teilweise überschneiden. Sie

---

[563] http://www.rednet.com.cn 2003-8-7 9:23:28

[564] http://www.rednet.com.cn 2003-8-7 9:23:28

[565] *Clarke* (2002), http://article.chinalawinfo.com/article/user/article_display.asp?ArticleID=22104

[566] In der Diskussion über den Entwurf des chinesischen KgesG wurde vorgeschlagen, das *independent director-System* in China einzuführen. Aber dieser Vorschlag wurde nicht akzeptiert. Ein der Gründe war, dass eine Führungsstruktur mit einem unabhängigen Überwachungsorgan, dem Aufsichtsrat, schon anerkannt wird. Siehe: *Jiang, Daxing*, LR 2003 Nr. 3, 42.

haben beispielsweise die gleichen Befugnisse zur Finanzprüfung, zur Unterbreitung von Vorschlägen und zur Einberufung der außerordentlichen Hauptversammlung. Eine unklare Abgrenzung der Zuständigkeiten der Organe würde eine Verschwendung von Personalressourcen und hohe Kontrollkosten hervorrufen. Ein dringend zu lösendes Problem ist die Unterscheidung der Kompetenz der beiden Organe, wenn sie gleichzeitig in einer Gesellschaft auftreten.

4. Eigene Auffassungen

Wie schon erwähnt, ist das größte Problem der chinesischen Corporate Governance die unausgeglichene Aktionärsstruktur. In China nehmen Großaktionäre, die normalerweise der öffentlichen Hand gehören oder Staatsunternehmen sind, maßgeblichen Einfluss auf die Geschäftsführung der börsennotierten Aktiengesellschaften. Der Vorstand wird ebenfalls von den Großaktionären kontrolliert. In diesem Fall schädigen die Großaktionäre oftmals rein aus Eigennutz die Interessen der Gesellschaft. Andererseits werden die Interessen der Kleinaktionäre auch häufig verletzt. Deswegen sind der Interessenskonflikt zwischen Groß- und Kleinaktionären und der Rechtsmissbrauch der Großaktionäre dringend zu lösende Probleme. Außerdem kann der Aufsichtsrat in China seiner Kontroll- und Schutzfunktion in keiner Weise gerecht werden. Vor diesem Hintergrund ist das *independent director*-System eingeführt worden.

In der Diskussion um das *independent director-System* werden vier Auffassungen vertreten. Nach der ersten Stellungnahme sollte das System nicht in China eingeführt werden, weil die Kultur Chinas anders ist als die in den USA.[567] Es sollte der zweiten Meinung nach von der Gesellschaft selbst bestimmt werden, ob das monistische oder das dualistische System angewendet wird.[568] Eine Meinung wird vertreten, dass das independnet director-System den Aufsichtsrat versetzen sollte.[569] Es wird ebenfalls vertreten, dass das *independent director-System* in China eingeführt werden kann und mit dem Aufsichtsrat zusammen die Führungsstruktur der Gesellschaft bildet.[570]

Ob das *independent director*-System eingeführt werden soll oder nicht, kann dahinstehen, zumal dieses System in der Unternehmenspraxis schon angewandt wird. Die Aufnahme des Systems ins novellierte KgesG wäre auch nicht undenkbar. In diesem Fall hat die Diskussion um die Angemessenheit der Einführung des *independent director*-Systems schon keinen Sinn. [571] In erster Linie wäre die Koordinierung der Beziehung und Zuständigkeit des Aufsichtsrats und der *inde-*

---

[567] Vgl. *Jiang, Daxing,* LR Nr. 2, 24 ff.; LR Nr. 3, 41 ff.; *Cheng, Zongzhang*, RDFY 2002 Nr. 8, 33 ff..

[568] Vgl. *Liu, Junhai,* RDFY 2003 Nr. 5, 5; RDFY 2003 Nr. 10, 40 ff..

[569] Sihe: *Ni, Jianlin* (2001), S. 202.

[570] Vgl. *Li, Xin,* RDFY 2003 Nr. 2, 71 ff.; *Wang, Zhongyun*, RDFY 2003 Nr. 4, 37 ff.; *Gu, Gongyun* hat auch diese Auffassung. Siehe: *Shou, Xinbao/Jiang, Yingying*, Faxue 2003 Nr. 6, 117; *Ni, Jianlin* (2001), S.117 ff..

[571] Auch *Shou, Xinbao/Jiang, Yingying, Faxue* 2003 Nr. 6, 114; *Jiang, Daxing* hat eine andere Meinung. Obwohl das *independent director-System* schon in der Praxis angewandt und in einschlägigen Rechtsbestimmungen eingeführt wird, könnten und sollten die Juristen noch darüber diskutieren, ob das System in China eingeführt werden soll. Siehe: *Jiang, Daxing*, LR 2003 Nr. 2, 24 ff.

pendent directors vorzunehmen. Dazu werden folgende eigene Auffassungen vorgelegt:

Zunächst einmal sollte der Aufsichtsrat weiterhin bestehen bleiben. Seine Zuständigkeiten und Kontrollmaßnahmen sollten jedoch angepasst werden. Der Aufsichtsrat ist das Organ, das die Handlungen des Managements überwacht. Der Schwerpunkt seiner Zuständigkeit sollte die Kontrolle der Rechtmäßigkeit, Zweckmäßigkeit und Angemessenheit der Handelungen des Managements einschließlich der *independent directors* sein. Außerdem sollte der Aufsichtsrat für die Finanzprüfung der Gesellschaft zuständig sein. Darüber hinaus sollte dem Aufsichtsrat das Vertretungsrecht gegenüber dem Vorstand eingeräumt werden. Dagegen üben die *independent directors* ihre Aufgaben hauptsächlich innerhalb des Vorstands aus. Sie sollten besonderen Wert auf die Angemessenheit der Vorstandsbeschlüsse und die Kontrolle des Prozesses der Beschlussfassung legen[572]. Der Aufsichtsrat sollte nach wie vor das Kontrollorgan der Gesellschaft sein. Die *independent directors* sollten auf Grund ihrer Unabhängigkeit und Sachkenntnis die Angemessenheit der Vorstandsbeschlüsse gewährleisten und die unangemessene Einflussnahme der Großaktionäre verhindern. Ferner darf nicht vergessen werden, dass im chinesischen Aufsichtsrat die Aufnahme von Arbeitnehmervertretern gefordert wird. Ohne Aufsichtsrat würde das demokratische Management innerhalb eines Unternehmens auch keinen Platz haben. Natürlich sollten sich die Zuständigkeit für die Kontrolle durch den Aufsichtsrat und die *independent directors* klar begrenzen lassen. Die Überscheindung der Zuständigkeiten wird nur die Kontrollfunktion und die Wirkung der Überwachung beider Systeme abschwächen.[573]

Zweitens sollten die Kontrollfunktionen des Aufsichtsrats verstärkt werden. Obwohl das *independent director*-System eingeführt worden ist, wird die Kontrollfunktion des Aufsichtsrats noch nicht dadurch ersetzt.[574] Durch diese Einführung möchte man nicht die geltende Führungsstruktur der Aktiengesellschaft ändern, sonder nur besondere Probleme der chinesischen börsennotierten Aktiengesellschaften lösen. Durch die Einführung des *independent direktor-Systems* sollte die Reform des speziellen Überwachungsorgan, nämlich des Aufsichtsrats, nicht abgeschwächt werden.[575] Um die vollständige Kontrolle der Geschäftsführung zu verbessern, sollten die Kompetenzen des Aufsichtsrats entsprechend erweitert werden. Unter anderem sollte die Mehrheit der Aufsichtsratsmitglieder von außerhalb der Gesellschaft kommen und über entsprechende Sachkenntnis verfügen. Außerdem sollte dem Aufsichtsrat das Vertretungsrecht gegenüber dem Vorstand eingeräumt werden. Außer den gut durchsetzbaren Kontrollmaßnahmen sollte auch die Haftung des Aufsichtsrats ausgebaut werden. Die Kontrolle der Geschäftsführung wäre um ein Vielfaches verbessert, wenn es eine zweistufige Kontrollstruktur, nämlich vom Aufsichtsrat und den *independent directors*, gäbe.

---

[572] *Li, Kaifu*, LR 2005 Nr. 2, 124.
[573] *Li, Kaifu*, LR 2005 Nr. 2, 124.
[574] Auch *Li, Keifu*, LR 2005 Nr. 2, 124.
[575] *Yin, Shaoping*, RDFY 2003 Nr. 1, 32.

Drittens sollte die Unabhängigkeit der *independent directors* und ihre Mehrheit, zumindest aber die Hälfte, im Vorstand sichergestellt werden. Das wichtigste Merkmal der *independent directors* ist ihre Unabhängigkeit von der Gesellschaft, dem Management und den Hauptaktionären. Diese Unabhängigkeit gewährleistet ihre Objektivität bei der Beurteilung. Wenn die Ernennung der *independent directors* von den Großaktionären, die ohnehin das Management beherrschen, beeinflusst wird, können die *independent directors* kaum abweichende Auffassungen gegen das Management vertreten. Das *independent director*-System wäre damit weitgehend wirkungslos. Die Einführung des Systems der kumulativen Stimmangabe sollte ein möglicher Versuch, die Unabhängigkeit der *independent directors* von den Großaktionären zu gewährleisten und die Interessen der Kleinaktionäre zu schützen. Allerdings ist die unangemessene Aktionärsstruktur die größte Behinderungen für die Funktionsfähigkeit des *independent director*-Systems. Man sollte die staatlichen Anteile verringern, damit die unausgeglichene und einseitige Aktionärsstruktur geändert werden kann. Damit die *independent directors* wirklich ihre Überwachungsaufgabe effizent ausüben können, müssen sie noch gewisse Positionen im Vorstand haben. Im Gegensatz zum Aufsichtsrat können die *independent directors* an der Beschlussfassung des Vorstands teilnehmen. Sie können durch die Ausübung ihres Stimmrechts unangemessene Beschlüsse verhindern. Dies setzt aber voraus, dass sie eine Mehrheit im Vorstand besitzen. Jetzt wird in der Anleitung2001 gefordert, dass zumindest ein Drittel der Vorstandsmitglieder *independent directors* sein sollen. Dieses Machtverhältnis behindert aber die Kontrollaufgabe der *independent directors* bei der Beschlussfassung des Vorstands. Es ist deswegen gut zu verstehen, warum die meisten *independent directors* in der Unternehmenspraxis oft als Berater angesehen werden. Die Funktion der *independent directors* würde verstärkt, wenn es zwingend erforderlich wäre, dass mindestens die Hälfte des Vorstands sich aus *independent directors* zusammensetzen müsste.

Das Modell der chinesischen Modernisierung ist eine vom Staat geförderte, die Marktwirtschaft der Industrienationen als optimales Modell imitierende Systemumgestaltung.[576] In diesem Fall werden viele Rechtsinstitutionen der gereiften Marktwirtschaft auch in China eingeführt. Das *independent director-System* gehört dazu. Es sei wichtig, dass, auf Grund der enormen Unterschiede zwischen Aktionärsstruktur und Vorstand der chinesischen börsennotierten Aktiengesellschaften und den von den USA und England, die Funktionen des *independent director-Systems* angemessen auf das chinesische Rechtssystem abgestimmt werden.[577] Dass *independent directors* und Aufsichtsrat in einer Führungsstruktur gleichzeitig nebeneinander existieren, scheint zwar zunächst unmöglich zu sein. Jedoch wäre es auch eine doppelte Sicherung für die Kontrolle des Managements, wenn die Rechtsstellung und Zuständigkeit von den beiden Organen klar von einander abgegrenzt würden. Es ist zwar richtig, dass die Verstärkung der inneren Kontrolle der Gesellschaft nicht eine einfache Überlappung der Zuständigkeiten der Organe bedeutet[578]. Jedoch ist es nicht undenkbar, dass das *independent direc-*

[576] *Zheng, Wanqing*, JR 2005 Nr. 1, 118.
[577] *Yin, Shaoping*, RDFY 2003 Nr. 1, 32.
[578] *Jiang, Daxing*, LR 2003 Nr. 3, 46.

tor-System in China, unter bestimmten Voraussetzungen, auch gut funktionieren kann. *Fan Jian* ist der Meinung, dass in der Phase der Wirtschaftsumwandlung, die Errichtung des Aufsichtsrats- und *independent director-Systems* anders erfolgen muss, als in anderen Ländern.[579] Es gibt ohnehin keine universell geeignete Corporate Governance-Struktur. Eine gut funktionierende Corporate Governance ist auch die meist geeignete. Allerdings bleibt noch abzuwarten, ob diese besondere Struktur in China wirklich funktioniert.

[579] *Shou, Xinbao/Jiang, Yingying,* Faxue 2003 Nr. 6, 115.

E. Aufsichtsrat: Rechtsstellung, Kontrollmechanismen und die Beteiligung der Arbeitnehmer im Aufsichtsrat

I. Rechtsstellung des Aufsichtsrats

1. Rechtsstellung des Aufsichtsrats nach dem deutschen Recht

Der Aufsichtsrat als ein gesetzliches Organ der Aktiengesellschaft entstand nicht gleichzeitig mit der Entstehung des ersten Aktienrechts in Deutschland. In der ersten Hälfte des 19. Jahrhunderts bestand der Aufsichtsrat als Instrument der „stillen“ Aktionäre zur Kontrolle der geschäftsführenden und persönlich haftenden Gesellschafter in einer Kommanditgesellschaft auf Aktien. Damals vertrat der Aufsichtsrat nur die Interessen der einflusslosen Geldgeber als dessen Kontrollausschuss, um als Gegengewicht eine Balance zwischen den zwei verschiedenen Arten von Gesellschaftern zu schaffen. Durch das Allgemeine Deutsche Handels-Gesetzbuch (ADHGB) von 1861 wurden der Begriff „Aufsichtsrat“ und einzelne Regelungen über den Aufsichtsrat eingeführt. In diesem Gesetz wurde der Aufsichtsrat als fakultatives Organ in Anlehnung an das Recht der Kommanditgesellschaft auf Aktien in das Recht der AG übernommen. Erst im deutschen AktG von 1937 wurde der Aufsichtsrat zum ersten Mal als Gegengewicht zum damals „unabhängig“ gewordenen Vorstand mit der Funktion der Überwachung zwingend geregelt. [580] Das geltende Recht kennzeichnet den Aufsichtsrat in Deutschland als Überwachungsorgan, Beratungsorgan und Vertretungsorgan in bestimmten Fällen.

Zuerst ist der Aufsichtsrat ein Überwachungsorgan. In § 111 Abs. 1 AktG wird dem Aufsichtsrat die Aufgabe zugewiesen, die Geschäftsführung zu überwachen. Nach den Auffassungen der juristischen Fachliteratur werden die Zuständigkeiten des Aufsichtsrats insoweit verstanden, als der Aufsichtsrat Rechtmäßigkeit, Ordnungsmäßigkeit, Wirtschaftlichkeit und Zweckmäßigkeit der Aktivitäten der Unternehmensführung zu überwachen hat.[581] Ausgehend von den Vorschriften über die Kompetenzen des Aufsichtsrats fungiert der Aufsichtsrat gegenüber dem Vorstand als Überwachungsorgan. Die Überwachung des Vorstands ist sicherlich die primäre und zentrale Aufgabe des Aufsichtsrats.[582]

Zweitens ist der Aufsichtsrat ein Beratungsorgan. „Die Aufgabe des Aufsichtsrats, die Geschäftsführung zu überwachen, enthält die Pflicht, den Vorstand in übergeordneten Fragen der Unternehmensführung zu beraten.“[583] Durch diese Beurteilung bringt der BGH zum Ausdruck, dass die Kontrolle durch den Aufsichtsrat sich auch auf grundsätzliche Fragen der künftigen Geschäftspolitik zu erstrecken hat und eine solche Kontrolle „wirksam nur durch ständige Diskussion mit dem Vorstand und insofern nur durch dessen laufende Beratung“ ausgeübt

---

[580] Diese Geschichte vgl. *Scheffler* (1995), S. 6, 7.

[581] Vgl. *Pfannschmidt* (1993), S. 28;

[582] *Baums*, ZIP 1995, 12.

[583] BGH, BGHZ 114, 127.

werden kann.[584] Gemäß § 111 Abs. 4 Satz 2 AktG kann die Satzung oder der Aufsichtsrat bestimmen, dass bestimmte Arten von Geschäften nur mit seiner Zustimmung vorgenommen werden dürfen. Der DCGK regelt besonders das „Zusammenwirken von Vorstand und Aufsichtsrat". Vorstand und Aufsichtsrat arbeiten zum Wohle des Unternehmens eng zusammen. Der Vorstand stimmt die strategische Ausrichtung des Unternehmens mit dem Aufsichtsrat ab und erörtert mit ihm in regelmäßigen Abständen den Stand der Strategieumsetzung. Für Geschäfte von grundlegender Bedeutung legen die Satzung oder der Aufsichtsrat Zustimmungsvorbehalte zugunsten des Aufsichtsrats fest. Hierzu gehören Entscheidungen oder Maßnahmen, die die Vermögens-, Finanz- oder Ertragslage des Unternehmens grundlegend verändern.[585] Außerdem zählt der DCGK es ausdrücklich zu den Aufgaben des Aufsichtsrats, „den Vorstand bei der Leitung des Unternehmens regelmäßig zu beraten und zu überwachen."[586] Eine Studie hat aufgezeigt, dass ein Rollenwechsel des Aufsichtsrats von einer reinen Kontrolltätigkeit hin zu einer aktiven Beteiligung des Aufsichtsrats in Managementprozessen und strategischen Entscheidungen festgestellt werden konnte.[587] Durch die Zusammenwirkung von Vorstand und Aufsichtsrat kann der Aufsichtsrat die Geschäftsführung des Vorstands nicht nur nachträglich überwachen, sondern auch möglichen Fehlentscheidungen vorbeugen.

Schließlich ist der Aufsichtsrat in bestimmten Fällen auch ein Vertretungsorgan der Gesellschaft. Nach § 112 AktG vertritt der Aufsichtsrat die Gesellschaft den Vorstandsmitgliedern gegenüber gerichtlich und außergerichtlich. Die AG wird bei Geschäften und Prozessen, die sich auf das Vorstandsamt bzw. auf die Rechte und Pflichten von Vorstandsmitgliedern beziehen, vom Aufsichtsrat vertreten, ohne dass es darauf ankommt, ob das Vorstandsamt bereits angetreten ist oder ob es noch besteht.[588] Der Aufsichtsrat hat darüber hinaus das Recht und nach Lage des Falls auch die Pflicht, Schadenersatzprozesse gegen den Vorstand zu führen. Die Hauptgrund dafür liegt darin, dass hierdurch Interessenkonflikte zwischen Gesellschaft und Vorstand als gesetzlichem Vertreter der Gesellschaft zugunsten der Gesellschaft vermieden werden. Der Konflikt, der sich aus der Identität des Vorstands als dem Vertreter und der Gesellschaft als der Vertretenen beim Streit zwischen den beiden Seiten ergibt, wird durch ein weiteres Organ, den Aufsichtsrat, gelöst. Daraus kann man ableiten, dass der Aufsichtsrat als der Interessenvertreter der Aktionäre, die den Vorstand mit der Geschäftsführung der Gesellschaft beauftragt haben, angesehen wird.

Des weiteren ist die Rangbeziehung zwischen Vorstand und Aufsichtsrat nach deutschem Recht auch erwähnenswert. Auf Grund der einschlägigen Vorschriften kann man konstatieren, dass der Aufsichtsrat in Deutschland gegenüber dem Vorstand Vorrang genießt. Nach § 84 Abs. 1 Satz 1, Abs. 3 Satz 1 AktG ist der Aufsichtsrat für die Bestellung und Abberufung des Vorstands zuständig. Darüber

[584] BGH, BGHZ 114, 127.
[585] Ziff. 3.1, 3.2, 3.3, DCGK.
[586] Ziff. 5.1.1, DCGK.
[587] Vgl. *Ruhwedel/Epstein*, BB 2003, 162.
[588] *Schmidt* (2002), § 28 III 1 a).

hinaus räumt § 77 Abs. 2 Satz 1 AktG dem Aufsichtsrat eine vorrangige Regelungskompetenz in allen Fragen der rechtlichen Organisation der Vorstandsarbeit, nämlich der Geschäftsordnung des Vorstands, ein.[589] Allerdings ist der Aufsichtsrat kein Obervorstand.[590] Maßnahmen der Geschäftsführung können dem Aufsichtsrat nicht übertragen werden.[591] Er darf nicht in die Geschäftsführung des Vorstands eingreifen. Obwohl der Aufsichtsrat zur effizienten Kontrolle schon gewissermaßen an bestimmten Entscheidungen des Vorstands teilnehmen kann, sind die Kompetenzen der beiden Organe im Gesetz streng und zwingend getrennt.

2. Rechtsstellung des Aufsichtsrats nach dem chinesischen Recht

In chinesischen Aktiengesellschaften werden die Zuständigkeiten zur Überwachung und Unternehmensleitung dem Aufsichtsrat bzw. dem Vorstand zugewiesen. Nach dem KgesG werden Vorstand und Aufsichtsrat zusammen von der Hauptversammlung gewählt. Die beiden sind also gleichrangige Organe, die der Hauptversammlung parallel verantwortlich sind. Dies beeinflusst allerdings nicht die Position des Aufsichtsrats als ein Überwachungsorgan in der Gesellschaft.

Im chinesischen KgesG wird nicht ausdrücklich geregelt, dass der Aufsichtsrat das Überwachungsorgan der Gesellschaft ist oder der Aufsichtsrat zur Überwachung der Geschäftsführung zuständig ist. Stattdessen werden die Kompetenzen des Aufsichtsrats der GmbH und AG in §§ 54, 126 KgesG aufgelistet. Daraus kann man ableiten, dass der Aufsichtsrat ein Überwachungsorgan der Gesellschaft ist.

Der Aufsichtsrat übt folgende Amtsbefugnisse aus:[592]

- Er überprüft die finanziellen Angelegenheiten der Gesellschaft;
- er überwacht Handlungen der Vorstandsmitglieder und des *managers* bei der Ausführung von Gesellschaftsaufgaben darauf, ob sie Gesetze, Verwaltungsrechtsbestimmungen oder die Gesellschaftssatzung verletzen;
- wenn Handlungen von Vorstandsmitglied oder *manager* die Interessen der Gesellschaft schädigen, verlangt er, dass das Vorstandsmitglied bzw. der *manager* dem abhilft;
- er schlägt die Einberufung außerordentlicher Hauptversammlungen vor;
- er übt andere von der Gesellschaftssatzung bestimmte Amtsbefugnisse.

Das Zusammenwirken von Vorstand und Aufsichtsrat und das Vertretungsrecht des Aufsichtsrats den Vorstandsmitgliedern gegenüber werden aber im KgesG nicht angeführt. Deswegen ist der Aufsichtsrat in China nur ein reines Überwachungsorgan, das ausschließlich erst im Nachhinein tätig wird und keine

---

589 Vgl. *Hoffmann-Becking*, ZGR 1998, 501ff.

590 *Gelhausen*, in: *Feddersen/Hommelhoff/Schneider* (1996), S.61.

591 § 111 Abs. 4 Satz 1 AktG.

592 §§ 54, 126 KgesG.

Präventivmaßnahmen ergreifen kann. Im Entwurf zur Novellierung des chinesischen KgesG vom Staatsrat werden die Zuständigkeiten des Aufsichtsrats teilweise geändert. Außer Vorstandsmitgliedern und *manager* kontrolliert der Aufsichtsrat noch die Handlungen der hochrangigen Manager (高级管理人员). Der Aufsichtsrat kann der Hauptversammlung die Abberufung der Vorstandsmitglieder und hochrangigen Manager vorschlagen. Die Aufsichtsratsmitglieder nehmen an der Vorstandssitzung teil und stellen Fragen über die vom Vorstand beschlossenen Angelegenheiten oder machen Vorschläge. Wenn der Vorstand nicht nach dem Gesetz die Hauptversammlung einberuft oder leitet, kann der Aufsichtsrat die Hauptversammlung einberufen und leiten. Außerdem kann der Aufsichtsrat der Hauptversammlung Resolutionsvorschläge vorlegen.[593]

Diese Veränderungen sind begrüßenswert. Im Vergleich zum geltenden Gesetz werden die Amtsbefugnisse des Aufsichtsrats gewissermaßen verstärkt und erweitert.

3. Vergleich und Bewertung

Die Ausgestaltung des Aufsichtsrats im chinesischen KgesG wurde von dem Modell im japanischen Recht beeinflusst, wo der Aufsichtsrat auch ein zum Vorstand paralleles Überwachungsorgan ist. Im Vergleich zum deutschen Modell bringt diese Ausgestaltung des Aufsichtsrats in China und Japan unvermeidlich eine schwache Kontrolle vom Aufsichtsrat mit sich, weil der Aufsichtsrat kein dem Vorstand vorrangiges Organ wie im deutschen Recht ist und der mit umfangreichen Machtbefugnissen ausgestattete Vorstand im Zentrum der Verwaltung der Gesellschaft steht.

In China spielt der Aufsichtsrat kaum eine Rolle. Die Gründe dafür liegen vornehmlich in zwei Punkten: Einerseits fehlt es dem Aufsichtsrat an entsprechenden Kompetenzen wie beispielsweise zur Bestellung und Abberufung der Vorstandsmitglieder sowie an Zustimmungskompetenzen bei Entscheidungen des Vorstands in bestimmten Angelegenheiten. Im deutschen AktG werden dem Aufsichtsrat sowohl eine dem Vorstand vorrangige Position als auch umfangreiche Kompetenzen eingeräumt. Dies gewährleistet zumindest im Sinne des Gesetzes eine effiziente Kontrolle des Vorstands.

Andererseits fehlt dem Aufsichtsrat in China die notwendige Unabhängigkeit. Dies geht sowohl auf die unausgeglichene Aktionärsstruktur als auch auf das direktorische Führungssystem der ehemaligen staatseigenen Betriebe zurück, das noch Einfluss auf das heutige Führungssystem der Kapitalgesellschaften und die Zusammensetzung des Aufsichtsrats nimmt.

Nach § 124 Abs. 2 Satz 1 KgesG besteht der Aufsichtsrat einer chinesischen AG aus Aktionärsvertretern und Arbeitnehmervertretern in einem angemessenen Verhältnis; das konkrete Verhältnis wird von der Gesellschaftssatzung bestimmt. Die Aufsichtsratsmitglieder seitens der Aktionärsvertreter werden von der Hauptversammlung gewählt. In China werden die Mehrheitsanteile der meisten börsennotierten Aktiengesellschaften von einem Großaktionär, der entweder die öffent-

---

[593] § 145 Ziff. 2, 4, 5, 6, KgesG-E.

liche Hand oder ein Staatsunternehmen ist, gehalten. Wegen der Mehrheitsbeteiligung beherrscht der Großaktionär die Hauptversammlung und damit auch die Bestellung der Manager der Gesellschaft. In diesem Fall ist es fast unmöglich, dass der Aufsichtsrat den Vorstand, der normalerweise von dem Großaktionär beherrscht wird, gesetzmäßig überwacht. Dies gilt insbesondere, wenn die beiden Organe parallel eingerichtet werden. Der Großaktionär dominiert die Wahl der Geschäftsführenden und der Kontrolleure. Der Großaktionär spielt demnach in der Geschäftsführung eine große Rolle. Es mag daher nicht verwundern, dass unter dieser Aktionärsstruktur der Aufsichtsrat seiner Kontrollfunktion nicht gerecht werden kann. In der *999 Medizin* -AG sind beispielsweise zwei Aufsichtsratsmitglieder jeweils der Assistent des Vorstandsvorsitzenden und der Finanzabteilungsleiter des Mutterunternehmens.[594] Wenn der Vorstand beispielsweise eine gesetzwidrige Entscheidung zugunsten des Mutterunternehmens treffen würde, könnten die beiden Aufsichtsratsmitglieder faktisch nicht dagegen vorgehen.

In den ehemaligen staatseigenen Betrieben stand der Betriebsleiter im Zentrum der Führungsstruktur, was sogar gesetzlich normiert wurde. Dagegen fehlte es an einer entsprechenden Kontrolle des Betriebsleiters. Infolgedessen mangelte es auch an dem Bewusstsein dafür, dass die Geschäftsführung des Betriebsleiters notwendigerweise zu überwachen ist. Im Zuge der Umstrukturierung in eine Kapitalgesellschaft wird eine moderne Unternehmensorganisation errichtet. Mangels dieses Bewusstseins werden der Aufsichtsrat und seine Kontrollfunktion jedoch nicht genug beachtet. Der Vorstand und *manager* stehen nach wie vor im Vordergrund bei der Geschäftsführung der Gesellschaft. Diese Missachtung spiegelt sich u.a. in der Zusammensetzung des Aufsichtsrats wider. In China setzt sich der Aufsichtsrat normalerweise aus Angestellten der Gesellschaft oder den Vertretern des Großaktionärs zusammen. Im Aufsichtsrat von *999 Medizin*-AG gibt es beispielsweise sechs Mitglieder, unter denen zwei Mitglieder aus dem Mutterunternehmen, zwei Mitglieder von einem Großaktionär kommen und zwei Mitglieder Angestellte der AG selbst sind.[595] Im Aufsichtsrat der *Gree Elektro*-AG sind zwei Mitglieder jeweils der Leiter der Finanzabteilung und der Leiter der Unternehmensverwaltungsabteilung des Mutterunternehmens und das dritte Mitglied ist der Leiter des Kostenverwaltungsbüros der Gesellschaft.[596] In diesem Fall können die Aufsichtsratsmitglieder ihre Aufgaben überhaupt nicht unabhängig ausüben, weil sie als Angestellte unvermeidlich dem Vorstand unterworfen sind. In China gibt es in der Regel keine Aufsichtsratsmitglieder, die von außerhalb der Gesellschaft oder des Großaktionärs kommen und über entsprechende Sachkenntnisse für ihre Kontrollaufgaben verfügen. Daraus ist abzuleiten, dass der Aufsichtsrat nicht als ein Kontrollorgan beachtet wird. Die Ausgestaltung des Aufsichtsrats ist eher formaler Natur. Denn die Aufsichtsratsmitglieder stehen in enger Beziehung zum Vorstand oder zum Großaktionär, der den Vorstand oftmals beherrscht. Demgegenüber wird besonders die Unabhängigkeit bei der Wahl eines *independent directors* betont. Die Bestellung eines *independent director* setzt voraus, dass dieser unabhängig von der Gesellschaft und den Hauptaktionären sein muss.

---

[594] http://www.999.com.cn/gsxx/jsh.aspx

[595] http://www.999.com.cn/gsxx/jsh.aspx

[596] http://www.gree.com/Company/directorate.asp

Offensichtlich hat man die aus der Abhängigkeit resultierende schwache Funktion des Aufsichtsrats schon erkannt und versucht, diese Schwäche durch die Einführung eines unabhängigen Organs, nämlich des *independent director,* zu beseitigen.

Bei der Verbesserung des Aufsichtsrats setzt man deswegen u.a. in zwei Punkten an: Vor allem sollte die Aktionärsstruktur, in der es oft nur einen Großaktionär gibt, verändert werden oder entsprechende Konzernvorschriften geschaffen werden, um unangemessene Handlungen zwischen dem Großaktionär und der Gesellschaft haftungsmäßig zu sanktionieren. Außerdem sollte eine Zusammensetzung des Aufsichtsrats, die die Unabhängigkeit und fachliche Qualifikation der Mitglieder berücksichtigt, gewährleistet werden. Die internen Aufsichtsratsmitglieder, die entweder dem Vorstand oder dem Großaktionär unterworfen sind, sollten durch die externen Aufsichtsratsmitglieder, die außerhalb der Gesellschaft stehen und notwendige Fachkenntnisse besitzen, ersetzt werden. Der ersten Punkt ist im anderen Teil schon angeführt worden. Im Folgenden wird nur der zweite Punkt ausführlich analysiert.

Zuerst ist es notwendig, die einschlägigen Vorschriften über die Zusammensetzung des Aufsichtsrats im deutschen AktG und ihre Praxis vorzustellen. Nach § 100 Abs. 1 AktG ist grundsätzlich jede unbeschränkt geschäftsfähige natürliche Person in den Aufsichtsrat wählbar. Im deutschen Aufsichtsrat ist zwischen Anteilseigner- und Arbeitnehmervertreter zu unterscheiden. Da die Situation der Arbeitnehmervertreter im kommenden Teil über Mitbestimmung vorgestellt und analysiert wird, geht es hier nur um die Aufsichtsratsmitglieder seitens der Anteilseignervertreter. In Deutschland können Anteilseignervertreter Aktionäre (z.B. Großaktionäre oder institutionelle Anleger) oder Nicht-Aktionäre wie z. B. Bankenvertreter, Rechtsanwälte, ehemalige Mitglieder der Geschäftsführung, Politiker, Repräsentanten der öffentlichen Hand oder Wissenschaftler sein. [597] Darunter sollen häufig hauptamtliche Vorstände bzw. Geschäftsführer anderer Unternehmen und Banken im Aufsichtsrat vertreten. Dagegen sind die wenigsten Investoren und Aktionäre vertreten sein. [598] Was die Anforderungen an Aufsichtsratsmitglieder, wie z.B. zeitliche Ressourcen, Fachkenntnisse und Entscheidungsfreiheit, betrifft, hat jede am häufigsten im Aufsichtsrat vertretenen Gruppen jeweilige Vorteile und Nachteile. [599] Anders als im chinesischen Aufsichtsrat beschränken sich die Aufsichtsratsmitglieder der deutschen Aktiengesellschaften nicht nur auf die Angestellten der Gesellschaft selbst und die der Großaktionäre. Sie kommen normalerweise von außerhalb der Gesellschaft. Auf einer Seite verfügen sie über die Fachkenntnisse und Erfahrungen, die für die Ausübung der Aufgaben zur Kontrolle notwendig sind. Auf der anderen Seite ist die Unabhängigkeit der Aufsichtsratsmitglieder vom Vorstand gewissermaßen zu gewährleisten. Allerdings wird die Unabhängigkeit des Aufsichtsrats in Deutschland auch in Zweifel gezogen. Nach § 124 Abs. 3 AktG ist der Aufsichtsrat berechtigt, einen Wahlvorschlag für Aufsichtsratsmitglieder vorzulegen. Man hofft dadurch, dass insbeson-

---

[597] *Schneider* (2000), S. 143.

[598] *Oechsler*, in: *Hommelhoff/Hopt/Von Werder* (2003), S. 314.

[599] Vgl. *Oechsler*, in: *Hommelhoff/Hopt/Von Werder* (2003), S. 314-316.

dere der Vorstand des Unternehmens keinen Einfluss auf die Besetzung seines Überwachungsorgans ausübt, um so dessen Unabhängigkeit zu gewährleisten.[600] Allerdings lässt eine Studie vermuten, dass in vielen Fällen der Vorstand über die Vorschläge für das Überwachungsgremium entscheidet.[601] Dies kann darauf hindeuten, dass externe Aufsichtsratsmitglieder eine nur relative Unabhängigkeit des Aufsichtsrats gewährleisten können. Die personellen Verflechtungen der Aufsichtsratsmitglieder der Anteilseignerseite und der Wechsel vom Vorstandsvorsitz eines Unternehmens zum Aufsichtsratsvorsitz selbigen Unternehmens wird in Deutschland wegen daraus resultierender Abhängigkeit der Aufsichtsratsmitglieder kritisiert und als ein Grund der schwachen Funktion des Aufsichtsrats angesehen.[602] Eine echte Unabhängigkeit des Aufsichtsrats vom Vorstand würde davon abhängen, ob die Macht des Vorstands angemessen begrenzt wird, und ob die Eigenschaft des Aufsichtsrats als ein Gegengewicht zum Vorstand nicht aufgrund der engen Beziehung zwischen den beiden Organen beeinflusst wird.

Die Umsetzung einer funktionierenden Corporate Governance hängt letztlich von Qualifikation und Auswahl der Mitglieder des Vorstands und Aufsichtsrats ab. [603] Die personelle Zusammensetzung des Aufsichtsrats ist einer der wesentlichen Erfolgsfaktoren einer funktionsfähigen Überwachung des Vorstands. Die Zusammensetzung des Aufsichtsrats in China sollte sich sowohl im Gesetz als auch in der Praxis verändern. Bei der Auswahl von Mitgliedern des Aufsichtsrats, sind die folgenden Kriterien zu beachten:

1) Fachkenntnisse. Die Aufsichtsratsmitglieder müssen hinreichend qualifiziert sein, um ihrer Überwachungs- und Beratungsaufgabe adäquat gerecht werden zu können.[604] Das bedeutet aber nicht, dass alle Aufsichtsratsmitglieder gleiche umfangreiche Fachkenntnisse besitzen müssen, weil im Aufsichtsrat als pluralistisch zusammengesetztem Gremium zunächst die Gruppenzugehörigkeit entscheidend ist, hinter der die Professionalität zurücktritt.[605] Jedes Mitglied sollte über speziellen Sachverstand in einem bestimmten Gebiet wie z.B. der Wirtschaft, Rechtswissenschaft oder unternehmerische Erfahrungen verfügen. Dann könnte ein solcher Aufsichtsrat umfangreiche Fachkenntnisse, die für die Erfüllung der Überwachungsaufgabe notwendig sind, besitzen. Die spezifische Überwachungstätigkeit des Aufsichtsrats braucht nicht nur unternehmerische Leitungserfahrung, sondern die davon zu trennende Erfahrung, wie das Management zu kontrollieren und zu beraten ist.[606] Der DCGK empfiehlt die für die ordnungsgemäße Wahrnehmung der Aufgaben erforderlichen Kenntnisse, Fähigkeiten und fachlichen Erfahrungen als Auswahlmaxime für die Aufstellung von Vorschlägen

---

[600] Vgl. *Peltzer*, NZG 2002, 12.

[601] *Ruhwedel/Epstein*, BB 2003, 165.

[602] Vgl. DGB, Stellungnahme des DGB Bundesvorstandes, Abt. Mitbestimmung und Rechtspolitik zu dem Bericht der „Kommission Mitbestimmung" von BDR und BDI, http://www.boeckler.de/pdf/dgb_stellungnahme_umitbest_ 2004_11.pdf

[603] *Oechsler*, in: *Hommelhoff/Hopt/Von Werder* (2003), S. 318.

[604] *Schwark*, in: *Hommelhoff/Lutter/Schmidt/Schön/Ulmer* (2003), S. 103.

[605] *Glaussen*, AG 1996 481, 485.

[606] *Feddersen*, AG 2000, 389.

zur Wahl von Aufsichtsratsmitgliedern.[607] Im KgesG wird die Qualifikation der Aufsichtsratsmitglieder hingegen nicht angesprochen. In der Unternehmenspraxis sind die Vorstandsmitglieder zum großen Teil Angestellte der Gesellschaft, die für Partei oder politische Angelegenheiten zuständig sind und keine Fachleute im Bereich von Rechtswissenschaft, Finanz oder Technik.[608] Diese Zusammensetzung kann aber eine effiziente Kontrolle des Managements nicht gewährleisten. Das Personal und die Struktur des Aufsichtsrates müssen gewährleisten, dass der Aufsichtsrat unabhängig und effizient die Überwachung und Prüfung der Vorstandsmitglieder, Geschäftsführer, anderer hochrangiger Manager und der Finanzen der Gesellschaft ausüben kann.[609] Um die Kotrollfunktion des Aufsichtsrats in China zu verbessern, sollten Fachleute, wie z.B. Bankiers, Juristen, Wirtschaftsprüfer, Techniker wegen ihrer besonderen Sachkenntnisse in den Aufsichtsrat berufen werden.

2) Unabhängigkeit. Die Unabhängigkeit gehört zu den Grundvoraussetzungen der Mitglieder eines Kontrollgremiums.[610] Die Unabhängigkeit des Aufsichtsrats ist selbstverständliche Voraussetzung für eine am Interesse der Gesellschaft ausgerichtete Überwachung des Vorstands.[611] Die Geschäftsführung des Vorstands ist der Gegenstand der vom Aufsichtsrat ausgeübten Überwachung. Zur effektiven und rechtmäßigen Umsetzung der Kontrollfunktion müssen die Aufsichtsratsmitglieder vor allem unabhängig von dem Vorstand sein. Die organisatorische und rechtliche Selbständigkeit fordert vom Aufsichtsrat die Bereitschaft, sich als ein mit eigenen Rechten ausgestattetes Widerlager zur Vorstandskompetenz zu betrachten und auch entsprechend zu handeln.[612] In § 105 Abs. 1 AktG wird ausdrücklich geregelt, dass ein Aufsichtsratsmitglied nicht zugleich Vorstandsmitglied, dauernder Stellvertreter von Vorstandsmitgliedern, Prokurist oder zum gesamten Geschäftsbetrieb ermächtigter Handlungsbevollmächtigter der Gesellschaft sein kann. Darüber hinaus verhindert § 100 Abs. 2 Nr. 2 AktG teilweise eine Überwachungsverflechtung innerhalb von Konzernstrukturen. Das Gefüge der §§ 114, 115 AktG gewährleistet, dass die Mitglieder des Aufsichtsrats nicht ohne Wissen des Gesamtorgans in eine wirtschaftliche Abhängigkeit vom Vorstand der Gesellschaft geraten.[613] Wegen der unausgeglichenen Aktionärsstruktur in China hat der Aufsichtsrat unvermeidlich eine gewisse Abhängigkeit vom Vorstand. Obwohl die Aufsichtsratsmitglieder nach dem chinesischen KgesG von der Hauptversammlung gewählt werden, wird die Entstehung des Aufsichtsrats in der Praxis normalerweise vom Vorstand bestimmt.[614] In der oben erwähnten *Gree Elektro*-AG sind der Vorstandsvorsitzende und ein Vorstandsmitglied der Vorstandsvorsitzende bzw. *manager* des Mutterunternehmens. Zwei von den Aufsichtsratsmitgliedern sind Angestellte des Mutterunternehmens. Das Mutterunter-

---

607 Ziff. 5.4.1, DCGK.
608 *Li, Kaifu*, LR 2005 Nr. 2, 125.
609 § 64 CCGK.
610 *Schwark*, in: *Hommelhoff/Lutter/Schmidt/Schön/Ulmer* (2002), S. 108.
611 *Oetker*, in: *Hommelhoff/Hopt/Von Werder* (2003), S. 272.
612 *Lutter*, in: *Scheffler* (1995), S. 17.
613 *Oetker*, in: *Hommelhoff/Hopt/Von Werder* (2003), S. 273.
614 *Li, Keifu*, LR 2005 Nr. 2, 125; *Ni, Jianlin* (2001), S. 200, 201.

nehmen beherrscht sowohl den Vorstand als auch den Aufsichtsrat. Die Aufsichtsratsmitglieder können kaum Einfluss auf die Vorstandsmitglieder nehmen. Es verhält sich vielmehr genau umgekehrt. In einer solchen Konstellation dürfte es den Aufsichtsratsmitgliedern schwer fallen, Objektivität zu wahren, weil sie eigene Interessen zu berücksichtigen haben. Dies ergibt sich aus der Führungsstruktur der chinesischen AG, in der Vorstand und Aufsichtsrat gleichermaßen von der Hauptversammlung gewählt werden. Auf Grund der dominierenden Beteiligungsanteile kann der Großaktionär sowohl den Vorstand als auch den Aufsichtsrat beherrschen. Es besteht die Gefahr, dass sich Vorstand und Aufsichtsrat vornehmlich an den Interessen des Großaktionärs orientieren. Diese Übereinstimmung des Interesses verhindert die Kontrollfunktion des Aufsichtsrats. Während in China Führungsstruktur und eine unausgeglichene Aktionärsstruktur in erster Linie ursächlich für Abhängigkeiten des Aufsichtsrates und damit für sein Versagen verantwortlich sind, stehen in Deutschland zu vermeidende wirtschaftliche Interessenkonflikte zwischen dem Aufsichtsrat und dem Vorstand bzw. der Gesellschaft im Vordergrund. Interessenkonflikte, die die Kontrollfunktion des Aufsichtsrats unterbinden könnten, sind in China zwar auch durch Gesetzesänderungen zu beseitigen. Jedoch sind die Veränderung und Verbesserung der Führungsstruktur und der unausgeglichenen Aktionärsstruktur dringlicher vorzunehmen. Außer der Unabhängigkeit vom Vorstand ist die Unabhängigkeit des Aufsichtsrats von den Personen, die die Aufsichtsratsmitglieder gewählt oder entsandt haben, ebenfalls von größter Bedeutung. Bei diesem Punkt geht es darum, welche Interessen der Aufsichtsrat vertreten soll. Obwohl die Aufsichtsratsmitglieder von den Aktionären bzw. den Arbeitnehmern gewählt werden, vertritt er als ein Organ der Gesellschaft nicht das Interesse einer einzigen Anspruchsgruppe der Gesellschaft, sondern das Unternehmensinteresse im allgemeinen. Er wird nicht als Angestellter oder als Auftragnehmer mit speziellen gesetzlich ausgeprägten Pflichten angesehen, sondern als Unternehmensorgan mit jeweils eigenem selbständigem Wirkungskreis.[615] Es wird im DCGK deutlich ausgesprochen, dass jedes Mitglied des Aufsichtsrats dem Unternehmensinteresse verpflichtet ist.[616]

3) Engagement. Außer den oben erwähnten Faktoren, die die Kontrollfunktion des Aufsichtsrats beeinflussen können, spielt das Engagement des Aufsichtsrats auch eine bedeutende Rolle. Es geht darum, wie viel Aufmerksamkeit die Aufsichtsratsmitglieder ihren Aufgaben schenken, wie viel Zeit und Mühe sie auf die Ausübung ihrer Aufgaben verwenden. Die Aufsichtsratsmitglieder sollten sich vor allem ihrer Verantwortung für die Überwachung des Vorstands bewusst sein. Obwohl der Vorstand eine große Rolle bei der Unternehmensleitung spielt, sollten die Aufsichtsratsmitglieder sich selbst nicht als Angestellte und den Aufsichtsrat nicht als ein dem Vorstand nachgeordnetes Organ ansehen. Durch Inanspruchnahme der vom Gesetz eingeräumten Rechte sollten sie sich über die Angelegenheiten der Gesellschaft häufig informieren lassen und dann auf dieser Basis die Tätigkeit des Vorstands beurteilen. Sie sollten die Mängel der Ge-

[615] Vgl. *Baums*, ZIP 1995, 13.
[616] Ziff. 5.5.1, DCGK.

schäftsführung frühzeitig erkennen und angemessene Maßnahmen zur Abhilfe treffen. Die Anforderung ans Engagement der Aufsichtsratsmitglieder lassen sich nicht genau im Gesetz regeln. Mit Hilfe einschlägiger Haftungsregelungen kann man aber gewährleisten, dass die Aufsichtsratsmitglieder ihre Verantwortung beachten und darum bemüht sind, ihre Aufgaben effektiv auszuüben. Die Haftung der Aufsichtsratsmitglieder kann vor allem bei Unternehmenszusammenbrüchen praktische Relevanz haben.[617]

II. Kontrollmechanismen des Aufsichtsrats

1. Kontrollmechanismen des Aufsichtsrats nach dem deutschen Recht

a. Entscheidung zur personellen Ausgestaltung der Unternehmensführung

Obwohl Vorstand und Aufsichtsrat im dualistischen System zwei selbständige Organe sind, liegt die Personalkompetenz des Vorstands dennoch in der Hand des Aufsichtsrats. Infolge der Personalkompetenz ist es die Aufgabe des Aufsichtsrats, die zentrale Entscheidung zur personellen Ausgestaltung der Unternehmungsführung zu treffen, diese laufend auf ihre Richtigkeit und Berechtigung zu überprüfen und gegebenenfalls auch rechtzeitig zu revidieren.[618] In § 84 AktG hat der Gesetzgeber dem Aufsichtsrat das Recht auf Bestellung, Abberufung und Wiederbestellung der Vorstandsmitglieder ausdrücklich eingeräumt. Dies wird als „zentrale Aufgabe des Aufsichtsrats“[619] angesehen. Diese Zuordnung der Personalkompetenz wurde im AktG vor 1937 noch nicht so explizit geregelt wie heute. Obwohl das AktG von 1884 auf die Stärkung der Stellung der Generalversammlung abzielte, hat es die Wahl der Vorstandsmitglieder nicht dieser zugewiesen. Bei der Besetzung des Vorstands geht es nämlich um die technische Befähigung seiner Mitglieder und diese Entscheidung kann keiner größeren Versammlung mit wechselnder Zusammensetzung übertragen werden[620]. Der Gesetzgeber hat jedoch zu dieser Zeit dem Aufsichtsrat diese Personalkompetenz noch nicht zwingend zugewiesen, sondern dem Satzungsgeber den obligatorischen Auftrag erteilt, die Bestellung der Vorstandsmitglieder im Gesellschaftsvertrag selbst zu regeln. Erst im AktG von 1937 wurde zwingend geregelt, dass der Aufsichtsrat für die Bestellung des Vorstands zuständig ist. Durch die Bestellung des Vorstands bietet sich dem Aufsichtsrat die Möglichkeit, bereits vorbeugend die sachgerechte Leitung der Gesellschaft sicherzustellen. Ferner wird dem Aufsichtsrat ermöglicht, mit der Auswahl des Führungspersonals von sich aus unternehmenspolitische Akzente zu setzen und in gewissem Rahmen den zukünftigen Kurs des Unternehmens vorher zu bestimmen.[621]

[617] *Schmidt* (2002), § 28 III 1 d).
[618] *Theisen*, in: *Hommelhoff/Hopt/Von Werder* (2003), S. 287.
[619] *Oechsler*, in: *Hommelhoff/Hopt/Von Werder* (2003), S. 309.
[620] Vgl. *Hommelhoff*, in: *Schubert/Hommelhoff* (1985), S. 89.
[621] *Krieger* (1981), S. 1.

b. Informationsversorgung

Eine sinnvolle Überwachung ist also nur dann möglich, wenn der Aufsichtsrat über die daraus resultierenden Ergebnisse ständig informiert ist.[622]Ausreichende Informationen über die Geschäftsführung des Vorstands ist eine wesentliche Voraussetzung einer funktionsfähigen Überwachung des Aufsichtsrats. Im deutschen AktG werden einerseits dem Aufsichtsrat aktive Rechte auf Informationsversorgung eingeräumt, andererseits Informationspflichten des Vorstands geregelt. Erstere spiegelt sich zuerst in § 90 Abs. 3 Satz 1 AktG wider, wonach der Aufsichtsrat vom Vorstand jederzeit einen Bericht über Angelegenheiten der Gesellschaft, über ihre rechtlichen und geschäftlichen Beziehungen zu verbundenen Unternehmen sowie über geschäftliche Vorgänge bei diesen Unternehmen, die auf die Lage der Gesellschaft von erheblichem Einfluss sein könnten, verlangen kann. Außerdem kann der Aufsichtsrat die Bücher und Schriften der Gesellschaft sowie die Vermögensgegenstände, namentlich die Gesellschaftskasse und die Bestände an Wertpapieren und Waren, einsehen und prüfen (§ 111 Abs. 2 AktG). Er kann damit auch einzelne Mitglieder oder für bestimmte Aufgaben besondere Sachverständige beauftragen (§ 111 Abs. 2 AktG). Informationspflichten des Vorstands – passive Informationsrechte – sind in § 90 Abs. 1 AktG normiert. Danach hat der Vorstand dem Aufsichtsrat regelmäßig über die beabsichtigte Geschäftspolitik, die Rentabilität der Gesellschaft, den Gang der Geschäfte und über Geschäfte, die für Rentabilität der Gesellschaft von besonderer Bedeutung sein können, zu berichten. Darüber hinaus besteht eine Berichterstattungspflicht gegenüber dem Aufsichtsratsvorsitzenden bei allen wichtigen Anlässen (§ 90 Abs. 1 Satz 2 AktG). Durch die Regelungen über Berichterstattungspflichten des Vorstands hat der Gesetzgeber versucht, einen Informationsfluss zwischen Vorstand und Aufsichtsrat sicherzustellen. Durch diese Vorschrift ist eine effiziente, vor allem vorbeugende Überwachung der Geschäftsführung beabsichtigt.[623] Durch das im Jahr 2002 in Kraft getretene TransPubG wurde § 90 Abs. 1 Nr. 1 AktG dahingehend ergänzt, dass beim Bericht der beabsichtigten Geschäftspolitik und anderer grundsätzlicher Fragen der Unternehmensplanung auf Abweichungen der tatsächlichen Entwicklung von früher berichteten Zielen unter Angabe von Gründen einzugehen ist. Diese Änderung ist als wichtige Reaktion auf Unzulänglichkeiten in der Unternehmensüberwachung zu begrüßen.[624] Durch diese Änderung wird eine ex ante Kontrolle in Zusammenhang mit einer ex post Kontrolle gebracht. Damit könnte der Vorstand unter der Überwachung des Aufsichtsrats einerseits vernünftige Planungen machen, andererseits sich bemühen, die beabsichtigten Planungen zu erreichen. Weitere Informationspflichten des Vorstands gegenüber dem Aufsichtsrat bestehen besonders im Bereich der Rechnungslegung: Der Vorstand hat dem Aufsichtsrat die Unterlagen über die Rechnungslegung, wie z.B. den Jahresabschluss und den Lagebericht so wie den Vorschlag für die Verwendung des Bilanzgewinns, unverzüglich nach ihrer Aufstellung zur Prüfung vorzulegen (§§ 170, 171 AktG); entsprechendes gilt gemäß § 337 Abs. 1 AktG für

---

622 *Lutter*, in: *Scheffler* (1995), S. 18.
623 *Bosse*, DB 2002, 1592.
624 *Bosse*, DB 2002, 1592.

die Unterlagen der Konzernrechnungslegung. Die aktienrechtlichen Einzelbestimmungen zur „Informationsversorgung", nämlich den Informationsrechten des Aufsichtsrats und den Informationspflichten des Vorstands, dienen in erster Linie der Effektuierung der Überwachungsfunktion des Aufsichtsrats. In der Praxis wird aber kritisiert, dass eine ausreichende Informationsversorgung des Aufsichtsrats dennoch häufig nicht gewährleistet sei.[625] Eine Studie hat ergeben, dass der Aufsichtsrat seine Informationen primär vom Vorstand (97,3%) und vom Abschlussprüfer (89,4%) erhält. Durch diese Studie könnte der Vorwurf bestätigt werden, der Aufsichtsrat verlasse sich bei seinen Entscheidungen zu einseitig auf die Information durch den Vorstand und erfülle seine Holschuld nicht, was beispielsweise eine verstärkte Nutzung externer Informationsquellen und einen direkten Zugriff auf das Informationssystem erfordert.[626]

c. Zustimmungsvorbehalt

Eine Regelung zu Zustimmungsvorbehalten befindet sich in § 111 Abs. 4 Satz 2 AktG. Danach kann die Satzung der Gesellschaft oder der Aufsichtsrat selber bestimmen, dass bestimmte Arten von Geschäften nur mit Zustimmung des Aufsichtsrats vorgenommen werden dürfen. Zustimmungsvorbehalte sind ein probates Mittel, um der Überwachungstätigkeit des Aufsichtsrats eine größere Wirksamkeit zu verleihen.[627] „Bestimmte Arten von Geschäften" im Sinne von dieser Vorschrift werden im DCGK weiter als „Geschäfte von grundlegender Bedeutung" interpretiert. „Hierzu gehören Entscheidungen oder Maßnahmen, die die Vermögens-, Finanz- oder Ertragslage des Unternehmens grundlegend verändern."[628] Über den Zustimmungsvorbehalt kann der Aufsichtsrat die Geschäftsführung des Vorstands zumindest in Gestalt eines Vetorechts unmittelbar beeinflussen.[629] Dies verändert aber nicht die Stelle des Aufsichtsrats als Kontrollorgan. Die laufende Geschäftsführung darf dem Aufsichtsrat nach wie vor nicht übertragen werden. Vielmehr soll der Zustimmungsvorbehalt als ein Instrument zur Überwachung dem Aufsichtsrat die Kontrolle des Vorstands erleichtern, damit ihm grundlegende Änderungen bei den wirtschaftlichen Kennziffern der Gesellschaft nicht verborgen bleiben.[630] Zustimmungsvorbehalte können die Überwachung des Vorstands effektiv stärken. Durch die Bestimmung über Zustimmungsvorbehalte wird die Zusammenwirkung von Vorstand und Aufsichtsrat betont. Im dualistischen System ist der Aufsichtsrat ein vom Vorstand getrenntes selbständiges Überwachungsorgan. Im Vergleich zum monistischen System bringt dieses System den Nachteil mit sich, dass der Aufsichtsrat nicht beim Entscheidungsprozess des Vorstands einbezogen ist, sondern lediglich aus der Distanz die Geschäftsführung des Vorstands zu überwachen hat. Damit dieser Nachteil beseitigt wird, die Entscheidungen oder Maßnahmen des Vorstands früher bewertet und mögliche Unangemessenheiten rechtzeitig verhindert werden, ist

---

[625] Vgl. *Ruhwedel/Epstein*, BB 2003, 164.
[626] *Ruhwedel/Epstein*, BB 2003, 163.
[627] *Götz*, NZG 2002, 602.
[628] Ziff. 3.3, DCGK.
[629] *Oetker*, in: *Hommelhoff/Hopt/Von Werder* (2003), S. 264.
[630] *Oetker*, in: *Hommelhoff/Hopt/Von Werder* (2003), S. 264, 265.

der Zustimmungsvorbehalt des Aufsichtsrats eine sinnvolle Maßnahme. Es ist nun zu klären, in welchem Umfang der Zustimmungsvorbehalt wirken soll. Denn der Vorstand ist das einzige gesetzliche Organ der Geschäftsführung. Ein zu breiter Zustimmungskatalog würde die Leitungskompetenz des Vorstands erheblich einschränken und letztlich womöglich grundlegend in Frage stellen. Die Kontrolle bzw. die ex ante Kontrolle des Aufsichtsrats wird einerseits durch Zustimmungsvorbehalte gestärkt und die unabhängige Kompetenz des Vorstands wird andererseits nicht dadurch benachteiligt. Ein die beiden Seiten berücksichtigender Zustimmungskatalog ist deswegen zu erwarten. Nach der Regierungskommission Corporate Governance ist ein Zustimmungskatalog in die Satzung oder die Geschäftsordnung des Aufsichtsrates zwingend aufzunehmen.[631] Danach sollen alle Entscheidungen oder Maßnahmen, die die Ertragsaussichten der Gesellschaft oder ihre Risikoposition grundlegend verändern, vom Zustimmungsvorbehalt erfasst sein.[632] Wegen des unterschiedlichen Unternehmensgegenstandes und der konkreten Geschäftstätigkeit der jeweiligen Gesellschaften ist es unmöglich, den Inhalt des Zustimmungskataloges im Gesetz ausdrücklich zu formulieren. Die Lösung könnte daher nur darin liegen, zwar eine Pflicht zur Aufstellung eines Zustimmungskataloges zu statuieren, den Inhalt des Kataloges aber der Gesellschaft zu überlassen.[633]

2. Kontrollmechanismen des Aufsichtsrats nach dem chinesischen Recht

Im Vergleich zum deutschen Recht sind die Regelungen über die Aufgaben des Aufsichtsrats im KgesG wenig umfangreich und präzise. Dies soll auch ein Grund für die schwache Kontrolle des Vorstands durch den Aufsichtsrat in chinesischen Unternehmen sein. Im KgesG bezieht sich nur eine Vorschrift auf die Aufgaben des Aufsichtsrats der Aktiengesellschaft. In § 126 KgesG werden die Aufgaben des Aufsichtsrats aufgelistet. Daraus kann man die Kontrollmechanismen des Aufsichtsrats ableiten. Aus § 126 KgesG ergeben sich folgende Kontrollmechanismen des Aufsichtsrats.

Zuerst kann der Aufsichtsrat durch Überprüfung der finanziellen Angelegenheiten der Gesellschaft die Geschäftsführung des Vorstands überwachen. Finanzielle Angelegenheiten der Gesellschaft können die Situation der Geschäftsführung des Vorstands widerspiegeln. Durch diese Überprüfung kann der Aufsichtsrat feststellen, ob der Vorstand bei der Geschäftsführung rechtmäßig und satzungsmäßig gehandelt hat. Diese Überprüfung ist notwendig für eine objektive Bewertung der Geschäftsführung und eine effiziente Kontrolle durch den Aufsichtsrat. Das Problem besteht nun darin, dass die so genannten finanziellen Angelegenheiten der Gesellschaft gesetzlich nicht weiter konkretisiert werden. Bei diesem so genannten Prüfungsrecht im KgesG geht es eigentlich um das Informationsrecht, bzw. Einsichts- und Prüfungsrecht des Aufsichtsrats. Im deutschen AktG werden die Gegenstände des Einsichts- und Prüfungsrechts des Aufsichtsrats auf Bücher und Schriften der Gesellschaft sowie die Vermögensgegenstände,

631 *Baums* (2001), Rz. 34.
632 *Baums* (2001), Rz. 34.
633 *Schwark* in: *Hommelhoff/Lutter/Schmidt/Schön/Ulmer* (2002), S. 93.

namentlich die Gesellschaftskasse und die Bestände an Wertpapieren und Waren beschränkt.[634] Durch diese Vorschrift wird das Einsichts- und Prüfungsrecht des Aufsichtsrats konkretisiert. Im KgesG ist dieses Recht leider noch sehr abstrakt und auf Grund seiner Vagheit nur schwer durchsetzbar.

Außerdem kann der Aufsichtsrat verlangen, dass Vorstandsmitglieder und *manager* deren Handlungen die Interessen der Gesellschaft schädigen, diese zukünftig unterlassen. Diese Maßnahme ist so schwach ausgestaltet, dass sich dies nicht effektiv auf die Aktivitäten der Vorstandsmitglieder und *manager* auswirken kann. Denn es wird nicht geregelt, wie der Aufsichtsrat von Vorstandsmitgliedern und *manager* das Unterlassen dieser unangemessenen Handlungen verlangen oder solche Handlungen verhindern kann und welche Rechtsfolgen nach dem Gesetz eintritt, wenn die Vorstandsmitglieder oder der *manager* ihre Handlungen nicht unterlassen. In diesem Fall fehlt es dem Aufsichtsrat oder den Aufsichtsratsmitgliedern noch an entsprechender Prozessführungsbefugnis.[635] Durch diese Vorschrift hat der Gesetzgeber versucht, die Kontrolle von Seiten des Aufsichtsrats auch bei der laufenden Geschäftsführung zu gewährleisten. Mangels konkreter Maßnahmen und entsprechend klarer Rechtsfolgen kann dieses Ziel jedoch leider nicht erreicht werden. Eine effektive Kontrolle durch den Aufsichtsrat wird deswegen nicht verwirklicht.[636]

Darüber hinaus kann der Aufsichtsrat den Vorschlag machen, eine außerordentliche Hauptversammlung einzuberufen. Diese Vorschrift hat zumindest zwei Schwächen. Zuerst hat der Aufsichtsrat nach dieser Regelung nur ein Vorschlagsrecht auf die Einberufung der außerordentlichen Hauptversammlung. Ob eine vom Aufsichtsrat vorgeschlagene außerordentliche Hauptversammlung wirklich einberufen wird, bestimmt aber der Vorstand. Nach § 104 Nr. 5 KgesG soll eine außerordentliche Hauptversammlung innerhalb von zwei Monaten einberufen werden, wenn der Aufsichtsrat einen entsprechenden Vorschlag gemacht hat. Allerdings ist nicht geregelt, welche Handlungsmöglichkeiten der Aufsichtsrat hat, wenn der Vorstand trotz des Vorschlags vom Aufsichtsrat die außerordentliche Hauptversammlung nicht gesetzmäßig einberufen hat. Die Wirkung dieser Vorschrift und die Kontrollfunktion des Aufsichtsrats werden deswegen blockiert. Außerdem ist nicht klar geregelt, in welcher Situation der Aufsichtsrat die Einberufung einer außerordentlichen Hauptversammlung vorschlagen kann. § 111 Abs. 3 AktG sieht vor, dass der Aufsichtsrat eine Hauptversammlung einzuberufen hat, wenn das Wohl der Gesellschaft dies erforderlich macht. Für den Beschluss hierzu genügt die einfache Mehrheit. Durch diese Vorschrift wird dem Aufsichtsrat das Recht auf Einberufung der Hauptversammlung direkt eingeräumt. Dadurch, dass für einen solchen Beschluss des Aufsichtsrats eine einfache Mehrheit genügt, wird das Recht konkret durchsetzbar. Des weiteren ist das Recht auf Einberufung der außerordentlichen Hauptversammlung offensichtlich stärker als das bloße Vorschlagsrecht hierzu.

---

[634] § 111 Abs. 2 Satz 1 AktG.

[635] *Yuan, Jinxiu*, RDFY 2003 Nr. 7, 4.

[636] *Yuan, Jinxiu*, RDFY 2003 Nr. 7, 4.

Schließlich können Aufsichtsratsmitglieder an den Vorstandssitzungen teilnehmen, jedoch ohne stimmberechtigt zu sein. Die Teilnahme der Aufsichtsratsmitglieder an den Vorstandssitzungen ist eine gute Methode, den Informationsfluss sicherzustellen. Außerdem handelt es sich hierbei auch um eine zeitnahe Kontrolle des Vorstands, weil der Vorstand auf den Sitzungen die wichtigen Entscheidungen über die Geschäfte der Gesellschaft beschließt. Es fragt sich aber, ob sich die Aufsichtsratsmitglieder auf den Vorstandssitzungen nur wie Statisten verhalten - ohne entsprechende kritische Fragen zu stellen oder Vorschläge zu machen, wäre nämlich diese Teilnahme praktisch sinnlos. Auch ohne die Teilnahme könnten die Aufsichtsratsmitglieder einschlägige Informationen über die Vorstandssitzungen und die Entscheidungen durch Vorlage der Beschlüsse des Vorstands erfahren. Deswegen sollte der Sinn der Teilnahme der Aufsichtsratsmitglieder an den Vorstandssitzungen nicht nur in der Informationsversorgung, sondern vor allem auch in der Zusammenarbeit der beiden Organe liegen. Bei der Teilnehme an den Vorstandssitzungen sollten die Aufsichtsratsmitglieder entsprechende Fragen stellen oder mit den Vorstandsmitglieder um einschlägige Angelegenheiten diskutieren können. Der Aufgabenverteilung zu Folge dürfen die Aufsichtsratsmitglieder natürlich auf den Vorstandssitzungen keine Stimme abgeben. Sie dürfen auch nicht in die Kompetenzen des Vorstands eingreifen. Allerdings können die Aufsichtsratsmitglieder durch die Teilnahme an den Vorstandssitzungen im Vorfeld von den Vorsandsbeschlüssen auf Grund ihrer Fachkenntnisse oder Erfahrungen dem Vorstand entsprechende Vorschläge machen und Ratschläge erteilen. Wenn die Beschlüsse des Vorstands gesetz- oder satzungswidrig wären, könnten sie diese auch rechtzeitig verhindern. So ist diese Vorschrift über die Teilnahme der Aufsichtsratsmitglieder an den Vorstandssitzungen im KgesG noch ziemlich vage. Der Sinn und die Wirkungsweise dieser Regelung sind im Gesetz nicht klar zu erkennen und abzuschätzen.

3. Verbesserungsmöglichkeiten der Kontrollmechanismen des Aufsichtsrats in China

a. Amtsbefugnis zur Entscheidung der personellen Ausgestaltung des Vorstands

Nach dem geltenden chinesischen KgesG werden Vorstand und Aufsichtsrat gleichermaßen von der Hauptversammlung gewählt. Beide Organe sind der Hauptversammlung parallel verantwortlich. Diese Führungsstruktur führt dazu, dass der Aufsichtsrat zum Anhängsel des Vorstands wird und ihn nicht kontrolliert. Da die Trennung von Unternehmensleitung und Unternehmensüberwachung im chinesischen KgesG schon festgelegt ist, sollte nun, nach der Erfahrung aus Deutschland, die Amtsbefugnis zur Entscheidung der personellen Ausgestaltung des Vorstands dem Aufsichtsrat eingeräumt werden.[637] Dieses echte dualistische System kann sowohl die Selbstverantwortung des Vorstands als auch die Autorität des Aufsichtsrats gewährleisten.

---

[637] *Li, Kaifu*, LR 2005 Nr. 2, 125.

b. Konkretisierung der Kontrollmechanismen

Wie oben dargestellt und analysiert ist die Vorschrift im KgesG über die Kompetenzen bzw. die Kontrollmechanismen des Aufsichtsrats ziemlich unpräzise und abstrakt formuliert. Mangels Verfahrensvorschriften zur Ausübung des Überwachungsrechts ist die Verwirklichung dieser Aufgabe in der Praxis sehr eingeschränkt.[638] Im Entwurf zur Novellierung des chinesischen KgesG vom Staatsrat ist zwar beabsichtigt, die Zuständigkeiten des Aufsichtsrats in ihrer Wirkungsweise zu verbessern. Die Unbestimmtheit der Kompetenzen des Aufsichtsrats wird jedoch nicht geändert. Beispielsweise wird in diesem Entwurf auch die Formulierung der Überprüfung der finanziellen Angelegenheiten der Gesellschaft nicht angetastet. Es ist noch nicht klar, welche finanzielle Angelegenheiten diese Gesetzesformulierung umfassen soll und wie der Aufsichtsrat diese Aufgabe ausüben kann. Die Durchsetzbarkeit der Vorschriften ist aber evident wichtig, zumal die Wirksamkeit dieser Vorschriften davon abhängt. Ohne Konkretisierung der Kontrollmechanismen des Aufsichtsrats kann man die Schwäche der Kontrollfunktion des Aufsichtsrats nicht verbessern. Bei der zukünftigen Novellierung des chinesischen KgesG sollten die Kompetenzen des Aufsichtsrats zur Kontrolle konkretisiert werden. Ferner sollten die entsprechenden Rechtsfolgen auch klar im Gesetz festgelegt werden. Außer der Kontrolle der Geschäftsführung sollten dem Aufsichtsrat noch die Prozessführungsbefugnis eingeräumt werden.

c. Gewährleistung der Informationsversorgung des Aufsichtsrats

Im KgesG wird die Informationsversorgung des Aufsichtsrats, die im deutschen AktG vorgeschrieben ist, nicht geregelt. Obwohl die Überprüfung der finanziellen Angelegenheiten der Gesellschaft und die Teilnahme an den Vorstandssitzungen als Informationsrecht des Aufsichtsrats angesehen werden können, stellt die vage gehaltene Regelung die Wirkungsweise dieser Informationsversorgung und ihrer Gewährleistung in Frage. Ohne ausreichende Informationen fehlt es dem Aufsichtsrat an der notwendigen Basis für seine Kontrollfunktion. In China sind die Aufsichtsratsmitglieder normalerweise Angestellte der Gesellschaft. Trotzdem können sie keine wichtigen Informationen über die Geschäftsführung des Vorstands und *managers* durch ihre Tätigkeit erlangen. Die anderen Aufsichtsratsmitglieder, die von den Großaktionären gewählt werden und von außerhalb der Gesellschaft kommen, können die einschlägigen Informationen selbstverständlich nicht so leicht erhalten. In diesem Fall sind Informationsrecht des Aufsichtsrats und Informationspflicht des Vorstands von großer Bedeutung. Das Informationsrecht ist Grundlage für die Ausübung der Überwachungsaufgaben des Aufsichtsrats und gehört selbstverständlich zur den im Gesetz vorgeschriebenen Überwachungsbefugnissen.[639] Im Entwurf zur Novellierung des chinesischen KgesG vom Staatsrat wird ein Informationsrecht des Aufsichtsrats vorgeschlagen. Die Aufsichtsratsmitglieder können an den Vorstandssitzungen teilnehmen und Fragen nach den Gegenständen der Vorstandsbeschlüsse stellen oder dazu

[638] *Jiang, Wuzhen*, LR 2005 Nr. 2, 101; *Ni, Jianlin* (2001), S. 200.
[639] *Wang, Baoshu*, RDFY 2003 Nr. 10, 75.

Vorschläge unterbreiten.[640] Das CCGK enthält auch eine Vorschrift über das Informationsrecht des Aufsichtsrats. Der Aufsichtsrat kann von Vorstandsmitgliedern, *manager* und anderen hochrangigen Managern der Gesellschaft sowie internen und externen Rechnungsprüfungspersonal verlangen, dass sie an Sitzungen des Aufsichtsrats teilnehmen und Fragen beantworten, denen Aufmerksamkeit geschenkt wird.[641] Dies alleine reicht aber noch nicht aus. In der Novellierung des chinesischen KgesG sollten die Informationsrechte des Aufsichtsrats und die Informationspflichten des Vorstands klar im Gesetz geregelt werden. Der Aufsichtsrat sollte das Einsichtsrecht auf die Bücher und Schriften sowie die Vermögensgegenstände der Gesellschaft, namentlich die Gesellschaftskasse und die Bestände an Wertpapieren und Waren, erhalten. Ferner sollten ihm das Auskunftsrecht und das Vorschlagsrecht hinsichtlich Gegenstände von Vorstandsbeschlüssen eingeräumt werden. Der Vorstand sollte dem Aufsichtsrat über Geschäftspolitik und damit verbundene Folgen für das Unternehmen sowie über wichtige Geschäfte und die Lage der Gesellschaft jeweils in regelmäßigen Abständen berichten. Mit solchen Regelungen könnte die Informationsversorgung des Aufsichtsrats als Grundlage seiner Kontrollfunktionen besser gewährleistet und damit die Kontrollfunktion selbst verbessert werden.

d. Verstärkung der Zusammenarbeit von Vorstand und Aufsichtsrat

Im dualistischen Rechtssystem sind Vorstand und Aufsichtsrat getrennte, unterschiedliche Aufgaben wahrnehmende Organe. Es ist zu beobachten, wie allmählich die Kontrollfunktion des Aufsichtsrats durch eine Beratungsfunktion ergänzt wird und damit die Kontrolle des Vorstands bereits im Vorfeld, vor den Vorstandsbeschlüssen, eingeführt werden kann. Zwei Aspekte sind hierbei zu beachten: Auf der einen Seite kann der Aufsichtsrat dadurch ausreichende Informationen über die wichtigen Unternehmensplanungen und Geschäftsangelegenheiten bekommen. Auf der anderen Seite können die wichtigen Vorstandsentscheidungen nicht vom Vorstand willkürlich, sondern unter Kontrolle des Aufsichtsrats sorgfältig getroffen werden. Im DCGK wird deswegen klar aufgezeigt, dass Vorstand und Aufsichtsrat zum Wohl des Unternehmens eng zusammen arbeiten.[642] Im KgesG ist die Kontrolle vom Aufsichtsrat noch hauptsächlich auf nachträgliche Maßnahmen beschränkt. Im Vergleich zur nachträglichen Kontrolle sind vorbeugende und begleitende Kontrollen sogar wichtiger, weil mögliche Fehlentscheidungen dadurch rechtzeitig verhindert werden können. Die Diskussion zwischen Vorstand und Aufsichtsrat sowie die Vorschläge der Aufsichtsratsmitglieder auf Grund ihrer Fachkenntnisse könnten zu einer guten Unternehmensführung beitragen. Im KgesG sollten entsprechende Vorschriften über das Zusammenwirken von Vorstand und Aufsichtsrat, wie z.B. den Zustimmungsvorbehalt des Aufsichtsrats, die Berichtspflicht des Vorstands über die grundlegenden Angelegenheiten der Gesellschaft, ergänzt werden. Selbstverständlich setzt ein effektives Zusammenwirken von Vorstand und Aufsichtsrat entsprechende Qualifikation der Aufsichtsratsmitglieder voraus.

---

[640] § 145, Ziff. 4 KgesG-E.
[641] § 67 CCGK.
[642] Ziff. 3.1, DCGK.

III. Beteiligung der Arbeitnehmer im Aufsichtsrat

1. Einleitung

Der Aufsichtsrat hat die Aufgabe, den Vorstand zu überwachen. Statt der Aktionäre, die ihr Kapital zur Verfügung gestellt haben, kontrolliert der Aufsichtsrat den Vorstand, der von den Aktionären mit der Geschäftsführung beauftragt wird. Aus diesem Grund sollte der Aufsichtsrat von den Aktionären gewählt werden. Allerdings wird die Teilnahme der Arbeitnehmervertreter am Aufsichtsrat sowohl in den deutschen einschlägigen Rechtsbestimmungen als auch im KgesG geregelt. Mit der Zusammensetzung aus Anteilseigener- und Arbeitnehmervertretern ist der Aufsichtsrat abgesehen von seiner Kontrollfunktion auch ein mitentscheidendes Organ. In Deutschland wird die Kontrollfunktion des Aufsichtsrats seit langem kritisiert. Dabei wird das System der Mitbestimmung der Arbeitnehmer im Aufsichtsrat, auch häufig als eine der Ursachen der Schwächung des Aufsichtsrats benannt. In China ist die Beteiligung der Arbeitnehmer im Aufsichtsrat wie die Rechtsform der Kapitalgesellschaft eine neue Sache. In den Staatsunternehmen gilt das System der Arbeitnehmervertreterversammlung (职工代表大会制度), das als eine Form des demokratischen Managements des Unternehmens angesehen wird. Die Beteiligung der Arbeitnehmer im Aufsichtsrat wird als eine neue Form demokratischen Unternehmensmanagements betrachtet. Allerdings fehlen dieser neuen Form in China noch ausführliche Rechtsbestimmungen, die eine effektive Durchsetzung gewährleisten.

Obwohl es auch Arbeitnehmervertreter im chinesischen Aufsichtsrat gibt, ist dies mit dem System der Unternehmensmitbestimmung in Deutschland nicht vergleichbar. In Deutschland hat das System der Unternehmensmitbestimmung schon eine lange Geschichte und stellt deswegen eine besondere Tradition deutscher Corporate Governance dar. Darüber hinaus bestehen auch schon umfassende gesetzliche Bestimmungen. Dagegen befindet sich das moderne Unternehmenssystem in China, einschließlich der Beteiligung der Arbeitnehmer im Aufsichtsrat, noch in der Entwicklungsphase. Die Verbesserung der Kontrollfunktion des Aufsichtsrats und die Durchsetzung des demokratischen Unternehmensmanagements durch die Beteiligung der Arbeitnehmer im Aufsichtsrat bedürfen in China noch ausführlicher und durchsetzbarer Gesetzesbestimmungen. Als ein wichtiger Bestandteil der Corporate Governance ist die Beteiligung der Arbeitnehmer im Aufsichtsrat sowohl in Deutschland als auch in China ein zu analysierendes Problem.

2. Unternehmensmitbestimmung in Deutschland

a. Begriff und die historische Entwicklung

Unter Mitbestimmung versteht man im Allgemeinen die gesetzliche Teilnahme der Arbeitnehmer oder ihrer Vertreter in Arbeitsgemeinschaft mit dem Arbeitgeber am Willensbildungsprozess im Unternehmen.[643] Sie hat sich als Produkt eines sozial- und rechtpolitischen Entwicklungsprozesses, als Kompromiss zwischen

---

[643] *Niedenhoff* (2002), S. 28.

unterschiedlichen Interessen und bereits vorhandenen Institutionen entwickelt.[644] In Deutschland werden zwei Arten der Mitbestimmung unterschieden: Die Mitbestimmung der Betriebsräte bzw. die Mitbestimmung auf der Betriebsebene und die Unternehmensmitbestimmung bzw. die Mitbestimmung auf der Unternehmensebene. In der Diskussion um eine gute Unternehmensleitung und -überwachung wird auch die Rolle der Arbeitnehmervertreter und damit auch die der Mitbestimmung im Aufsichtsrat debattiert. Die Mitbestimmung der Arbeitnehmer im Aufsichtsrat wird auch als Bestandteil von Corporate Governance angesehen.

Mitbestimmung in Deutschland besitzt eine lange Tradition. Ihre Geschichte geht bis in das 19. Jahrhundert zurück. Die Novelle zur Gewerbeordnung von 1891 schuf erstmals eine gesetzliche Grundlage für freiwillig gebildete Arbeiterausschüsse, die als Vorläufer der Betriebsräte angesehen werden. Die Weimarer Reichsverfassung von 1919 regelte in Artikel 165 ein System der gleichberechtigten Mitbestimmung auf Unternehmensebene und in der Gesamtwirtschaft. Das Betriebsrätegesetz von 1920 schrieb erstmals auch eine Beteiligung von Arbeitnehmervertretern bzw. Betriebsratsmitgliedern im Aufsichtsrat vor, damit die Interessen oder Forderungen der Arbeitnehmer sowie deren Ansichten und Wünsche hinsichtlich der Organisation des Betriebes vertreten werden können. Nach dem zweiten Weltkrieg drohten der deutschen Industrie Enteignung und Sozialisierung. Um diese Bedrohung abzuwenden, willigten die Unternehmen ein, Mitarbeiter und Gewerkschaften in den Aufsichtsrat aufzunehmen. Diese Entwicklung führte 1951 zum Montanmitbestimmungsgesetz (MontanMitbestG) und 1952 zum Betriebsverfassungsgesetz (BetrVG).[645] Ende der 60er Jahre gab es in Deutschland noch einmal eine heftige Debatte um die Mitbestimmung.[646] Am 4. Mai 1976 wurde das Mitbestimmungsgesetz (MitbestG) „als das Ergebnis grundlegender, nach langjährigen Auseinandersetzungen gefundener Entscheidungen“[647], verabschiedet. Durch dieses Gesetz wird die Mitbestimmung der Arbeitnehmer erweitert.[648] Allerdings wurden mehrere Verfassungsbeschwerden gegen das MitbestG vor dem Bundesverfassungsgericht eingelegt. Am 1.3.1979 hat das Bundesverfassungsgericht durch seine Entscheidung zum Ausdruck gebracht, dass die erweiterte Mitbestimmung der Arbeitnehmer nach dem MitbestG vom 4. Mai 1976 mit den Grundrechten der von dem Gesetz erfassten Gesellschaften, der Anteilseigner und der Koalitionen der Arbeitgeber vereinbar ist.[649]

---

644 *Neubürger*, in: *Hommelhoff/Hopt/Von Werder* (2003), S. 178.

645 *Witt* (2003), S. 87.

646 Eine ausführliche Geschichte Vgl. *Köstler/Kittner/ Zachert/Müller* (2003), Rn. 16-84; *Neubürger*, in: *Hommelhoff/Hopt/Werde*(2003),S. 178-181; http://www.igmetall.de/themen/mitbestimmung/geschichte.html

647 BGHZ 83, 110 = AG 1982, 218.

648 In der Entscheidung vom Bundesverfassungsgericht wurde von „der erweiterten Mitbestimmung der Arbeitnehmer nach dem Mitbestimmungsgesetz vom 4. Mai 1976“ gesprochen. BVerfG v. 1. 3. 1979 – 1 BvR 532/77 – 1 BvR 533/77 – 1 BvR 419/78 – BvL 21/78 = AG 1979, 95.

649 BVerfG v. 1. 3. 1979 – 1 BvR 532/77 – 1 BvR 533/77 – 1 BvR 419/78 – 1 BvL 21/78 = AG 1979, 95.

Heutzutage sind rund 2800 Unternehmen in Deutschland den Mitbestimmungsgesetzen unterworfen. Für rund 2000 Unternehmen, die zwischen 500 und 2000 Beschäftigte haben, gilt die Drittel-Parität im Aufsichtsrat. Mehr als 2000 Beschäftigte arbeiten in 767 Unternehmen. 515 davon - und damit die meisten - haben einen Aufsichtsrat, der aus 12 Mitgliedern besteht, 100 haben einen 16er-Aufsichtsrat, und in 152 Unternehmen besteht der Aufsichtsrat aus 20 Mitgliedern. Insgesamt dürfte es bundesweit rund 5700 Aufsichtsratsmitglieder auf Arbeitnehmerseite geben, davon rund 1700 externe.[650]

Wie sieht die Mitbestimmung in Europa aus? Ist die deutsche Unternehmensmitbestimmung einzigartig? Es wird behauptet, dass international betrachtet die Mitbestimmung in ihrer paritätischen bzw. quasiparitätischen Form ein deutsch/niederländischer Sonderweg sei,[651] und die deutsche Mitbestimmung kein Exportmodell darstelle.[652] Eine Untersuchung des Europäischen Gewerkschaftsinstitutes (EGI) in Brüssel hat aber gezeigt, dass Arbeitnehmervertreter in den höchsten Führungsorganen großer privater und staatlicher Unternehmen in 18 von 25 Staaten der Europäischen Union (EU) säßen.[653] *Höpner* meint, mitbestimmte Aufsichtsrats- und Leitungsgremien seien keine spezifisch deutsche Eigenart.[654] Wegen der EU-Osterweiterung verfügt ab Mai 2004 die Mehrheit der EU-Länder über Mitbestimmungsrechte auf Unternehmensebene.[655] Allerdings hat *Höpner* aufgezeigt, dass in keinem anderen Land die Unternehmensmitbestimmung derart weit an die Parität heranreiche.[656]

Auf europäischer Ebene wurde in der Richtlinie 2001/86/EG des Rates vom 8. Oktober 2001 „zur Ergänzung des Statuts der Europäischen Gesellschaft hinsichtlich der Beteiligung der Arbeitnehmer" die Unternehmensmitbestimmung in der „Europäischen AG" (Societas Europaea, Abkürzung: SE) geregelt. Der Streit, der sich um das deutsche Modell der Mitbestimmung drehte und den Normsetzungsprozess bei der SE vierzig Jahre[657] verzögert hatte, wurde mit einer Einigung der 15 Mitgliedsländer mit dieser Richtlinie beendet. Die Richtlinie regelt zwei Arten der Ausgestaltung der Beteiligung der Arbeitnehmer in der SE. In erster Linie wird die Entscheidung über Art und Umfang der Unternehmensmitbestimmung in der SE in die Hände eines besonderen Verhandlungsgremiums der Arbeitnehmer einerseits und die an der Gründung der SE beteiligten Unternehmensorgane andererseits übergeben. Kommt eine Einigung der beiden Seiten nicht innerhalb von sechs bzw. maximal zwölf Monaten zustande, sollen die Mitbestimmungsregelungen derjenigen an der Gründung der SE beteiligten Gesellschaft Anwendung finden, die den Arbeitnehmern die größten Mitbestimmungs-

---

[650] Vgl. http://www.igmetall.de/themen/mitbestimmung/heute.html

[651] *Hopt* (2001), S. 31,

[652] http://www.igmetall.de/themen/mitbestimmung/europa.html

[653] http://www.boeckler.de/cps/rde/xchg/SID-3D0AB75D-D31E0B79/hbs/hs.xsl/320_31618.html

[654] Vgl. *Höpner* (2004), Http://www,boeckler.de/pdf/themen_umb_hoepner_vortrag.pdf

[655] Vgl. *Höpner* (2004), Http://www,boeckler.de/pdf/themen_umb_hoepner_vortrag.pdf

[656] *Höpner* (2004), Http://www.boeckler.de/pdf/themen_umb_hoepner_vortrag.pdf

[657] Vgl. *Lutter*, WM 2002, 5; *Reichert/Brandes*, ZGR 2003, 769ff; *Neubürger*, in: *Hommelhoff/Hopt/Von Werder* (2003), S. 184.

möglichkeiten einräumen.[658] Durch die Verhandlungslösung und Auffangregelung nimmt die Richtlinie einerseits Rücksicht auf die Gestaltungsfreiheit und andererseits auf den Bestandsschutz.[659] *Lutter* klassifiziert diese Richtlinie inhaltlich als ein Unglück und einen großen Nachteil für Deutschland.[660] Aus der Sicht von *Ulmer*, werde es der Kompromiss über die Mitbestimmung in der SE den deutschen Unternehmen voraussichtlich erschweren, sich mit Partnern aus anderen EU-Staaten zu SE-Gründungen zusammenschließen zu können.[661] Für den DGB sei allerdings von zentraler Bedeutung, dass ein soziales Europa die Beteiligung der Beschäftigten sowie der Gewerkschaften an der Unternehmensführung gewährleistet.[662]

b. Unterschiedliche Modelle der Beteiligung der Arbeitnehmer im Aufsichtsrat

(1) Paritätische Montanmitbestimmung nach MontanMitbestG und MitbestErgG

Das MontanMitbestG aus dem Jahre 1951 regelt speziell für die Montan-Unternehmen eine paritätische Mitbestimmung der Arbeitnehmer im Aufsichtsrat. Das gilt für Aktiengesellschaften mit mehr als 1000 Arbeitnehmern, die einen bestimmten Betriebszweck erfüllen (insbesondere Förderung von Steinkohle, Braunkohle oder Eisenerz) oder in einem bestimmten Umfang zu der Eisen und Stahl erzeugenden Industrie gehören. In den Aktiengesellschaften mit mehr als 1000 Arbeitnehmern, die von einem Unternehmen der oben genannten Art abhängig sind und selbst die Voraussetzungen nach § 1 Abs. 1 Satz 1 Buchst. a MontanMitbestG erfüllt oder überwiegend Eisen und Stahl erzeugen, finden die Vorschriften des MontanMitbesG ebenfalls Anwendung.[663]

Das MitbestErgG aus dem Jahr 1956 dehnt das System der Montanmitbestimmung auf herrschende Unternehmen aus, die zwar selbst nicht die Voraussetzungen des MontanMitbestG erfüllen, aber einen Konzern führen, auf den die Vorschriften des MontanMitbestG anzuwenden sind (Montan-Holding). Allerdings unterliegen kaum noch Unternehmen in der Praxis dem Anwendungsbereich des MitbestErgG.[664]

Nach dem MontanMitbestG und dem MitbestErgG besteht der Aufsichtsrat aus den Vertretern der Anteilseigner und der Arbeitnehmer zu gleichen Teilen. Außerdem gibt es noch ein zusätzliches neutrales Mitglied, das auf Vorschlag der übrigen Aufsichtsratsmitglieder durch die Hauptversammlung gewählt wird und dessen Stimme bei Pattsituationen von entscheidender Bedeutung ist. In der Re-

---

658 *Neubürger*, in: *Hommelhoff/Hopt/Von Werder* (2003), S. 185.
659 Vgl. *Reichert/Brandes*, ZGR 2003, 772ff.
660 *Lutter*, WM 2002. 5.
661 *Ulmer*, ZHR 2002, 272.
662 Deutscher Gewerkschaftsbund, http://www.boeckler.de/pdf/dgb_stellungnahme_umitbest_2004_11.pdf.
663 § 1 MontanMitbestG.
664 MünchKommAktG/*Semler*, § 96 Rn 21.

gel hat ein Aufsichtsrat nach dem MontanMitbesG fünf, nach dem MitbestErgG sieben Arbeitnehmervertreter. Je nach Höhe des Nennkapitals der Gesellschaft kann die Zahl der Aufsichtsratsmitglieder auf 15[665] bzw. 21[666] erweitert werden.

(2) Paritätische Beteiligung der Arbeitnehmer im Aufsichtsrat nach dem MitbestG von 1976

Das MitbestG von 1976 regelt eine paritätische Beteiligung der Arbeitnehmer im Aufsichtsrat. Das heißt, dass die Anzahl der Anteilseignervertreter und Arbeitnehmervertreter im Aufsichtsrat gleich ist. Im Aufsichtsrat einer AG, die in der Regel mehr als 2000 Arbeitnehmer beschäftigt, muss die Hälfte der Mitglieder von Seiten der Arbeitnehmer kommen. Wenn die AG als Montan-Unternehmen oder Montan-Holding die Voraussetzungen des MontanMitbestG oder des MitbestErgG erfüllt, finden die Vorschriften des MitbestG keine Anwendung. Die Zahl der Arbeitnehmervertreter im Aufsichtsrat hängt von der Anzahl der in der AG und den nachgeordneten Konzernunternehmen insgesamt beschäftigten Arbeitnehmern ab:

- 6 Arbeitnehmermitglieder bei nicht mehr als 10 000 Arbeitnehmern.
- 8 Arbeitnehmermitglieder bei nicht mehr als 20 000 Arbeitnehmern.
- 10 Arbeitnehmermitglieder bei mehr als 20 000 Arbeitnehmern.

Die Arbeitnehmervertreter lassen sich zwischen externen Gewerkschaftsvertretern und internen Belegschaftsvertretern unterscheiden. Darüber hinaus unterteilt § 15 MitbestG die Gruppe der unternehmensangehörigen Belegschaftsvertreter in Arbeiter, Angestellte und leitenden Angestellte. Arbeiter, Angestellte und leitende Angestellte müssen entsprechend ihrem zahlenmäßigen Verhältnis im Unternehmen repräsentiert sein; in jedem Fall müssen dem Aufsichtsrat mindestens ein Arbeiter, ein (einfacher) Angestellter und ein leitender Angestellter angehören.[667] Nach dem Bericht der gewerkschaftseigenen Hans-Böckler-Stiftung waren es im Jahr 2000 716 Unternehmen, die dem MitbestG von 1976 unterlagen.[668]

(3) Drittelbeteiligung der Arbeitnehmer im Aufsichtsrat nach dem Drittelbeteiligungsgesetz (DrittelbG)von 2004

Das DrittelbG ist im Wesentlichen eine Neufassung des Betriebsverfassungsgesetzes (BetrVG) von 1952. Im Wesentlichen regelt dieses Gesetz die Unternehmensmitbestimmung in Unternehmen mit mehr als 500 aber weniger als 2000 Arbeitnehmern.

---

[665] § 9 MontanMitbestG.

[666] § 5 Abs. 1 Satz 2 MitbestErgG.

[667] *Hoffmann-Becking*, in: Münchener Handbuch des Gesellschaftsrechts (1999), § 28 Rn 24.

[668] Vgl. *Niedenhoff* (2002), S. 538,539.

Wie die anderen oben erwähnten Mitbestimmungsgesetze findet das DrittelbG auch nur bei einem bestimmten Unternehmenskreis Anwendung.[669] Hier wird nur die Rechtsform der AG erwähnt. Nach diesem Gesetz haben die Arbeitnehmer das Mitbestimmungsrecht im Aufsichtsrat in einer AG mit in der Regel mehr als 500 Arbeitnehmern. Das Mitbestimmungsrecht im Aufsichtsrat besteht auch in einer AG mit in der Regel weniger als 500 Arbeitnehmern, die vor dem 10. August 1994 eingetragen worden ist und keine Familiengesellschaft ist. Das DrittelbG gilt nicht für die Unternehmen, die der Mitbestimmung nach dem MitbestG, dem MontanmitbestG oder dem MitbestErgG unterliegen. Ferner nimmt das DrittelbG einige Arten von Unternehmen vom Geltungsbereich aus. Dazu gehören u.a. die Unternehmen, die unmittelbar und überwiegend politischen, koalitionspolitischen, konfessionellen, karitativen, erzieherischen, wissenschaftlichen oder künstlerischen Bestimmungen dienen.

Das DrittelbG schreibt keine Mindestzahl der Arbeitnehmervertreter im Aufsichtsrat vor. Allerdings ist gesetzlich gewährleistet, dass die Arbeitnehmervertreter immer gewisse Sitze, nach dem im Gesetz festgelegten Verhältnis, im Aufsichtsrat besetzen können. Die Größe des Aufsichtsrats hat deswegen keinen Einfluss auf die Machtverhältnisse zwischen den Vertretern der Anteilseigner und denen der Arbeitnehmer. Daher spielt eine Mindestzahl der Arbeitnehmervertreter im Aufsichtsrat für die Gewährleistung der Mitbestimmung der Arbeitnehmer im Aufsichtsrat keine Rolle.

c. Gegensätzliche Bewertungen über die Mitbestimmung der Arbeitnehmer im Aufsichtsrat in Deutschland

Die Verabschiedung des MitbestG wurde, teilweise in geradezu emphatischer Weise, als ein rechts- und sozialpolitischer Erfolg gefeiert.[670] Das Bundesverfassungsgericht hat das MitbestG von 1976 – und damit wohl auch der anderen mitbestimmungsrechtlichen Regelungen des deutschen Rechts – als zum Dienste am „Wohl der Allgemeinheit" für geeignet und auch als dafür erforderlich erklärt.[671] Im „Fall der Siemens AG" aus dem Jahre 1982 hat der BGH formuliert, dass das MitbestG ein besonderes gesellschaftspolitisches Gewicht hat.[672] Zu diesem Zeitpunkt vertrat man allgemein die Auffassung, die Gesamtheit der deutschen Regelungen zur Mitbestimmung der Arbeitnehmer auf Unternehmensebene trug in unentbehrlicher Weise zum deutschen Allgemeinwohl bei.[673] Allerdings ist die Diskussion um die Mitbestimmung seit ihrer Entstehung in Deutschland im Gange und findet kein Ende mehr. Alle großen und kleinen Reformen der Mitbestimmung, das MitbestG von 1976 ebenso wie die Reform des BetrVG im Jahr 2000, waren von kontroversen Debatten begleitet.[674] Auf Grund der Veränderung der Wirtschafts- und Sozialbedingungen im Laufe der Zeit hat sich der exakte

---

[669] Vgl. § 1 DrittelbG.

[670] *Sandrock*, AG 2004, 59.

[671] *Sandrock*, AG 2004, 60.

[672] BGHZ 83, 110 = AG 1982, 218.

[673] *Sandrock*, AG 2004, 59.

[674] *Höpner* (2004), http://boeckler.de/pdf/themen_umb_hoepner_vortrag.pdf

Gegenstand der Debatte aber verändert. Während es in den früheren Debatten hauptsächlich um die Verfassungsmäßigkeit und die Ausweitung der Unternehmensmitbestimmung ging, bezieht sich die Diskussion heute grundsätzlich auf die Zeitmäßigkeit und Einschränkung der Unternehmensmitbestimmung vor dem Hintergrund der Globalisierung der Wirtschaft. Im Folgenden werden sowohl Kritik als auch Befürwortung vorgestellt.

(1) Kritik an der Unternehmensmitbestimmung

Obwohl das deutsche AktG in den letzen Jahren oft reformiert geworden ist, blieb die Mitbestimmung der Arbeitnehmer jedoch unberührt. Trotzdem wird im Schrifttum Kritik an diesem „rechtspolitischen Tabuthema“[675] seit langem geäußert. Anders als in den 70er und 80er Jahren würden die deutschen mitbestimmungsrechtlichen Regelungen heute weithin nicht mehr als gesellschafts- und rechtspolitisch geglückt angesehen werden.[676] Die Kritik konzentriert sich hauptsächlich auf folgende Schwerpunkte.

- Die Mitbestimmung schwäche die Funktionsfähigkeit des Aufsichtsrats. Der Aufsichtsrat ist das Überwachungsorgan der Gesellschaft. Seine Aufgabe liegt in der Kontrolle des Vorstands. Wegen der Beteiligung der Arbeitnehmer im Aufsichtsrat würde seine Rolle verlagert. Die Arbeitnehmervertreter würden sich auf Grund der Historie der Mitbestimmung subjektiv primär als Sachwalter der Arbeitnehmerinteressen und nur in geringerem Maße als Kontrolleure des Vorstands im Interesse der Gesellschaft und seiner Aktionäre verstehen.[677] Die Hauptarbeit des Aufsichtsrats bestehe *de facto* häufig darin, Personal- und Sozialfragen zu erörtern.[678] In diesem Fall würde die Kontrolle des Vorstands nicht selten nur als zusätzliche, der Interessensvertretung nachgeordnete Aufgabe begriffen.[679] Darüber hinaus beeinflusse die Größe des Aufsichtsrats auch seine Funktionsfähigkeit.[680] Wegen der Mitbestimmung sei der Aufsichtsrat zu groß. Es sei fast allgemeingültig, dass ein Gremium mit 20 Mitgliedern für eine effiziente Arbeit zu groß ist.[681] Eine deutliche Verlängerung des Entscheidungsprozesses[682] führe zu einer ineffektiven Arbeitsweise des Aufsichtsrates. Die Forderung einer bestimmten Größe des Aufsichtsrates habe auch zur Folge, dass eine Reihe von Aufsichtsräten sowohl auf der Anteilseigner- wie auch auf der Gewerkschaftsseite zu viele Aufsichtsratsmandate und zudem Mandate in konkurrierenden Unternehmen wahrnehmen würden.[683] Ferner sei die Mitbestimmung auch einer der Gründe für Defizite der Information des Auf-

[675] *Ulmer*, ZHR 166 (2002), 272; *Schiessl*, AG 2002, 595.
[676] *Sandrock*, AG 2004, 60.
[677] *Schiessl*, AG 2002, 596.
[678] *Sandrock*, AG 2004, 60.
[679] *Ulmer*, ZHR 2002, 276. Ähnliches vgl. *Sandrock*, AG 2004, 60.
[680] Vgl. *Schiessl*, AG 2002, 595; *Schiessl*, ZHR 2003, 240; *Pistor*, in: *Hommelhoff/Hopt/Von Werder* (2003), S. 160; *Sandrock*, AG 2004, 60.
[681] *Schiessl*, AG 2002, 595.
[682] *Hopt*, ZGR 2000, 801; *Peltzer*, in: *Hommelhoff/Rowedder/Ulmer* (1998), S. 54-55.
[683] *Schiessl*, AG 2002, 596.

sichtsrats und damit der Aufsichtsratskontrolle in Deutschland.[684] Der Vorstand befürchte, dass die Arbeitnehmervertreter im Aufsichtsrat die wichtigen vertraulichen Informationen der Gesellschaft, wie z.B. über beabsichtigte Strukturmaßnahmen und Fusionen[685], außerhalb des Aufsichtsrats verraten und die Entscheidungen des Vorstands deswegen verhindert werden könnten. Infolgedessen dürfe der Aufsichtsrat nicht ausreichend oder nicht rechtzeitig vom Vorstand informiert werden.

- Die Mitbestimmung entspreche nicht der Internationalisierung der Wirtschaft. Anders als in der Zeit der Verabschiedung des MitbestG haben sich viele Unternehmen bereits internationalisiert. Sie beschäftigen deswegen auch Arbeitnehmer im Ausland. Allerdings sei die Mitbestimmung bei der Internationalisierung der Wirtschaft nicht mitgekommen. Die deutsche Mitbestimmung sei wegen der territorial begrenzten Regelungskompetenz des Gesetzgebers bekanntlich auf inländische Unternehmen und deren Belegschaften beschränkt.[686] All diejenigen Beschäftigten im Ausland, deren Arbeitsverhältnis ausländischem Recht unterfällt, seien von der Mitbestimmung im Aufsichtsrat nach dem deutschen Modell ausgeschlossen.[687] Diese „besondere Schwäche der Mitbestimmung“[688] müsste notwendig zu Nachteilen für die ausländischen Belegschaftsmitglieder führen[689]. Es wird die Ansicht vertreten, dass die paritätische Mitbestimmung im Aufsichtsrat die wirtschaftliche Realität in international tätigen Unternehmen nicht mehr angemessen erfassen würde.[690]
- Die Mitbestimmung beeinflusse den „Investitionsstandort Deutschland“. Vor dem Hintergrund der Globalisierung der Wirtschaft suchen die inländischen Unternehmen internationale Partner, indem sie durch beispielsweise eine Übernahme oder Fusion eine Umstrukturierung führen oder multinationale Konzerne bilden, um die internationale Wettbewerbsfähigkeit zu stärken. Es ist von großer Bedeutung in diesem Fall, das Vertrauen der ausländischen Investoren bzw. das internationale Kapital zu gewinnen. Für viele Länder ist die deutsche Mitbestimmung der Arbeitnehmer im Aufsichtsrat völlig fremd. Wegen der „abschreckenden Wirkung“[691] der deutschen Arbeitnehmermitbestimmung würden die ausländischen Investoren vor Investitionen in Deutschland scheuen. Für Deutschland als Investitionsstandort seien die nachteiligen Wirkungen der Arbeitnehmermitbestimmung ein offensichtliches Hemmnis.[692]

---

[684] Vgl. *Hopt*, ZGR 2000, 801; *Schiessl*, AG 2002, 596; *Schiessl*, ZHR 2003, 240.
[685] Vgl. *Hopt*, ZGR 2000, 801, 802.
[686] *Ulmer*, ZHR 2002, 274.
[687] *Neubürger*, in: *Hommelfoff/Hopt/Von Werder* (2003), S. 182.
[688] *Schiessl*, AG 2002, 596.
[689] *Ulmer*, ZHR 2002, 274.
[690] *Neubürger*, in: *Hommelfoff/Hopt/Von Werder* (2003), S. 183.
[691] *Ulmer*, ZHR 2002, 274.
[692] *Ulmer*, ZHR 2002, 274.

(2) Befürwortung einer Unternehmensmitbestimmung

Die Argumente der Befürworter der Unternehmensmitbestimmung beziehen sich auf der einen Seite auf entsprechende Theorien und auf der anderen Seite auf empirische Studien.

Zuerst erfüllt die deutsche Unternehmensmitbestimmung eine wichtige Demokratie-Funktion. In einer modernen Wirtschaft kommt es darauf an, Unternehmensstrategien gemeinsam mit den Beschäftigten zu verfolgen. Mitbestimmung fördert die soziale Integration und wirkt deshalb motivationsfördernd. Durch die Mitbestimmung wird die Unternehmenspolitik rationaler, sicherer und planbarer und von der Belegschaft mitgetragen.[693] Es gibt praktische Erfahrungen dahingehend, dass die Mitbestimmung dazu beiträgt, die Zusammenarbeit zwischen Kapitalgeber und Arbeitnehmer zu stabilisieren und möglicherweise sogar ein Frühwarnsystem für soziale Konflikte zu etablieren.[694]

Außerdem werden die Arbeitnehmervertreter über detailliertere Kenntnisse betreffend unternehmensinterne Vorgänge und Abläufe, die für das Verständnis der wirtschaftlichen Lage des Unternehmens und eine wirksame Aufsicht hilfreich sind, verfügen.[695] Die Arbeitnehmervertreter können intimere Kenntnis über das Unternehmen besitzen und könnten das Verhalten der Mitglieder des Vorstands sehr gut beurteilen.[696] Wegen des Vorteils der Detailkenntnis aus ihrer Betriebsratstätigkeit können die unternehmensinternen Arbeitnehmervertreter durchaus zu gewissen Themen kritische Fragen stellen.[697]

Außer mit oben zitierten Theorien haben die Befürworter der Unternehmensmitbestimmung auch durch empirische Studien und die dadurch erzielten Daten die Ansichten der Kritiker widerlegt. Eine von der Hans-Böckler-Stiftung in Auftrag gegebenen TNS-Emnid-Umfrage zeigt, dass die Mitbestimmung in deutschen Unternehmen in der Bevölkerung breite Unterstützung finde. In dieser Umfrage erklärten 82 % der Befragten, die Mitspracherechte der Arbeitnehmer in Aufsichtsräten von Aktiengesellschaften sollten nicht verringert werden. Auch die Frage, ob Mitbestimmung als Standortvorteil für Deutschland anzusehen sei, wurde von einer deutlichen Mehrheit (74 %) mit Ja beantwortet. *Simon*, Sprecher der Geschäftsführung der Hans-Böckler-Stiftung, wertet die Umfrage-Ergebnisse als „eindrucksvollen Beleg dafür, dass sich die Mitbestimmung in den deutschen Unternehmen als unverzichtbarer Bestandteil unserer sozialen Marktwirtschaft bewährt hat". *Simon* wörtlich: „Wer in der aktuellen Diskussion den Sinn und Zweck der Mitbestimmung in Frage stellt, muss wissen, dass der überwiegende Teil der Bevölkerung den Wert der Mitbestimmung völlig anders einschätzt."[698] Eine Sammlung der Interviews mit den Spitzenvertretern aus Wirtschaft, Politik

---

[693] Vgl. *Hans Böckler Stiftung* (2004), http://www.boeckler.de/pdf/mitbestimmung_2004.pdf

[694] *Hopt* (2001), S. 43.

[695] Vgl. *Langenbucher/Blaum*, DB 1994, 2202; *Röller*, AG 1994, 335; *Bernhardt*, ZHR 1995, 316; *Hans Böckler Stiftung* (2004), http://www.boeckler.de/pdf/mitbestimmung_2004.pdf.

[696] *Albach*, in: *Hommelhoff/Hopt/Von Werder* (2003), S. 363.

[697] Vgl. *Schiessl*, AG 2002, 597.

[698] Vgl. Emnid-Studie zu Arbeitnehmerbeteiligung im Aufsichtsrat http://www.boeckler.de/cps/rde/xchg/SID-3D0AB75D-9F41115B/hbs/hs.xsl/262_31551.html

und Forschung, außer *Rogowski*, dem Präsidenten des Bundesverbandes der Deutschen Industrie, macht deutlich, dass, all die anderen interviewten Experten die deutsche Mitbestimmung für vorteilhaft halten.[699] Es ergibt sich aus einer Umfrage der Unternehmensberatung Boston Consulting unter den 100 umsatzstärksten US-Unternehmen mit Niederlassung in Deutschland (darunter Ford, Apple, Motorola und Procter & Gamble), dass amerikanische Firmen den Standort Deutschland sehr hoch einschätzen. Bei der Frage nach dem attraktivsten Standort für Holding- oder Center-Standorte würden sich 27 % der befragten Unternehmen für Deutschland entscheiden, erst mit großem Abstand gefolgt von der Schweiz (21 %), den Niederlanden (15 %) und Großbritannien (15 %). Bei Management- oder Kompetenzzentren liegt Deutschland mit 32 % an der Spitze vor Großbritannien (29 %). Die Einschätzung der US-Unternehmen zeigt, dass die Mitbestimmung im Aufsichtsrat keinen Standortnachteil für große ausländische Firmen darstellt. Dass Deutschland gerade als Holdingstandort eine solche Attraktivität ausstrahlt, spricht jedoch dafür, dass Investoren die Mitbestimmung – wenn sie als Kriterium der Standortwahl herangezogen wird – positiv sehen.[700] *Höpner*, Wissenschaftler am Kölner Max-Planck-Institut für Gesellschaftsforschung, zeigt jetzt in einer neuen Studie, die den Forschungsstand zur Unternehmensmitbestimmung zusammenfasst, dass Mitbestimmung auf Ebene der Leitungsorgane in den Ländern der Europäischen Union weit verbreitet sei und weder unternehmensvergleichende Studien noch ländervergleichende Daten die These belegen, wonach die Mitbestimmung die Profitlabilität oder den Aktienkurs von Unternehmen negativ beeinflussen würde.[701]

(3) Eigene Auffassungen

Die oben erwähnten gegensätzlichen Bewertungen zeigen, dass sich die Kritiker und Befürworter in der Diskussion um die Unternehmensmitbestimmung die Waage halten. In diesem Fall erscheint eine grundsätzliche Änderung in der Unternehmensmitbestimmung unangebracht. Die Kritik an der Unternehmensmitbestimmung ist noch nicht überzeugend genug, um das bestehende System weitgehend abzuschwächen oder zu beseitigen. Auch viele andere Elemente können die Funktionsfähigkeit des Aufsichtsrats und den Investitionsstandort eines Landes beeinflussen. Umgekehrt können die Argumente der Befürworter die uneingeschränkte Vorteilhaftigkeit der Unternehmensmitbestimmung auch nicht beweisen, obwohl ihre empirischen Studien sehr überzeugend erscheinen. Denn die sozialen und wirtschaftlichen Bedingungen haben sich im Laufe der Zeit, im Vergleich zu der Situation bei der Entstehung der Unternehmensmitbestimmung stark verändert. Eine Anpassung der deutschen Unternehmensmitbestimmung an die heutige Situation ist deswegen von besonderer Bedeutung. Des Weiteren ist es sehr wichtig, dass das System der deutschen Mitbestimmung von den ausländischen Investoren verstanden wird. Ohne die richtige Beurteilung eines fremden Systems hat man in der Regel ungerechtfertigte Befürchtungen. Durch Unter-

---

699 Vgl. http://www.boeckler.de/cps/rde/xchg/SID-3D0AB75D-A5C0CE26/hbs/hs.xsl/254_31565.html

700 http://www.boeckler.de/cps/rde/xchg/SID-3D0AB75D-A5C0CE26/hbs/hs.xsl/254_31606.html

701 http://www.mpg.de/bilderBerichteDokumente/dokumentation/pressemitteilungen/2004/pressemitteilung20041027/

nehmensmitbestimmung können die Interessen der Arbeitnehmer wirksam wahrgenommen werden. Allerdings ist diese Wahrnehmung nicht so massiv und gravierend, dass das Interesse der Anteilseigner dadurch ernstlich beeinträchtig wird. In der Unternehmensführung spielen die Anteilseigner immer eine große Rolle. Durch die Teilnahme der Arbeitnehmer an der Verwaltung des Unternehmens wird einerseits das Interesse der Arbeitnehmer berücksichtigt und andererseits die gleiche Gewichtung von Arbeit und Kapital für die Entwicklung des Unternehmens betont. Das Ziel der Beteiligung der Arbeitnehmer im Aufsichtsrat liegt nicht in der Einführung des Kampfs zwischen Arbeitgebern und Arbeitnehmern, sondern in der Kooperation der Arbeitnehmer und Anteilseigner zugunsten des Unternehmens. In den Ländern ohne Unternehmensmitbestimmung darf man das Interesse der Arbeitnehmer und ihre Bedeutung für die Entwicklung des Unternehmens nicht übersehen. Die vernünftigen Vorschläge zur Anpassung der deutschen Unternehmensmitbestimmung und die positive Vorstellung dieses Systems wären wichtiger als die Diskussion selbst.

3. Die Beteiligung der Arbeitnehmer im Aufsichtsrat in China

a. Das demokratische Management im chinesischen Unternehmen

Demokratisches Management im Unternehmen bedeutet, dass die Arbeitnehmer des Unternehmens an den wichtigen Unternehmensentscheidungen teilnehmen. In China spiegelt sich die Beteiligung der Arbeitnehmer im Unternehmensmanagement zuerst im System der Arbeitnehmervertreterversammlung wider. Der Gedanke des demokratischen Managements der Arbeitnehmer im Unternehmen und das System der Arbeitnehmervertreterversammlung beruhen auf einer ideologischen Grundlage. Auf Grund des sozialistischen Gemeineigentums an Produktionsmitteln[702], das die Basis des sozialistischen Wirtschaftssystems der Volksrepublik Chinas bildet, waren die Arbeitnehmer die Herren der staatseignen Betriebe und hatten die Befugnis zur Unternehmensführung. Im Verfassungsrecht von 1982 wurde festgelegt, dass in staatseignen Betrieben das demokratische Management durch die Arbeitnehmervertreterversammlung oder andere Formen umzusetzen ist.[703]

Im IndustrieUG von 1988 befinden sich Regelungen über die Arbeitnehmervertreterversammlung. In § 51 IndustrieUG wird geregelt, dass die Arbeitnehmervertreterversammlung die grundlegende Form des demokratischen Managements im Unternehmen darstellt. Sie ist die Organisation, innerhalb derer die Arbeitnehmer die Macht im Rahmen eines demokratischen Managements ausüben. Die Arbeitsorganisation der Arbeitnehmervertreterversammlung ist die Gewerkschaft des Unternehmens, die für die alltäglichen Geschäfte der Arbeitnehmervertreterversammlung zuständig ist. In diesem Gesetz werden der Arbeitnehmervertreterversammlung fünf Kompetenzen eingeräumt:[704]

702 生产资料的社会主义公有制

703 § 16 Abs. 2 Verfassungsrecht 1982 Chinas.

704 § 52 IndustrieUG.

- Anhörung und Prüfung der Berichte des Betriebsleiters über die Unternehmensplanung und –strategie und die Möglichkeit eigene Auffassungen und Vorschläge zu machen;
- Zustimmung oder Ablehnung der wichtigsten Satzungsordnungen wie z.B. über den Lohnanpassungsplan, die Arbeitsschutzmaßnahmen usw.;
- Entscheidungen über wichtige Sozialangelegenheiten wie z.B. über die Verwendung der Arbeitnehmersozialfonds, die Verteilung der Werkswohnungen und die Wohlfahrt der Arbeitnehmer;
- Beurteilung und Überwachung des Managements und Unterbreitung von Vorschlägen zur Belohnung und Bestrafung;
- Wahl des Betriebsleiters nach Beschluss der vorgesetzten Regierungsabteilung.

In der „Verordnung über die Arbeitnehmervertreterversammlung der volkseignen Industrieunternehmen“[705] von 1986 (im folgenden Verordnung1986) wird festgelegt, dass das System der Arbeitnehmervertreterversammlung (oder Arbeitnehmerversammlung) und andere Systeme des demokratischen Managements gegründet und perfektioniert werden müssen. Es soll die Macht und die Funktion der Gewerkschaft und der Arbeitnehmervertreter bei der Prüfung der wichtigen Entscheidungen des Unternehmens, bei der Kontrolle des Managements und bei der Bewahrung der rechtlichen Ansprüchen der Arbeitnehmer gewährleistet und entwickelt werden.[706]

Nach chinesischem Verfassungsrecht hält das sozialistische Gemeineigentum an Produktionsmitteln das Volkseigentum (全民所有制) und das Kollektiveigentum der werktätigen Massen (劳动群众集体所有制). Das oben erwähnte System der Arbeitnehmervertreterversammlung gilt nur für die volkseigenen Unternehmen. Für die städtischen und kleinstädtischen Kollektivunternehmen wurde im Jahr 1991 vom Staatsrat eine Verordnung verabschiedet. Nach dieser Verordnung muss eine Arbeitnehmervertreterversammlung in allen städtischen und kleinstädtischen Kollektivunternehmen eingerichtet werden. In solchen Unternehmen werden der Arbeitnehmervertreterversammlung mehr Kompetenzen als in den volkseigenen Unternehmen eingeräumt. Sie kann beispielsweise die Satzung des Unternehmens festlegen und verändern. Des Weiteren kann sie auch den Unternehmensleiter bestellen und entlassen, ohne zur Genehmigung der vorgesetzten Regierungsabteilung anmelden zu müssen. In solchen Unternehmen besitzen die Arbeitnehmer kollektiv das Unternehmenseigentum. Anders als in den volkseigenen Unternehmen tragen die Arbeitnehmer in solchen Unternehmen gemeinschaftlich den Verlust des Unternehmens. Die Arbeitnehmer haben hier ein größeres unternehmerisches Risiko zu tragen und können daher in nur in geringerem Maße Arbeitsplatzgarantien und Sozialleistungen in Anspruch nehmen. Das Schicksal der Arbeitnehmer ist enger mit dem des Unternehmens verbunden.

[705] 全民所有制工业企业职工代表大会条例 v. 15.9.1986.

[706] § 2 Verordnung1986.

Deswegen ist das demokratische Management in solchen Unternehmen besonders wichtig.

Obwohl das demokratische Management der Arbeitnehmer als ein System im Gesetz festgelegt wird, stößt seine Durchsetzung in der Unternehmenspraxis auf Schwierigkeiten. Wegen der Vertiefung der Unternehmensumstrukturierung, der Erweiterung des Selbstentscheidungsrechts der Unternehmen und der Reduzierung der Arbeitsplätze kann die Arbeitnehmervertreterversammlung ihre Position nur schwer wahren. Die Tendenz der Privatisierung und die Ausdehnung der nicht-staatlichen Wirtschaft schwächen auch die Funktion der Arbeitnehmervertreterversammlung.[707]

Die Umstrukturierung der staatseigenen Betriebe in Kapitalgesellschaften bringt auch die Frage mit sich, wie sich die Arbeitnehmervertreterversammlung an die neue Unternehmensverfassung anpassen soll. § 16 Abs. 2 KgesG schreibt vor, dass die Gesellschaften mit ausschließlich staatlichem Kapital und die mit Investitionen mehrerer staatseigener Unternehmen und anderer staatseigener Investoren errichteten Gesellschaften mbH entsprechend den Bestimmungen der Verfassung und einschlägiger Gesetze über die Arbeitnehmervertreterversammlung und in anderen Formen demokratisches Management betreiben. In dieser Vorschrift kann man einerseits erkennen, dass sich der Gedanke des demokratischen Managements der Arbeitnehmer nach wie vor nicht von der ideologischen Basis trennt. Andererseits ist die Intention des Gesetzgebers offensichtlich, nämlich dass die Tradition der Arbeitnehmervertreterversammlung nach der Umstrukturierung der staatseignen Betrieben weiter in den neuen Rechtsformen gewahrt wird. Allerdings gilt dies nicht für die Aktiengesellschaften. Denn die Beteiligungsstruktur der AG führt entweder zur Gemischtgesellschaft oder zur Privatgesellschaft. Ein rein staatliches Element findet sich in der Regel nicht in einer AG, insbesondere nicht in einer börsennotierten AG. Mangels ideologischer Basis findet das System der Arbeitnehmervertreterversammlung in den Aktiengesellschaften daher keinen Raum.

b. Die Beteiligung der Arbeitnehmer im Aufsichtsrat nach dem KgesG

Im geltenden KgesG wird die Beteiligung der Arbeitnehmervertreter im Aufsichtsrat vorgeschrieben. Der Aufsichtsrat ist nach KgesG ein zwingendes Organ für größere Gesellschaften mbH[708] (§ 52 Abs. 1 KgesG) und Aktiengesellschaften (§ 124 Abs. 1 KgesG). Der Aufsichtsrat besteht aus Anteilseignervertretern und Arbeitnehmervertretern in einem entsprechenden Verhältnis, das in der Satzung konkret vorgeschrieben wird. Die Arbeitnehmervertreter im Aufsichtsrat werden von den Arbeitnehmern der Gesellschaft demokratisch gewählt (§§ 52 Abs. 2, 124 Abs. 2 KgesG). Diese Vorschriften sind nicht unproblematisch. Die Gesetzgebung über die Beteiligung der Arbeitnehmer im Aufsichtsrat wird anscheinend von den Regelungen bezügliche der deutschen Unternehmensmitbestimmung beeinflusst. Allerdings fehlen in China entsprechende selbständige Rechtsbe-

---

[707] Vgl. *Zhu, Xiaoyang/Chen, Peihua*, http://www.usc.cuhk.edu.hk/wk_wzdetails.asp?id=2267

[708] Im KgesG wird aber den Maßstab der Größe der Gesellschaft nicht genau geregelt. Ein Maßstab nach der Zahl der Beschäftigten sollte im Gesetz eingeführt werden.

stimmungen über die Mitbestimmung. Wie oben schon erwähnt gilt das System der Arbeitnehmervertretermitbestimmung nicht gesetzlich zwingend für nichtstaatlichen Gesellschaften mbH und Aktiengesellschaften. Für solche Gesellschaften gilt nur die Beteiligung der Arbeitnehmer im Aufsichtsrat bzw. die Unternehmensmitbestimmung, ohne das System der Arbeitnehmervertreterversammlung als die grundlegende Form des demokratischen Managements einzuführen. Im Vergleich zur Mitbestimmung auf Betriebsebene in Deutschland beschränken sich die Aufgaben der Arbeitnehmervertreterversammlung nicht nur auf die Mitbestimmung über Sozialangelegenheiten. Bei den wichtigen Entscheidungen des Unternehmens und der Kontrolle des Managements spielt sie mehr oder weniger auch eine Rolle. In den Kapitalgesellschaften, besonders in den Aktiengesellschaften, wird die Bedeutung des Kapitals besonders betont. Dementsprechend zieht sich der ideologische Faktor aus dem Unternehmensbereich zurück. Die Frage, ob die Arbeitnehmervertreterversammlung der neuen Rechtsform der Kapitalgesellschaft bzw. ihrer Führungsstruktur entspricht, hat der Gesetzgeber noch nicht vollständig beantwortet.

Das KgesG bestimmt kein genaues Verhältnis der Arbeitnehmervertreter im Aufsichtsrat. Die Satzungenanleitung1997 schreibt aber vor, dass die Arbeitnehmervertreter mindestens ein Drittel der Aufsichtsratsmitglieder ausmachen. Diese Regelung sollen die börsennotierten Aktiengesellschaften in der Regel einhalten. Diese Vorschrift ist auch im Entwurf zur Novellierung des chinesischen KgesG vom Staatsrat akzeptiert worden. In diesem Entwurf wird vorgeschrieben, dass der Aufsichtsrat der AG mindestens aus drei Mitgliedern besteht und sich die Mindestzahl der Aufsichtsratsmitglieder bei Aktiengesellschaften mit einem Kapital von mehr als 50.000.000 Yuan auf fünf erhöht, und die Arbeitnehmervertreter mindestens ein Drittel der Aufsichtsratsmitglieder stellen.[709]

4. Bewahrung des Systems der Arbeitnehmervertreterversammlung und Übertragung der Unternehmensmitbestimmung

a. Das System der Arbeitnehmervertreterversammlung ist die Grundlage des demokratischen Managements.

Seit langem wurde in China anerkannt, dass die ideologische Basis des demokratischen Unternehmensmanagements das sozialistische Gemeineigentum an Produktionsmitteln ist. Heutzutage sind die Unternehmensformen nicht nach dem Eigentum, sondern nach Organisations- und Haftungsformen zu unterscheiden. Die ideologische Unterscheidung im Unternehmensbereich führt unzutreffend zu einer von Menschenhand geschaffenen Differenzierung zwischen den Arbeitnehmern. Die Arbeitnehmer, seien sie in Unternehmen mit rein staatlichen Faktoren, den Gemischtgesellschaften oder den nicht-staatlichen Gesellschaften tätig, erbringen die gleiche Leistung durch ihre Arbeit. Sie tragen gleichermaßen zur Entwicklung der Unternehmen und damit der Gesellschaft bei. Abgesehen davon, dass die Arbeitnehmer in den staatseigenen Betrieben mehr soziale Leistungen vom Staat bekommen, macht das so genannte sozialistische Gemeineigentum an

[709] § 143 KgesG-E.

Produktionsmitteln in der Wirklichkeit keinen wesentlichen erkennbaren Unterschied zwischen den Arbeitnehmern der verschiedenen Unternehmensformen. Denn niemand kann wirklich über das Gemeineigentum verfügen. Heute ist dieser Unterschied der Identität der Arbeitnehmer noch geringer geworden, weil viele staatseigene Betriebe geschlossen wurden und mehr Gemischtgesellschaften oder nicht-staatliche Gesellschaften gegründet worden sind. Die Fülle an Sozialleistungen, wie sie früher von den staatseigenen Unternehmen geleistet wurde, kann von den neu strukturierten Unternehmen nicht mehr aufrechterhalten werden. In den Unternehmen, die nach den Marktwirtschaftsregeln gegründet und geführt werden, spielt der aus der Ideologie abgeleitete Unterschied der Identität keine Rolle mehr. Zur Zeit befindet sich China noch in einer Übergangsphase. In diesem Fall bestehen Konflikte und Anpassungsschwierigkeiten zwischen dem alten und dem neuen System. Das demokratische Management des Unternehmens und das System der Arbeitnehmervertreterversammlung gehören dazu. Eine mögliche Lösung wäre eine allgemeine Gesetzgebung über demokratisches Management des Unternehmens bzw. über das System der Arbeitnehmervertreterversammlung für alle Unternehmen unter bestimmten Voraussetzungen.

Die geltenden Rechtsbestimmungen über das System der Arbeitnehmervertreterversammlung finden nur in den Unternehmen mit rein staatlichen Faktoren oder in den Unternehmen des Kollektiveigentums Anwendung. Ob die Arbeitnehmer der Unternehmen der anderen Rechtsformen durch Arbeitnehmervertreterversammlungen an dem demokratischen Unternehmensmanagement teilnehmen können, wird im Gesetz noch nicht angesprochen. Allerdings ergibt sich dieser Unterschied nur aus den, im Sinne der Ideologie, unterschiedlichen Eigentumssystemen. Dies widerspricht aber der Gleichberechtigung der Menschen. Heute wird das Marktwirtschaftssystem in China eingeführt. Die Unternehmen sind nicht mehr so stark nach dem Eigentumssystem zu unterscheiden. In diesem Fall spielt die Ideologie in der Wirtschaft keine so große Rolle wie früher. Ferner wird die Funktion und die positive Wirkung der Arbeitnehmervertreterversammlung von vielen Unternehmern in der Praxis anerkannt. In Shanghai haben 3.000 Privatunternehmen freiwillig das System der Arbeitnehmervertreterversammlung akzeptiert.[710] Der Gesetzgeber sollte die sozialen und wirtschaftlichen Veränderungen erkennen und die einschlägigen Rechtsbestimmungen rechtzeitig anpassen, um den Bedarf der Unternehmen zu decken. Eine allgemeine Gesetzgebung über das demokratische Management des Unternehmens bzw. das System der Arbeitnehmervertreterversammlung sollte deswegen vorgenommen werden. Allerdings sollte sich das System der Arbeitnehmervertreterversammlung den sich veränderten sozialen und wirtschaftlichen Bedingungen anpassen. Eine einfache Übertragung der Regeln für die alte Arbeitnehmervertreterversammlung auf die neue Rechtsform der Kapitalgesellschaft ist undenkbar. Im Entwurf zur Novellierung des chinesischen KgesG wird oben erwähnter § 16 KgesG geändert. Es wird vorgeschrieben, dass die Gesellschaft nach dem Verfassungsrecht und den ein-

---

710 http://news.xinhuanet.com/fortune/2002-12/15/content_660175.htm

schlägigen Rechtsbestimmungen durch die Arbeitnehmervertreterversammlung oder andere Formen, ein demokratisches Management betreibt.[711]

Im deutschen Recht sind die Systeme der Mitbestimmung auf der Betriebsebene und der Unternehmensebene zwei unterschiedliche Regelungsbereiche. Allerdings kann man nicht ohne weiteres sagen, dass es zwischen den beiden gar keine Beziehung gibt. Sie bilden zusammen die wirtschaftliche Demokratie innerhalb des Unternehmens. Die Mitbestimmung auf der Betriebsebene ist die demokratische Grundlage der Mitbestimmung auf der Unternehmensebene. Die Unternehmensmitbestimmung ist wirtschaftliche Demokratie auf höherer Stufe. Das System der Arbeitnehmervertreterversammlung in China sollte, als Mitbestimmung auf Betriebsebene wie in Deutschland, von allen Unternehmen unter bestimmen Voraussetzungen zwingend eingeführt werden.

b. Vorschläge zur Einführung und Gestaltung der Unternehmensmitbestimmung in China

Ein Unternehmen besteht aus seinem Kapital und der Arbeit seiner Beschäftigten. Ohne jene beiden Ressourcen hat das Unternehmen keine Existenz und keine Entwicklung. Wenn man die beiden Seiten vergleichen möchte, sollte die Arbeit der Beschäftigten im Mittelpunkt des Unternehmens stehen. Die Produktionsfähigkeit und die Wertsteigerung des Unternehmens hängen eher von der Arbeit der Beschäftigten als vom Kapital ab, wenngleich das Kapital für ein Unternehmen sehr wichtig ist. Ohne die Arbeit der Beschäftigten kann sich das ins Unternehmen investierte Kapital nicht vermehren. Eine harmonische Beziehung zwischen Kapital und Arbeitsleistung trägt zur stabilen Entwicklung des Unternehmens bei. Infolgedessen ist es von entscheidender Bedeutung, die Motivation der Arbeitnehmer zu fördern und Arbeitsfrieden zu schaffen. Unternehmensmitbestimmung ist eine Form der wirtschaftlichen Demokratie innerhalb des Unternehmens. Auf der Unternehmensebene ist die Mitbestimmung der Arbeitnehmer nicht mehr ein Konflikt zweier einander gegenüberstehender Interessen. Die mit der Mitbestimmung verbundenen Ziele werden heute eher im Wege einer kooperativen Vorgehensweise zwischen Arbeitnehmer und Arbeitgeber erreicht. Bei der Unternehmensmitbestimmung spielt die Ideologie keine Rolle. Sie basiert vielmehr auf dem Wesen des Unternehmens.

Im geltenden KgesG wird nur geregelt, dass der Aufsichtsrat aus einem gewissen Verhältnis von Anteilseignervertretern und Arbeitnehmervertretern besteht. Abgesehen von dieser Vorschrift kann man in den anderen Rechtsbestimmungen keine speziellen und ausführlichen Regelungen über die Beteiligung der Arbeitnehmervertreter im Aufsichtsrat bzw. über die Unternehmensmitbestimmung finden.

Die Beteiligung der Arbeitnehmervertreter im Aufsichtsrat bzw. die Unternehmensmitbestimmung ist in China mit der Verabschiedung des KgesG entstanden. In Ermangelung einer langen Tradition der Unternehmensmitbestimmung, wie sie in Deutschland vorhanden ist, fehlen diesem System in China entsprechende Rechtsbestimmungen. Das führt dazu, dass sich die Unternehmensmitbe-

[711] § 16 Abs. 2 KgesG-E.

stimmung in China nur begrenzt im KgesG widerspiegelt. Daher bis jetzt noch kein gesetzlich ausgestaltetes System der Unternehmensmitbestimmung in China

Die Vorschriften im KgesG über die Beteiligung der Arbeitnehmervertreter im Aufsichtsrat sind nicht ausreichend für eine effiziente Umsetzung. Obwohl die Unternehmensmitbestimmung nur in der Vorschrift über die Zusammensetzung des Aufsichtsrats im AktG eingeführt wird, gibt es spezielle Rechtsbestimmungen über die Unternehmensmitbestimmung in Deutschland. In diesen Gesetzen wird festgestellt, welche Mitbestimmungsformen für welche Rechtsformen der Gesellschaften gelten, wie die Wahl der Arbeitnehmervertreter erfolgt, wer die Wahlkosten tragen soll usw. Solche speziellen Rechtsvorschriften führen vor Augen, wie die Unternehmensmitbestimmung umgesetzt werden kann. Dadurch wird einerseits die Ausführung der Unternehmensmitbestimmung gesetzlich gewährleistet, andererseits wird die willkürliche Abweichung durch den Arbeitgeber vermieden.

Ohne einschlägige Rechtsbestimmungen über die Durchsetzung der Unternehmensmitbestimmung haben die Vorschriften im KgesG eher rein formalen Charakter, als dass sie eine konkrete Umsetzbarkeit in sich bergen. Dementsprechend ist die spezielle Gesetzgebung über die Unternehmensmitbestimmung in China von großer Bedeutung. Die folgenden Punkte sollten bei der Gesetzgebung in Betracht gezogen werden:

Zunächst muss nicht jede Gesellschaft Arbeitnehmervertreter im Aufsichtsrat haben. Die Größe der Gesellschaft spielt bei der Unterscheidung eine große Rolle. Je größer die Gesellschaft ist, desto wichtiger ist die Kooperation der Arbeitnehmer im Rahmen des Managements des Unternehmens. Die Unternehmensmitbestimmung ist eher eine soziologische Frage. Im Vergleich zu den kleinen oder mittelständigen Unternehmen haben die großen Unternehmen wegen ihrer zahlreichen Belegschaft größeren sozialen und wirtschaftlichen Einfluss. Deswegen sollte sich die Unternehmensmitbestimmung auf eine bestimmte Größe des Unternehmens beschränken. Ferner ist der Zweck des Unternehmens zu berücksichtigen. Die Unternehmensmitbestimmung ist die Form der wirtschaftlichen Demokratie innerhalb der Gesellschaft. Eine Gesellschaft mit politischem, wissenschaftlichem, künstlerischem oder konfessionellem Zweck gehört natürlich nicht in den Anwendungsbereich. Deswegen sollte zuerst der Anwendungsbereich der Unternehmensmitbestimmung im Gesetz festgelegt werden.

Außerdem sollte die Wahl der Arbeitnehmervertreter gesetzlich geregelt werden. Im KgesG wird nur vorgeschrieben, dass die Arbeitnehmervertreter im Aufsichtsrat von allen Arbeitnehmern der Gesellschaft gewählt werden. Es fragt sich nun, wie diese Wahl vorgenommen werden soll. Formvorschriften und Verfahrensrecht ist einer der Wege zur Verwirklichung des materiellen Rechts. Ohne entsprechende Regelungen über das Verfahren der Wahl würde das Beteiligungsrecht der Arbeitnehmer nicht sichergestellt. Solche formalen Regelungen sollten sich hauptsächlich auf die Zusammensetzung der Arbeitnehmervertretergruppe im Aufsichtsrat, Wahlberechtigung und Wählbarkeit, Bestellung, Anfechtung und Abberufung der Arbeitnehmervertreter beziehen. Ferner sollte geregelt werden, dass unter den Arbeitnehmervertretern Angestellte und Arbeiter, Frauen und Männer, entsprechend ihrem zahlenmäßigen Verhältnis im Unternehmen vertreten sind.

Darüber hinaus sollte man die Regelung über Wahlschutz und Wahlkosten nicht vergessen. MitbestG und DrittelbG schreiben Wahlschutz und Wahlkosten gleichermaßen vor.[712] Niemand darf die Wahl der Arbeitnehmervertreter für den Aufsichtsrat behindern. Die Wahlrechte darf niemand beschränken. Die Wahlen dürfen nicht unrechtmäßig beeinflusst werden. Die Wahlkosten soll das Unternehmen tragen. Durch diese Vorschrift wird die Unabhängigkeit der Arbeitnehmervertreter im Aufsichtsrat vom zu kontrollierenden Management gewährleistet. Im Unternehmen steht das Management im Zentrum der Geschäftsführung. Die Arbeitnehmer sind dem Management unterstellt. Allerdings müssen die Arbeitnehmervertreter im Aufsichtsrat Kontrollfunktion gegenüber dem Management ausüben. Deswegen ist die Gewährleistung der Rechte der Arbeitnehmervertreter in diesem Fall für die Ausübung ihrer Aufgabe von großer Bedeutung. Die erfolgreiche Umsetzung der Unternehmensmitbestimmung in Deutschland ist ferner auf den umfassenden gesetzlichen Kündigungsschutz zurückzuführen. Ohne Angst vor ungerechter Behandlung durch das Management, können die Arbeitnehmer ihre Beteiligungsrechte gefahrlos ausüben. Zwar ist der gesetzliche Wahlschutz sehr wichtig. Einschlägige Rechtsbestimmungen über den Arbeitsschutz im Sinne des Arbeitsrechts können jedoch grundlegenden und wesentlichen Schutz vor der willkürlichen Behandlung der Arbeitnehmer durch das Management bieten. Die Unternehmensmitbestimmung ist deswegen keine isolierte Institution. Des Weiteren sollte die Funktion der Gewerkschaft bzw. der Arbeitnehmervertreterversammlung in China verstärkt werden. Sie nehmen das Interesse der Arbeitnehmer wahr. Ohne Betriebsräte und Gewerkschaften hätte sich die Unternehmensmitbestimmung in Deutschland überhaupt nicht Jahrzehnte lang erfolgreich bewähren können.

Schließlich ist zu überlegen, welches Modell der Unternehmensmitbestimmung in China eingeführt werden soll. Im geltenden KgesG wird das Verhältnis der Arbeitnehmer im Aufsichtsrat nicht vorgeschrieben. Im Entwurf der Novellierung des chinesischen KgesG vom Staatsrat wird ein Mindestverhältnis von einem Drittel vorgeschlagen. Eine zwingende paritätische Unternehmensmitbestimmung wie im deutschen Recht wird anscheinend in China nicht akzeptiert. Die außergewöhnliche paritätische Unternehmensmitbestimmung hat in Deutschland bestimmte historische und traditionelle Wurzeln. Andere Länder sollten das Modell nicht übertragen, ohne ihre eigene Situation zu berücksichtigen. Ein Mindestverhältnis sollte eine angemessene Lösung sein. Einerseits werden die Gesellschaften gezwungen, den Mindeststandard des Schutzes der Interessen der Arbeitnehmer einzuhalten. Andererseits ist eine Vereinbarung eines größeren Verhältnisses der Beteiligung der Arbeitnehmer im Aufsichtsrat auch erlaubt. Die Unternehmensmitbestimmung beinhaltet kein unmittelbares Entscheidungsrecht, sondern lediglich ein Beteiligungsrecht der Arbeitnehmer. In der Gesellschaft liegt das letztgültige Entscheidungsrecht in der Hand der Anteilseigner, die der Gesellschaft das Kapital zur Verfügung stellen und die Risiken tragen müssen. Sogar bei paritätischer Unternehmensmitbestimmung ist der Aufsichtsratsvorsitzende auf Grund der Wahlregelung des § 27 Abs. 2 S. 2 MitbestG im Regelfall

---

[712] Vgl. § 20 MitbestG, § 10 DrittelbG.

ein Anteilseignervertreter, der gemäß § 29 Abs. 2 MitbestG bei einer erneuten, zweiten Abstimmung zwei Stimmen hat. Dadurch hat die Anteilseignerseite meist ein leichtes Übergewicht.[713] Der Zweck der Einbeziehung der Arbeitnehmer in den Aufsichtsrat besteht darin, dass die Arbeitnehmer auf der einen Seite, auf Grund ihrer Tätigkeit innerhalb des Unternehmens, aktuelle und faktische Erkenntnisse über die Situation des Unternehmens besitzen und die Grundlage der Entscheidungen des Aufsichtsrats erweitern können, und die Arbeitnehmer auf der anderen Seite die Interessen der Belegschaft repräsentieren und ein Gegengewicht zur Machtkonzentration des Managements einschließlich der Anteilseignerseite anbieten. Eine paritätische Beteiligung der Arbeitnehmer im Aufsichtsrat ist daher nicht notwendig.

[713] Vgl. *Lieb* (2000), § 9, 912.

F. Zusammenfassung der Ergebnisse in Thesen

Gegenstand der vorliegenden Arbeit ist die Corporate Governance in chinesischen Unternehmen. Im Mittelpunkt steht dabei die Frage, wie sich die ersten vorhandenen Ansätze weiterentwickeln und verbessern lassen. Auf der Grundlage eines Vergleiches zwischen dem deutschen und dem chinesischen System werden folgende Vorschläge unterbreitet.

I. Analyseergebnisse über die grundlegenden Theorien der Corporate Governance

1. In den Diskussionen um Corporate Governance wurden unterschiedliche Definitionen vorgelegt. In der vorliegenden Arbeit versteht man unter Corporate Governance Unternehmensführung, nämlich Unternehmensleitung und -überwachung. Trotz der Unterschiede der verschiedenen Rechtssysteme sollte dieser Definition allgemeine Geltung zukommen. Corporate Governance konzentriert sich ausschließlich auf die gesellschaftsinterne Unternehmensverfassung. Der Auffassung, die zwischen interner und externer Corporate Governance unterscheidet, kann aus den dargestellten Gründen nicht gefolgt werden. Eine externe Kontrolle der Gesellschaft bzw. des Vorstands kann nur dadurch durchgesetzt werden, dass Rechte, Pflichten und Haftungen der Organe und ihrer Mitglieder intern festgelegt werden. Obwohl die Regelungen, die sich einer Stellungnahme nach auf die externe Corporate Governance beziehen, auf die allgemeine Corporate Governance wirken können, richten sie sich in erster Linie aber auf die Verwaltung des Kapitalmarkts und den Schutz der Kapitalanleger. Man sollte die Zielsetzung von der Wirkung der Regelungen unterscheiden. Deswegen besteht die sogenannte externe Corporate Governance nicht.

2. Zudem ist das Verhältnis zwischen Shareholder Value und Stakeholder Value zu bestimmen. Diese beiden Begriffe sind nicht ganz gegensätzlich. Bei der Diskussion um Shareholder Value und Stakeholder Value muss „Zielsetzung“ und „Zielerfüllung“ der Aktiengesellschaft unterschieden werden. Bei der „Zielsetzung“ handelt es sich um die Frage, warum die Aktionäre in die Aktiengesellschaft investieren und den Vorstand mit der Unternehmensleitung beauftragen. Bei der „Zielerfüllung“ geht es darum, wie die Unternehmensleitung durchführt werden soll. Bei der Leitung des Unternehmens hat der Vorstand alle Gesetze, die unterschiedliche Interessen der Anspruchsgruppen (zum Beispiel Gläubiger, Arbeitnehmer, Kunden, Staat usw.) berücksichtigen und schützen, einzuhalten. Alle Maßnahmen, die zur Verwirklichung der Ziele der Gesellschaft getroffen werden, müssen innerhalb des gesetzlichen Rahmens bleiben. Dass die Interessen der anderen Anspruchsgruppen auch berücksichtigt werden müssen, gehört deswegen schon selbstverständlich zu der „Zielerfüllung“ der Unternehmensleitung, und ist eine notwendige Voraussetzung der Verwirklichung der Ziele der Aktiengesellschaft.

3. Ein Vergleich zwischen dualistischem und monistischem System ergibt kein eindeutiges Ergebnis, welches System geeigneter ist. Weiterhin lässt sich eine gegenseitige Annäherung des dualistischen und des monistischen Systems im Sinne der Corporate Governance beobachten. Dabei stellt die unterschiedliche Struktur des Corporate Governance-Systems kein unüberwindliches Hindernis

dar, weil die Anpassung und die Verbesserung der Funktion des jeweiligen Systems im Vordergrund stehen. Jedes Corporate Governance-System wurzelt tief in der nationalen Tradition, Kultur und Geschichte, die das Recht geformt haben und weiterhin prägen. Jedes System weist gewisse Mängel auf und versucht deswegen, die nützlichen Elemente von dem anderen System in die eigene Struktur einzufügen. Sofern sich vorteilhafte Elemente des anderen Systems in das eigene gut integrieren lassen und dessen Mängel beseitigen können, werden diese übernommen. Der formelle Unterschied der Struktur wird nicht davon berührt.

4. Schließlich ist die wirtschaftliche Analyse vielmehr eine Ergänzung für die rechtswissenschaftliche Forschung. Die erstere bietet der letzteren einen neuen Aspekt. Zwar trägt die wirtschaftliche Analyse, insbesondere jene von der Neuen Institutionenökonomik, zur Klärung vieler wichtiger wirtschaftlicher Phänomene bei. Man kann jedoch nur durch gesetzliche Normierung von Rechten, Pflichten und Haftungen die Beziehungen unterschiedlicher Subjekte festlegen und die Interessen verschiedener Anspruchsgruppen verwirklichen und schützen. Hinsichtlich der wirtschaftlichen Analyse der Corporate Governance, bzw. des Binnenverhältnisses der Aktiengesellschaft ist fraglich, ob sich die Analyse vollständig mit den realen Verhältnissen deckt. Die Theorie der „Trennung von Eigentum und Verfügungsmacht" und der *principal-agency*-Theorie sind zwar im Ausgangspunkt plausibel und damit überzeugend, jedoch wird in der Regel die Beziehung zwischen Management und Aktionären vereinfacht. Hierbei wird die Vielfältigkeit und Verschiedenartigkeit der Motive des Managements bei der Geschäftsführung und der Aktionäre bei ihrer Investition in die Gesellschaft nicht ausreichend berücksichtigt. Die wirtschaftliche Analyse ist daher eher eine modellhafte Vereinfachung der wirtschaftlichen Phänomene, aus der sich nicht unbedingt Maßnahmen gegen wirtschaftliche Probleme ableiten lassen. Dagegen ist die juristische Analyse neben der Beschreibung der Realität auch für Schlussfolgerungen zu Präventivmaßnahmen geeignet.

II. Analyseergebnisse über die Grundlage des Vergleichs

Der Vergleich zwischen deutschem und chinesischem System basiert auf Gleichartigkeit bzw. Ähnlichkeit und aber auch Unterschied beider Systeme. In einer chinesischen Aktiengesellschaft gilt eine Organisationsstruktur, die aus drei Organen, nämlich Hauptversammlung, Vorstand und Aufsichtsrat besteht. Die Aufgaben zur Unternehmensleitung und Unternehmensüberwachung werden - wie in Deutschland- Vorstand und Aufsichtsrat getrennt zugewiesen. Im Aufsichtsrat befinden sich auch Arbeitnehmervertreter. Allerdings sind die Unterschiede zwischen den beiden Systemen sehr groß. In China werden Vorstand und Aufsichtsrat gleich von der Hauptversammlung gewählt. Die Aufgaben des Vorstands im Sinne des deutschen Rechts werden in China in zwei Bereiche aufgeteilt. Der Vorstand ist eher für die strategischen Entscheidungen zuständig. Der *manager*, der vom Vorstand angestellt und zu den hochrangigen Managern gehört, ist für die „alltägliche Geschäftsführung" verantwortlich. Die Vertretung der Gesellschaft weicht im chinesischen Kapitalgesellschaftsgesetz (KgesG) auch von der deutschen Regelung ab. Der Vorstand der Aktiengesellschaft setzt sich aus fünf bis neunzehn Mitgliedern zusammen. Nicht der Vorstand, sondern der Vorstandsvorsitzende ist der gesetzliche Vertreter der Gesellschaft. Die konkrete Durchführung der Vertretungsbefugnisse ist bislang noch nicht im chinesischen

KgesG geregelt. Der Aufsichtsrat, der dem Vorstand parallel zur Hauptversammlung verantwortlich ist und in der Regel aus Angestellten der Gesellschaft oder der Großaktionäre besteht, spielt kaum eine Rolle. In diesem Fall ist versucht worden, das aus dem angloamerikanischem Rechtsraum stammende *independent director*-System in China einzuführen. In welche Richtung sich die chinesische Corporate Governance-Struktur entwickelt, ist noch unklar. Obwohl der Aufsichtsrat Arbeitnehmervertreter in einem angemessenen Verhältnis haben muss, fehlen noch einschlägige Rechtsbestimmungen außerhalb des KgesG. Es gibt noch Strukturmängel in den chinesischen Aktiengesellschaften, was teilweise zu einer schwachen Corporate Governance führt.

Das chinesische KgesG wurde Anfang der 90er Jahre des letzten Jahrhunderts verabschiedet. Die Rechtsformen der Gesellschaft mit beschränkter Haftung (GmbH) und der Aktiengesellschaft (AG) werden zusammen in diesem Gesetz geregelt. Außer der Gesellschaft mit ausschließlich staatlichem Kapital darf keine Einpersonengesellschaft gegründet werden. Das Gesetz ist noch kein reines Gesetz über die Handelsorganisation, weil es zudem die Vorschriften über die Aktivität der kommunistischen Partei und der Gewerkschaft in der Gesellschaft enthält. Außerdem wird auch die Reform der staatseigenen Betriebe in diesem Gesetz geregelt. Das Eigentum am Staatsvermögen und die staatlichen Faktoren werden im Gesetz unzutreffend betont. Darüber hinaus legt dieses Gesetz weniger Wert auf die Selbstregulierung der Unternehmen durch die Satzung. Die Vorschriften sind daher in der Regel unbeweglich.

Wegen der ähnlichen Organisationsstruktur gibt es die Möglichkeit, zwischen deutscher und chinesischer Corporate Governance einen Vergleich anzustellen. Die Strukturmängel der chinesischen Aktiengesellschaft bilden allerdings einen Grund zum Vergleich. Auf der Grundlage eines Vergleichs zwischen deutschem und chinesischem Corporate Governance-System werden Verbesserungsmöglichkeiten in der Arbeit dargestellt.

III. Analyseergebnisse über die Aktionärsstruktur

Die Mehrheitsbeteiligung der öffentlichen Hand in den Aktiengesellschaften und die daraus resultierende unausgeglichene Aktionärsstruktur sind die Besonderheit und zugleich das grundlegende Problem der chinesischen Corporate Governance. In China sind die meisten Aktiengesellschaften aus staatseigenen Betrieben umstrukturiert worden. Infolge dessen werden die Beteiligungsanteile im großen Umfang in der Hand des Staates gehalten. Wegen dieser dominierenden Beteiligung ist die öffentliche Hand im Regelfall der einzige Großaktionär. Diese unausgeglichene Aktionärsstruktur verhindert die Bildung eines modernen Unternehmenssystems. Um die chinesische Corporate Governance zu verbessern, muss diese Aktionärsstruktur geändert werden. Die Anteile der öffentlichen Hand sind allmählich zu verkleinern. Statt eines einzigen Großaktionärs in einer Aktiengesellschaft sollte es mehrere große Aktionäre geben. So würde ein Interessenausgleich zwischen unterschiedlichen Aktionären, besonders Großaktionären entstehen. Mit einer solchen Aktionärsstruktur könnte es eine Grundlage für eine funktionierende Corporate Governance geben. Darüber hinaus ist die Rolle der öffentlichen Hand als öffentlich-rechtliches Subjekt und als Aktionär zu unterscheiden. Wenn der Staat als Rechtssubjekt des Privatrechts im Wirtschaftsleben teilnimmt, muss er sich den Grundsätzen des Privatrechts unterwerfen und den Grundsatz der Gleichbehandlung respektieren. Der politische Eingriff in die Unternehmensführung ist zu beseitigen. Außerdem sind besondere Vorschriften über die öffentliche Beteiligung im Rahmen des Gesellschaftsrechts zu schaffen. Solche besonderen Regelungen sollen der öffentlichen Hand keine Privilegien, die sie im Gegensatz zu den anderen Aktionären übervorteilt, verschaffen, sondern dem besonderen Kontroll- und Informationsbedarf der öffentlichen Hand Rechnung tragen und ihr folglich nur besondere Überwachungs- und Informationsrechte einräumen. Die Interessen der übrigen Aktionäre dürfen dadurch nicht benachteiligt werden. Solche Vorschriften betreffen eher die Personen, die öffentliche Beteiligungen verwalten oder als Vertreter der öffentlichen Hand in den Aktiengesellschaften tätig sind, und weniger diejenigen Mitglieder der Unternehmensleitung, die unter keinerlei staatlichem Einfluss stehen.

Die Aktionärsstruktur der chinesischen Aktiengesellschaften führt zu unausgeglichenen Kräfteverhältnissen zwischen Groß- und Kleinaktionären. Die Interessen der Kleinaktionäre werden deswegen häufig geschädigt. In diesem Fall ist die Einführung des Depotstimmrechts der Banken von großer Bedeutung. Werden die Anteile der Kleinaktionäre durch die Vertretung der Banken gebündelt, kommt ein Gegengewicht zu den Großaktionären zustande. Wenn die Vertreter der Banken zum Beispiel im Aufsichtsrat vertreten sind, sollte dadurch die Kontrollfunktion des Aufsichtsrats verstärkt werden. Allerdings muss die Ausübung des Depotstimmrechts darauf beschränkt werden, dass die Interessen der Aktionäre im Vordergrund stehen.

IV. Analyseergebnisse über den Vorstand

Die Kontrolle des Vorstands steht im Kernbereich der Corporate Governance. Auf Grund der Analyse der aktuellen Situation und der gesetzlichen Bestimmungen in China und dem Vergleich mit den deutschen Rechtsbestimmungen werden folgende Ergebnisse erzielt bzw. Vorschläge erarbeitet:

1. Zunächst ist es überflüssig, die konkreten Aufgaben des Vorstands im chinesischen KgesG aufzulisten. Denn es kann nicht festgelegt werden, wie ein Unternehmen geleitet oder die Geschäfte geführt werden. Stattdessen sollte die Zuständigkeit des Vorstands, die Geschäfte zu führen, abstrakt und klar im Gesetz vorgeschrieben werden. Die konkreten Aufgaben des Vorstands können sich in den anderen einzelnen Vorschriften widerspiegeln oder in der Satzung der Gesellschaft detailliert festgelegt werden. Dadurch werden die Bedürfnisse von Gesellschaften unterschiedlicher Branchen und unterschiedlicher Größe berücksichtigt. Dem Vorstand kann ein gewisser und zuweilen großer Spielraum eingeräumt werden, damit er im Rahmen der gesetzlichen Bestimmungen seine Leitungsaufgabe tatsächlich unter eigener Verantwortung ausüben kann.

2. Sodann sind die Vorschriften im chinesischen KgesG – „der Vorstandsvorsitzende ist der gesetzliche Vertreter der Gesellschaft“ (§§ 45 Abs. 3, 113 KgesG) – zu beseitigen. Stattdessen wird es festgelegt, dass der Vorstand (das Organ) der gesetzliche Vertreter der Gesellschaft ist. Nach der Machtverteilung zwischen unterschiedlichen Organen ist der Vorstand das Leitungs- und Handlungsorgan, das die Gesellschaft nach außen vertritt. Unter dem Aspekt der Organfunktion ist zu bestimmen, dass nicht ein Vorstandsmitglied oder einzelne Vorstandsmitglie-

der, sondern der Gesamt-Vorstand, unabhängig davon, ob dieser nur aus einer Person oder aus mehreren Personen besteht, als das Vertretungsorgan (nicht der Vertreter) der Gesellschaft auftritt. Hier sollte man die Rechtsstellung des gesetzlichen Vertreters der Gesellschaft von der Durchführung der Vertretungsbefugnis unterscheiden. Der gesetzliche Vertreter der Gesellschaft kann deswegen nur ein Organ, nämlich der Vorstand, sein. Zwar kann der Vorstandsvorsitzende die Vertretungsmacht allein ausüben. Jedoch tritt er nicht als ein Organ auf, sondern als ein Teil desselben, dem Einzelvertretungsmacht eingeräumt wird.

3. Der *manager* ist nicht mehr als ein mit dem Vorstand gleichgestelltes Organ der Gesellschaft anzusehen. Im chinesischen KgesG werden die Berufung und die Aufgaben des *managers* mit denen des Vorstands im selben Abschnitt geregelt. Der *manager* wird vom Vorstand angestellt und gekündigt und ist für die laufenden Tagesgeschäfte der Gesellschaft zuständig. Die Zuständigkeiten des *managers* werden im chinesischen KgesG aufgelistet. Gemäß dem chinesischen KgesG kann eines der Vorstandsmitglieder und damit auch der Vorstandsvorsitzende die Position des *managers* in Personalunion innehaben. Der *manager* ist nur ein vom Vorstand angestellter hochrangiger Manager. Er ist kein Organ der Gesellschaft. Es sollte von der Gesellschaft durch die Satzung selbst bestimmen, ob und wie viele *manager* sie anstellen und welche Zuständigkeiten sie dem *manager* einräumen möchte. Welche Zuständigkeiten ein *manager* hat und welche Geschäfte er führen darf, gehört zu der internen Bevollmächtigung der Gesellschaft. Der Gesetzgeber sollte nur dafür sorgen, wie ein *manager* bestellt wird, welche Pflichten er hat, und wie er haftet.

4. Der Gesetzgeber sollte die Pflichten des Vorstands noch eingehender, das heißt detaillierter regeln, indem er zuerst Treue- und Sorgfaltspflicht als grundsätzliche allgemeine Pflichten der Vorstandsmitglieder vorsehen, und dann die konkreten Pflichten für die Vorstandsmitglieder noch ausführlicher und ausdrücklicher im Gesetz vorschreiben und schließlich die Pflichten der Vorstandsmitglieder der Aktiengesellschaften strenger als die der Geschäftsführer der Gesellschaften mbH regeln sollte.

5. Zum Schluss wird versucht, einschlägige Probleme über das *independent director*-System zu lösen. Die *independent directors,* die für die Überwachung der geschäftsführenden *directors* vom Board zuständig sind, stammen aus dem monistischen Rechtsraum. Zwar sind sie Vorstandsmitglieder, jedoch übernehmen sie Aufgaben des Aufsichtsrats aus dem dualistischen Rechtssystem. Mit der Einführung des *independent director*-Systems in China ist man von einer Verbesserung der chinesischen Corporate Governance, besonders der Kontrolle des Vorstands, ausgegangen, denn der Aufsichtsrat in der chinesischen Unternehmenspraxis funktioniert nicht befriedigend. Obwohl dieses System noch nicht im geltenden KgesG (aber schon im Entwurf zur Revidierung dieses Gesetzes vom Staatsrat geregelt) festgelegt wird, haben es fast alle chinesischen börsennotierten Aktiengesellschaften schon akzeptiert und in der Praxis umgesetzt. Vor allem ist die problematische Frage zu lösen, wie die Unabhängigkeit der *independent directors* gewährleistet und der Konflikt zwischen diesem System und der geltenden Führungsstruktur der börsennotierten Aktiengesellschaften beseitigt wird. Dass *independent directors* und Aufsichtsrat in einer Führungsstruktur gleichzeitig nebeneinander existieren, scheint zwar zunächst unmöglich zu sein. Jedoch

gelänge damit auch eine doppelte Sicherung für die Kontrolle des Managements, wenn Rechtsstellung und Zuständigkeiten der beiden Organen klar von einander abgegrenzt werden können. Es gibt ohnehin keine universell geeignete Corporate Governance-Struktur. Eine sich in der chinesischen Unternehmenspraxis bewährte Corporate Governance ist vielmehr am besten geeignet. Allerdings bleibt noch abzuwarten, ob diese besondere Struktur in China tatsächlich funktioniert.

V. Analyseergebnisse über den Aufsichtsrat

In der Gesellschaftsverfassung trägt der Aufsichtsrat die Verantwortung zur Kontrolle des Vorstands. Zur Verbesserung und Verstärkung der Überwachung vom Aufsichtsrat werden folgende Vorschläge gemacht:

1. Vor allem wird die Rechtsstellung des Aufsichtsrats verstärkt und die Unabhängigkeit, sowie die Fach- und Rechtskenntnisse als auch das Engagement der Aufsichtsratsmitglieder gesetzlich gefordert werden. In China werden Aufsichtsrat und Vorstand gleichermaßen von der Hauptversammlung gewählt. Im Vergleich zum deutschen Modell bringt diese Ausgestaltung des Aufsichtsrats unvermeidlich eine schwache Kontrolle des Aufsichtsrats mit sich, weil der Aufsichtsrat kein dem Vorstand vorrangiges Organ wie im deutschen Recht ist und der mit umfangreichen Machtbefugnissen ausgestattete Vorstand im Zentrum der Verwaltung der Gesellschaft steht. In der Praxis kommen die Aufsichtsratsmitglieder auf der Seite der Anteilseigner normalerweise aus der Gesellschaft selbst oder von den Großaktionären. Dies verursacht vor allem die Schwäche der Kontrollfunktion des chinesischen Aufsichtsrats.

2. Zweitens sollten die Kompetenzen des Aufsichtsrats zur Kontrolle konkretisiert und die entsprechenden Rechtsfolgen auch klar im Gesetz festgelegt werden. Zwar hat der Gesetzgeber die Aufgaben einschließlich der Kontrollmechanismen des Aufsichtsrats im KgesG aufgelistet. Diese Auflistung ist jedoch ziemlich unpräzise und abstrakt, so dass die Kontrollmechanismen des Aufsichtsrats nicht durchsetzbar sind. Es ist zu erwarten, dass die Kompetenzen des Aufsichtsrats im KgesG ausführlich geregelt werden und auf eine unstreitige nachvollziehbare Grundlage gestellt werden, wie der Aufsichtsrat seine Aufgaben zur Kontrolle konkret und realistisch ausüben kann. Außerdem sollte die Informationsversorgung des Aufsichtsrats gewährleistet und hierdurch auch die Zusammenarbeit von Vorstand und Aufsichtsrats verstärkt werden.

VI. Analyseergebnisse über die Unternehmensmitbestimmung

Das System der Arbeitnehmervertreterversammlung in China, das das demokratische Management des Unternehmens repräsentiert, beruht auf einer ideologischen Grundlage. Die Beteiligung der Arbeitnehmer im Aufsichtsrat wird zwar im KgesG geregelt. Es fehlt jedoch noch an einschlägigen Rechtsbestimmungen außerhalb des KgesG. Zur Anpassung des alten und neuen Systems wird vorgeschlagen, das System der Arbeitnehmermitbestimmung nach dem deutschen Vorbild auch in China einzuführen.

1. Zuerst sollte das System der Arbeitnehmervertreterversammlung in China, vergleichbar mit der betrieblichen Mitbestimmung in Deutschland, von allen Unternehmen unter bestimmen Voraussetzungen zwingend eingeführt werden. Die Ideologie spielt heutzutage keine Rolle in der Unterscheidung der Unternehmens-

formen. Die Systeme der Mitbestimmung auf der Betriebsebene und der Unternehmensebene bilden zusammen die wirtschaftliche Demokratie innerhalb des Unternehmens. Die Mitbestimmung auf der Betriebsebene ist die Grundlage der Mitbestimmung auf der Unternehmensebene. Die Unternehmensmitbestimmung ist eine wirtschaftliche Demokratie auf höherer Stufe.

2. Darüber hinaus ist die spezielle Gesetzgebung über die Unternehmensmitbestimmung in China zur Durchsetzung der Arbeitnehmerbeteiligung im Aufsichtsrat gemäß KgesG von großer Bedeutung. Ein Unternehmen besteht aus seinem Kapital einerseits und der Arbeit seiner Beschäftigten andererseits. Die Produktionsfähigkeit und die Wertsteigerung des Unternehmens hängen eher von der Arbeit der Beschäftigten als von dem Kapital ab, auch wenn das Kapital für ein Unternehmen sehr wichtig ist. Auf der Unternehmensebene ist die Mitbestimmung der Arbeitnehmer nicht mehr eine Konfliktlage zweier einander gegenüberstehender Seiten. Die mit der Mitbestimmung verbundenen Ziele werden heute eher im Wege einer kooperativen Vorgehensweise zwischen Arbeitnehmer und Arbeitgeber erreicht. Obwohl es Arbeitnehmervertreter im Aufsichtsrat der chinesischen Aktiengesellschaft gibt, besteht in China die Unternehmensmitbestimmung als ein System mit einschlägigen Rechtsbestimmungen bislang noch nicht. Die Vorschriften im KgesG über die Beteiligung der Arbeitnehmervertreter im Aufsichtsrat sind für eine effiziente Umsetzung nicht ausreichend. Ohne einschlägige Rechtsbestimmungen über die Durchsetzung der Unternehmensmitbestimmung haben die Vorschriften im KgesG eher formalen Sinn als dass sie eine konkrete Umsetzbarkeit in sich bergen.

Im vom Staatsrat im April 2005 vorgelegten Entwurf zur Novellierung des chinesischen KgesG sind die in der Arbeit erwähnten Probleme teilweise angeführt worden. Viele Fragen bleiben aber noch offen. Diese Novellierung reicht noch nicht aus, alle Probleme der chinesischen Corporate Governance vollständig zu lösen. Die unausgeglichene Aktionärsstruktur muss vor allem durch Verringerung der übergewichtigen Mehrheitsbeteilung des Staates verändert werden. Eine angemessene Aktionärsstruktur ist die wichtigste Grundlage einer guten Corporate Governance.

Literaturverzeichnis

1. Texte in deutscher und englischer Sprache

Deutscher Gewerkschaftsbund Bundesvorstand	Stellungnahme des DGB Bundesvorstandes, Abt. Mitbestimmung und Rechtspolitik zu dem Bericht der „Kommission Mitbestimmung“ von BDA und BDI aus: http://www.boeckler.de/pdf/dgb_stelltungnahme_umitbest_2004_11.pdf (zitiert: Deutscher Gewerkschaftsbund)
Bachmann, Gregor	Der „Deutsche Corporate Governance Kodex“: Rechtswirkungen und Haftungsrisiken in: WM 2002, 2137-2143
Baums, Theodor	Bericht der Regierungskommission, 2001 Der Aufsichtsrat – Aufgaben und Reformfragen in: ZIP 1995, 11-18
Baums, Theodor (Hrsg.)	Bericht der Regierungskommission Corporate Governance – Unternehmensführung, Unternehmenskontrolle, Modernisierung des Aktienrechts, Köln 2001 (zitiert: Baums [2001])
Baums, Theodor/ Fraune, Christian	Institutionelle Anleger und Publikumsgesellschaft: Eine empirische Untersuchung in: AG 1995, 97-112
Berg, Stefan/ Stöcker, Mathias	Anwendungs- und Haftungsfragen zum Deutschen Corporate Governance Kodex in: WM 2002, 1569-1616
Bernhardt, Wolfgang	Aufsichtsrat – die schönste Nebensache der Welt? Defizite für eine effiziente Aufsichtsratstätigkeit in: ZHR 159 (1995) 310-321

Berrar, Carsten	Die Entwicklung der Corporate Governance in Deutschland im internationalen Vergleich Baden-Baden 2001 (zitiert: Berrar [2001])
Bertelsmann Stiftung/ Hans-Böckler-Stiftung (Hrsg.)	Mitbestimmung und neue Unternehmenskulturen – Bilanz und Perspektiven – Empfehlungen zur zukünftigen Gestaltung der Mitbestimmung aus: http://www.boeckler.de/pdf/the_kommission_mb.pdf
Beuthien, Volker	Gibt es eine organschaftliche Stellvertretung? in: NJW 1999, 1142-1146
Bezzenberger, Tilman	Der Vorstandsvorsitzende der Aktiengesellschaft in: ZGR 1996, 661-673
Bleicher, Knut	Der Aufsichtsrat im Wandel Gütersloh 1987 (zitiert: Bleicher [1987])
Bös, Dieter/ Schneider, Friedrich	Private public partnership: Gemeinschaftsunternehmen zwischen Privaten und der öffentlichen Hand in: ZGR 1996, 519-543
Bosse, Christian	TransPuG: Änderungen zu den Berichtspflichten des Vorstands und zur Aufsichtsratstätigkeit in: DB 2002, 1592-1595
Brandner, Hans Erich	Minderheitenrechte bei der Geltendmachung von Ersatzansprüchen aus der Geschäftsführung, in: Festschrift für Marcus Lutter Köln 2000
Busse von Colbe, Walther	Was ist und was bedeutet Shareholder Value aus betriebswirtschaftlicher Sicht in: ZGR 1997, 271-290

Chwolka, Anne | Der Aufsichtsrat als Überwachungsorgan – eine überflüssige Institution?
Bielefeld 1996
(zitiert: Chwolka [1996])

Claussen, Garsten P. | Wie ändert das KonTraG das Aktiengesetz?
in: DB 1998, 177-186

Clement, Wolfgang | Corporate Governance – Bedeutung für den Wirtschaftsstandort Deutschland, Schriftliche Fassung des Gastvortrags anlässlich der 3. Konferenz zum deutschen „Corporate Governance Kodex" am 23. Juli 2004 in Berlin
aus: http://boekler.de/pdf/rede_clement_corporate_governance_23_6_2004.pdf

Cruber, Johannes/ Weller, Marc-Philippe | Societas Europaea: Mitbestimmung ohne Aufsichtsrat?
in: NZG 2003, 297-344

Dauner-Lieb, Barbara | Unternehmen in Sondervermögen
Tübingen 1998
(zitiert: Dauner-Lieb [1998])

Davies, Paul | Struktur der Unternehmensführung in Großbritannien und Deutschland: Konvergenz oder fortbestehende Divergenz? in: ZGR 2001, 268-293

Eidenmüller, Horst | Kapitalgesellschaftsrecht im Spiegel der ökonomischen Theorie
in: JZ 1999, 1041-1096

Emmerich, Volker | Das Wirtschaftsrecht der öffentlichen Unternehmen
Bad Homburg v.d.H. (u.a.) 1969
(zitiert: Emmerich [1969])

Endres, Michael | Organisation der Unternehmensleitung aus der Sicht der Praxis
in: ZHR 163 (1999), 441-460

Feddersen, Dieter/ Hommelhoff, Peter/ Schneider, Uwe H. (Hrsg.) — Corporate Governance – Optimierung der Unternehmensführung und der Unternehmenskontrolle im deutschen und amerikanischen Aktienrecht
Köln 1996
(zitiert: Feddersen/Hommelhoff/Schneider [1996])

Fleischer, Holger — Aktienrechtliche Legalitätspflicht und „nützliche“ Pflichtverletzungen von Vorstandsmitgliedern
In: ZIP 2005, 141-152

Zum Grundsatz der Gesamtverantwortung im Aktienrecht
in: NZG 2003, 449-496

Zur Leitungsaufgabe des Vorstands im Aktienrecht
in: ZIP 2003, 1-11

Zur organschaftlichen Treuepflicht der Geschäftsleiter im Aktien- und GmbH-Recht
in: WM 2003, 1045-1104

Grundfragen der ökonomischen Theorie im Gesellschafts- und Kapitalmarktrecht
in: ZGR 2001, 1-32

Flume, Werner — Allgemeiner Teil des Bürgerlichen Rechts, Erster Band, Zweiter Teil Die juristische Person
Berlin/Heidelberg 1983
(zitiert: Flume [1983])

Früh, Hans-Gereon — Die Rolle der Bank in der Corporate Governance
Bern (u.a.) 1999
(zitiert: Früh [1999])

Frühauf, Martin — Geschäftsleitung in der Unternehmenspraxis
in: ZGR 1998, 407-418

Gesellschaftsrechtliche Vereinigung (Hrsg.) — Gesellschaftsrecht in der Diskussion 2001
Köln 2002
(zitiert: Gesellschaftsrechtliche Vereinigung [2002])

Goette, Wulf — Zur Verteilung der Darlegungs- und Beweislast der objektiven Pflichtwidrigkeit bei der Organhaftung
in: ZGR 1995, 648-674

Götz, Heinrich — Rechte und Pflichten des Aufsichtsrats nach dem Transparenz- und Publizitätsgesetz
in: NZG 2002, 599-604

Die Überwachung der Aktiengesellschaft im Lichte jüngerer Unternehmenskrisen
in: AG 1995, 337-353

Grunewald, Barbara — Gesellschaftsrecht
6. Auflage, Tübingen 2000
(zitiert: Grunewald [2000])

Habersack, Mathias — Private public partnership: Gemeinschaftsunternehmen zwischen Privaten und der öffentlichen Hand – Gesellschaftsrechtliche Analyse –
in: ZGR 1996, 544-563

Habersack, Mathias/ Schürnbrand, Jan — Die Rechtsnatur der Haftung aus §§ 93 Abs. 3 AktG, 43 Abs. 3 GmbHG
in: WM 2005, 957-1004

Haipeter, Thomas — Mitbestimmung bei VW – Neue Chancen für die betriebliche Interessenvertretung?
München 2000
(zitiert: Haipeter [2000])

Hammen, Horst — Das Vollmachtsstimmrecht der Banken in der Aktienrechtsreform
in: WM 1997, 1221-1264

Hans Böckler Stiftung (Hrsg.) — Zur aktuellen Kritik der Mitbestimmung im Aufsichtsrat, Februar 2004
aus: http://www.boeckler.de/pdf/mitbestimmung_2004.pdf
(zitiert: Hans Böckler Stiftung [2004])

Harbarth, Stephan — Spezifische Anlegerschutzprobleme in gemischtwirtschaftlichen Unternehmen – dargestellt am Beispiel der Deutschen Telekom AG –
in: ZGR 1998, 810-840

Heermann, Peter W. — Unternehmerisches Ermessen, Organhaftung und Beweislastverteilung
in: ZIP 1998, 761-769

Heldrich, Andreas/ Hopt, J. Klaus — 50 Jahre Bundesgerichtshof, Festgabe aus der Wissenschaft, Bd. II, Handels- und Wirtschaftsrecht, Europäisches und Internationales Recht
München 2000
(zitiert: Heldrich/Hopt [2000])

Henssler, Martin — Unternehmerische Mitbestimmung in der Societas Eropaea – Neue Denkanstöße für die „Corporate Governace"-Diskussion,
in: Festschrift für Peter Ulmer zum 70. Geburtstag
Berlin 2003
(zitiert: Henssler in: FS für Ulmer [2003])

Henze, Hartwig — Entscheidungen und Kompetenzen der Organe in der AG: Vorgaben der höchstrichterlichen Rechtsprechung
in: BB 2001, 53-61

Henze, Hartwig/ Hoffmann-Becking, Michael (Hrsg.) — Gesellschaftsrecht 2001
RWS-Forum 20
Berlin/Köln 2002

Henze, Hartwig/ Timm, Wolfram/ Westermann, Harm Peter (Hrsg.) — Gesellschaftsrecht 1995
RWS-Forum 8
Köln 1996

Hirte, Heribert	Kapitalgesellschaftsrecht 4. Auflage, Köln 2003 (zitiert: Hirte [2003])
Hoffmann-Becking, Michael	Vorstandsvorsitzender oder CEO? in: NZG 2003, 745-750
	Zur rechtlichen Organisation der Zusammenarbeit im Vorstand der AG in: ZGR 1998, 497-519
Hoffmann-Becking, Michael (Hrsg.)	Münchener Handbuch des Gesellschaftsrechts, Bd. 4, Aktiengesellschaft 2. Auflage, München 1999 (zitiert: Münchener Handbuch des Gesellschaftsrechts [1999])
Höfner, Martin	Unternehmensmitbestimmung unter Beschuss, Die Mitbestimmungsdebatte im Licht der sozialwissenschaftlichen Forschung, MPIFG Dicsussion Paper 04/8 aus: http://boeckler.de/pdf/themen_umb_hoepner_vortrag.pdf (zitiert: Höfner [2004])
Hommelhoff, Peter/ Hopt, Klaus J./ von Werder, Axel (Hrsg.)	Handbuch Corporate Governance – Leitung und Überwachung börsennotierter Unternehmen in der Rechts- und Wirtschaftspraxis Köln 2003 (zitiert: Hommelhoff/Hopt/von Werder [2003])
Hommelhoff, Peter/ Lutter, Marcus/ Schmidt, Karsten/ Schön, Wolfgang/ Ulmer, Peter (Hrsg.)	Corporate Governance – Gemeinschaftssymposion der Zeitschriften in: ZHR/ZGR, 2002 (zitiert: Hommelhoff/Lutter/Schmidt/Schön/Ulmer [2002])
Hommelhoff, Peter/ Rowedder, Heinz/ Ulmer, Peter (Hrsg.)	Max Hachenburg Dritte Gedächtnisvorlesung Heidelberg 1998 (zitiert: Hommelhoff/Rowedder/Ulmer [1998])

Hopt, Klaus J. — Corporate Governance in Europa: Neue Regelungsaufgaben und Soft Law
in: Der Gesellschafter, Sonderheft 2002, 4-13
(zitiert: Hopt, GesRZ 2002)

Das System der Unternehmensüberwachung in Deutschland, in: Bericht über die Fachtagung 2000 des Instituts der Wirtschaftsprüfer in Deutschland e.V., Kapitalmarktorientierte Unternehmensüberwachung – Chancen und Risiken – Düsseldorf 2001

Gemeinsame Grundsätze der Corporate Governance in Europa?
in: ZGR 2000, 779-818

Horn, Norbert — Die Haftung des Vorstands der AG nach § 93 AktG und die Pflichten des Aufsichtsrats
in: ZIP 1997, 1129-1139

Hüffer, Uwe — Aktiengesetz
6. Auflage, München 2004
(zitiert: Hüffer [2004])

Ihlas, Horst — Organhaftung und Haftpflichtversicherung
Berlin 1997
(zitiert: Ihlas [1997])

Institut der Wirtschaftsprüfer in Deutschland e.V. — Kapitalmarktorientierte Unternehmensüberwachung, Chancen und Risiken, Bericht über die Fachtagung des Instituts der Wirtschaftsprüfer in Deutschland e.V.
Düsseldorf 2001
(zitiert: Institut der Wirtschaftsprüfer in Deutschland [2001])

Kästner, Karin — Aktienrechtliche Probleme der D&O – Versicherung
in: AG 2000, 113-122

Kau, Wolfgang M./ Kukat, Klaus — Haftung von Vorstands- und Aufsichtsratsmitgliedern bei Pflichtverletzung nach dem Aktiengesetz
in: BB 2000, 1045-1050

Kersting, Christian — Auswirkung des Sarbanes-Oxley-Gesetzes in Deutschland: Können deutsche Unternehmen das Gesetz befolgen?
in: ZIP 2003, 233-242

Klein, Matthias — Die Betätigung der öffentlichen Hand als Aktionärin
Tübingen 1992 (Dissertation)
(zitiert: Klein [1992])

Knauss, Fritz — Unternehmen und Sondervermögen der öffentlichen Hand – Zum „wichtigen Bundesinteresse" und zur Privatisierung von Bundesbeteiligungen
Trier 1989
(zitiert: Knauss [1989])

Kollmann, Katharina — Aktuelle Corporate Governance-Diskussion in Deutschland – Deutscher Corporate Governance-Kodex der Regierungskommission sowie Transparenz- und Publizitätsgesetz (TransPuG) –
in: WM Sonderbeil. Nr. 1 zu Heft 1/2003, 3-18

Köstler, Roland — Die Mitbestimmung in der SE
in: ZGR 2003, 800-809

Köstler, Roland/Kittner, Michael/Zachert, Ulrich/Müller, Matthias — Aufsichtsratspraxis
7. Auflage, Frankfurt am Main 2003
(zitiert: Köstler/Kittner/Zachert/Müller [2003])

Krause, Rüdiger — Sarbanes-Oxley Act und deutsche Mitbestimmung
in: WM 2003, 762-771

Krieger, Gerd — Personalentscheidungen des Aufsichtsrats
Köln 1981
(zitiert: Krieger [1981])

Kropff, Bruno — Zur Vinkulierung, zum Vollmachtstimmrecht und zur Unternehmensaufsicht im deutschen Recht, ZHR Sonderheft 12, 1994

Kropff, Bruno/ Semler, Johannes (Hrsg.) — Münchener Kommentar zum Aktiengesetz, Band 3, §§ 76-117 AktG, MitbestG, § 76 BetrVG 1952 2. Auflage, München 2000 (zitiert: MünchKommAktG/Bearbeiter)

Langenbucher, Günther/ Blaum, Ulf — Audit Committees – Ein Weg zur Überwindung der Überwachungskrise in: DB 1994, 2197-2206

Leven, Franz-Josef — Aktionärsstruktur in Europa in: AG 2003, R512

Lutter, Marcus — Information und Vertraulichkeit im Aufsichtsrat 2. Auflage, Köln 1984 (zitiert: Lutter [1984])

Corporate Governance und ihre aktuellen Probleme, vor allem: Vorstandsvergütung und ihre Schranken in: ZIP 2003, 737-743

Die Erklärung zum Corporate Governance Kodex gemäß §161 AktG in: ZHR 166(2002), 523-543

Die Kontrolle der gesellschaftsrechtlichen Organe: Corporate Governance – ein internationales Thema in: JURA 2002, 83-88

Europäische Aktiengesellschaft – Rechtsfigur mit Zukunft? in: BB 2002, 1-7

Defizite für eine effiziente Aufsichtsratstätigkeit und gesetzliche Möglichkeiten der Verbesserung in: ZHR 159 (1995) 287-309

Lutter, Marcus	Zum unternehmerischen Ermessen des Aufsichtsrats in: ZIP 1995, 441-442
Lutter, Marcus/ Grunewald, Barbara	Öffentliches Haushaltsrecht und privates Gesellschaftsrecht in: WM 1984, 385-398
Lutter, Marcus/ Krieger, Gerd	Rechte und Pflichten des Aufsichtsrats 4. Auflage, Köln 2002 (zitiert: Lutter/Krieger [2002])
Martens, Knuth	Managementüberwachung durch den Aufsichtsrat – ein Beitrag zur Corporate Governance-Diskussion aus agencytheoretischer Sicht Köln 1999 (zitiert: Martens [1999])
Mathis, Peter J.	Mechanismen zur Kontrolle von Managern in großen Kapitalgesellschaften Saarbrücken 1992 (Dissertation) (zitiert: Mathis [1992])
Medicus, Dieter	Deliktische Außenhaftung der Vorstandsmitglieder und Geschäftsführer in: ZGR 1998, 570-585
Mülbert, Peter O.	Shareholder Value aus rechtlicher Sicht in: ZGR 1997, 129-172
Münzel, Frank	Unternehmens- und Gesellschaftsrecht der VR China Hamburg 1989 (zitiert: Münzel [1989])
Nassauer, Frank	Corporate Governance und die Internationalisierung von Unternehmungen Frankfurt am Main (u.a.) 2002 (zitiert: Nassauer [2002])

Neus, Werner	Einführung in die Betriebswirtschaftslehre aus institutionenökonomischer Sicht 3. Auflage, Tübingen 2003 (zitiert: Neus [2003])
Niedenhoff, Horst-Udo	Mitbestimmung in der Bundesrepublik Deutschland 13. Auflage, Köln 2002 (zitiert: Niedenhoff [2002])
Ooghe, Hubert/ Langhe, De Tine	The Anglo-American versus the Continental European corporate governance model: empirical evidence of board composition in Belgium European Business Review, Vol. 14, Issue 6, S. 437-449. (zitiert: Ooghe/Langhe [2002])
Peltzer, Martin	Corporate Governance Codices als zusätzliche Pflichtenbestimmung für den Aufsichtsrat in: NZG 2002, 10-16
Pfannschmidt, Arno	Personelle Verflechtung über Aufsichtsräte Wiesbaden 1993 (zitiert: Pfannschmidt [1993])
Pissler, Knut Benjamin	Chinesisches Kapitalmarktrecht Tübingen 2004 (zitiert: Pissler [2004])
Pissler, Knut Benjamin	Corporate Governance in VR China in: ZchinR 2002 Heft 3/4, 130-143 http://www.zchinr.de/upload/25/News02-3u4.pdf
Püttner, Günter	Die öffentlichen Unternehmen 2. Auflage, Stuttgart 1985 (zitiert: Püttner [1985])
Raiser, Thomas	Rechte der Kapitalgesellschaften 3. Auflage, München 2001 (zitiert: Raiser [2001])

Reichert, Jochem/ Brandes, Stephan M.	Mitbetstimmung der Arbeitnehmer in der SE: Gestaltungsfreiheit und Bestandsschutz in: ZGR 2003, 767-799
Roth, Günter H.	Die Unabhängigkeit des Aufsichtsrats – Recht und Wirklichkeit in: ZGR 2004, 565-630
Rüfner, Wolfgang	Formen öffentlicher Verwaltung im Bereich der Wirtschaft Berlin 1967 (zitiert: Rüfner [1967])
Sadowski, Dieter/ Junkes, Joachim/ Lindenthal, Sabine	Gesetzliche Mitbestimmung in Deutschland: Idee, Erfahrungen und Perspektiven aus ökonomischer Sicht in: ZGR 2001, 110-145
Scheffler, Eberhard (Hrsg.)	Corporate Governance, Schriften zur Unternehmensführung, Band 56 Wiesbaden 1995 (zitiert: Scheffler [1995])
Schiessl, Maximilian	Leitungs- und Kontrollstrukturen im internationalen Wettbewerb –Dualistisches System und Mitbestimmung auf dem Prüfstand– in: ZHR 167(2003), 235-256
	Deutsche Corporate Governance post Enron in: AG 2002, 593-604
Schilling, Wolf Ulrich	Shareholder Value und Aktiengesetz in: BB 1997, 373-381
Schlosser, Lothar	Die Organhaftung der Vorstandsmitglieder der Aktiengesellschaft Wien 2002 (zitiert: Schlosser [2002])

Schmidt, Karsten — Gesellschaftsrecht
4. Auflage, Köln/Berlin/Bonn/München 2002
(zitiert: Schmidt [2002])

Schmidt, Stefan Marcus — Corporate Governance in deutschen und amerikanischen Aktiengesellschaften, — Eine Untersuchung unter besonderer Berücksichtigung der Bedeutung und der Entstehung der Anteilseignerstrukturen,
Frankfurt am Main (u.a.) 2001
(zitiert: Schmidt [2001])

Schneider, Jürgen — Erfolgsfaktoren der Unternehmensüberwachung – Corporate Governance aktienrechtlicher Aufsichtsorgane im internationalen Vergleich
Berlin 2000
(zitiert: Schneider [2000])

Schneider, Uwe H. — Kapitalmarktorientierte Corporate Govenance – Grundsätze
in: DB 2000, 2413-2417

Schneider, Uwe H./ Strenger, Christian — Die „Corporate Governance-Grundsätze der Grundsatzkommission Corporate Governance (German Panel on Corporate Governance)
in: AG 2000, 106-109

Schubert, Werner/ Hommelhoff, Peter — Hundert Jahre modernes Aktienrecht
Berlin 1985
(zitiert: Schubert/Hommelhoff [1985])

Schwarz, Günter Christian — Rechtsfragen der Vorstandsermächtigung nach § 78 Abs. 4 AktG
in: ZGR 2001, 744-781

Seibert, Ulrich — Die Stimmrechtsausübung in deutschen Aktiengesellschaften – ein Bericht an den Deutschen Bundestag
in: AG 2004, 529-533

Seibert, Ulrich	Im Blickpunkt: Der Deutsche Corporate Governance Kodex ist da in: BB 2002, 581-584
	OECD Principles of Corporate Governance – Grundsätze der Unternehmensführung und – kontrolle für die Welt in: AG 1999, 337-350
Seibt, Christoph H.	Deutscher Corporate Governance Kodex und Entsprechens-Erklärung (§ 161 AktG-E) in: AG 2002, 249-259
Semler, Johannes	Rechtsvorgabe und Realität der Organzusammenarbeit in der Aktiengesellschaft, in: Festschrift für Marcus Lutter Köln 2000 (zitiert: Semler, in FS für Lutter [2000])
Sieg, Oliver	Tendenzen und Entwicklungen der Managerhaftung in Deutschland in: DB 2002, 1759-1764
Sina, Peter	Grenzen des Konzern-Weisungsrechts nach § 308 AktG in: AG 1991, 1-8
Thümmel, Roderich/ Sparberg, Michael	Haftungsrisiken der Vorstände, Geschäftsführer, Aufsichtsräte und Beiräte sowie deren Versicherbarkeit in: DB 1995, 1013-1019
Trescher, Karl	Aufsichtsratshaftung zwischen Norm und Wirklichkeit in: DB 1995, 661-665

Ulmer, Peter	Der Deutsche Corporate Governance Kodex – ein neues Regulierungsinstrument für börsennotierte Aktiengesellschaften in: ZHR 166 (2002), 150-181
	Paritätische Arbeitnehmermitbestimmung im Aufsichtsrat von Großunternehmen – noch zeitgemäß? in: ZHR 166 (2002), 271-277
	Die Aktionärsklage als Instrument zur Kontrolle des Vorstands- und Aufsichtsratshandelns in: ZHR 163 (1999), 290-342
Von Hein, Jan	Vom Vorstandsvorsitzenden zum CEO in: ZHR 166(2002), 464-502
Von Wartenberg, Ludolf	Corporate Governance aus der Sicht der deutschen Industrie in: WM 2001, 2239-2240
Von Werder, Axel	Shareholder Value – Ansatz als (einzige) Richtschnur des Vorstandshandelns? in: ZGR 1998, 69-91
Wiedemann, Herbert	Gesellschaftsrecht 6. Auflage, München 1998 (zitiert: Wiedemann [1998])
Windbichler, Christine	Zur Trennung von Geschäftsführung und Kontrolle bei amerikanischen Großgesellschaften – Eine „neue" Entwicklung und europäische Regelungen im Vergleich in: ZGR 1985, 50-73
Witt, Peter	Corporate Governance – Systeme im Wettbewerb Wiesbaden 2003 (zitiert: Witt [2003])

Wortmann, André — Der Shareholder-Value-Ansatz als Institution zur Kontrolle der Führung von Publikumsgesellschaften
in: DB 2001, 289-294

Wu, Yue — Rechtsfragen der Unternehmensgruppen und transnationalen Gesellschaften in China, Eine Untersuchung im Lichte des deutschen Konyernrechts
Hamburg 2003
(zitiert: Wu, Yue [2003])

Zimmermann, Gebhard/ Wortmann, André — Der Shareholder-Value-Ansatz als Institution zur Kontrolle der Führung von Publikumsgesellschaften
in: DB 2001, 289-294

2. Texte in chinesischer Sprache

程和红/刘智慧/王洪亮 [Cheng, Hehong/Liu, Zhihui/Wang, Hongliang] — 国有股权研究 [Untersuchung der staatseignen Beteiligungsanteile], Beijing 2000
(zitiert: Cheng Hehong/Liu, Zhihui/Wang, Hongliang [2000])

程宗璋 [Cheng, Zongzhang] — 我国不应盲目引入独立董事制度 [Unseres Land soll das *independent director-System* nicht blindlings einführen]
in: 人大复印资料 [Kopierte Literatur der Volksuniversität] 经济法学、劳动法学 [Wirtschaftsrecht und Arbeitsrecht], 2002 Nr. 8, 33-38

唐纳德 C. 克拉克 [Donald C. Clarke] — 独立董事与中国公司治理 [*independent director* und chinesische Corporate Governance], 2002, http://article.chinalawinfo.com/article/user/article_display.asp?ArticleID=22104
(zitiert: Clarke [2002])

剧锦文 [Ju, Jinwen]: 国企上市公司治理结构中控制权配置及其优化途径 [Verteilung der Kontrollmacht und ihre Verbesserungsmethode in der Corporate Governance-Struktur der börsennotierten Aktiengesellschaften der Staatsunternehmen], 2001, http://www.people.com.cn/GB/paper87/4448/501835.html
zitiert: Ju, Jinwen [2001])

冯果 [Feng, Guo] 现代化视野中的中国公司立法 [Die Gesetzgebung der chinesischen Gesellschaftsrechts im Gesichtsfeld der Modernisierung]
in: 法学杂志 [Law Science Magazine], 2004 Nr. 25, 20-25

甘培忠 [Gan, Peizhong] 康复我国上市公司的四项施治方案 [Vier Behandlungskonzeptionen zur Heilung der börsennotierten Aktiengesellschaften]
in: 人大复印资料 [Kopierte Literatur der Voklsuniversität] 经济法学、劳动法学 [Wirtschaftsrecht und Arbeitsrecht], 2003 Nr. 10, 32-38

国有股减持中的政府与市场 [Regierung und Markt in der Verringerung der staatseigenen Aktien]
in: 人大复印资料 [Kopierte Literatur der Volksuniversität] 经济法学、劳动法学 [Wirtschaftsrecht und Arbeitsrecht], 2002 Nr. 12, 57-60

顾功耘/井涛 [Gu, Gongyun/Jing, Tao]: 2001 年中国证券市场法制研究报告 [Untersuchungsbericht des Rechtssystems des chinesischen Wertpapiermarkts 2001], in: 顾功耘 [Gu, Gongyun] (Hrsg.): 公司法评论 [Company Law Review], Shanghai 2002
(zitiert.: Gu, Gongyun/Jing, Tao [2002])

韩长印/吴泽勇[Han, Changyin/Wu, Zeyong]
公司业务执行权之主体归属 [Die Zugehörigkeit des Geschäftsführungsrechts der Gesellschaft]
in: 法学研究 [Chinese Journal of Law], 1999 Nr. 4, 79-91

蒋大兴 [Jiang, Daxing]
独立董事：在传统框架中行动？（上） [*Independent director*: Handlung im traditionellen Rahmen? (Teil 1)]
in: 法学评论 [Law Review], 2003 Nr. 2, 24-29

独立董事：在传统框架中行动？（上） [*Independent director*: Handlung im traditionellen Rahmen? (Teil 2)]
in: 法学评论 [Law Review], 2003 Nr. 3, 41-47

江平/许冰梅 [Jiang, Ping/Xu, Bingmei]
论公司法的修改与完善 [Revision und Vervollkommnung des Gesellschaftsrechts]
in: 人大复印资料 [Kopierte Literatur der Volksuniversität] 经济法学、劳动法学 [Wirtschaftsrecht und Arbeitsrecht], 2002 Nr. 7, 3-7

蒋悟真 [Jiang, Wuzhen]
公司法修改的理念信守与路径考察 [Gesinnungshaltung und Pfaderforschung der Novellierung des Gesellschaftsrechts]
in: 法学评论 [Law Review], 2005 Nr. 2, 97-104

李伯侨/何亦宝 [Li, Boqiao/He, Yibao]
国有股减持的法律反思 [Rechtliche Überlegungen über die Verringerung der staatseigenen Aktien]
in: 人大复印资料 [Kopierte Literatur der Volksuniversität] 经济法学、劳动法学 [Wirtschaftsrecht und Arbeitsrecht] 2002 Nr. 12 53-56

李建伟 [Li, Jianwei]
论我国独立董事产生机制的重建 [Wiederbildung des Systems der Bestehung der *independent directors* in unserem Land]
in: 人大复印资料 [Kopierte Literatur der Volksuniversität] 经济法学、劳动法学 [Wirtschaftsrecht und Arbeitsrecht]
2004 Nr. 6, 49-56

李开甫 [Li, Kaifu]
简论我国公司监事会制度的不足与完善 [Kurze Diskussion über Schwächen und Verbesserung des Aufsichtsratssystems unseres Landes]
in: 法学评论 [Law Review], 2005 Nr. 2, 123-127

李曙光 [Li, Shuguang]
中国公司治理与公司法改革 [Chinesische Corporate Governance und die Reform des Gesellschaftsrechts]
in: 人大复印资料 [Kopierte Literatur der Volksuniversität] 经济法学、劳动法学 [Wirtschaftsrecht und Arbeitsrecht], 2003 Nr. 10, 6-16

李昕 [Li, Xin]
论美国公司法中的外部董事制度 [Das System des *outside directors* im amerikanischen Gesellschaftsrecht]
in: 人大复印资料 [Kopierte Literatur der Volksuniversität] 经济法学、劳动法学 [Wirtschaftsrecht und Arbeitsrecht], 2003 Nr. 2, 69-72

刘俊海 [Liu, Junhai]: 我国《公司法》移植独立董事制度的思考 [Überlegungen über die Transplantation des independent director-Systems in das chinesische Kapitalgesellschaftsgesetz]
in: 人大复印资料 [Kopierte Literatur der Volksuniversität] 经济法学、劳动法学 [Wirtschaftsrecht und Arbeitsrecht], 2003 Nr. 10, 39-48

我们该怎样修改《公司法》[Wie sollen wir das Kapitalgesellschaftsgesetz novellieren]
in: 人大复印资料 [Kopierte Literatur der Volksuniversität] 经济法学、劳动法学 [Wirtschaftsrecht und Arbeitsrecht], 2003 Nr. 5, 3-7

股份有限公司股东权的保护 [Schutz der Aktionärsrechte der Aktiengesellschaften], Beijing 1997
(zitiert.: Liu, Junhai [1997])

刘连煜 [Liu, Lianyu] 公司法理论与判决研究 [Untersuchung von Theorien und Entscheidungen des Gesellschaftsrechts], Beijing 2002
(zitiert: Liu, Lianyu [2002])

罗培新 [Luo, Peixin] 公司法的合同路径与公司法规则的正当性 [Vertragspfad des Gesellschaftsrechts und Berechtigung der Gesellschaftsrechtsregelungen]
in: 法学研究 [Chinese Journal of Law], 2004 Nr. 2, 71-83

梅慎实 [Mei, Shenshi] 现代公司机关权力构造论 [Machtbildung der Organe der modernen Gesellschaften], Beijing 1996
(zitiert: Mei, Shenshi [1996])

倪建林 [Ni, Jianlin] 公司治理机构：法律与实践 [Corporate Governance: Recht und Praxis], Beijing 2001 (zitiert: Ni, Jianlin [2001])

漆多俊 [Qi, Duojun]: 国有企业股份公司改组法律问题研究 [Untersuchung der Rechtsfragen der Umstrukturierung der Staatsunternehmen in Aktiengesellschaften], Beijing 2003 (zitiert.: Qi, Duojun [2003])

中国公司法立法与实施的经验、问题及完善途径 [Erfahrungen, Probleme und Verbesserungswege der Gesetzgebung und Durchführung des chinesischen Gesellschaftsrechts]
in: 人大复印资料 [Kopierte Literatur der Volksuniversität] 经济法学、劳动法学 [Wirtschaftsrecht und Arbeitsrecht], 2002 Nr. 7, 8-13.

寿新宝/蒋莹莹 [Shou, Xinbao/Jiang, Yingying] 公司治理：制度设计与国际经验 [Corporate Governance : Planung des Systems und internationale Erfahrungen]
in: 法学 [Faxue], 2003 Nr. 6, 113-117

王保树 [Wang, Baoshu]: 股份制的核心是公司法人制度 [Der Kern der Anteilsordnung ist das System der juristischen Person]
in: 法学家 [Jurists Review], 2004 Nr. 1, 5-9

公司法修改中的几个问题 [Einige Fragen in der Verbesserung des chinesischen Gsetzes für Kapitalgesellschaften], 2003, http://www.civillaw.com.cn/weizhang/default.asp?id=13736 (zitiert.: Wang, Baoshu [2003])

竞争与发展：公司法改革面临的主题 [Wettbewerb und Entwicklung: Vor der Reform des Gesellschaftsrechts stehende Thematiken]
in: 人大复印资料 [Kopierte Literatur der Volksuniversität]
民商法学 [Zivil-und Handelsrecht], 2003 Nr. 10, 65-76

股份有限公司经营层的职能结构 [Amtbefugnisstruktur des Managements der Aktiengesellschaft]
in: 法学研究 [Chinese Journal of Law], 1999, 63-71

王保树/崔勤之 [Wang, Baoshu/Cui, Qinzhi]: 中国公司法原理 [Prinzip des chinesischen Gesellschaftsrechts], Beijing 2000
(zitiert: Wang, Baoshu/Cui, Qinzhi [2000])

王保树/钱玉林 [Wang, Baoshu/Qian, Yulin], 经理法律地位之比较研究 [Vergleich und Untersuchung der Rechtsposition des *managers*], 2004, http://www.privatelaw.com.cn/new2004/shtml/20040716-231149.htm.
(zitiert: Wang, Baoshu/Qian, Yulin [2004])

王长斌 [Wang, Changbin] 企业集团法律比较研究 [Vergleichende Untersuchung des Rechts über Unternehmensgruppen] Beijing 2004
(zitiert: Wang Changbin [2004])

王立国 [Wang, Liguo]: 独立董事的权利义务与法律责任 [Recht, Pflicht und rechtliche Haftung der *independent directors*], in: 北京市法学会经济法研究会 [Wirtschaftsrechtsforschungsverband des Beijinger Juristenverbands] (Hrsg.): 独立董事的理论与实践 [Theorie und Praxis des *independent directors*], Beijing 2004
(zitiert: Wang, Liguo [2004])

王全兴/傅蕾/徐承云 [Wang, Quanxing/Fu, Lei/Xu, Chengyun] 国资委与国资运营主体法律关系的定性探讨 [Diskussion über die Qualifizierung der Rechtsbeziehung zwischen SASAC auf der Ebene des Staatsrats und den staatsvermögensbetreibenden Subjekten]
in: 人大复印资料 [Kopierte Literatur der Volksuniversität] 经济法学、劳动法学 [Wirtschaftsrecht und Arbeitsrecht]
2004 Nr. 1 51-56

王艳华 [Wang, Yanhua]: 中日股份公司董事会形骸化问题之比较分析 [Vergleich und Analyse der Probleme der Formalisierung des Vorstands der Aktiengesellschaft in China und Japan], in: 李黎明 [Li, Liming] (Hrsg.): 中日企业法律制度比较 (Vergleich des Unternehmenssystems in China und Japan), 1998, Beijing
(zitiert: Wang, Yanhua [1998])

王亦平 [Wang, Yiping] 国有资本运营的基础性法律制度的构建 [Errichtung des grundlegenden Rechtssystems der Betreibung des Staatsvermögens]
in: 人大复印资料 [Kopierte Literatur der Volksuniversität] 经济法学、劳动法学 [Wirtschaftsrecht und Arbeitsrecht] 2005 Nr. 5, 45-49

王中杰 [Wang, Zhongjie] (Hrsg.): 上市公司董事会治理蓝皮书 [Blaubuch über Governance des Vorstands der börsennotierten Aktiengesellschaften], Beijing 2002
(zitiert: Wang, Zhongjie [2002])

王仲云 [Wang, Zhongyun] 独立董事制度探析 [Analyse über das independent director-System]
in: 人大复印资料 [Kopierte Literatur der Volksuniversität] 经济法学、劳动法学 [Wirtschaftsrecht und Arbeitsrecht], 2003 Nr. 4, 37-41

吴越 [Wu, Yue]: 论中国公司法之构造缺陷及克服 [Strukturmängel der chinesischen Gesellschaftsrechts und ihre Beseitigung], 2003,
http://www.civillaw.com.cn/weizhang/default.asp?id=8991
(zitiert: Wu, Yue [2003])

谢增毅 [Xie, Zengyi]: 公司 CEO 的法律地位 [Rechtsposition des CEO der Gesellschaft], 2004, http://www.civillaw.com.cn/weizhang/default.asp?id=19319
(zitiert: Xie, Zengyi [2004])

徐清 [Xu, Qing] 我国上市公司累积投票制度存在缺陷 [Das System der kumulativen Stimmangabe der börsennotierten Aktiengesellschaften unseres Lands hat Mängel], 2004,
http://biz.163.com/40916/1/10D88NM100020QBL_2.html

徐湘林 [Xu, Xianglin]: 中国国有企业改革：变革中的政府与企业关系 [Chinesische Staatsunternehmensreform: Umwälzende Beziehung zwischen Regierung und Unternehmen], 2003, http://www.chinaelections.org/readnews.asp?newsid=%7B22FA25BD-EF71-4126-BF76-A74292D2524B%7D (zitiert: Xu, Xianglin [2003])

徐燕 [Xu，Yan]: 公司法原理 [Prinzip des Gesellschaftsrechts], 第一版，[1. Aufl.], Beijing 1997 (zitiert: Xu, Yan [1997])

徐彦冰 [Xu, Yanbing] 法定代表人制度的弊端及其完善 [Übel des Systems des gesetzlichen Repräsentanten und seine Verbesserung] in: 人大复印资料 [Kopierte Literatur der Volksuniversität] 经济法学、劳动法学 [Wirtschaftsrecht und Arbeitsrecht] 2004 Nr. 10, 8-9

闫小龙 [Yan, Xiaolong] 论银行在公司治理中的作用 [Die Wirkung der Banken in der Corporate Goverannce] in: 人大复印资料 [Kopierte Literatur der Volksuniversität] 经济法学、劳动法学 [Wirtschaftsrecht und Arbeitsrecht], 2003 Nr. 1, 69-73

杨晓凯 [Yang, Xiaokai]: 中华人民共和国经济史（1950－1978）[Die Geschichte der Wirtschaft der Volksrepublik China (1950-1978)], 2002, http://www.jjxj.com.cn/news_detail.jsp?keyno=407 (zitiert: Yang, Xiaokai [2002])

百年中国经济史笔记(1950-2002) [Notiz der hundertjährigen Geschichte der chinesischen Wirtschaft (1950-2002)], http://www.usc.cuhk.edu.hk/wk_wzdetails.asp?id=1623
(zitiert: Yang, Xiaokai)

殷少平 [Yin, Shaoping] 董事会与监事会监督职能的协调 [Koordinierung der Kontrollaufgaben von Vorstand und Aufsichtsrat]
in: 人大复印资料 [Kopierte Literatur der Volksuniversität] 经济法学、劳动法学 [Wirtschaftsrecht und Arbeitsrecht], 2003 Nr. 1, 29-32

袁锦秀 [Yuan, Jinxiu] 公司治理结构的法律规制 [Rechtlich Regelung der Corporate Governance-Struktur]
in: 人大复印资料[Kopierte Literatur der Volksuniversität] 经济法学、劳动法学 [Wirtschaftsrecht und Arbeitsrecht], 2003 Nr.7, 3-9.

张舫 [Zhang, Fang]: 上市公司股权结构和公司治理 [Aktionärsstruktur und Corporate Governance der börsennotierten Aktiengesellschaft], in: 顾功耘 [Gu, Gongyun] (Hrsg.): 公司法评论 [Company Law Review], Shanghai 2002
(zitiert: Zhang, Fang [2002])

张军 / 王祺 [Zhang, Jun/Wang, Qi]: 权威、企业绩效与国有企业改革 [Autorität, Unternehmensleistung und Staatsunternehmensreform], 2004, http://www.usc.cuhk.edu.hk/ wk_wzdetails.asp?id=3885
(zitiert: Zhang, Jun/Wang, Qi [2004])

赵华栋 [Zhao, Huadong]: 我国国有资产监督管理体制的思考 [Überlegungen über das Kontroll- und Verwaltungssystem des staatlichen Vermögens von unserem Land], http://www.law-lib.com/lw/lw_view.asp?no=3263
(zitiert: Zhao, Huadong)

郑万青 [Zheng, Wanqing] 国企改制的法律缺位及其原因探究 [Erforschung des Mangels der Umstrukturierung der staatseigenen Betriebe und seiner Gründe]
in: 法学家 [Jurists Review], 2005 Nr. 1, 116-122.

朱慈蕴 [Zhu, Ciyun] 资本多数决原则与控制股东的诚信义务 [Mehrheitsprinzip und Treuepflicht der Mehrheitsaktionäre]
in: 法学研究 [Chinese Journal of Law], 2004 Nr. 4, 104-116

朱大旗 / 朱永扬 [Zhu, Daqi/Zhu, Yongyang] 关于建立我国国有资产监管新体制的思考 [Überlegungen über die Errichtung des neuen Systems von Kontrolle und Verwaltung des staatlichen Vermögens in unserem Land]
in: 人大复印资料 [Kopierte Literatur der Volksuniversität] 经济法学、劳动法学 [Wirtschaftsrecht und Arbeitsrecht], 2003 Nr. 2, 14-18.

朱力 [Zhu, Li]: 股权分置阻碍发展 [Unterscheidung der Aktien versperrt die Entwicklung], 2003, http://www.cs.com.cn/10/01/02/200312300523.htm
(zitiert: Zhu, Li [2003])

朱晓阳 [Zhu, Xiaoyang]/陈佩华 [Chen, Peihua]: 职工代表大会：职工利益的制度化表达渠道？ [Arbeitnehmervertreterversammlung: Institutionalisierter Äußerungskanal der Arbeitnehmerinteressen?], http://www.usc.cuhk.edu.hk/wk_wzdetails.asp?id=2267 (zitiert: Zhu, Xiaoyang/Chen, Peihua)

Anhang

Mitteilung über den Erlass des „Standards der Corporate Governance börsenzugelassener Gesellschaften"[714]

7. Januar 2002 , Zhengjianfa [2002] Nr. 1

An alle börsenzugelassenen Gesellschaften:

Um die Errichtung und Vervollständigung eines modernen Unternehmenssystems bei börsenzugelassenen Gesellschaften voranzutreiben, die Betreibung börsenzugelassener Gesellschaften zu normieren und die gesunde Entwicklung des chinesischen Wertpapiermarktes zu fördern, wird nun der „Standard der Corporate Governance börsenzugelassener Gesellschaften" mit der Bitte um eine entsprechende Ausführung erlassen.

Standard der Corporate Governance börsenzugelassener Gesellschaften

Präambel

Um die Errichtung und Vervollständigung eines modernen Unternehmenssystems bei börsenzugelassenen Gesellschaften voranzutreiben, die Betreibung börsenzugelassener Gesellschaften zu normieren und die gesunde Entwicklung des chinesischen Wertpapiermarktes zu fördern wird dieser Standard auf Grund der fundamentalen Prinzipien, die im „Gesellschaftsgesetz", „Wertpapiergesetz" und in anderen hiermit im Zusammenhang stehenden Gesetzen und Rechtsnormen bestimmt sind, und unter Berücksichtigung der allgemein anerkannten Standards in der ausländischen Praxis bei der Corporate Governance festgelegt.

Dieser Standard legt die fundamentalen Prinzipien der Corporate Governance börsenzugelassener Gesellschaften in China, die Methoden der Verwirklichung des Schutzes der Rechte von Anlegern sowie den Inhalt von Handlungsstandards und beruflicher Moral dar, nach denen sich Vorstands-, Aufsichtsratmitglieder und Geschäftsführer sowie andere hochrangige Manager börsenzugelassener Gesellschaften richten müssen.

Dieser Standard wird auf börsenzugelassene Gesellschaften innerhalb des chinesischen Gebietes angewendet. Beim Verbessern der Corporate Governance müssen börsenzugelassene Gesellschaften den Geist verwirklichen, der in diesem

---

[714] In der vorgelegten Arbeit wird diese Bestimmung als „chinesische Corporate Governance für börsennotierte Aktiengesellschaften(CCGK)" übersetzt.

Standard dargestellt wird. Bei der Festlegung und Änderung der Gesellschaftssatzung und detaillierter Regeln über die Corporate Governance von börsenzugelassenen Gesellschaften müssen die Inhalte zum Ausdruck kommen, die in diesem Standard angeführt werden. Dieser Standard ist ein wesentlicher Bewertungsmaßstab für die Beurteilung, ob eine börsenzugelassene Gesellschaft eine solide Struktur der Corporate Governance hat, und gegenüber börsenzugelassenen Gesellschaften, die schwerwiegende Probleme bei der Corporate Governance haben, werden die Wertpapieraufsichtsorgane die Durchführung einer Korrektur nach den Erfordernissen dieses Standards befehlen.

1. Kapitel: Aktionäre und Aktionärsversammlung

1. Abschnitt: Aktionärsrechte

§ 1 [Grundsatz]
Aktionäre sind Eigentümer der Gesellschaft und genießen die legalen Rechte, die in Gesetzen, Verwaltungsrechtsnormen und der Gesellschaftssatzung bestimmt sind. Börsenzugelassene Gesellschaften müssen eine Struktur der Corporate Governance etablieren, die gewährleisten kann, dass Aktionäre ausreichend die Rechte ausüben.

§ 2 [Ziel der Corporate Governance]
Die Corporate Governance börsenzugelassener Gesellschaften muss gewährleisten, dass alle Aktionäre und insbesondere mittlere und kleine Aktionäre eine gleichberechtigte Stellung genießen. Aktionäre genießen entsprechend ihrer Anteile, die sie innehaben, gleichberechtigt Rechte und übernehmen entsprechend Pflichten.

§ 3 [Informations- und Teilnahmerecht]
Aktionäre genießen hinsichtlich schwerwiegender Angelegenheiten der Gesellschaft, die in Gesetzen, Verwaltungsrechtsnormen und der Gesellschaftssatzung bestimmt sind, das Recht zur Kenntniserlangung und das Recht zur Teilnahme. Börsenzugelassene Gesellschaften müssen effiziente Wege etablieren, um mit den Aktionären in Verbindung zu treten.

§ 4 [Rechtsschutz der Aktionäre]
Aktionäre haben das Recht, gemäß den Bestimmungen in Gesetzen und Verwaltungsrechtsnormen durch Zivilklagen oder andere rechtliche Mittel ihrer legalen Rechte zu schützen. Wenn Beschlüsse der Aktionärsversammlung oder des Vorstandes gegen Bestimmungen in Gesetzen und Verwaltungsrechtsnormen verstoßen und die legalen Rechtsinteressen der Anleger verletzen, haben die Aktionäre das Recht, Klage zu erheben, um die Beendigung der genannten rechtswidrigen oder verletzenden Handlung zu fordern. Wenn Vorstands-, Aufsichtsratmitglieder oder Geschäftsführer bei der Ausübung ihres Amtes gegen Bestimmungen in Gesetzen, Verwaltungsrechtsnormen oder der Gesellschaftssatzung verstoßen und

der Gesellschaften einen Schaden verursachen, müssen sie die Schadenersatzhaftung übernehmen. Aktionäre haben das Recht zu fordern, dass die Gesellschaft nach dem Recht Klage erhebt, um Schadenersatz zu fordern.

2. Abschnitt: Normierung der Aktionärsversammlung

§ 5 [Normierung in Gesellschaftssatzung]
Börsenzugelassene Gesellschaften müssen in der Satzung das Verfahren zur Einberufung von Aktionärsversammlungen und zur Abstimmung einschließlich der Mitteilung, Registrierung, Beratungsvorschläge, die Abstimmung, die Auszählung, die Verkündung des Abstimmungsergebnisses, die Form der Beschlüsse der Versammlung, das Versammlungsprotokoll und dessen unterschreiben sowie Bekanntmachung festlegen.

§ 6 [Vorbereitung der HV durch Vorstand]
Der Vorstand muss sich gewissenhaft beraten und die in der Aktionärsversammlung zu beratenden Gegenstände vorbereiten. Die Aktionärsversammlung muss jedem Vorschlag eine angemessene Zeit zur Diskussion gewähren.

§ 7 [Prinzip der Ermächtigung des Vorstandes durch die HV]
Börsenzugelassene Gesellschaften müssen in der Gesellschaftssatzung das Prinzip der Ermächtigung des Vorstandes durch die Aktionärsversammlung festlegen, wobei der Inhalt der Ermächtigung konkret bestimmt sein muss.

§ 8 [Erhöhung des Prozentsatzes der an der HV teilnehmenden Aktionäre]
Börsenzugelassene Gesellschaften müssen unter Gewährleistung der Legalität und Effizienz der Aktionärsversammlung den Prozentsatz der an Aktionärsversammlungen teilnehmenden Aktionäre über verschiedene Formen und Wege wie den ausreichenden Einsatz moderner Mittel der Datentechnik erweitern. Die Wahl des Zeitpunktes und des Ortes von Aktionärsversammlungen muss dazu dienen, dass möglichst viele Aktionäre an der Versammlung teilnehmen.

§ 9 [Stimmrechtsvertretung]
Aktionäre können sowohl selbst auf Aktionärsversammlungen vor Ort abstimmen, sie können auch Stellvertreter beauftragen, sie bei der Abstimmungen zu vertreten, wobei beides dieselbe rechtliche Wirkung hat.

§ 10 [Sammlung von Stimmrechten]
Der Vorstand, unabhängige Vorstandsmitglieder und Aktionäre von börsenzugelassenen Gesellschaften, die den einschlägigen Voraussetzungen entsprechen, können von Aktionären der börsenzugelassenen Gesellschaft deren Abstimmungsrechte auf der Aktionärsversammlung sammeln. Die Sammlung der Abstimmungsrechte muss in Form der Unentgeltlichkeit durchgeführt werden und es

muss den Personen, [deren Stimmrechte] eingesammelt wurden, ausreichend Daten mitgeteilt werden.

§ 11 [Rolle institutioneller Anleger bei der Abstimmung]
Institutionelle Anleger müssen bei der Wahl der Vorstandsmitglieder, bei der Förderung und Kontrolle des Betreibers, bei schwerwiegenden strategischen Entscheidungen Wirkung entfalten.

3. Abschnitt: Verbundener Handel

§ 12 [Prinzipien des verbundenen Handels]
Über einen verbundenen Handel zwischen börsenzugelassenen Gesellschaften und verbundenen Personen müssen schriftliche Vereinbarungen abgeschlossen werden. Die Vereinbarung muss sich nach den Prinzipien der Gleichberechtigung, Freiwilligkeit, Äquivalenz und Entgeltlichkeit richten und der Inhalt der Vereinbarung muss klar und konkret bestimmt sein. Gesellschaften müssen Angelegenheiten wie den Abschluss, die Änderung, Beendigung und die Umstände der Erfüllung der Vereinbarung gemäß den einschlägigen Bestimmungen mitteilen.

§ 13 [Verbot der Monopolisierung; Prinzip des Marktpreises]
Börsenzugelassene Gesellschaften müssen effiziente Maßnahmen ergreifen, um zu verhindern, dass verbundene Personen durch Methoden wie die Monopolisierung der Kanäle des Einkaufes und des Vertriebes die Betreibung der Gesellschaft beeinträchtigen oder die Interessen der Gesellschaft schädigen. Aktivitäten bei einem verbundenen Handel müssen sich nach den Handelsprinzipien richten und die Preise bei einem verbundenen Handel dürfen grundsätzlich nicht vom Standard des Preises bzw. der Gebühren eines unabhängigen Dritten auf dem Markt abweichen. Gesellschaften müssen die Grundlage von Festpreisen eines verbundenen Handels ausreichend mitteilen.

§ 14 [Schutz des Eigentums börsenzugelassener Gesellschaften vor dem Zugriff durch Aktionäre]
Vermögen börsenzugelassener Gesellschaften gehört zum Eigentum der Gesellschaft. Börsenzugelassene Gesellschaften müssen effiziente Maßnahmen ergreifen, um zu verhindern, dass Aktionäre und die mit ihnen verbundenen Parteien in verschiedener Form Geldmittel, Vermögen und andere Ressourcen der Gesellschaft in Anspruch nehmen oder übertragen. Börsenzugelassene Gesellschaften dürfen Aktionären und mit ihnen verbundenen Parteien keine Sicherheiten zur Verfügung stellen.

2. Kapitel: Beherrschender Aktionär und börsenzugelassene Gesellschaft

1. Abschnitt: Normierung der Handlungen des beherrschenden Aktionärs

§ 15 [Prinzip „erst Umwandeln, dann Börsenzulassen"]
Beherrschende Aktionäre müssen sich bei der Umwandlung und Reorganisation von Gesellschaften, die einen Börsengang planen, nach dem Prinzip „zuerst die Umwandlung, dann die Börsenzulassung" richten und besonderes Gewicht auf die Schaffung einer angemessenen und ausgewogenen Aktionärsstruktur legen.

§ 16 [Prinzip der Umwandlung; Abtrennung der sozialen Funktion]
Beherrschende Aktionäre müssen sich bei der Umwandlung und Reorganisation von Gesellschaften, die einen Börsengang planen, von ihrer sozialen Funktion trennen und sich von nicht wirtschaftlichem Vermögen, nicht wirtschaftlichen Institutionen, Wohlfahrtsinstitutionen und ihren Einrichtungen lösen, die nicht in die börsenzugelassene Gesellschaft eingehen.

§ 17 [Weiterbestehende Unternehmen; Abbau von Arbeitsplätzen]
Beherrschende Aktionäre können weiterbestehende Unternehmen bzw. Institutionen, die Dienstleitungen für das Hauptgeschäft der börsenzugelassenen Gesellschaft erbringen, gemäß den Prinzipien der Spezialisierung und der Marktwirtschaft in spezialisierte Gesellschaften umwandeln und auf der Grundlage von Handelsprinzipien mit der börsenzugelassenen Gesellschaft betreffende Vereinbarungen abschließen. Weiterbestehende Unternehmen, die andere Geschäfte tätigen, müssen ihre Fähigkeit zur unabhängigen Entwicklung steigern. Weiterbestehende Unternehmen, die keine wirtschaftliche Fähigkeit mehr haben, müssen sich nach den Bestimmungen in betreffenden Gesetzen und Rechtsnormen über Wege wie die Durchführung einer Insolvenz vom Markt zurückziehen. Wenn Unternehmen bei der Reorganisation bestimmte Voraussetzungen haben, können sie sich einmalig von ihren sozialen Funktionen und überflüssigen Personal trennen, nicht vorbehalten weiterbestehende Unternehmen.

§ 18 [Reformierung der Personalangelegenheiten]
Beherrschende Aktionäre müssen börsenzugelassene Gesellschaften dabei unterstützen, die Reformierung der Arbeit, der Personalangelegenheiten und der [Gehalts-] Verteilung zu vertiefen, den Mechanismus des Managements zu verändern, einen Wettbewerb um die Anstellung und Beförderung von Managern und die Auswahl der Belegschaft entsprechend ihrer Befähigung, flexible Einkommen und unterschiedlichste Systeme effizienter Anreize zu etablieren.

§ 19 [Pflichten beherrschender Aktionäre]
Beherrschende Aktionäre tragen gegenüber der börsenzugelassenen Gesellschaft und den anderen Aktionären die Pflicht nach Treu und Glauben. Beherrschende Aktionäre müssen gegenüber der börsenzugelassenen Gesellschaft, die sie be-

herrschen, streng nach dem Recht ihre Rechte als Einlagengeber ausüben und darf nicht die legalen Rechtsinteressen der börsenzugelassenen Gesellschaft oder der anderen Aktionäre durch Nutzung von Methoden wie die Vermögensreorganisation schädigen und darf nicht seine besondere Stellung dafür nutzen, um nach zusätzlichen Vorteilen zu streben.

§ 20 [Verhalten beherrschender Aktionäre bei Nominierung und Wahl von Vorstandsmitgliedern]
Beherrschende Aktionäre müssen sich bei der Nominierung von Kandidaten für Vorstand und Aufsichtsrat der börsenzugelassenen Gesellschaft streng nach den Voraussetzungen und dem Verfahren richten, das in Gesetzen, Rechtsnormen und der Gesellschaftssatzung bestimmt sind. Die Kandidaten, die von beherrschenden Aktionären für den Vorstand und Aufsichtsrat nominiert werden, müssen über entsprechende Fachkenntnisse und die Fähigkeit zu Strategieentscheidungen und zur Überwachung verfügen. Beherrschende Aktionäre dürfen gegenüber Beschlüssen bei der Wahl von Personal durch die Aktionärsversammlung und Beschlüsse bei der Ernennung von Personal durch den Vorstand keinerlei Genehmigungsverfahren durchführen; sie dürfen sich nicht über die Berufung oder Entlassung hochrangiger Manager der börsenzugelassenen Gesellschaft durch die Aktionärsversammlung oder den Vorstand hinwegsetzen.

§ 21 [Verhalten beherrschender Aktionäre bei strategischen Entscheidungen]
Erhebliche Strategieentscheidungen der börsenzugelassenen Gesellschaft müssen nach dem Recht von Aktionärsversammlung und Vorstand getroffen werden. Beherrschende Aktionäre dürfen weder direkt noch indirekt in die Strategieentscheidungen der Gesellschaft und in nach dem Recht entfaltete Produktions- und Betriebsaktivitäten eingreifen, um die Rechtsinteressen der Gesellschaft oder ihrer anderen Aktionäre zu schädigen.

2. Abschnitt: Unabhängigkeit der börsenzugelassenen Gesellschaft

§ 22 [Prinzipien der Unabhängigkeit]
Beherrschende Aktionäre und börsenzugelassenen Gesellschaften müssen die Trennung des Personals, des Vermögens und der Finanzen, die Unabhängigkeit der Organe und der Geschäfte sowie eine jeweils unabhängige Rechnung und unabhängige Übernahme der Haftung und der Risiken ausführen.

§ 23 [Unabhängigkeit des Personals]
Das Personal der börsenzugelassenen Gesellschaft muss unabhängig von beherrschenden Aktionären sein. Geschäftsführendes Personal, Verantwortliche für Finanzen, Verantwortliche für Betrieb und Vertrieb sowie Vorstandssekretäre dürfen in der Einheit des beherrschenden Aktionärs keine andere Amtspflichten ausüben als die eines Vorstandsmitgliedes. Fungieren hochrangige Manager des beherrschenden Aktionärs zugleich als Vorstandsmitglieder der börsenzugelasse-

nen Gesellschaft, muss gewährleistet sein, dass sie ausreichend Zeit und Energie haben, um die Arbeit bei der börsenzugelassenen Gesellschaft zu übernehmen.

§ 24 [Unabhängigkeit des Vermögens]

Bei Vermögen, das beherrschende Aktionäre in börsenzugelassene Gesellschaften investieren, muss die Unabhängigkeit vervollständigt und die Zuordnung der Rechte deutlich gemacht werden. Bringen beherrschende Aktionäre als Einlage Vermögen ein, dass nicht Geld ist, müssen die Formalitäten zur Änderung des Vermögensrechts erledigt und der Bereich dieses Vermögens klar abgegrenzt werden. Die börsenzugelassene Gesellschaft muss dieses Vermögen unabhängig registrieren, in den Büchern führen, berechnen und verwalten. Beherrschende Aktionäre dürfen dieses Vermögen nicht in Anspruch nehmen, darüber verfügen oder in das Management dieses Vermögens durch die börsenzugelassene Gesellschaft eingreifen.

§ 25 [Unabhängigkeit der Finanzen]

Börsenzugelassene Gesellschaften müssen gemäß den Erfordernissen in einschlägigen Gesetzen und Rechtsnormen ein vollständig ausgebautes System zur Verwaltung der Finanzen und der Buchhaltung etablieren und unabhängig abrechnen. Beherrschende Aktionäre müssen die Unabhängigkeit der Finanzen der Gesellschaft respektieren und dürfen nicht in die Aktivitäten der Finanzen und der Buchhaltung der Gesellschaft eingreifen.

§ 26 [Unabhängigkeit der internen Organe]

Vorstand, Aufsichtsrat und andere interne Organe von börsenzugelassenen Gesellschaften müssen unabhängig

funktionieren. Zwischen beherrschenden Aktionären und ihren Funktionsabteilungen auf der einen Seite und börsenzugelassenen Gesellschaften und deren Funktionsabteilungen auf der anderen Seite gibt es keine Über- und Unterordnungsverhältnisse. Beherrschende Aktionäre und ihnen untergeordnete Organe dürfen keine Pläne oder Befehle für die Betreibung der börsenzugelassenen Gesellschaft an die börsenzugelassene Gesellschaft oder an die ihr untergeordneten Organe ausgeben und dürfen auch in keiner anderen Form die Unabhängigkeit ihres Managements beeinträchtigen.

§ 27 [Unabhängigkeit der Geschäfte]

Geschäfte börsenzugelassener Gesellschaften müssen vollständig unabhängig von beherrschenden Aktionären sein. Beherrschende Aktionäre und andere ihnen unterstehenden Einheiten dürfen keine Geschäfte tätigen, die denen der börsenzugelassenen Gesellschaft gleichen oder ähneln. Beherrschende Aktionäre müssen effiziente Maßnahmen ergreifen, um Innerbranchenwettbewerb zu vermeiden.

3. Kapitel: Vorstandsmitglieder und Vorstand

1. Abschnitt: Verfahren zur Wahl und Ernennung der Vorstandsmitglieder

§ 28 [Prinzipien der Wahl]
Börsenzugelassene Gesellschaften müssen in der Gesellschaftssatzung ein normiertes und transparentes Verfahren zur Wahl von Vorstandsmitgliedern festlegen, um eine öffentliche, faire, gerechte und unabhängige Wahl zu gewährleisten.

§ 29 [Information der Aktionäre über Vorstandskandidaten]
Börsenzugelassene Gesellschaften müssen vor Einberufung der Aktionärsversammlung detaillierte Materialien über die Vorstandskandidaten mitteilen, um zu gewährleisten, dass Aktionäre bei der Abstimmung ausreichend mit den Kandidaten vertraut sind.

§ 30 [Versprechen der Vorstandskandidaten]
Vorstandskandidaten müssen vor Einberufung der Aktionärsversammlung ein schriftliches Versprechen abgeben, dass sie mit der Nominierung einverstanden sind und versprechen, dass die öffentlich über die Vorstandskandidaten mitgeteilten Materialien wahr und vollständig sind, und gewährleisten, dass sie nach dieser Wahl ihre Pflichten als Vorstandsmitglied gewissenhaft erfüllen.

§ 31 [System der akkumulierten Abstimmung]
Im Wahlverfahren der Vorstandsmitglieder müssen die Meinungen der mittleren und kleinen Aktionäre ausreichend widergespiegelt werden. Bei der Wahl der Vorstandsmitglieder muss die Aktionärsversammlung aktiv das System der akkumulierten Abstimmung verfolgen. Börsenzugelassene Gesellschaften, bei denen der beherrschende Aktionär einen beherrschenden Anteil von mehr als 30% hält, müssen das System der akkumulierten Abstimmung anwenden. Börsenzugelassene Gesellschaften, die das System der akkumulierten Abstimmung anwenden, müssen in der Gesellschaftssatzung detaillierte Ausführungsregeln über dieses System festlegen.

§ 32 [Abschluss von Ernennungsverträgen]
Börsenzugelassene Gesellschaften müssen mit den Vorstandsmitgliedern Ernennungsverträge abschließen, in denen Gegenstände wie Rechte und Pflichten von Gesellschaft und Vorstandsmitgliedern, der Zeitraum der Ernennung, die Haftung der Vorstandsmitglieder für Verstöße gegen Gesetze, Rechtsnormen und die Gesellschaftssatzung, die Kompensation bei vorfristiger Kündigung wegen eines Grundes klar festgelegt werden.

2. Abschnitt: Pflichten der Vorstandsmitglieder

§ 33 [Prinzipien der Pflichten von Vorstandsmitgliedern]
Vorstandsmitglieder müssen ihre Pflichten gemäß dem größten Nutzen der Gesellschaft und der Gesamtheit der Aktionäre, gemäß Treu und Glauben und sorgfältig erfüllen.

§ 34 [Zeitliche Verfügbarkeit der Vorstandsmitglieder]
Vorstandsmitglieder müssen gewährleisten, dass sie ausreichend Zeit und Energie zur Erfüllung der von ihnen zu erfüllenden Pflichten haben.

§ 35 [Teilnahme an Vorstandssitzungen]
Vorstandsmitglieder müssen mit der Einstellung gewissenhafter Verantwortung an Vorstandssitzungen teilnehmen und zu den Tagesordnungspunkten klar eine Meinung vertreten. Wenn Vorstandsmitglieder tatsächlich unmöglich persönlich an Vorstandssitzungen teilnehmen können, kann schriftlich ein anderes Vorstandsmitglied beauftragt werden, gemäß dem Willen des Auftraggebers stellvertretend abzustimmen, wobei der Auftraggeber unabhängig die rechtliche Haftung übernehmen muss.

§ 36 [Bindung der Vorstandsmitglieder an Gesetz und Recht]
Vorstandsmitglieder müssen die Bestimmungen in einschlägigen Gesetzen, Rechtsnormen und der Gesellschaftssatzung einhalten und streng die von ihnen öffentlich abgegebenen Versprechen befolgen.

§ 37 [Weiterbildung der Vorstandsmitglieder]
Vorstandsmitglieder müssen aktiv an einschlägigen Lehrgängen teilnehmen, um die Rechte, Pflichten und die Haftung als Vorstandsmitglied zu kennen, mit einschlägigen Gesetzen und Rechtsnormen vertraut zu sein und um das Wissen zu beherrschen, das man als Vorstandsmitglied haben muss.

§ 38 [Schadenersatzhaftung]
Wenn Beschlüsse des Vorstandes gegen Bestimmungen in Gesetzen, Rechtsnormen und der Gesellschaftssatzung verstoßen, was dazu führt, dass die Gesellschaft einen Schaden erleidet, übernehmen diejenigen Vorstandsmitglieder die Schadenersatzhaftung, die an dem Beschluss teilgenommen haben. Ausgenommen sind Vorstandsmitglieder, die beweisen, dass sie bei der Abstimmung eine andere Meinung geltend gemacht haben und dies im Sitzungsprotokoll aufgezeichnet ist.

§ 39 [Haftpflichtversicherungen]
Mit Genehmigung durch die Aktionärsversammlung können börsenzugelassene Gesellschaften für Vorstandsmitglieder Haftungsversicherungen kaufen. Ausge-

nommen hiervon ist die Haftung von Vorstandsmitgliedern wegen Verstoßes gegen Bestimmungen in Gesetzen, Rechtsnormen und der Gesellschaftssatzung.

3. Abschnitt: Zusammensetzung und Amtspflichten des Vorstandes

§ 40 [Ziel der Zusammensetzung]
Die Zahl der Personen und ihre Zusammensetzung im Vorstand muss den Anforderungen in einschlägigen Gesetzen und Rechtsnormen entsprechen, um zu gewährleisten, dass Diskussionen voller Erfolg durchgeführt und strategische Entscheidungen wissenschaftlich, schnell und sorgfältig getroffen werden.

§ 41 [Professionalität]
Der Vorstand muss eine angemessene professionelle Struktur haben, indem seine Mitglieder das Wissen, die technische Fähigkeit und Qualifikation haben, die zur Erfüllung der Pflichten notwendig sind.

§ 42 [Verantwortung gegenüber HV; Gewährleistung der Ausübung von Kompetenzen]
Der Vorstand haftet gegenüber der Aktionärsversammlung. Die Corporate Governance börsenzugelassener Gesellschaften muss gewährleisten, dass der Vorstand seine Kompetenzen nach den Bestimmungen in Gesetzen, Rechtsnormen und der Gesellschaftssatzung ausüben kann.

§ 43 [Gleichbehandlung der Aktionäre; Beachtung der Interessen anderer]
Der Vorstand muss die in einschlägigen Gesetzen, Rechtsnormen und der Gesellschaftssatzung bestimmten Pflichten gewissenhaft erfüllen, um zu gewährleisten, dass die Gesellschaft die Bestimmungen in Gesetzen, Rechtsnormen und der Gesellschaftssatzung befolgt, und muss alle Aktionäre gleichberechtigt behandeln und den Interessen anderer Interessierter Aufmerksamkeit schenken.

4. Abschnitt: Geschäftsordnung des Vorstandes

§ 44 [Ziel der Geschäftsordnung]
Börsenzugelassene Gesellschaften müssen in der Gesellschaftssatzung eine normierte Geschäftsordnung des Vorstandes festlegen, um zu gewährleisten, dass der Vorstand hocheffizient funktioniert und wissenschaftlich strategische Entscheidungen trifft.

§ 45 [Ordentliche und außerordentliche Sitzungen; Vorbereitung der Sitzungen]

Der Vorstand muss periodisch Sitzungen einberufen und gemäß den Erfordernissen rechtzeitig außerordentliche Sitzungen einberufen. Sitzungen des Vorstandes müssen zuvor ausgearbeitete Diskussionsgegenstände haben.

§ 46 [Informationspflicht gegenüber Vorstandsmitgliedern]

Vorstandssitzungen börsenzugelassener Gesellschaften müssen streng nach dem festgelegten Verfahren durchgeführt werden. Der Vorstand muss gemäß der festgelegten Zeit alle Vorstandsmitglieder benachrichtigen und ihnen ausreichend Material einschließlich Hintergrundmaterialien über den Diskussionsgegenstand der Sitzung und Informationen und Daten zur Verfügung stellen, die den Vorstandsmitgliedern helfen, die Geschäftsentwicklung der Gesellschaft zu verstehen. Wenn mehr als zwei unabhängige Vorstandsmitglieder meinen, dass die Materialien nicht ausreichend oder die Ausführungen nicht klar sind, können sie in gemeinsamen Namen in schriftlicher Form dem Vorstand vorschlagen, die Vorstandssitzung zu verschieben oder die Beratung dieser Angelegenheit zu verlängern, wobei der Vorstand [diesen Vorschlag] annehmen muss.

§ 47 [Sitzungsprotokoll]

Das Protokoll von Vorstandssitzungen muss vollständig und wahr sein. Vorstandssekretäre müssen die Protokollierung der Tagesordnungspunkte der Sitzungen gewissenhaft organisieren und ordnen. Vorstandsmitglieder, Vorstandssekretäre und Protokollführer, die an den Sitzungen teilnehmen, müssen das Sitzungsprotokoll unterschreiben. Das Protokoll von Vorstandssitzungen muss als wesentliches Archiv der

Gesellschaft zweckgemäß aufbewahrt werden, um später eine wesentliche Grundlage für die Haftung von Vorstandsmitgliedern zu bilden.

§ 48 [Prinzipien und Grenzen der Ermächtigung des Vorstandsvorsitzenden]

Wenn der Vorstand den Vorstandsvorsitzenden ermächtigt, in der Zeit zwischen den Sitzungen einen Teil der Kompetenzen des Vorstandes auszuüben, müssen börsenzugelassene Gesellschaften die Prinzipien für die Ermächtigung und den Inhalt der Ermächtigung in der Gesellschaftssatzung klar festlegen, wobei der Inhalt der Ermächtigung klar bestimmt und konkret sein muss. Über alle Angelegenheiten, die erhebliche Interessen der Gesellschaft betreffen, muss der Vorstand kollektiv entscheiden.

5. Abschnitt: System unabhängiger Vorstandsmitglieder

§ 49 [Stellung unabhängiger Vorstandsmitglieder]

Börsenzugelassene Gesellschaften müssen gemäß den einschlägigen Bestimmungen ein System unabhängiger Vorstandsmitglieder etablieren. Unabhängige Vorstandsmitglieder müssen von der Gesellschaft, die sie angestellt hat, und von den wichtigen Aktionären unabhängig sein. Unabhängige Vorstandsmitglieder dürfen in börsenzugelassenen Gesellschaften keine anderen Ämter als die eines unabhängigen Vorstandsmitgliedes haben.

§ 50 [Pflichten unabhängiger Vorstandsmitglieder]
Unabhängige Vorstandsmitglieder tragen gegenüber der Gesellschaft und der Gesamtheit der Aktionäre die Pflichten aus Treu und Glauben und Sorgfaltspflichten. Unabhängige Vorstandsmitglieder müssen gemäß den Erfordernissen in einschlägigen Gesetzen, Rechtsnormen und der Gesellschaftssatzung gewissenhaft ihre Pflichten erfüllen, die Gesamtinteressen der Gesellschaft schützen, insbesondere müssen sie darauf achten, dass die legalen Rechtsinteressen der mittleren und kleinen Aktionäre nicht verletzt werden. Unabhängige Vorstandsmitglieder müssen ihre Amtspflichten unabhängig erfüllen und dürfen nicht von wichtigen Aktionären, den in der Praxis beherrschenden Personen und anderen Einheiten oder Personen, die mit der börsenzugelassenen Gesellschaft in einer [eigenen] Nutzen und Schaden berührenden Beziehung stehen, beeinflusst werden.

§ 51 [Rechtmäßigkeit der Ernennung, Wahl, Wechsel und Amtspflichten]
Die Gegenstände wie die Voraussetzungen für eine Ernennung, das Verfahren für die Wahl und Wechsel, die Amtspflichten von unabhängigen Vorstandsmitgliedern müssen den einschlägigen Bestimmungen entsprechen.

6. Abschnitt: Expertenkommissionen des Vorstandes

§ 52 [Zusammensetzung]
Der Vorstand börsenzugelassener Gesellschaften kann gemäß einem entsprechenden Beschluss der Aktionärsversammlung Expertenkommissionen für die Strategie, Rechnungsprüfung, Nominierung, Gehälter und Belohnungen und für Prüfungen einrichten. Die Mitglieder der Expertenkommissionen setzen sich vollständig aus Vorstandsmitgliedern zusammen, wobei die unabhängigen Vorstandsmitglieder in den Kommissionen für Rechnungsprüfung, Nominierung, Gehälter und Belohnungen und für Prüfungen die Mehrheit ausmachen und als Einberufende fungieren müssen und in der Kommission für Rechnungsprüfung muss zumindest eine unabhängiges Vorstandsmitglied Fachmann für Buchhaltung sein.

§ 53 [Kommission für Strategie]
Wesentliche Amtspflicht der Kommission für Strategie ist die langfristige Entwicklungsstrategie und strategische Entscheidungen über erhebliche Investitionen zu untersuchen und Vorschläge zu unterbreiten.

§ 54 [Kommission für Rechnungsprüfung]
Wesentliche Amtspflichten der Kommission für Rechnungsprüfung sind: (1) Vorschläge zur Anstellung oder zum Wechsel von externen Rechnungsprüfungsinstituten; (2) Überprüfung und Ausführung des internen Rechnungsprüfungssys-

tems der Gesellschaft; (3) Verantwortung für die Verbindung zwischen interner und externer Rechnungsprüfung; (4) Prüfung der Finanzdaten der Gesellschaft und deren Mitteilung; (5) Überwachung des internen Kontrollsystems der Gesellschaft.

§ 55 [Kommission für Nominierung]
Wesentliche Amtspflichten der Kommission für Nominierung sind: (1) Untersuchung des Standards und des Verfahrens zur Wahl von Vorstandsmitgliedern und Geschäftsführungspersonal und Unterbreiten von Vorschlägen; (2) breite Suche nach Personen, die zur Wahl als Vorstandsmitglied oder Geschäftsführungspersonal geeignet sind; (3) Prüfung der Kandidaten für den Vorstand und der ausgewählten Personen für die Geschäftsführung und Unterbreiten von Vorschlägen.

§ 56 [Kommission für Gehälter und Belohnungen und für Prüfungen]
Wesentliche Amtspflichten der Kommission für Gehälter und Belohnungen und für Prüfungen sind: (1) Untersuchung des Standards für Prüfungen der Vorstandsmitglieder und des Geschäftsführungspersonals und Unterbreiten von Vorschlägen;
(2) Untersuchung und Prüfung der Richtlinien und Pläne für Gehälter und Belohnungen der Vorstandsmitglieder und hochrangiger Manager.

§ 57 [Beauftragung von Intermediärinstituten]
Jede Expertenkommission kann Intermediärinstitute anstellen, um Expertenmeinungen zur Verfügung zu stellen, wobei die entstehenden Kosten von der Gesellschaft getragen werden.

§ 58 [Verantwortung gegenüber Vorstand; Entscheidung über Anträge der Kommissionen]
Jede Expertenkommission haftet gegenüber dem Vorstand, Anträge der Expertenkommissionen müssen dem Vorstand zur Prüfung und Entscheidung vorgelegt werden.

4. Kapitel: Aufsichtsratmitglieder und Aufsichtsrat

1. Abschnitt Amtspflichten des Aufsichtsrates

§ 59 [Stellung und Pflichten des Aufsichtsrates]
Der Aufsichtsrat börsenzugelassener Gesellschaften haftet gegenüber der Gesamtheit der Aktionäre, überwacht die Finanzen der Gesellschaft und die Gesetz- und Vorschriftsmäßigkeit der Erfüllung der Amtspflichten durch Vorstandsmitglieder, Geschäftsführer und andere hochrangige Manager, um die Gesellschaft und die legalen Rechtsinteressen der Aktionäre zu schützen.

§ 60 [Informationsrecht; Geheimhaltungspflicht; Beauftragung von Intermediärinstituten]

Aufsichtsratmitglieder haben das Recht, die Betriebsverhältnisse der Gesellschaft zu verstehen und übernehmen eine entsprechende Geheimhaltungspflicht. Der Aufsichtsrat kann unabhängig Intermediärinstitute anstellen, um Expertenmeinungen zur Verfügung zu stellen.

§ 61 [Informationspflicht börsenzugelassener Gesellschaften gegenüber dem Aufsichtsrat]

Börsenzugelassene Gesellschaften müssen Maßnahmen ergreifen, um das Recht zur Kenntniserlangung der Aufsichtsratmitglieder zu garantieren, und den Aufsichtsratmitgliedern die für die ordnungsgemäße Erfüllung der Amtspflichten notwendige Hilfe zur Verfügung stellen, keine Person darf eingreifen oder behindern. Angemessene Kosten, die Aufsichtsratmitglieder zur Erfüllung der Amtspflichten benötigen, müssen von der Gesellschaft getragen werden.

§ 62 [Überwachungsprotokoll]

Das Überwachungsprotokoll und die Ergebnisse der Prüfung von Finanzen bzw. speziellen Angelegenheiten des Aufsichtsrates müssen eine wesentliche Grundlage für die Bewertung der Performance von Vorstandsmitgliedern, Geschäftsführern und anderen hochrangigen Managern bilden.

§ 63 [Weiterleitung der Entdeckung von Rechtsverstößen]

Wenn der Aufsichtsrat Handlungen von Vorstandsmitgliedern, Geschäftsführern und anderen hochrangigen Managern entdeckt, die gegen Gesetze, Rechtsnormen oder die Gesellschaftssatzung verstoßen, kann er hierüber den Vorstand und die Aktionärsversammlung informieren, er kann dies aber auch direkt dem Wertpapieraufsichtsorgan und anderen einschlägigen Abteilungen berichten.

2. Abschnitt: Zusammensetzung und Geschäftsordnung des Aufsichtsrates

§ 64 [Ziel der Zusammensetzung]

Aufsichtsratmitglieder müssen Fachkenntnis im Hinblick auf Gesetze und die Buchhaltung oder Arbeitserfahrung haben. Das Personal und die Struktur des Aufsichtsrates müssen gewährleisten, dass der Aufsichtsrat unabhängig und effizient die Überwachung und Prüfung der Vorstandsmitglieder, Geschäftsführer, anderer hochrangiger Manager und der Finanzen der Gesellschaft ausüben kann.

§ 65 [Geschäftsordnung]

In der Gesellschaftssatzung börsenzugelassener Gesellschaften müssen eine normierte Geschäftsordnung des Aufsichtsrates festgelegt werden. Sitzungen des Aufsichtsrates müssen streng nach dem bestimmten Verfahren durchgeführt werden.

§ 66 [Ordentliche und außerordentliche Sitzungen]
Der Aufsichtsrat muss periodisch Sitzungen einberufen und gemäß den Erfordernissen rechtzeitig außerordentliche Sitzungen einberufen. Können Sitzungen des Aufsichtsrates aus irgendeinem Grund nicht termingerecht einberufen werden, muss eine Erläuterung des Grundes bekannt gemacht (*gonggao*) werden.

§ 67 [Aufforderung zur Teilnahme von hochrangigen Managern]
Der Aufsichtsrat kann von Vorstandsmitgliedern, Geschäftsführern und anderen hochrangigen Managern der Gesellschaft sowie internen und externen Rechnungsprüfungspersonal verlangen, dass sie an Sitzungen des Aufsichtsrats teilnehmen und Fragen beantworten, denen Aufmerksamkeit geschenkt wird.

§ 68 [Sitzungsprotokoll]
Sitzungen des Aufsichtsrats müssen ein Protokoll haben, Aufsichtsratmitglieder und Protokollführer, die an der Sitzung teilnehmen, müssen das Sitzungsprotokoll unterschreiben. Aufsichtsratmitglieder haben das Recht zu verlangen, dass auf dem Protokoll über ihre Ansprachen auf der Sitzung gewisse erläuternde Anmerkungen gemacht werden. Das Protokoll von Aufsichtsratsitzungen muss als wesentliches Archiv der Gesellschaft zweckgemäß aufbewahrt werden.

5. Kapitel: Performancebewertung und Anreiz- und Zügelungs-Mechanismus

1. Abschnitt: Performancebewertung von Vorstands-, Aufsichtsratmitgliedern und Geschäftsführern

§ 69 [Festlegung von Standards und Verfahren]
Börsenzugelassene Gesellschaften müssen gerechte und transparente Standards und Verfahren zur Bewertung der Performance von Vorstands-, Aufsichtsratmitgliedern und Geschäftsführern etablieren.

§ 70 [Evaluierung von Vorstandsmitgliedern und Geschäftsführern]
Die Organisation der Bewertung der Performance von Vorstandsmitgliedern und Geschäftsführern wird vom Vorstand bzw. von der unter ihm errichteten Kommission für Gehälter und Belohnungen und für Prüfungen verantwortet. Die Bewertung von unabhängigen Vorstandsmitgliedern und Aufsichtsratmitgliedern muss unter Anwendung der Methode einer Kombination von Selbstbewertungen und gegenseitigen Bewertungen durchgeführt werden.

§ 71 [Entscheidung über die Entlohnung von Vorstandsmitgliedern]
Über die Höhe und Art der Belohnung von Vorstandsmitgliedern wird vom Vorstand ein Plan bei der Aktionärsversammlung zur Entscheidung eingereicht. Wenn der Vorstand bzw. die Kommission für Gehälter und Belohnungen und für

Prüfungen die Bewertung eines Vorstandsmitgliedes durchführt und seine Belohnung diskutiert, muss sich dieses Vorstandsmitglied [als befangen] zurückziehen.

§ 72 [Rechenschaft von Vorstand und Aufsichtsrat gegenüber der HV]
Vorstand und Aufsichtsrat müssen gegenüber der Aktionärsversammlung über die Umstände der Erfüllung der Amtspflichten von Vorstands- und Aufsichtsratmitgliedern, die Ergebnisse der Bewertung der Performance und die Verhältnisse ihrer Gehälter und Belohnungen berichten und Publizität gewähren.

2. Abschnitt: Ernennung von Geschäftsführern

§ 73 [Rechtmäßigkeit der Ernennung von Geschäftsführern]
Die Ernennung von Geschäftsführern börsenzugelassener Gesellschaften muss streng nach den Bestimmungen in einschlägigen Gesetzen, Rechtsnormen und der Gesellschaftssatzung durchgeführt werden. Keine Organisation und Einzelperson darf in das ordnungsgemäße Verfahren zur Wahl und Ernennung von Geschäftsführern der Gesellschaft eingreifen.

§ 74 [Anwerbung von qualifizierten Personal]
Börsenzugelassene Gesellschaften müssen möglichst eine offene und transparente Methode anwenden, um auf dem Markt für qualifiziertes Personal innerhalb und außerhalb des Gebietes Geschäftsführer auszuwählen und zu ernennen und ausreichend die Wirkung von Intermediärinstituten zur Geltung bringen.

§ 75 [Ernennungsverträge]
Börsenzugelassene Gesellschaften und Geschäftsführer müssen Ernennungsverträge abschließen, in denen die Beziehungen von Rechten und Pflichten beider Seiten klar festgelegt werden.

§ 76 [Rechtmäßigkeit und Bekanntmachung der Entlassung]
Die Entlassung von Geschäftsführern muss das gesetzlich bestimmte Verfahren erfüllen und der Allgemeinheit bekannt gemacht werden.

3. Abschnitt: Anreiz- und Zügelungs-Mechanismus gegenüber Geschäftsführern

§ 77 [Anreizmechanismus]
Börsenzugelassene Gesellschaften müssen einen Anreizmechanismus etablieren, der Gehälter und Belohnungen mit der Performance der Gesellschaft und der Performance der Einzelpersonen miteinander verknüpft, um qualifiziertes Personal anzuziehen und die Stabilität bei den Geschäftsführern aufrecht zu erhalten.

§ 78 [Grundlage für die Festlegung der Gehälter und Belohnungen]

Die Bewertung der Performance von Geschäftsführern durch börsenzugelassene Gesellschaften muss Grundlage für die Festlegung der Gehälter und Belohnungen und anderer Anreizmethoden für Geschäftsführer bilden.

§ 79 [Genehmigung der Gehälter und Belohnungen durch Vorstand; Publizität]

Die Pläne zur Zuteilung von Gehältern und Belohnungen für Geschäftsführer müssen die Genehmigung durch den Vorstand erhalten, der Aktionärsversammlung erläutert werden und es muss Publizität gewährt werden.

§ 80 [Festlegung der Amtspflichten; Verfolgung der rechtlichen Haftung durch Vorstand]

Börsenzugelassene Gesellschaften müssen in der Gesellschaftssatzung die Amtspflichten von Geschäftsführern klar festlegen. Wenn Geschäftsführer gegen Gesetze, Rechtsnormen und die Gesellschaftssatzung verstoßen, was dazu führt, dass die Gesellschaft einen Schaden erleidet, muss der Vorstand der Gesellschaft aktiv Maßnahmen ergreifen, um ihre rechtliche Haftung zu verfolgen.

6. Kapitel: Interessierte

§ 81 [Kreis der Interessierten]

Börsenzugelassene Gesellschaften müssen legale Rechtsinteressen von Interessierten wie Banken und anderen Gläubigern, der Belegschaft, Verbrauchern, Zulieferern und Wohngebieten respektieren.

§ 82 [Prinzip der Zusammenarbeit]

Börsenzugelassene Gesellschaften müssen aktiv mit den Interessierten zusammenarbeiten und gemeinsam die nachhaltige und gesunde Entwicklung der Gesellschaft vorantreiben.

§ 83 [Schutz der Rechtsinteressen Interessierter]

Börsenzugelassene Gesellschaften müssen die notwendigen Voraussetzungen schaffen für den Schutz der Rechtsinteressen der Interessierten, damit Interessierte die Möglichkeit und Kanäle haben, Schadenersatz zu erhalten, wenn ihre legalen Rechtsinteressen verletzt werden.

§ 84 [Informationspflicht börsenzugelassener Gesellschaften gegenüber Interessierten]

Börsenzugelassene Gesellschaften müssen Banken und anderen Gläubigern die notwendigen Informationen zur Verfügung stellen, damit sie die Betriebsverhältnisse und Finanzverhältnisse der Gesellschaft beurteilen und eine strategische Entscheidung treffen können.

§ 85 [Beteilung der Belegschaft an Entscheidungen]

Börsenzugelassene Gesellschaften müssen fördern, dass die Meinungen der Belegschaft zu der Betreibung der Gesellschaft, den Finanzverhältnissen und erheblichen strategischen Entscheidungen, welche die Interessen der Belegschaft betreffen,

über direkte Verbindungen und den Austausch mit Vorstand, Aufsichtsrat und Geschäftsführern Ausdruck finden.

§ 86 [Besonders zu beachtende Probleme]

Börsenzugelassene Gesellschaften müssen bei der Gewährleistung der nachhaltigen Entwicklung und Verwirklichung der größtmöglichen Interessen der Aktionäre Problemen wie der Wohlfahrt des Wohngebietes, dem Umweltschutz und gemeinnützige Einrichtungen besondere Aufmerksamkeit schenken und die soziale Verantwortung der Gesellschaft beachten.

7. Kapitel: Publizität und Transparenz

1. Abschnitt: Aufrechterhaltung der Publizität börsenzugelassener Gesellschaften

§ 87 [Rechtmäßigkeit der Publizität]

Die Aufrechterhaltung der Publizität ist die Verantwortung von börsenzugelassenen Gesellschaften. Börsenzugelassene Gesellschaften müssen streng nach Bestimmungen in Gesetzen, Rechtsnormen und der Gesellschaftssatzung wahr, genau, vollständig und rechtzeitig Daten mitteilen.

§ 88 [Weitere Publizität]

Börsenzugelassene Gesellschaften müssen neben den Daten, die gemäß zwingenden Bestimmungen mitgeteilt werden, aus eigener Initiative heraus rechtzeitig alle Daten mitteilen, die auf strategische Entscheidungen von Aktionären und anderen Interessierten materiellen Einfluss erzeugen könnten, und gewährleisten, dass alle Aktionäre gleichberechtigt die Möglichkeit zum Erlangen der Daten haben.

§ 89 [Verständlichkeit von und bequemer Zugang zu Daten]

Daten, die von börsenzugelassenen Gesellschaften mitgeteilt werden, müssen leicht verständlich sein. Börsenzugelassene Gesellschaften müssen gewährleisten, dass Nutzer in wirtschaftlicher, bequemer und prompter Weise (wie z.B. über das Internet) Daten erhalten können.

§ 90 [Verantwortlichkeit des Vorstandssekretärs]

Der Vorstandssekretär börsenzugelassener Gesellschaften verantwortet die Angelegenheiten der Publizität einschließlich das Etablieren eines Systems der Publizität, den Empfang von Besuch, die Beantwortung von Erkundigungen, die Verbindung zu den Aktionären und stellt Anlegern Materialien zur Verfügung, welche die Gesellschaft öffentlich bekannt gemacht hat. Vorstand und Geschäftsführer müssen die Arbeit des Vorstandssekretärs aktiv unterstützen. Kein Organ und keine Einzelperson dürfen in die Arbeit des Vorstandssekretärs eingreifen.

2. Abschnitt: Publizität von Daten über die Corporate Governance

§ 91 [Katalog der Datenpublizität]

Börsenzugelassene Gesellschaften müssen gemäß den Gesetzen, Rechtsnormen und anderer einschlägiger Bestimmungen Daten im Zusammenhang mit der Corporate Governance der Gesellschaft mitteilen, einschließlich aber nicht beschränkt auf Folgendes: (1) Personal und Zusammensetzung von Vorstand und Aufsichtsrat; (2) Arbeit und Bewertung von Vorstand und Aufsichtsrat; (3) Arbeitsverhältnisse und Bewertung der unabhängigen Vorstandsmitglieder einschließlich die Umstände der Teilnahme an Vorstandssitzungen unabhängiger Vorstandsmitglieder, Umstände der Äußerungen unabhängiger Meinungen und Meinungen zu Gegenständen wie verbundener Handel, Abberufung von Vorstandsmitgliedern und hochrangigen Managern; (4) Zusammensetzung und Umstände der Arbeit der Expertenkommissionen; (5) praktische Verhältnisse der Corporate Governance, die Existenz von Abweichungen zu diesem Standard und die Gründe hierfür; (6) konkrete Pläne und Maßnahmen zur Verbesserung der Corporate Governance.

3. Abschnitt: Publizität über Rechtsinteressen der Aktionäre

§ 92 [Publizität über beherrschende Aktionäre und Personen]

Börsenzugelassene Gesellschaften müssen gemäß den einschlägigen Bestimmungen rechtzeitig detaillierte Materialien über Aktionäre, die einen relativ großen Anteil der Aktien der Gesellschaft halten, über Aktionäre, die bei einer übereinstimmenden Aktion in der Praxis die Gesellschaft beherrschen, und über Personen, die in der Praxis die Gesellschaft beherrschen, mitteilen.

§ 93 [Publizität über Veränderungen der Aktionärsstruktur]

Börsenzugelassene Gesellschaften müssen rechtzeitig Umstände einer Veränderung der Aktien der Gesellschaft sowie andere wesentliche Angelegenheiten bemerken und mitteilen, die eine Veränderung der Aktien der Gesellschaft hervorrufen könnten.

§ 94 [Publizität der Veränderung des Aktienbesitzes bei beherrschenden Aktionären]

Wenn beherrschende Aktionäre börsenzugelassener Gesellschaften Aktien der Gesellschaft erhöhen, vermindern oder verpfänden oder wenn sich eine Übertragung des Beherrschungsrechts der börsenzugelassenen Gesellschaft ereignet, müssen die börsenzugelassene Gesellschaft und ihre beherrschenden Aktionäre rechtzeitig und genau der Gesamtheit der Aktionäre entsprechende Daten mitteilen.

8. Kapitel: Ergänzende Regeln

§ 95 [Zeit des Inkrafttretens]
Dieser Standard wird vom Tag seines Erlasses an durchgeführt.

(Übersetzung und Paragraphenüberschriften in eckigen Klammern *Knut Benjamin Pissler*)